# 律师学

张品泽　田力男　主　编
史兹保　副主编

中国人民公安大学出版社
·北京·

**图书在版编目（CIP）数据**

律师学／张品泽，田力男主编．—北京：中国人民公安大学出版社，2021.3

ISBN 978-7-5653-4214-1

Ⅰ.①律…　Ⅱ.①张…②田…　Ⅲ.①律师—高等学校—教材　Ⅳ.①D916.5

中国版本图书馆 CIP 数据核字（2021）第 099998 号

**律师学**

张品泽　田力男　主　编

史兹保　副主编

出版发行：中国人民公安大学出版社

地　　址：北京市西城区木樨地南里

邮政编码：100038

经　　销：新华书店

印　　刷：北京市泰锐印刷有限责任公司

版　　次：2021 年 3 月第 1 版

印　　次：2021 年 3 月第 1 次

印　　张：23

开　　本：787 毫米×1092 毫米　1/16

字　　数：464 千字

书　　号：ISBN 978-7-5653-4214-1

定　　价：85.00 元

网　　址：www.cppsup.com.cn　　www.porclub.com.cn

电子邮箱：zbs@cppsup.com　　zbs@cppsu.edu.cn

营销中心电话：010-83903991

读者服务部电话（门市）：010-83903257

警官读者俱乐部电话（网购、邮购）：010-83901775

公安业务分社电话：010-83905672

# 修订说明

《律师学》教材自2015年出版以来，我国《律师法》、《刑事诉讼法》、《民事诉讼法》、《行政诉讼法》、《仲裁法》均作了修改，且颁布了《监察法》、《民法典》、《香港特别行政区维护国家安全法》等新的法律。上述法律规范的变化必然要求《律师学》中有关内容作相应修改与增加。

因2015年版《律师学》教材中部分律师业务中的权利、义务与职责具有相似性，而出现部分章节内容重复，故在本次修订时，将上述重复内容章节的二级标题，由原先的“权利、义务与职责”，修改为律师相应业务的规范要求和实践技能重难点，以便消除重复。

考虑到《律师学》中律师业务的实践性与技巧性，拟邀请部分有丰富执业经验与较高理论水平的律师参编部分章节，凸显该教材应用价值，扩大使用范围：不仅可作为在校学生教材使用，也可作为执业律师或拟从事律师职业的人员学习使用。

从结构上将该教材内容分为上下两编，其中，上编为律师学基础理论；下编为律师业务规范与实践，进一步突出其体系结构合理性，以及相互间逻辑关系。

随着互联网、人工智能、大数据、云计算、区块链等新科技的发展，无论是律师执业方式，还是执业技能均需要与时俱进，拟增加“现代科技对律师业务的挑战与融合”一章，作为新内容。

具体章节内容撰写分工如下：

第一章：张品泽，法学博士，中国人民公安大学法学院教授、博士生导师；邵清龙，法学博士、广东广和（广州）律师事务所主任律师。

第二章：叶晓川，法学博士，中国人民公安大学法学院副教授、硕士生导师。

第三章：史兹保，江苏苏商律师事务所主任律师，江苏省律师协会代表监事，南京市律师协会理事，南京市玄武区律师工作委员会副主任。

第四章：苏宇，法学博士，中国人民公安大学法学院副教授、硕士生导师。

第五章：张小玲，法学博士，中国人民公安大学法学院教授、博士生导师。

第六章：宋维彬，法学博士，中国人民公安大学法学院副教授、硕士生导师。

第七章：唐彬彬，法学博士，中国人民公安大学法学院讲师。

第八章：吴敬，日本国国立新潟大学法学硕士，北京家济律师事务所主任律师。

第九章：白俊华，法学博士，中国人民公安大学法学院教授、博士生导师。

第十章：李爽，中国人民公安大学法学院副教授；张润，法学博士、中国人民公安大学法学院讲师。

第十一章：李元，中国人民公安大学法学院副教授、硕士生导师。

第十二章：戴锐，法学博士，中国人民公安大学治安学院副教授、硕士生导师。

第十三章：李逯炜，法律硕士，河南开物律师事务所律师。

第十四章：连蕊，北京市盈科律师事务所股权高级合伙人，刑事一部副主任律师。

第十五章：田力男，法学博士，中国人民公安大学法学院副教授、硕士生导师。

第十六章：史兹保，江苏苏商律师事务所主任律师，江苏省律师协会代表监事，南京市律师协会理事，南京市玄武区律师工作委员会副主任。

第十七章（第一、第二、第四、第五节）：张润，法学博士，中国人民公安大学法学院讲师。

第十七章（第三节）：房亚南，北京市盈科律师事务所股权高级合伙人律师，房地产与建设工程部执行主任。

第十八章：郭晶，法学博士，中国人民公安大学法学院副教授、硕士生导师。

第十九章：田力男，法学博士，中国人民公安大学法学院副教授、硕士生导师。

# 目 录

## 上 编
## 律师学基础理论

## 下　编
## 律师业务规范与实践

# 上　编

# 律师学基础理论

# 第一章 律师学概述

## 第一节 律师学的兴起与研究对象

### 一、律师学的创立与发展

（一）律师学的创立

在国外，很少见到“律师学”概念。在苏联以及某些西方国家，“律师法学”的提法有所见，但研究对象一般是律师法规，研究的侧重点是律师法的立法技术和内容。从国内看，党的十一届三中全会以后，我国恢复和重建了律师制度，有关律师的著作从20世纪80年代初期起，陆续出版了一些，最早的一本是廖俊常教授与徐静村教授合著的《律师工作知识》，稍后的有吴磊教授的《我国的律师制度》和孙膺杰、冯彩金的《律师工作基本知识》，再后有张思之的《中国律师制度和律师实务》等。[①] 当前，除了少数《律师学》教材外，多数有关教材名称不一，如《律师法学》、《律师制度》、《律师实务》、《律师业务》、《公证与律师制度》等。上述这些教材的基本特点，都是从律师制度或律师业务的角度来介绍律师工作的，具有较大的普及性与宣传性，还谈不上建立某种学科体系的问题。自1987年开始，我国一些从事诉讼法学研究的学者纷纷主编出版了以“律师学”命名的教材。[②] 可见，建立这门新学科是许多学者共同的愿望。

学界前辈和同人对律师理论的研究绝大多数集中在律师制度、律师业务、律师管理、律师技能等一些律师学的具体问题上，或者零星地抽取律师学学科中的一个或几个理论问题进行思考与探索，直接关注和研究“律师学学科”整体建设的学者和成果十分有限。尽管“律师学”作为一个学科概念早已为学界所认同，尽管律师学的理论研究已有长足的进步并取得了阶段性成果，但学界对律师学的

---

① 徐静村：《关于律师学的几个基本问题》，载《政法论坛》1992年第5期。

② 例如，1987年5月，李文华主编的《中国律师学》，兰州大学出版社出版；1987年10月，徐静村主编的《律师学》，四川人民出版社出版；1988年12月，陈光中主编的《律师学教程》，中国政法大学出版社出版；1989年12月，陈卫东、王家福主编的《中国律师学》，中国人民大学出版社出版。

一些基本概念和范畴的研究还处在初级阶段。律师学能否从法学学科中剥离出来成为一个独立的学科，该学科到底应定义为“律师法学”还是“律师学”等问题，在理论界仍存有分歧。律师学领域没有或者暂时还没有形成无争的独立的理论范畴（学科语言）。①

（二）律师学的发展

在中国，律师学自诞生至今尚不足30年，作为一个新的知识领域，律师学仍然有许多理论问题亟待研究与探讨。比如，律师的定性、功能、地位、权利、责任，律师的管理、律师的国际化，律师学的研究范畴、学科体系，等等。律师业作为法律职业的一种，具有不同于一般职业和其他法律职业的职业特性，也有其自身的成长规律和管理模式。律师学的任务之一就是要揭示律师和律师业发展的一般规律，指导并服务于律师的执业、律师业的发展和管理。律师学学科的独立和完善，可为律师管理体制和管理机制提供理论指导，为律师职业的健康发展提供理论支撑。

律师学作为一门学科，还是一个正在研究与发展并且需要持续性研究和发展的学科。从研究视野来看，律师学的研究应该注重本学科的自治以及与其他学科研究的兼容与开放；从研究力量来看，需要大批熟悉律师职业规则、职业语境且有相同思维习惯倾向的社会成员的不懈探索；从研究条件来看，律师学的研究离不开律师行业的依托；从研究心态来看，构成律师学研究的专门知识虽有自己的内涵和特质，但它们在知识渊源上的确又是从法学、政治学、经济学、社会学、文化宗教学、人类学等知识领域中派生出来的，我们无法也没有必要割断它们的亲缘关系。相反，我们应持开放的心态，在积极地吸收和消化外来知识的情况下，求新求变，使律师学的学科建设越发具有个性并逐渐走向成熟。实践是推动理论发展的原动力，既然律师与律师业是客观存在的，并且它需要科学的理论来指导。因此，构建律师学的学科理论体系是律师业发展的要求，是法治社会的呼唤，也是律师学学科发展到一定阶段的必然产物。②

自我国1996年颁布《律师法》以来，律师职业日益获得人们关注。2001年《国家司法考试实施办法（试行）》更是在原先的全国律师资格考试基础上，建立全国统一司法考试，或法律职业（法官、检察官、律师、公证员）资格考试。

---

① 邓路遥：《律师学的理论范畴和学科构架探究》，载《广西民族大学学报》2010年第4期。自2004年始，中华全国律师协会所编写的《中国律师年鉴》每年都辟有一个专题，介绍律师学的研究进展，评价律师学的研究成果。在中国期刊数据库上检索，自1980年至今，直接研究“律师学”的有关文献也寥寥无几。法学界的肖胜喜、陈光中、陈卫东、王福家、潘丽华、杨怀甫等相继编写并出版了以“律师学”或“中国律师学”命名的律师学著作或教材。尽管各书的作者对律师学的概念、范畴、结构体系的认识并不一致，却均以相同的书名表达了对律师学作为一门独立学科的认同。

② 邓路遥：《律师学的理论范畴和学科构架探究》，载《广西民族大学学报》2010年第4期。

该考试大纲中明确将司法制度与法律职业道德作为考试范围。近年来，有关律师制度方面的新规范，不断被增加至该考试大纲范围内。例如，2012 年大纲修订法条：《律师执业行为规范》；2013 年大纲新增考点：律师宣誓制度；2013 年大纲新增法条：新修订的《律师法》、《律师事务所管理办法》。

2018 年 4 月 28 日，司法部发布《国家统一法律职业资格考试实施办法》，除了将原先的国家司法考试名称改为国家法律职业资格考试外，还在以下方面进行了改革：一方面，将原先每年一次考试成绩通过后，即可申请资格证书的方式，改为“国家统一法律职业资格考试每年举行一次，分为客观题考试和主观题考试两部分，综合考查应试人员从事法律职业应当具有的政治素养、业务能力和职业伦理。应试人员客观题考试成绩合格的方可参加主观题考试，客观题考试合格的，成绩在本年度和下一个考试年度内有效”。① 另一方面，扩大了考试资格证书的适用对象，将原先适用于“初任法官、初任检察官，申请律师执业和担任公证员”的人员范围，② 扩张为适用于“初任法官、初任检察官，申请律师执业、公证员执业和初次担任法律类仲裁员，以及行政机关中初次从事行政处罚决定审核、行政复议、行政裁决、法律顾问的公务员”。③

## 二、律师学学科现状④

### （一）律师学课程

早在 1994 年，中国政法大学便成立了律师学研究中心。该中心在促进律师学理论与实务交流等方面取得了良好的声誉，为中国律师事业的发展发挥了理论先行作用。⑤ 我国大部分法学院系并未单独设置律师学专业，而是将律师职业人才的培养方案置于“法律专业”或“应用法学专业”中。多数大学在法学本科中均开设了“律师学”、“律师制度”或“律师法学”等类似课程。西南政法大学于 2008 年在应用法学院中设置了律师学专业；中国人民大学律师学院于 2010 年正式成立，该院为中国第一所由高校法学院创办的、以律师培训为主要任务的专业

---

① 《国家统一法律职业资格考试实施办法》第 13 条。

② 《国家司法考试实施办法（试行）》第 2 条。

③ 《国家统一法律职业资格考试实施办法》第 2 条。

④ 司莉：《关于律师学学科建设的思考》，载《中国成人教育》2008 年第 1 期。

⑤ 该研究中心与中华人民共和国司法部、中华全国律师协会、北京市司法局、北京市律师协会、广州市司法局等部门有着良好的合作关系，曾与有关部门合作，先后成功地举办了“律师体制改革若干问题研讨会”、“公证体制改革与完善理论研讨会”、“律师法修改与完善理论研讨会”、“律师学学科建设理论研讨会”、“律师流动法律问题与对策研讨会”等学术活动。此外，该研究中心还与美国律师协会、美国纽约大学、美国西北大学、澳大利亚维多利亚科技大学等机构保持着密切的学术关系。参见 http：//baike. baidu. com/link？ url＝yrv01K2VhOeKaV-btQSP4Jok5NnrKlinwMKsH0HdICFnJduw8DqzLnJHAO8PfU8PlyyBeaz5NMS-qBzTy_ uFccao。

性律师学院。① 上述有关开设律师学方面课程教材，主要涉及对律师制度与律师实务的介绍，对律师的职业属性、功能价值、文化蕴含缺乏探究。值得注意的是，中国政法大学系统开设了“律师学”、“律师公证制度及实务”、“律师实务”、“西方律师制度”、“司法组织学”、“律师文书学”等课程。②

（二）律师学学科建设的不足

律师学学科建设就是要确定律师学学科的发展方向，完善学科组织，培养学科队伍，建设学科基地，构建律师学理论体系。律师学学科建设的最终目标是提升律师学学科水平，通过制度创新将律师学理论转化为社会生产力，推进律师事业的发展和国家的民主法治进程。当前，我国律师学在以下方面仍然存在不足：

1. 没有专门的研究队伍。目前，就全国的情况而言，关于律师学的研究力量主要来自两个方面：一是诉讼法学研究领域的学者；二是律师实务界的有识之士。前者因科研成果评价、研究机构设置、研究生专业招生等方面的原因，一般只在自己主学科之外对律师学研究给予一些关注，并没有将律师学作为自己教学或研究的主要领域，专门研究律师学或者长期高度关注律师学的学者很少。后者一般侧重于律师实务的研究，研究力量比较分散，其成果也缺乏系统性。可见，没有或者缺乏专门的律师学研究队伍这一现实，不仅影响了律师学学科的研究数量，也影响了律师学研究成果的质量，已经严重制约了律师学的学科建设和发展。

2. 对特有范畴研究不充分。特有范畴是相对于其他学科而言的，对于该学科本身而言，这些特有范畴往往构成本学科的基本范畴，成为该学科的基础。律师学学科也不例外。而律师学学科建设还没有形成独特的范畴体系。尽管自20世纪80年代中后期以来，关于律师的理论研究呈现出繁荣的景象，出现了一批有关著作和教材，虽然有些著述也对“律师职业属性”和“律师职业道德”等范畴进行了探讨，但是，从整体来看，多数成果基本上停留在对律师法、律师制度和律师实务的研究上，对律师学学科特有范畴的研究还是远远不够的，未能形成律师学特有的范畴体系。

3. 课程建设相对滞后。目前，法学教育存在的严重问题之一是过于注重理论知识的传播，而忽视对实践能力的培养。虽然这种现象和弊端早已被法学界所认知，但是，在法学教育方面并没有多大改观，表现之一就是实践性课程设置很少。学生对于律师制度和律师业务的学习通常只有两个途径：一是在学习刑法学、民法学等实体法和诉讼法学等部门法学的过程中学习一些零星的、不系统的律师业务知识；二是在作为考察课的司法制度课程中附带性地学习一些律师业

---

① 中国人民大学律师学院于2010年4月26日正式成立，归属中国人民大学法学院管理。参见 http：//baike. baidu. com/view/3537545. htm？ fr=aladdin。

② 邓路遥：《律师学学科、专业、课程一体化建设探析》，载《经济与社会发展》2009年第8期。

务。第一种学习方式，学生能否学习到律师的思维方式与教授该课程的教师本人的经历有很大关系；第二种学习方式，受课时限制的影响，学生能够学到的内容是很有限的。

## 三、律师学研究对象

### （一）不同意义上律师学研究对象

学科研究对象是决定一门学科能否独立以及该学科属性的关键要素。律师学研究对象对律师学而言同样十分重要。率先创立我国律师学的徐静村教授认为，[①]律师学应是一门以研究律师职业活动为中心的，以研究律师综合运用各种法律知识进行服务为内容的职业法学学科。由于律师活动范围广阔，律师需要具备的学识除法学之外，还必须在社会学、伦理学、经济学、史学、科学技术以及文化知识等方面有相当的造诣，所以，确定这门学科的概念，应当从比较广阔的视界上加以考虑；同时，也应考虑到在律师学刚起步的时候读者的接受程度。因此，律师学有广义和狭义两个概念。广义上，律师学是关于律师这一社会分工产生、发展、存在条件及其功能的科学。狭义上，律师学是以律师制度、律师事务、律师道德、律师艺术和律师作用为研究对象的科学。广义概念对于律师学内容的概括比较准确和科学，以此来界定律师学，有利于为这门学科的发展创造比较广阔的前景。例如，可以开阔律师学研究的对象和内容，如律师的起源及其发展沿革，我国的律师制度和律师法规及与外国律师制度、律师法规的比较，我国律师的业务活动及与外国律师业务活动的比较，我国律师的社会功能及与外国律师作用的比较，我国律师制度的发展前景及我国律师在业务活动中的各种问题，诸如活动原则、素质培养、职业道德、工作纪律、艺术技巧等，都可以纳入研究的范围。

### （二）律师学研究对象的探讨

当前，不少人认为，[②] 律师学是研究律师制度与律师实务的学科，以律师制度与律师实务为研究对象，包括有关律师制度方面的法律规范，律师实务中的问题与经验，古今中外的律师制度和律师实务。此外，有人认为，[③] 还应将律师职业行为规则纳入律师学的研究范畴。律师职业是一种具有高度自治及独立的职业，这就需要有完善及健全的律师职业行为规则对其职业活动进行调整。有关律师职业的研究，有人认为，应当包括对律师职业的属性、功能、价值的研究，不仅要回答律师是什么，还要回答律师职业与其他法律职业在性质、功能、价值、运行等方面的区别。律师学研究内容之广泛，不仅涉及法理学、诉讼法学、实体

---

① 徐静村：《关于律师学的几个基本问题》，载《政法论坛》1992 年第 5 期。

② 陈卫东：《中国律师学》，中国人民大学出版社 2000 年版，第 1-2 页；陈光中：《律师学》，中国法制出版社 2004 年版，第 4 页。

③ 陈光中：《律师学》，中国法制出版社 2004 年版，第 5 页。

法学等所有法学学科，而且还涉及哲学、社会学、管理学、经济学、行为学等内容。① 笔者认为，律师学研究对象至少包括三个方面：其一，从法学角度研究律师制度的创立、发展与演变，其中以当前律师制度为重点。其二，从综合学科（法学及其他社会科学）角度围绕律师职业特征，研究律师职业角色、职业制约体系、律师职业准入机制、律师职业组织机构、律师职业行为（执业）模式等有关内容。其三，从规范（法律、纪律、道德）与经验（技巧）角度研究律师在开展具体实践业务过程中需要遵循的不同要求以及可以获取的经验。

律师作为国家法治建设的主力军，肩负着促进国家宪政改革、捍卫市场经济运行、维护社会正义的实现等诸多神圣的使命。而这一使命的实现需要系统的律师学理论作为指导。律师、律师业虽是一个法学概念，但并不是法律学科及其下属的任何实体法或程序法的主研究对象，也不宜分散地置于各法学二级学科的理论范畴。律师学蕴含了以律师、律师所、律师业、律师行为、律师制度、律师实务、律师规范等为基本理论范畴，以律师职业属性、功能、价值为核心理论范畴的一个宏大的知识体系，具备了学科独立的基本条件。②

## 第二节　律师及其职业属性③

### 一、律师

#### （一）律师的渊源

1. 西方国家。律师起源于西方，有着悠久的历史，律师的早期形态可以追溯到古希腊古罗马时期。早在公元前 6 世纪的古希腊雅典共和国，政治活动是全体公民的事务，在公民大会上，可以通过自由的辩论来决定国家大事，辩论同样被适用于诉讼活动中，在需要争论的场所出现了一些能言善辩之士，被称作“辩护士”，但因尚未形成职业分工，“辩护士”仅被看作一种律师的雏形。④

古罗马时期，《十二铜表法》的颁布迎来了成文法的时代，伴随而起的是一批专门从事法律研究、法律阐述和法律教育的专业人士，“这些人由皇帝赋予权力就法律问题做出解答，称为法学家”。⑤ 同时，古罗马的诉讼代理制度也在逐步形成。罗马帝国初期，诉讼当事人一般不允许委托代理人，必须亲自出庭。到了

---

① 司莉：《关于律师学学科建设的思考》，载《中国成人教育》2008 年第 1 期。

② 邓路遥：《律师学的理论范畴和学科构架探究》，载《广西民族大学学报》2010 年第 4 期。

③ 许身健：《论律师职业的属性》，载《刑事司法论坛》2009 年第 2 辑。

④ 田文昌主编：《律师制度》，中国政法大学出版社 2007 年版，第 13 页。

⑤ ［罗马］查士丁尼：《法学总论——法学阶梯》，张企泰译，商务印书馆 1996 年版，第 11 页。

罗马帝国后期，代理人制度逐步完善，法律允许委托“代理人”进行诉讼，并规定法学家可以从事“代理人”的职业。因而，从法学家中分化出了一批以专门从事法律咨询、代写诉状及法律文书、代理诉讼为职业的“代言人”、“代理人”。为区别于其他法学家，以“代理人”为职业的法学家被称作“律师”。于是，开始有了律师的名称和概念。① 公元3世纪，罗马皇帝颁布诏令，确定了律师的法律地位，确认了当事人可以聘请律师代理诉讼，并允许律师收取合法的报酬。至此，律师职业得以形成。②

2. 中国。在中国古代，“律师”一词最早出现在佛教和道教中，作为一种称谓使用。佛家《涅槃经》曰：“能否佛法所作，善能解说，是名律师。”《唐六典》中记载：“道教中修行有三号：其一曰法师，其二曰威仪师，其三曰律师。”这些均与我们现在所称的律师在含义上全然不同。

在中国古代与律师有相近之处的“讼师”，有着源远流长的历史。可以说，“讼师”是中国古代法文化中不可或缺的元素。邓析便是中国古代有名的“讼师”。《吕氏春秋·离谓》中就有关于“讼师”邓析的记载。邓析在当时就已经着手代人诉讼，并收取费用，同时私著“竹刑”，聚众讲学，其以自身的诉讼技能代理他人从事诉讼活动，这一点上已初具律师的功能，被誉为“中国古代讼师的祖师爷”。③ 可见，中国古代的“讼师”是专门替人写诉状打官司的人。“讼师”自然成了民间争讼的代理人。“讼师”的活动往往以取胜为目的，因其不胜则无案源，亦无衣食之资。为达目的，不少“讼师”往往不择手段，“讼棍”等恶名也由此而来。由于这种人有时“唆使人兴起诉讼，笔利如刀，因此又有人称之为‘刀笔吏’，或根据具体表现称为‘茶食人’、‘讼师官鬼’、‘珥笔之人’、‘哗魁讼师’、‘哗徒’等”。④ 讼师自始至终都不被统治者所接受，甚至无法成为一种合法职业，无法与西方国家的律师职业相提并论。

（二）规范性文件中律师的含义⑤

1. 1980年颁布的《律师暂行条例》。关于现代社会中律师的概念，有些国家通过法律予以界定。例如，《德意志联邦共和国律师法》第1条：“律师是独立的司法人员。”第2条：“律师为自由职业者。律师的活动不具有经营的性质。”第3条：“律师是法律事务中独立的、职业的顾问和代理人。”日本在《律师道德法》

---

① 谢佑平：《差异与成因：中国古代“辩护士”、“讼师”与现代职业律师》，载《比较法研究》2003年第2期。

② 何勤华主编：《外国法制史》，复旦大学出版社2002年版，第54页。

③ 龚汝富：《明清讼学研究》，商务印书馆2008年版，第68页。

④ 党江舟：《中国讼师文化——古代律师现象解读》，北京大学出版社2005年版，第4-5页。

⑤ 周佳怡：《中国律师职业的历史变迁及现状问题评述》，华东政法大学2010年度硕士学位论文；陈光中：《律师学》，法制出版社2004年版，第59-62页。

序言中规定："律师在社会中，是自由的倡导者，是秩序的维护者。"①

中华人民共和国成立后的第一部专门有关律师的规范性文件，是全国人民代表大会常务委员会于1980年8月通过的《律师暂行条例》。该条例第1条开宗明义地规定"律师是国家的法律工作者"。20世纪80年代初恢复和重建律师制度时，人们的法治观念还很淡薄，社会上对律师的作用认识不清。曾在律师队伍工作的同志，由于经历政治运动的磨难也心有余悸，甚至一些从事司法工作的人员也认为律师是个摆设，可有可无，甚至感觉碍事。在这种情况下，肯定律师为国家法律工作者，使之与公、检、法机关工作人员具有同等的法律地位，对于解除广大律师的后顾之忧，提高律师的地位，发挥律师的作用，保证律师执行职务，开展业务，保障律师自身的合法权益起到了积极的作用。但这一规定的含义并不准确、清楚，而且随着经济体制改革的深入和律师工作的开展，尤其是合作制与合伙制律师的出现，"国家法律工作者"的称谓更难以适用于全体律师，而且带来以下弊端：

第一，难以体现律师自身的属性和职业特点。作为国家法律工作者，必须是国家机关的工作人员，代表国家或以国家机关的名义从事法律活动。而律师是以其专门知识向公民和社会组织提供法律服务，律师不是国家机关的工作人员，不是行使任何国家管理职权的公务人员，律师执行职务也并非代表国家或以国家机关的名义。律师参与法律事务是基于当事人的委托，具有明显的个人性质，而不是基于国家职权的需要。国家法律工作者的认定使律师不能与公、检、法的人员区别开来，体现不出律师职业的特性，也淡化了律师的使命感。

第二，不利于对外交往和开展涉外业务活动。在我国，由于律师公职人员的身份，使律师在涉外法律业务中很难得到外国公民和法人的信任，他们认为律师是官办的，对律师能否真正维护当事人的合法权益产生疑虑。

第三，律师在执业中难免受到行政干预。由于律师事务所隶属于各级司法行政机关，司法行政机关对律师工作管得过细，统得过死，大到主任的任命、人员的进出，小到设备的购置，乃至律师业务如何开展均由司法行政机关统管，严重地限制了律师事务所作为独立的法人单位应有的自主权，制约了律师事务所的生机与活力。特别是司法行政机关对律师的具体业务活动干预过多，也影响了律师依法独立地履行职务。

第四，律师的地位处于不明的状态，甚至将一些罪名强加在律师头上。近年来，律师被追究贪污罪、玩忽职守罪、受贿罪等，由于错误的定性，使律师自己都不能预见自己行为的后果。

2. 1996年颁布、2001年修正的《律师法》。考虑到上述弊端，1996年颁布、2001年修正的《律师法》第2条对律师重新定义："本法所称的律师，是指依法

① 田文昌主编：《律师制度》，中国政法大学出版社2007年版，第2页。

取得律师执业证书，为社会提供法律服务的执业人员。”该规定的显著特点是，将律师的性质由原先的“国家法律工作者”改变为“社会法律服务者”。一方面，指出了成为律师的前提条件，即“依法取得律师执业证书”；另一方面，指出了律师工作的内容，即“为社会提供法律服务”。该定义认同了律师工作具有广泛的社会性。从律师活动范围来看，律师业务不受国家、地区的限制，律师可以接受异地当事人的聘请，到异地为当事人提供法律服务；从服务对象来看，律师不仅为国家机关、企事业单位、社会团体、公民提供法律服务，还为“三资”企业、华侨、港澳同胞等提供法律服务。律师作为社会法律服务者，可以适用不同类型律师事务所的从业律师规范，适应多种律师体制并存的需要。此外，将律师定性为社会法律服务者，能够将律师与其他法律工作者（如法官、检察官）从本质上区别开来，并可使律师不受国家事业编制和事业经费的限制，从而有利于律师队伍的发展。

3. 2007 年、2012 年、2017 年修正的《律师法》。修正后的《律师法》第 2 条规定：“本法所称律师，是指依法取得律师执业证书，接受委托或者指定，为当事人提供法律服务的执业人员。”相对于 1996 年颁布、2001 年修正的《律师法》有关律师的定义，该规定的主要不同点是：一方面，更加明确地指出了律师工作的前提和内容，即律师工作的前提，不仅要“依法取得律师执业证书”，而且要“接受委托或者指定”；另一方面，律师工作的内容由“为社会提供法律服务”，修改为“为当事人提供法律服务”。其主要原因是考虑到军队律师只为军队提供服务；许多地方已经设立的公职律师和公司律师，只为政府机关或公司企业提供法律服务。① 如果还规定所有律师都是为社会提供法律服务，显然有违现实需要。

由此可见，我国现行《律师法》对律师作出的定义包含了三项要素：（1）具备法律专业知识并取得律师执业资格，这是成为律师的基本入职条件；（2）接受委托或指定，这是律师执业的两种法定启动方式；（3）为当事人提供法律服务，这是律师工作对象和工作内容的界限，也是其获取合法职业收入的方式。

## 二、律师职业（身份）属性一：自主（独立）性

### （一）律师职业属性以及自主性概述

就律师的社会属性而言，当今多数将其界定为“自由职业者”。例如，德国律师法第 2 条规定，“律师为自由职业者”。西方国家将律师界定为自由职业者，主要基于以下原因：一是对领薪的国家法律工作者和检察官等公职人员而言，律师是在野的、民间的自由职业者。二是律师在时间上、空间上有相当大的自由支配余地。律师可以选择自己的工作时间，选择自己的工作空间。② 我国《律师法》第 2 条规定，律师，是指依法取得律师执业证书，接受委托或者指定，为当

---

① 谭世贵：《律师法学》，法律出版社 2013 年版，第 1-2 页。

② 王进喜等主编：《律师职业行为规则概论》，国家行政学院出版社 2002 年版，第 13 页。

事人提供法律服务的执业人员。该规定使得我国律师摆脱了原先“国家法律工作者”及“社会法律工作者”的局限，具备了成为一名自由职业者的可能性。自由职业是基于特殊的职业资格或创造性才能，以为委托人或者公众提供个人的、负责任的、专业上独立的高质量服务为内容的职业。律师作为自由职业者，具有以下几种属性：自主（独立）性、职业性及适度商业性。

律师的自主性，是指一种对于工作具有合法性控制的状态。一个职业只有获得了对于决定从事其职业工作的正确内容和有效方法的排他性权力的时候，才具有稳固的地位。也就是说，决定一个人是否有资格从事一项职业工作的首要标准在于职业团体本身，而非任何外部主体。职业自主性可以防止外部主体（国家、委托人等）影响职业工作的技术性，自主性也就意味着外部影响的有限性。① 律师职业需要自主性的理由是：与其他职业相比，法律职业所依赖的是一门与权力冲突、利益竞争紧密联系的学科。法学与道德、政治的天然联系，使其永远无法逃脱价值的侵扰，在形式性、确定性及公正性上显得危机四伏。因此，律师所从事的法律职业特别需要强调其自主性。自主性是律师职业的本质要求，也是律师职业的灵魂性因素。律师的自主性是为了其成员个体能够保持“人格独立”及“意志自由”。对于律师而言，维护其自主性，可以防止其受利益驱动，唯委托人之命是从。②

（二）律师职业自主性的表达方式

律师职业的自主性有着丰富的内涵，主要是指律师从事业务活动时的相对独立性和不受干涉性。具体表达方式如下：

1. 律师自主于政府。律师在执业活动中，在职业行为规范许可的范围内，思想职业自主、行动职业自主、责任职业自主，其具体执行的业务活动不受某个组织甚至不受某个政治组织的左右，不受政府立场的左右，不受某个时期政策的影响，也不受政治利益的影响，本着尊重事实和法律的精神，自主地进行职业判断和从事执业活动。③

当然，律师自主于政府并不是说政府对律师的执业活动置若罔闻，任其自生自灭。在现代国家，政府充当市场秩序的调控者，就法律服务而言，政府对于商业化的法律服务进行调控，防止法律服务过于商业化，政府所采取的干预措施有时并不考虑所谓市场营利问题。④ 律师职业自主于政府，遵循与大众道德相冲突的“为委托人保密”的职业伦理，也是在律师和委托人之间建立信任关系的必要前提。

---

① 刘思达：《职业自主性与国家干预：西方职业社会学述评》，载《社会学研究》2006年第1期。

② 李学尧：《法律职业主义》，中国政法大学出版社2007年版，第166-169页。

③ 司莉：《律师职业属性论》，中国政法大学出版社2006年版，第159-160页。

④ 例如，政府推进法律援助事业，采取在刑事诉讼领域设立公益辩护人等与市场原则完全不同的公益原则。这些措施对于律师执业的商业化程度有所限制，从而维护律师的整体形象。

2. 律师自主于司法机关。“法律职业共同体是一个由法官、检察官、律师以及法学学者等组成的法律职业群体，这一群体由于具有一致的法律知识背景、职业训练方法、思维习惯以及职业利益，从而使得群体成员在思想上结合起来，形成其特有的职业思维模式、推理方式及辨析技术，通过共同的法律话语（进而形成法律文化）使他们彼此间得以沟通，通过共享共同体的意义和规范，成员间在职业伦理准则上达成共识，尽管由于个体成员在人格、价值观方面各不相同，但通过对法律事业和法治目标的认同、参与、投入，这一群体成员终因目标、精神与情感的连带而形成法律事业共同体”。① 尽管律师与法官、检察官同处职业共同体之中，具有上述共同特征，但上述说法只是强调律师承担促进正确裁判，促成“法秩序”实现的功能。虽然与法官同属从事法律职业，但律师也不是司法机关的附属部分。应该理解律师是以一种中间的、独立的立场参与诉讼的特殊职业。②

3. 律师自主于当事人。尽管律师职业伦理的核心内容是以当事人为中心，最大限度地在合法范围内替委托人争取利益最大化，这种唯当事人利益至上的价值取向，在律师学领域称为“党派性忠诚原则”，在这种原则支配下，禁止律师采取和当事人存在利益冲突的行为，也反对律师以社会公益的名义来损害当事人利益。但是，这并不意味着律师成为当事人的“枪手”，对当事人一味地言听计从。实际上，律师职业自主于当事人。“尽管律师所提供的服务和技能是出售给委托人的，但他们的政治信念却是非卖品，当事人用金钱购买的忠诚是有限的，因为，律师的职业人格有一部分要奉献给公益事业”。③ 也就是说，律师既要信守以当事人为中心的党派性忠诚，同时，也要恪守公益义务。律师为了实现自主于当事人，为了维持自己的职业判断水准，应当避免与当事人发生利益冲突。

4. 律师自主于自身的宗教信仰、政治理念、个人情感。律师自主性的最后一个表现就是律师在执业时应当自主于自身的宗教信仰、政治理念、个人情感以及经济利益等因素影响。律师在执业时应当从事实及法律出发，排除上述个人因素的羁绊，防止影响自己的个人判断。在和当事人建立委托关系之前，律师应当事先考量案件的性质，评估如果建立委托关系是否会与自己的宗教信仰、政治理念存在极端的冲突。假如律师感到这些因素使自己内心产生极端的冲突，从而影响到自身的职业判断及执业水准，那么，该律师不应与当事人建立委托关系。如果律师事先评估上述因素不会影响其职业判断及执业水准，那么建立委托关系之后，必须全力摒除这些个人因素的影响。

---

① 张文显等主编：《司法改革报告：法律职业共同体研究》，法律出版社 2003 年版，第 167-168 页。

② ［日］谷口安平：《程序的正义与诉讼》，王亚新等译，中国政法大学出版社 1996 年版，第 80 页。

③ R. W. Gorden，The Independent of lawyers，Boston University Law Review68（1988）.

## 三、律师职业（身份）属性二：职业性

（一）职业性概述

由于律师职业是一种特殊的自由职业，所以，律师职业就具有自由职业所特有的一个重要属性——职业性。“职业”应该具有以下三个主要特征：其一，基于深奥理论基础上的专业技术，以区别于仅满足实用技巧的工匠型专才。其二，为公众服务的宗旨，其活动有别于追逐私利的商业或营业（Business）。尽管自由职业跟其他行业一样需要经济收入，甚至需要较高收入，但是高收入不是首要目的，而只是附带的结果。最根本的价值是为公众服务的精神。其三，形成某种具有资格认定、纪律惩戒和身份保障等一整套规章制度的自治性团体，以区别于一般的“行业”（Occupation）。总之，与一般的行业相比，律师职业的主要特征在于：专业性、公共性和自治性。①

（二）律师职业性的表达方式

律师职业所属的法律职业的核心特点是公共服务，公正和公共福祉则是公共服务的目标，是职业的理想。律师的职业性表现在以下几个方面：

1. 具有专门职业训练及执业能力，即在从事其职业活动之前，要经过漫长的教育、训练或者学徒期间。律师在执业之前须经过法学院的长期系统学习以及专业训练，掌握执业所需的专业知识及专业技能。律师所掌握的专业知识及专业技能是法律领域内的专门性知识与技能，这些知识、技能的获得必须经过系统的训练与教育。要具备达到作为职业人员的最低称职标准，律师执业必须具备法律规定的条件，即相应的执业能力，律师必须具有法律上的代理能力，必须满足严格的知识和技能条件。世界各国都制定了各种有效的措施，来保证进入律师行业的人员具有基本的代理能力。在我国，律师执业必须具有司法行政机关颁发的律师执业证。我国建立的国家统一司法考试制度与律师岗前实习制度、律师岗前集中培训制度、律师继续教育制度等都是律师具有相当的代理能力的重要保障。

2. 拥有很高的社会声望。律师群体作为一个特殊的专门性职业集团，他们所掌握的是一般人所不熟悉、不了解的稀缺性知识与技能，其专业能力为社会所认可，在社会中享有很高的声望。在欧美各国，尤其是在美国，律师和医生一样都拥有很高的社会威信；在日本，律师也特别受人尊敬。美国社会学家经常进行一些职业声望的社会调查，他们列出了从医生到报贩大约500个职业的声望排行，声望最高的分数为100，最低的分数为0。调查中发现，医师、律师、牙医及教授级的大学教师为最有声望的职业。②

3. 通过职业行为规则对其成员进行严格控制。律师职业行为规则在调整律师

---

① 季卫东：《法治秩序的建构》，中国政法大学出版社1999年版，第198页。Roscoe Pound, The Lawyer from Antiquity to Modem Times, West Publishing Co.（Minnesota）. 20（1953）。

② ［美］谢弗：《社会学与生活》，刘鹤群等译，世界图书出版公司2008年版，第254页。

执业活动，保证法律服务质量方面具有重要作用，而导致律师职业行为规则产生的重要原因就是律师职业的自律性。律师的执业活动涉及面广，律师的许多执业权利是其他行业所不具备的，并且律师对委托人利益的忠诚要求进一步促进律师最大限度地利用其权利。然而，在法治社会下的谋利活动并非没有界限，律师的执业活动同样需要有所约束。律师职业的独立和自治性，决定了应当最大限度地减少行政权力对律师业务活动和管理活动的直接干预，而应由自治性的律师行业协会负责律师的行业管理。每个律师都有责任遵守律师职业行为规则，通过律师行业协会制定的某种形式的规范来加强律师行业自律，其必要性不言自明。

4. 和公共服务密切联系在一起。律师职业价值包含相互依存的两个方面，即依法捍卫当事人的最大利益和维护社会公正、维护法律的正确实施，但法律职业的核心特点是公共服务，公正和公共福祉则是公共服务的目标，是职业的理想。“对于从事律师、医生以及牧师等职业的人来说，最根本的价值是为公众服务的精神，其职业义务的内容尤其强调利他主义和伦理性”。① 律师所从事的业务具有社会公益性的一面，即律师的社会功能在于实现律师在维护公众权益方面的价值，而不是片面地追求自身职业利益的最大化。

5. 作为群体拥有相当程度的自治权，即职业上的自主性。律师职业的职业自主地位要求律师在执业活动中独立地进行辩护或代理以及自主地提出意见或建议，律师对于案件所涉及的所有专业问题的判断来自自己对于事实的掌握和对于法律的理解，完全是依赖自己的意志独立作出的，律师自己对这种判断正确与否负责。律师虽然是当事人的代理人，但其利益或立场并不完全等同于当事者本身。此外，为了保持律师的职业自主，各国都有关于律师执业的禁止性规定，即在某些情况下律师不能执业或者不能办理某些业务。②

6. 同委托人有着紧密联系，形成特殊的信赖关系。由于律师提供的服务对于人们的需要至关重要，涉及人的健康、自由、精神、经济福祉乃至生命等，委托人由于缺少相应的法律知识背景，因此出于对律师的职业能力及职业道德的信赖，而将自身需要解决的法律问题交给律师，委托人与律师的关系是一种特殊的信赖关系。

## 四、律师职业（身份）属性三：适度商业性

### （一）律师职业的商业性概述

近年来，中国律师业发展很快，在经济发展和法治秩序的建构中发挥了积极的作用，成就是显著的，然而也有些严峻的问题正在呈现出来，值得警觉。例如，法律服务的过度商业化、过度竞争化导致职业伦理水准的下降，事务所的收入和所得悬殊使得职业共同体观念无从形成，等等。在这样的背景下，某些地方

---

① 季卫东：《法治秩序的建构》，中国政法大学出版社 1999 年版，第 240 页。

② 司莉：《律师职业属性论》，中国政法大学出版社 2006 年版，第 157–159 页。

的“黑律师”又卷土重来，大举介入法律服务市场。基层当事人转而向没有资格和职业团体的执业人员求助，除了律师报酬过高之类的成本问题外，也意味着法律职业的信誉正在摇摇欲坠。

尽管在实务中也有许多以维护弱者权益为己任的“维权律师”，但大部分律师认同：“商业主义”的经济自由与无道德责任感、“职业主义”的市场垄断与自主状态、“国家主义”的社会地位和保障。实质上就是一种典型的技术性职业主义观。① 在这种理念下，律师普遍认为，从事该职业的主要目的是营利、谋生；为了达到这种目的，在执业过程中不能为公众承担过多的责任和义务。当前国内业界和学界的许多人士已经对律师在“去行政化”的转型过程之后所出现的商业化色彩过于浓厚的问题而感到忧虑。笔者认为，一方面，忽视律师职业的商业性是不现实的；另一方面，应当坚决遏制律师职业成为过度商业化的牺牲品。因而，适度商业性是律师职业应当坚守的底线。

（二）适度商业性的理由与要求

1. 适度商业性是律师职业生存的前提。尽管法律职业主义强调超越于个人利益动机的正义观念，但律师要生存，就不能不考虑报酬问题，法律事务所要维持，就不能不考虑营利问题。应当看到，尽管公众服务应被视为职业精神的主要支柱之一，但它并非唯一支柱，金钱也是一个支柱。由于律师职业具有自由职业的特征，所以律师需要通过获得相应的报酬以保障自己生活的安定性，这也是其保障其自主性的前提。因为，如果律师在经济上缺少相应能力，无法保障自己的生活，那么他会因此受制于当事人。职业精神与良好的商业经营并不矛盾，如果律师不能有效经营向委托人所提供的服务、有效管理其法律工作产品从而使事务所营利的话，那么，就称不上是真正的职业精神。如果说做个专业人士就要赚钱，那么，法律职业的商业性与职业精神并非不共戴天；相反，它们应当相辅相成。这并不是说赚钱应当成为律师的唯一动力，或者说无尽的贪欲在职业精神概念中也有一席之地。因此，律师职业具有商业性是符合现实需要的。

2. 律师职业不同于商人。律师职业具有商业性并不意味着律师就是追逐利润的商人。对于律师、医生等职业来说，最根本的价值是为公众服务的精神。当然，职业精神与良好的商业经营并不矛盾，我们所反对的是律师利欲熏心、唯利是图，将赚钱作为第一要务。有学者指出：“律师是需要专门学识及使命感的自由职业，作为自由职业，当然需要谋得利益，但是，谋求高收入并非目的，而是附带的结果。律师、医生及牧师等职业的根本价值是为公众服务的精神。”②

律师职业的营利必须与一般的以营利为目的的商业行为相区别，这种区别的理由是：首先，律师对于实现法律宗旨负有责任。律师是法律职业的重要组成部分，是法律制度的载体，法律以及法律制度的责任或价值终归是要通过其载体实

---

① 李学尧：《法律职业主义》，中国政法大学出版社 2007 年版，第 285–299 页。

② 季卫东：《法治秩序的建构》，中国政法大学出版社 1999 年版，第 240 页。

现的。这样一种职业角色就要求律师必须把法律职业的责任放在首位。这一职业特性是律师职业行为与商业行为的根本区别。其次，律师职业的营利必须保持一定的限度，必须符合职业的理念。① 这样，律师职业的商业性应该受到相应限制，换言之，律师职业的商业性应当适度。

3. 适度商业性的价值准则。律师职业不应将商业性奉为准则。在司法实践中，有些从业者将律师业等同于商业，认为“商人以营利为本。实际上，律师也是以营利为本的，虽然律师本身不承认，现在是市场经济，它带来的变化之一，就是律师业务商品化，这也是时代发展的必然趋势”。但是，这种说法是对律师职业价值的误读，它将律师业视为商业，而非职业。全国律协副会长李大进在一篇文章中提到：“律师职业不以营利为目的是这个职业的属性之一，律师职业是为社会服务，这是这个职业的天职，似乎无人不知，克服和抑制过度的‘商业化’的前提是要有律师作为法律人的职业理念和执业素养，我们要在律师职业的价值观中明晰律师的责任感、使命感、职业认知感、规则意识感和自豪感，以此来抵制和割除律师就是为了‘分金银，争荣辱，排座次，划地盘，搞分裂’的恶名声。”②

## 第三节 律师职业化

### 一、律师职业化概述

（一）律师职业化

律师职业化，是指以从事律师工作、律师事务为主要生活来源的人群在职业上应当具备共同的要求和特点。对于这些专门从事法律工作的人员，人们习惯上称之为法律职业者（legalprofession）。法律职业被认为是这种职业类型中最典型的一种，它之所以被认为是一种职业（profession），而不被认为是一种营业（business），其原因就在于它建立在委托制度之上，法律工作者（lawyer）和当事人之间的关系是“信任”关系，而不是利益上的“竞争”关系；当事人所付的费用是为了得到法律服务，而不是市场上的“讨价还价”；当事人与法律家之间的交流是为了寻求法律保护，而不体现其他利益。③

（二）法律职业者

不同的国家，法律职业者的含义和分类往往不同。在英美法系国家，法律职

---

① 司莉：《律师职业属性论》，中国政法大学出版社 2006 年版，第 172-174 页。

② 李大进：《过度的“商业化”倾向是形成律师文化的障碍》，载《律师文摘》2006 年第 6 期。

③ 转引自 YashGhai 等编：The Political Economy of law. Oxford University Press（1987），第 654-655 页。

业由法律工作者（lawyers）组成。狭义上的Lawyer仅指律师，广义上的Lawyer包括律师（attorney）、法官（judge）、检察官（prosecutor）、法学教授（lawprofessor），其核心是律师。在大陆法系国家，没有与英美法系国家法律工作者（lawyer）相应的词，与其相近的词有两个：一个是法律家（jurist），指取得大学法律专业学位，具有某种荣誉地位的人，比英语“Lawyer”一词包含的范围广；另一个是magistracy即司法官，包括法官和检察官却不包括律师，magistracy比英语lawyer包含的范围窄。在英美法系国家，律师是法律职业的核心，法官、检察官、法学教授都处在法律职业的边缘；而大陆法系国家中法律职业的核心则是司法官，其他法律工作者都处在法律职业的边缘。① 另外，在大陆法系国家，法律职业中的各个部门是孤立的。法律专业的毕业生一经选定自己的职业（如律师、教师或官员）后，这一职业就很可能伴他一生，从这一法律职业转入另一法律职业的可能性是很小的，兼任其他工作也是不常见的。与大陆法系国家不同，美国法律职业的流动性很大。美国通常认为，法律职业是一个独立的统一体。一个法律职业者不管在什么时候从事哪一种法律工作，作为法律工作者的身份都是不变的。虽然有许多年轻的大学法科学生在毕业后以私人开业律师、官方律师或法人团体的法律顾问身份开始他们的职业生涯，并以此为终身职业，但是对他们来说，从法律职业中的一个部门到另一个部门的工作更换是司空见惯的，法律职业者在不同职业部门之间调换工作是轻而易举的，并且无须进行新的专门训练。②

## 二、律师职业化特征

一般认为，律师作为职业法律家群体之一，必须具备以下条件：第一，坚决维护人权和公民的合法利益，奉行为公众服务的宗旨，其活动有别于追逐私利的营业（business）；第二，在深厚学识的基础上，娴熟于专业技术，以区别于仅满足于实用技巧的工匠型专才（specialist）；第三，形成某种具有资格认定、纪律惩戒、身份保障等一整套规章制度的自治性团体，以区别于一般职业（occupation）。③ 律师一旦具备上述职业法律家的条件，成为专门从事法律工作的人，那么作为一个群体，其自身就进入职业化发展过程，逐步形成了以下共同的要求和特征：④

1. 专业化和专门化。专业化指律师职业工作者需通过专门的系统的培训获得比较深厚的法学理论知识和比较熟练的法律操作技能。专门化指律师职业工作者

---

① 石茂生：《法律职业化与法律教育改革》，载《河南省政法管理干部学院学报》2002年第4期。

② 赵震江主编：《法律社会学》，北京大学出版社1998年版，第407-408页。

③ 季卫东：《法治秩序的建构》，中国政法大学出版社1999年版，第198-199页。

④ 石茂生：《法律职业化与法律教育改革》，载《河南省政法管理干部学院学报》2002年第4期。

以从事律师事务为唯一的职业和主要的经济来源。律师职业专业化的结果使律师职业在社会生活中处于相对的独立性：律师职业活动中已经形成了其所独有的或专有的知识或技术，没有经过一定专门训练的人完全无法涉猎；由于律师职业界为了追求自我的集团利益，同时，为了保障法律服务的质量，而出现了事实上的和法律规定的专业垄断以及法律作为社会公正的代表之必需。律师职业的专门化可以有三种并不必然分离的含义。首先，社会中从事律师事务的人员专门化，即出现专门从事律师职业的人员；其次，伴随从事律师事务人员的专门化，又出现了律师职业机构的具体设置的专门化，即出现专门的律师职业机构；最后，表现为相对独立的律师职业机构运作。①

2. 独立性和组织性。由于社会分工、职业专门化以及职业的相对垄断化、法律的权威性，导致了律师团体机构在社会生活中的相对独立性。这主要体现在律师管理机构的自治性上。组织性则指律师职业者有自己的组织机构或联合体，它对内调整职业内部关系，对外代表全体职业者的利益。

3. 共同的伦理道德和职业追求。法律以公正、正义为最终的和永恒的价值追求，以律师为职业的人莫不以法的价值实现为己任。律师职业的伦理性，即公正、正义性，指律师为被代理的一方寻求法律的公正、正义。

4. 共同的法律语言和思维特征。由于以上特征使律师职业者具有了共同的思维，他们运用法律职业术语去观察、思考、判断，其思维特征也是法律式的。语言的共性有助于互相理解，即在最大程度上促进各种社会关系；有助于有关群体内部的交往，即有助于社会化、职业化的产生。② 有学者认为，律师作为法律职业者，其思维方式包括：（1）一切依法办事的卫道精神。纯粹的法律问题自然如此，连政治经济问题乃至日常的社会问题，也都尽量按照法律的普遍性和形式性的规则和程序，使之转化为明确的权利义务关系加以调整处理。（2）兼听则明的长处。大多数法律决定都是在对簿公堂、双方辩论的基础上作出的，因此，律师习惯于听取不同的意见，从对立之中找出最佳解决方案，并通过解释和论证使之成为具有规范效力的共识或决定。（3）以三段论推理为基础，力图通过缜密的思维把规范与事实、特殊与普遍、过去与未来织补得天衣无缝。它要求对保证言之成理持之成据、富有说服力。③

5. 资格受限性和资格准入性。要加入律师职业必须具备一定的条件，而且往往要参加职业资格统一考试，取得资格，获得许可证。根据律师职业的特点和世界各国的法律实践，统一考试是律师资格准入的最有效方式。通过这一方式可以将具有法律专业知识、法律实践技能的人才选拔出来，组成律师职业共同体。

---

① 苏力：《法治及其本土资源》，中国政法大学出版社 1996 年版，第 137 页、第 129 页。

② ［德］马克斯·韦伯：《经济与社会（上）》，林荣远译，商务印书馆 1998 年版，第 71 页。

③ 季卫东：《法律职业的定位》，载《中国社会科学》1994 年第 6 期。

## 三、律师职业化的影响

### （一）律师职业化的积极影响

律师职业化是实现法治的重要条件。因此，律师职业化的积极作用十分明显。

1. 律师职业化直接有利于提高律师的全面素质，从而适应司法公正的需要。职业化的基本要求是接受系统培训，参加统一考试，具有法律伦理等，这些必然使其素质得以全面提高，从而做到对法律准确而全面的把握，保证法律的公正适用。一方面，职业化可以在制度上促进律师职业从业人员竞争选拔，保证最优秀的法律人才通过选拔进入律师界；另一方面，可以从根本上杜绝不懂法律知识的人进入律师职业，提高律师团体的公众形象。

2. 律师职业化有助于增强司法的独立性。职业化的特征之一是专门化，而专门化在律师团体机构完全依附于行政，或与行政不分的情况下是不可能形成的，只有律师团体机构与行政机构相分离，相对独立，职业化才能形成和发展。反之，律师职业化也促使司法的独立。

3. 律师职业化有利于法的信仰和法的权威的形成。职业化旨在建立一个高素质的有共同语言、信仰、追求的法律共同体。然而，要在全社会成员中树立法律信仰，首先要在律师等法律职业者中建立法律信仰；要在全社会树立法的权威，首先要在律师等法律职业者中树立法的权威。一句话，“徒善不足以为政，徒法不能以自行”。法律信仰、法律原则、法律制度、法律规则最终都要通过法律人来贯彻和实现，离开法律人，法治将无法建成。

4. 由于专业化（律师职业化）而带来的一系列法律技术的运用及其对法律运作的影响，对解决社会的重大政治和社会问题的作用也不可忽视。因此，必须发展出这样一套技术和运用这些技术的专门人员（主要是律师和法官），这些技术的形成和运用这些技术的专门人员是法律活动专门化的产物，它们不仅维护了法律运行的相对自主性，而且为通过法律解决社会重大政治问题、道德问题提供了一种可能性。这些技术可以说成法律进可攻（进行干预甚至主动干预）、退可守（拒绝干预）的要塞，从而保证了法律的有效性和权威，因此有助于司法机关的相对独立。①

---

① 例如，在1954年美国联邦最高法院对布朗案件作出决定之前，美国实际上所有的人都认识到种族隔离是一个深刻的社会政治和道德问题，但至少在当时无法以政治和道德的方式来解决这一问题。所以，这个问题是由法院以法律的方式解决的。而如果要以法律来解决这一问题，在美国这样的法律文化传统的国家，就不能直接提出政治的、道德的问题，也不能以政治理论和道德论点作为法律论点；而必须注重法律的问题和法律的分析论证，甚至必须在现有法律的基础上改变现有的法律实践。要完成这一目标，法律的专门化必不可少，甚至是唯一的道路，尤其是在美国这样一个高度主张“法治”的国度里。[参见托克维尔：《论美国的民主》（上卷），董果良译，商务印书馆1991年版，第310页。]

5. 律师职业化的影响还表现为通过很多其他法律技术影响法律活动的长期有效性。如有意识地推迟审判期，变更管辖，使社会上情绪化因素淡化，防止波动的民情民心对判决的影响和压力；大量以技术性、程序性手段来达到期望的实质性法律结果。而这些技术的运用都与法律人员的专门化（律师职业化）不可分割，都会对法律的运行产生重大影响。

6. 法律的专业化（律师职业化）同时还为法律运行的程序化，进而为法律机构的高效率创造条件。在现代社会中，人们交往大量增加，纠纷大量增加，若每案都按照“实事求是”的原则操作，法律实际上无法运行，并且耗费巨大。为了节省成本，大量、迅速并基本公正有效地处理案件，就必须使案件形成一定的格式，将之分解成各个要素，使案件的处理程序化、规格化。法律职业的专业化为这种程序化地处理案件创造了条件。

（二）律师职业化的消极影响

专业化（律师职业化）也肯定会给法律运行带来“负面”作用。

1. 通过职业律师和法官们的共同努力，使法律判决日益形式化。一方面，法官在判决时所明确表述的理由常常不是他们的真实理由，而只是最好的法律上的理由；另一方面，形式化还表现在有时尽管在法律程序上是合法的，但结果却不合理或不尽合理。这样一来，从一定意义上讲，社会中的法律问题处理是按照一个逻辑运作的，而形成文字的法律却有其独自的逻辑；因为仅仅阅读法官、律师或学者的法律论述，人们难以理解相当一部分作为法律问题提出的问题的性质。

2. 繁文缛节，过度注意细节性问题而忽视大问题；注意一些程序性问题，大大减少了对法律实质性问题的关切；注意到法律的普遍的指导意义，而相对地忽视具体问题中的是非问题。一方面，在法律活动高度专业化的社会中，司法程序将一个司法问题分解为无数细小的法律问题。专门化的加强为法律功能的实现设置了大量程序上的障碍。许多“案件”往往会因为这些障碍而无法进入正式的法律运行过程；另一方面，也常由于程序上的障碍，人们无法通过正式的法律程序解决纠纷，以至于重新利用一些其他形式，包括自助、私了来解决纠纷。

3. 法律行业的垄断（monopoly）。法律本来是世俗的活动，为了解决人们的纠纷，与人们的社会生活紧密相连，但随着法律的职业化、专业化以及大量复杂的法律术语和耗费时间和财力的程序的出现，随着法律逻辑与社会生活逻辑的不相符，法律活动变成了一个普通人除了依赖于法律专门人员（职业律师）之外无法也没有时间涉足的领域（这种情况在我国目前已经出现，特别是许多有关经济活动和行政活动的法律。例如，企业股份制改造或知识产权，对普通人来说就太复杂了）。法律运作因此成为一部分人的事，对大多数人来说，只有最后的结果是真实的、可接触的，而整个法律结论产生的过程及理由则是不可知的、无法控制的。这必然使大多数人对法律望而生畏。

4. 诉讼费用的提高。由于法律已非普通当事人所能操作和运用，当事人为获取法律上的利益，不得不委托律师代理诉讼。律师职业内部自有竞争，但对于整个职业来说，当事人是没有选择余地的，因此他不得不支付法律职业所需要的律师费。而对于法律职业者来说，也很难说他们对诉讼成本的提高有什么过错。作为一名职业律师，他们提供法律服务，并获得报酬。如果这个职业兴旺发达，自己便获得更多的利益。一些西方评论家批评律师是把谁都能懂的问题搬弄得只有他自己才懂，从而赚更多的钱。这种批评虽显苛刻，但同时也表明了职业化和高费用的关系。诉讼成本高，或者说诉讼费用高，是法律职业生存的必要和基础，也是律师职业化的结果之一。

## 四、我国律师职业化进程①

### （一）中国古代律师职业

回眸中国律师职业化发展的历史，可以认为源远流长的中国法律制度并未酿造出现代意义上的法律职业，也未出现现代意义上的法律职业共同体，表现在没有形成统一的法律职业传统、语言、思维和信仰等。在中国，春秋时期的邓析事件，是以说明“好治怪说，玩奇辞……持之有故，言之成理足以欺愚惑众”者，虽“民之献衣濡裤而学诉者不可胜数”，也终被视为“滋讼”、“好讼”者。北宋王安石变法时，为培养司法专门人才，曾设明法科（相当于现在的法学考试），要求士子们学习了当时的法律知识再来应试，却招致司马光“礼之所去，刑之所取，使为士者能知道义，自与法律冥合；若其不知，但日诵徒流绞斩之书，可锻炼文致之事，为士已成刻薄，从政岂有循良”的鞭挞。② 在这种氛围中，热衷于光宗耀祖的大家族常以本宗族“十年无诉”、“百年无诉”为无上荣光。正是在这种氛围中，历代父母官无不以自己治理的地方“历久无讼”、“刑措不用”来标榜自己政绩的优良以捞取政治资本。也正是这种文化氛围导致中国虽有成文法传统，却未孕育出和西方相对应的法律解释共同体来填补规则与法律实践之间的空白，最终使律师职业既谈不上与政治的分离而走向自治，也未能走向职业化和专门化。

### （二）中国现代律师职业

自1977年高等教育考试制度恢复以来，我国开始从考生中选取自愿从事法律职业的优秀青年进入大学，经过专门训练，毕业后进入法律职业领域。与此相对应，1980年5月出台的《律师暂行条例》规定，从高等院校法律专业毕业，并且有两年以上司法工作、法学教学工作或法学研究工作经历的，经考核合格，可担任律师，这在一定意义上把法律训练与法律职业在制度上连接起来。不仅如此，随着法律职业制度化的不断拓展，1984年对《律师暂行条例》作了补充规定，从1986年起律师资格需经统一考试取得，原定每两年举行一次全国性统考，从1992

---

① 李清伟：《法律职业化发展的法社会学思考》，载《法制与社会发展》1996年第5期。

② 李清伟：《法律职业化发展的法社会学思考》，载《法制与社会发展》1996年第5期。

年起改为每年举行一次。与此同时，法官、检察官制度的改革也向职业化迈进，1995年《法官法》和《检察官法》的颁布，标志着法官与检察官职业制度化的开端。所有这些都表明，在法律职业化的取向上，政府在价值上已认同。

新中国成立以来，我国的律师群体一直没有实现职业化。1986年我国开始实行律师资格全国统一考试制度，开始走上了律师职业化的道路。到2001年7月，律师资格考试已举办10次，有近百万人报名参加了考试，有近20万人通过考试取得了律师资格。同时，我国法律教育也有了快速发展，培养司法应用型、复合型高层次人才的法律硕士专业学位大面积铺开，再加上我国法治建设的进一步完善，司法人员学习法律知识的积极性日益高涨，法律共同体逐步形成，法律职业化的条件基本具备。2001年6月，全国人民代表大会常务委员会第22次会议通过了《关于修改中华人民共和国法官法的决定》以及《关于修改中华人民共和国检察官法的决定》，根据上述两个决定的规定，初任法官、检察官从通过国家统一司法考试取得资格并且具备法官、检察官条件的人员中择优选拔。同年7月，最高人民法院、最高人民检察院、司法部联合发出通知，决定从2002年开始实行全国统一司法考试，这将对律师职业化起到关键性推动作用。2018年4月28日，司法部发布《国家统一法律职业资格考试实施办法》扩大了考试资格证书的适用对象，将原先适用于“初任法官、初任检察官，申请律师执业和担任公证员”的人员范围，① 扩张为适用于“初任法官、初任检察官，申请律师执业、公证员执业和初次担任法律类仲裁员，以及行政机关中初次从事行政处罚决定审核、行政复议、行政裁决、法律顾问的公务员”，② 明确了应当参加国家统一法律职业资格考试取得法律职业资格的人员范围，对于推进社会主义法治队伍建设，规范组织国家统一法律职业资格考试，提高国家统一法律职业资格考试选拔法治人才的科学性、权威性具有重要意义。

---

① 《国家司法考试实施办法（试行）》第2条。

② 《国家统一法律职业资格考试实施办法》第2条。

# 第二章　律师制度概览

## 第一节　中国律师制度

### 一、中国律师制度起源

中国的律师制度发端于何时，一直是个争议颇大的问题。追溯中国律师制度的产生，主要出发点就是要研习和尊重历史。大约在西周时期或春秋时代，中国就已经有了律师职业的萌芽，依据是早在西周时期有关于诉讼代理的记载。《周礼·秋官·小司寇》载，“凡命夫、命妇不躬坐狱讼”，意思是说，命夫、命妇作为原告或者被告时，不必亲自到法庭上参加诉讼。如产生了“讼师”这种类似于律师的职业，在春秋时代，郑国人邓析（曾任郑国大夫）好刑名之学，除传授法律知识和诉讼方法之外，还帮助他人参与诉讼，“操两可之说，设无穷之词”，“持之有故，言之成理”，对后世“讼师”职业产生了深远的影响。在中国传统司法制度下，一直存在着专门为他人代写诉状的“讼师”。但司法制度设计者为防止此类职业调词架讼，影响封建法制权威，对“讼师”执业有着严格的限制，作用仅限于为诉讼当事人代写诉状和提供建议，不能出庭辩护或者参与具体的诉讼活动。台湾法学家张伟仁先生曾指出：“因为中国社会以家庭为单元，许多制度都以家庭为模式，司法制度也是如此。法官审案就像父母处理子女间的纠纷。”中国传统司法制度遵循专制统治和君权审判，奉行纠问式的审判程序和刑讯逼供的取证方法，并不具备现代律师制度产生的经济、政治和文化条件。从本质上讲，“讼师”这种类似代理辩护的制度，与近代的律师职业和律师制度有着明显的区别。① 中国的律师制度实际上是舶来品，有据可查不到两百年历史。

### 二、中国近代律师制度

1840 年鸦片战争以后，中国逐步由封建社会沦为半殖民地半封建社会，固有的封建司法体系遭遇系统性危机。中国律师职业形成于近代，但最初的律师并非

---

① 陈卫东主编：《中国律师学》，中国人民大学出版社 2000 年版，第 18 页。

中国人的律师，而是依据“领事裁判权”和“会审公廨”为外国在华侨民服务的外国律师，主要在当时的上海、天津、北京、广州、汉口等地开展律师业务。为了缓和国内矛盾、巩固封建统治，清政府不得不转向西方学习进行变法修律。借助这股“西风东渐”，律师制度同其他司法制度一道被引入中国并不断得到发展。清末的修订法律大臣沈家本对在中国建立律师制度持肯定态度，“当事双方，为诉讼争端对簿公堂，惶悚之下，言辞每多失措”。在公庭上，“质问”、“对诘”、“复问”等诉讼活动，均有律师参加，于诉讼本身亦有莫大方便；遇有重大案件，由国家指定律师参加诉讼，遇有贫苦百姓涉讼，由律师救助会指派律师免费为其代理尤为必要。清政府在1906年3月完成的《大清刑事民事诉讼法草案》中开始有律师制度的内容，之后于1907年拟定的《各级审判厅试办章程》、1910年的《法院编制法》、1911年的《刑事诉讼律草案》和《民事诉讼律草案》中均对律师代理、律师辩护作了具体规定，但是，随着清政府的覆灭，这些法律制度未及实施。1911年的辛亥革命结束了清政府的封建统治，以孙中山为代表的资产阶级革命派仿效西方资本主义国家，建立了民主共和政体性质的国家制度。孙中山曾指出：“查律师制度与司法独立相辅为用，夙为文明各国所通行。”① 临时政府效仿西方国家的法治原则，起草了我国第一部律师制度的成文法典《律师法草案》，但由于临时政府存在时间短暂，该法未能颁布施行。1912年，北洋政府公布了《律师暂行章程》，这被认为是中国历史上第一部律师单行法规，是律师制度在中国正式确立的标志。② 南京国民政府建立后，于1927年公布了新的《律师章程》，1941年又正式公布了《律师法》。同时，还颁布了《律师法实施细则》《律师登录规则》、《律师惩戒规则》。这些法律、法规逐步代替了北洋政府颁布的律师法规，并赋予了许多新的内容，如律师可以私人开业、允许女性担任律师、增加律师消极资格条款、增加律师惩戒特别程序和惩戒复审委员会、增加外国律师执业职务的条款等。

### 三、新中国律师制度

1949年以后，新中国在废除旧法统、创立新的法制体系的过程中，重新创建并发展律师制度。1954年颁布的《宪法》规定：“被告人有权获得辩护。”同年颁布的《人民法院组织法》规定：“被告人除自己行使辩护权外，可以委托律师为他辩护。”由于这些法律的出台，既保障了公民的辩护权，也为律师制度的建立提供了法律依据，律师的法律服务受到社会广泛认同，律师队伍逐步扩大。从1955年开始，全国各地许多市、县都开展了律师工作，逐步建立起我国的律师队伍。截至1957年6月，全国已有法律顾问处817个，专职律师和兼职律师分别发

---

① 宋四辈等主编：《中国法制史教程》，中国民主法制出版社、中国致公出版社2001年版，第296页。

② 杨林生：《中国近代律师制度由来探析》，载《中国矿业大学学报》2002年第1期。

展至2582名和350名，30万人口以上的城市和中级法院所在地的县一般都设有法律顾问处，全国有14个省、市、自治区开始筹建律师协会。① 正当新兴的律师行业处于蓬勃发展时，却遭遇了20世纪50年代后期政治风波的冲击，律师制度在之后长达二十多年时间里几乎是空白的。

党的十一届三中全会以后，我国法制建设得到恢复和快速发展，恢复并发展律师制度被提上议事日程。1980年8月，第五届全国人民代表大会常务委员会第十五次会议通过的《律师暂行条例》，有力地推动了我国律师业的迅速发展。到1986年第一届全国律师大会召开、中华全国律师协会成立时，我国已经建立律师执业机构3189个，律师人数达21546人。② 1988年，“合作制律师事务所”开始试点，标志着律师行业逐渐走向社会化。随着改革开放的深入和经济、社会的不断发展，律师的业务范围不断拓展，《律师暂行条例》的许多规定开始表现出历史的局限性，律师制度需要进一步改革和完善。1992年至1995年，司法部先后颁布了《律师惩戒规则》、《律师职业道德和执业纪律规范》等一系列有关律师制度的规章，对完善律师制度、规范律师行为和保障法律的正确实施，具有重要意义，也为律师法的制定奠定了坚实的基础。1996年5月15日，第八届全国人民代表大会常务委员会第十九次会议通过了《律师法》，共8章53条，对律师的性质、律师的执业条件、律师事务所、律师的业务、执业律师的权利和义务、法律援助、律师协会、律师的法律责任等内容作了系统规定，标志着我国律师制度的初步健全与完善，在新中国律师制度发展史上具有里程碑式的意义。此后，为了适应经济社会发展和法制建设需要，《律师法》分别于2001年、2007年、2012年、2017年进行了四次修正，律师的权利得到不断的发展与保障，律师的管理更加规范化和制度化，律师逐渐成为推动我国法治进程的重要力量。

## 四、港澳台律师制度

### （一）香港特区律师制度

在香港，律师（Lawyer）是为社会提供法律服务的执业者的总称。香港的律师制度基本上沿用英国的传统做法，将律师分为大律师（Barrister）和律师（Solicitor）。大律师又称为讼务律师，专门从事法庭的诉讼辩护，在法庭上享有充分的发言权，可细分为普通大律师与资深大律师；律师又称为事务律师，专门从事非诉讼业务或部分诉讼业务，但在诉讼中，其出庭时的发言权受到限制，还可细分为普通事务律师与公证律师。

1. 律师资格的取得。

在香港，申请成为律师的途径主要有以下几种：第一，在香港的居民要获取

---

① 陈卫东主编：《中国律师学》，中国人民大学出版社2000年版，第21页。

② 任继圣主编：《律师制度与律师实务》，法律出版社1998年版，第13页。

执业律师资格的，首先必须是在香港居住满 7 年的香港永久居民，或者是英联邦国家的公民，同时必须在香港的大学法律系毕业，学习 3 年法律学士课程，再加上 1 年的高级文凭课程，取得法律学士学位（LLB）。毕业后，在律师行跟随事务律师实习 2 年。实习 2 年后，向律师会就其律师资格提交“申请通知”。律师会初审合格后发给申请人“申请证书”，然后由申请人向最高法院经历司提出申请。在最高法院审核时，律政司和律师会代表出席并发表意见，最后，由最高法院作出同意接纳或拒绝接纳的决定。申请通过后，经历司发给申请人有首席按察司签名的接纳证书，并在申请人向经历司和律师会交纳了登记费用后，将申请者的名字正式登记在《律师名册》内。第二，除符合上述国籍条件或已经取得香港永久居民资格或在香港通常居住满 7 年外，能出示文件证明已经在英国被接纳为律师并没有取消资格或被勒令停止执业，而且在被接纳前又连续在香港住满 3 个月以上的人，其申请程序大致同第一种途径。第三，在澳大利亚各州、加拿大各省(魁北克省除外)、新西兰、爱尔兰、新加坡和津巴布韦取得律师资格或者虽然该地区没有接纳律师执业这一制度，但已经被接纳为法律执业的人，到香港后，任职于香港政府部门担任法律官员 7 年以上并于申请前在香港受雇从事类似律师的工作至少 3 年者，并决意在申请获准后即从事律师工作。在其他方面符合做一名律师的条件者，也可以申请为香港律师，但必须经首席按察司同律政司、律师协会协商后，可以按照首席按察司规定的方式吸收为律师。此类人员一般还必须通过律师会理事会规定的律师账目审查，但如该人员过去已经通过账目审查，经首席按察司同律师协会理事会协商同意后可免于再次审查。第四，凡在香港大学担任专职法律讲师讲授法律深造文凭课程至少 1 年，以及曾在澳大利亚各州、加拿大各省（魁北克省除外）、新西兰、爱尔兰、新加坡和津巴布韦被接纳为律师，或者在该地区执业过程中从事这项工作至少 2 年，而本人又适宜于当律师者，可由最高法院按照首席按察司所定的程序被接纳为最高法院律师。① 第五，已经在香港地区、英国、北爱尔兰取得大律师资格并已经执业不少于 5 年的人也可要求转业成律师，申请程序与第一种途径相同，不执业需“见习合同”，但必须取得其所属的英国四大法学院的两位高级院务委员认可该人适宜于当律师的证明，同申请书一并呈交。

大律师（Barrister）的专业资格在《法律执业人员条例》中也作了详尽规定。一般申请为大律师有以下几种途径：② 第一，作为香港永久性居民，取得香港大学或者香港城市理工学院法律系的法学学士学位，并修完 1 年的法律高级文凭课程，合格后跟随 1 名至少有 5 年经验的大律师实习 1 年后，即可向最高法院申请领取证书，正式取得大律师的资格。第二，具有英国或北爱尔兰的出庭律师资格

---

① 黄怡祥：《香港律师制度》，三联书店（香港）有限公司 1993 年版，第 10-12 页。

② 《律师执业条例》（香港法例第 159 章）及其附属法例《大律师（资格）规则》有关条款，载张富强主编：《香港律师法规资料编译》，法律出版社 1999 年版。

并在英联合国已经至少执业 3 年，且在申请时无被取消大律师或辩护人资格之情形，申请时已经连续在香港居住至少 8 个月的人都可向最高法院提出申请。对于在申请时尚未在香港连续居住满 8 个月或者并未在英联合国执业 3 年以上者，也可由最高法院附加条件或其他限制的情况下予以接纳。第三，已经在澳大利亚各州、加拿大各省（魁北克省除外）、新西兰、爱尔兰、津巴布韦、新加坡等地取得大律师或法律执业者资格，具有法庭辩护经验，到香港以后在香港政府律政署从事律师类似工作的人士，如果其愿意在被吸收为香港大律师12个月内在港从事大律师业务，则经首席按察司向律政司和大律师公会协商后，按首席按察司规定的程序吸收为大律师。按该途径吸收的人员有一定的数量限制，一般每年只吸收 4 名。第四，律师转为大律师也是允许的，但须符合相应的条件，包括必须在申请转为大律师以前已经从事律师工作至少 3 年，或者在香港政府或公共机构中担任法律官员至少 3 年，且在被核准为大律师后不再继续自行或合伙开设或受雇于律师行。符合条件者应向最高法院经历司提出申请，最后由最高法院决定是否接纳该申请人为大律师。① 对于律师和大律师而言，取得资格后并不等于取得执业资格，执业资格还需另行申请。

2. 律师的组织与管理。

律师是通过组织律师行或受雇于律师行进行法律事务活动的。香港的律师行都是以个人的姓名或数位合伙人的姓氏作为律师行的名称挂牌经营的，这是对公民、对社会负责的一种办法，也便于对律师行的经营进行监督。香港律师会是香港法定的律师专业团体（管理律师的专业组织）。香港律师会设有执行委员会，会员从律师会全体成员中选择产生。凡在香港的律师必须参加律师会，律师会的会员都是执业律师。律师会负责管理执业律师的执业道德、安排职业考试、办理职业执照登记手续、处理投诉问题等。律师可以独立经营律师行，也可以与其他的律师合伙经营律师行，而大律师必须独立工作，可以同其他大律师合租写字楼，但不能与其他的大律师合伙经营业务，也不能受雇于他人的律师行或律师事务所。香港大律师公会是管理大律师的专业组织，公会设有执行委员会处理日常事务，负责审查大律师的职业道德、办理新会员的登记手续、安排申请大律师的考试、处理大律师违纪行为等。

（二）澳门特区律师制度

澳门在 1999 年回归以前一直是葡萄牙的“殖民地”，司法制度长期受葡萄牙司法制度和文化的影响，律师制度发展较为缓慢。直到 1991 年 4 月 16 日，澳门总督韦高倍颁布了《澳门律师通则》，同年，葡萄牙议会通过了《澳门司法组织纲要法》。至此，澳门律师制度才摆脱了葡萄牙海外地方司法组织法的约束，澳门首次有了本地区的律师制度，律师业的发展进入了崭新的阶段。② 澳门的律师

① 石毅主编：《中外律师制度综观》，群众出版社 2000 年版，第 155-156 页。

② 蓝天主编：《“一国两制”法律问题研究（总卷）》，法律出版社 1997 年版。

制度，主要有澳门政府颁布的“律师通则”，以及由澳门律师公会颁布的“律师入职规章”、“澳门律师公会章程”、“律师职业道德守则”、“律师纪律守则”等。这一系列的法律和规章，对律师的任职资格、权利和义务、业务范围、执业形式、组织、管理、纪律处分等作出全面的规范。①

1. 律师资格的取得。

在澳门，获得律师资格的条件主要有两方面：第一，能力条件。申请人必须为澳门本地大学的法学学士，或其他地区毕业的经澳门认可学历的法学学士，并已完成律师实习。如果是在澳门以外地区毕业的法学学士，须在修读有关澳门法律的专门培训课程后，才能开始实习。具有硕士或以上学位，并在澳门高等学校任教 2 年以上的法律专业的教师，以及在澳门任职 2 年以上且工作评核为良的前任法官、检察官、公证员等，可免于参加实习。申请人在开始律师实习前，须首先在律师公会注册为实习律师。实习分为理论及实践两个阶段，最短为期 18 个月。在实践阶段，实习律师应在一名从业至少 5 年以上的律师的指导下开展工作。在此期间，实习律师可向当事人提供非诉讼领域的法律咨询服务，或经法院指定，在给予司法援助的案件中担任诉讼代理人。另外，也可在独任庭法官审理的刑事案件，不接纳上诉的民事案件，以及涉及其本人、配偶、尊亲属及卑亲属的案件中，担任律师职务。实习期满后，导师须就实习律师的工作表现、能力等制作详细报告。第二，道德及其他法定条件。在澳门，律师要执业，仅有律师资格是不够的。根据《澳门律师通则》的规定，有下列任一情况，不能在澳门成为律师：不具备从事律师职业的道德品行，尤其是曾因任何严重的不名誉的犯罪而被定罪；不完全享有民事权利；经法院判决宣告无能力管理个人及其资产；处于不得兼职或禁止担任律师的状况；因道德品行不佳而曾被科处撤职、强迫退休、停职处分的司法官及公务员等。律师职业资格的审批由澳门律师公会负责。所有被接纳参与及完成律师实习的人员，须在一定期限内向律师公会提出注册申请。律师公会在收到申请后，即成立由 3 名资深律师组成的委员会，由该委员会对申请作出审查，并将审查结论提交律师公会议决。获通过者可在律师公会注册，并领取“职业身份证”，成为澳门执业律师。

2. 律师的职业范围。

根据《澳门律师通则》的规定，澳门律师业务的主要内容为：接受诉讼委托、提供法律咨询、作出意定代理。因此，律师既能参与刑事、民事、行政等各类诉讼活动，也涉足十分广阔的非诉讼领域。②

律师在刑事诉讼中，可以担任嫌犯的辩护人、自诉案件中自诉人的代理人、辅助人的代理人、刑事附带民事损害赔偿请求的案件中民事当事人的代理人等。属法定必须由辩护人提供辩护，而嫌犯仍未委托或不委托辩护人的情况，法官须

---

① 刘国之：《澳门特别行政区的律师制度》，载《人民检察》2007 年第 20 期。

② 赵秉志等主编：《澳门法律问题研究》，中国人民公安大学出版社 1997 年版。

为其指定辩护人，其中优先考虑律师为辩护人。在刑事诉讼中，除法律限定只能由嫌犯本人行使的权利外，嫌犯享有的权利均得由辩护人行使。在民事诉讼中，基于意思自治原则以及民事法律活动的广泛性，律师的参与较刑事诉讼中更为广泛、多样。律师可以在诉讼的所有行为、程序及相关的随附事项内担任当事人的代理人，包括在上级法院内担任代理人。法律也规定了在某些民事案件中，必须委托律师参与，包括：可提起平常上诉的案件；上诉案件及向上级法院提起诉讼的案件；利益值高于中级法院法定上诉利益限额的执行程序；利益值高于初级法院法定上诉利益限额的执行程序等。在行政诉讼中，当事人必须委托律师担任诉讼代理人，才能提起及参与诉讼。

在非诉讼事务中，律师也扮演着重要角色。律师可接受自然人、法人及其他团体的聘任，担任固定、长期性质的法律顾问，或接受当事人的委托，解答有关法律的询问，草拟和审查各类协议、合同、章程，出具法律意见书，草拟有关法律事务的文书，对委托书及文书的译本予以认证，以及参加调解、和解、仲裁活动等。

3. 律师的组织与管理。

由于律师职业活动的高度专业化，澳门律师在自身的组织和管理上具有高度的自治性和自律性，设有两个专门的管理及纪律惩戒机构，分别是澳门律师公会和澳门律师业高等委员会。

澳门律师公会的职责，除制定律师执业道德和纪律规范等方面的准则，审批和授予律师及实习律师的职业资格外，也包括维护律师的合法权益、促进律师遵守职业道德准则、提高律师业的尊严和威望、增强律师之间的团结等。律师公会作为公法人，具有法律人格，并享有独立权及自主权，在履行职能时须听从澳门当局、任何公法人或私法人的指引。律师公会的机关，由大会、理事会及监事会组成。大会由所有有效注册的律师组成，主要职能为：负责制定和通过有关律师业的各项规章，决定与律师的管理事宜有关的重大事项；理事会负责监督对上述规章及大会其他决议的执行，制订年度活动计划及预算账目等；监事会负责对年度工作报告及账目的执行提交审查意见。

律师业高等委员会为独立的合议机关，职责为监管律师的执业纪律与操守，并行使对违纪行为的处分权。此外，也负责审查申请律师注册者是否符合担任律师的道德条件。“律师通则”规定，任何因作为或不作为导致违背该通则、“律师职业道德守则”、“律师纪律守则”等所定义务，并有过错的行为，都可构成违纪行为。对于违纪行为，律师业高等委员会可在完成调查程序后，根据被调查人过往的职业与纪律表现、过错的程度、行为的后果等，作出警告、谴责、罚款（最高限额为澳门币10万元）、停业（最短10日，最长15年）的处分。对该委员会所作的决议，被调查人、律师公会及其他有关人士可提出异议，或依法向法院提出起诉。

（三）台湾地区律师制度

1. 律师资格的取得。

规范台湾地区律师制度的立法，以“律师法”为核心，兼有“律师法实施细则”、“律师规范”、“律师检核办法”、“律师惩戒规则”、“律师登录规则”、“律师各公会办理平民法律扶助事项督导办法”等与之配套，其立法体系完备、内容广泛齐全、实用性强，是法律工作得以全面实施的有效法律保证。在台湾地区，律师属于专门职业，在成为一名执业律师之前，要通过取得律师资格、完成律师登录、参加律师公会组织等环节。在从事律师工作中，则受律师惩戒制度的约束。依据台湾地区“律师法”的规定，取得律师资格，一是要经过律师资格考试，二是要经过律师资格检复。

台湾地区的律师资格考试属于专门职业及技术人员高等考试之一。参加考试者的资格为：（1）公立或经立案的私立专科以上学校，或经“教育部”承认的境内外专科以上学校法律系科毕业，获有证书者；（2）经高等检定考试相当类科及格者；（3）经普通考试或法院书记官考试及格者。凡在法院担任书记官，连续担任审判记录或检察处书记官，连续担任侦查记录 4 年以上有证明文件者，均可参加专为其设的普通考试。律师的考试科目，通常由“考试院”征询各有关法律学校和司法机关的意见而制定。

律师资格检复是指通过复核一定人员的学历、资历、证件，检测其是否已达到律师资格的水准。具有下列资格之一者，可以申请律师资格检复：（1）曾任法官或检察官者；（2）曾任公设辩护人 6 年以上者；（3）曾在公立或经立案的私立大学、独立学院法律学系或法律研究所专任教授 2 年、副教授 3 年、讲授主要法律科目 3 年以上者；（4）曾在公立或经立案的私立大学、独立学院法律学系毕业，或经军法官考试及格，现任相当于荐任职军法官 6 年以上者。“考试院”考选部设律师资格检复委员会，办理审查律师资格检复等事项。

台湾地区“律师法”规定，取得律师资格后，必须先行在法院登录及加入律师公会组织，才可以从事律师工作。律师登录机关为其将要从事律师工作所在地的法院检察处，每个律师必须向 4 个地方法院及其直接上级高等法院或其分院申请登录。律师须完成职前训练方可登录，但曾任法官、检察官、公设辩护人、军法官不受此限。如果律师与其将要登录的法院院长或首席检察官有配偶关系、五亲等内的直系或旁系血亲、三亲等的姻亲关系，应回避，不应在该法院登录。另外，充任商务仲裁人的律师向商务仲裁协会登录，充任专利代理人的律师则须向专利掌理机构登录。①

2. 律师职业范围。

台湾律师的业务大体上有两方面：一是代理委托人进行刑事诉讼或民事诉

① 焦纲：《台湾律师制度管窥》，载《法制日报》2001 年 2 月 7 日。

讼；二是进行非诉讼活动和法律咨询活动，担任法律顾问，解答公民提出的有关法律疑难问题，帮助书写诉讼材料。在刑事诉讼中，刑事案件的被告人或自诉人可以委托律师作为他的辩护人，代其出庭参加刑事诉讼；在民事诉讼中，民事案件的原告和被告都可以委托律师充当自己的诉讼代理人，这类案件的代理人必须是律师。对于法律规定强制辩护人的案件，如果法院没有设置辩护人，律师还可能被审判长以书面或口头的方式指定为被告的辩护人。

台湾律师的业务还包括非诉讼事务。在台湾地区，凡是有关权利的创设、变更或消火的事件，凡不属于法院裁判权范围内的事件，都作为非诉事件处理，如社团、财团、各种法人的登记，遗嘱的确认及执行，抵押物的拍卖，失踪人财产的管理，禁治产人监护人的选定等，权利人或义务人都可以委托律师全权代理。

3. 律师的组织与管理。

台湾的律师尽管是自由职业者，但台湾通过律师公会对律师进行的监督管理还是比较严格的。① 律师必须加入所在法院境内的律师公会，否则不得执行律师职务。

台湾地区“律师法”第 73 条规定，违反律师法规定或律师伦理规范或律师公会章程的行为，情节重大者，应交付惩戒。“律师伦理规范”的前言指出，“律师以保障人权、实现社会正义及促进民主法治为使命，并应基于伦理自觉，实践律师自治，维护律师职业尊严与荣誉”，但难免有逾越职业伦理规范者。因此，该规范第 49 条规定，若律师违反本规范，可由律师公会处以劝告、警告，情节重大者，可以移送惩戒机关。而律师惩戒方式有“警告、申诫、停止执行职务二年以下、除名”。律师应付惩戒者，由高等法院或其分院或地方法院检察署依职权送请律师惩戒委员会处理。律师公会对于应付惩戒之律师，得经会员大会或理事、监事联席会议之决议，移送律师惩戒委员会处理。

台湾地区“律师法”第 78 条规定：“律师惩戒委员会，由高等法院法官三人、高等检察署检察官三人、律师七人及学者或社会公正人士二人担任委员；委员长由委员互选之。”第 43 条规定：“律师惩戒复审委员会，由最高法院法官三人、最高检察署检察官三人、律师七人及学者或社会公正人士二人担任委员；委员长由委员互选之。”虽然律师惩戒及复审委员会分别设在高等及最高法院，但是因为律师惩戒的性质特殊，可加入非法官的专业人员共同参与审理，并加重律师自治的观念。因此，律师担任委员会的比例超过法官及检察官，且委员长由委员互选，与以前由法官主导律师惩戒的情形有所不同。

---

① 潘胜忠：《台湾与大陆律师制度之比较》，载《青海社会科学》1992 年第 3 期。

## 第二节 外国律师制度

### 一、英国律师制度

英国是世界上较早建立律师制度的国家，很多司法传统被沿袭下来，是当今世界各国研究和借鉴律师制度的重要资源。英国的现代律师制度是在经历了19世纪司法改革后才最终定型的。英国的律师主要分为政府律师和开业律师。政府律师在刑事案件中代表国家提起公诉，开业律师则是为被告人进行辩护；在行政案件中，开业律师则代理原告进行起诉，政府律师则为政府辩护；在民事和经济案件中，两者维护当事人的利益。规范律师的制度主要有1974年的《律师法》，该法对律师资格的取得，律师执业的权利和义务，对律师的管理等作出了明确规定。英国律师制度最突出的特点是二元制，根据从业方式和从业范围，将职业律师划分为两类——“小律师”与“大律师”，或称之为事务律师（solicitor）与出庭律师（barrister）。

大律师亦称出庭律师、辩护律师、高级律师，英文是“barrister”，取义于“bar”，即“法栏”，是指法庭内审判区与旁听席相隔的围栏。在英国，“被召进围栏”系针对具备开业资格的出庭律师而言。大律师是指接受事务律师的委托，有权专在具有制定判例职权的高等法院、终审法院、法官面前进行言辞辩论活动的人进行辩护活动的律师。大律师的工作集中于对案件涉及的法律问题进行研究和法庭之上的口头陈述和辩论工作。大律师在法庭上的地位具有特权性和垄断性，这并非出自任何成文法的规定，而是长期以来英国法庭实践中形成的惯例——除了出庭律师，任何人都不得在没有法律顾问的前提下以个人名义出现在法庭之上。

取得大律师资格的规定很严，要求很高，必须通过法律教育委员会的考试，获准进入4个大法学学院（林肯法学学院“Lincoln'sInn”、中殿法学学院“The Middle Temple”、内殿法学学院“The Inner Temple”和格雷法学学院“GrayInn”）之一，进行3年共计12个学期的学习。四大律师学院在英国乃至世界法律史上具有举足轻重的地位。①

大律师在有指定判例权的法官面前办理言辞辩论的诉讼案件，有权在王室法院以上的法院行使辩论权。除此之外，大律师也可为小律师提供法律意见，起草法律文件，原则上接受小律师的委托而进行工作。非经小律师引介，大律师不得直接对当事人提供法律意见或解除委托，更不得直接收取当事人的报酬。大律师对当事人应当忠诚无二，在工作中虽负损害赔偿责任，但对其在法院之工作却具有豁免责任之特权。大律师只能单独开业，不准合伙开业，不得同时兼任小律

① 茅彭年等主编：《中国律师制度研究》，法律出版社1992年版，第16-18页。

师，亦不得从事其他有碍专业独立或大律师名誉之职业。如果大律师自己不开业，可受聘于工商企业或政府机关，也可被任命为高级司法官。

小律师亦称事务律师、撰状律师、低级律师，英文是“solicitor”，取义于“solicit”，即恳求、征求、请人帮助之意。通常意义上，事务律师负责直接接触和处理当事人的法律事务，进行取证和法律文书的书写和准备工作，但是不能出庭辩护。如果所接受的是属于王室法院以上的法院进行辩论的诉讼案件，小律师须对案件进行初步审阅和研究，并写出简报（briefing）交给大律师，同时还须附上证据、证人名单及诉讼费。大律师接受后，即负有处理该案一切事务的权责。实践中，小律师以个人或者合伙的形式，办理涉及土地转让、合同以及遗嘱的起草等业务，承担不动产管理事务，并为其客户提供有关税务、商务、保险和公司运营等方面的法律建议。

英国的二元制律师制度将律师业务划分为两部分，将法庭辩护权赋予大律师，而将其他非诉讼业务一律交给小律师，该制度一直为司法实务界所争论。赞同者认为：第一，诉讼在英国是极其复杂、烦琐的工作，由于大、小律师有了明确的分工，使得大律师能专职于诉讼、脱离一些事务性的工作，对有关法律进行深入细致的研究。第二，大律师精通各种诉讼程序，能运用诉讼技巧维护当事人的合法权益。第三，大律师不直接与当事人接触，以免先入为主，所提供的法律意见较为客观。对这种律师制度持批评态度的人认为：第一，大律师与小律师之分只是人为的割裂，小律师完全有能力从事大律师的工作，不必有业务上的划分。第二，大律师与当事人之间无合同关系，无法通过法律程序追回当事人欠缴的诉讼费，大律师对工作上的失误，也不用担负法律责任，从而造成大律师的工作和当事人的利益之间的脱节。

## 二、美国的律师制度

美国的律师制度虽然源于英国，但并未继承英国律师制度中的分级制度、业务垄断等传统做法，也没有事务律师和出庭律师的明显区分，而是伴随着美国政治、经济和社会的发展，开辟了一种独特的发展模式。美国律师的活动范围和业务很广泛，几乎遍及社会的各个领域。美国的律师有三类：政府机关雇用的律师、企业公司雇用的律师和开办律师事务所的律师。前两种是政府或企业公司的雇员，他们仅处理本政府机关或企业公司的法律事务，并不接受社会上当事人的委托；最后一种在社会上执行律师职务，为不特定多数人服务，领取营业执照，又称为“挂牌律师”。在美国，律师拥有较为丰厚的收入和较高的社会地位。主要原因在于：判例法传统使得美国的法律非常复杂，人们在处理政治生活、经济生活和社会生活中的各种问题，都需要律师的专业帮助；律师职业成为进入权力部门的重要通道。迄今为止，已有23位美国总统出身于律师职业；法官一般都要由从业多年的律师中选拔产生；律师与检察官的职业可以互换。①

（一）律师资格的取得

在美国，要想取得律师资格需要通过律师资格考试。一般由各州最高法院任命的主考人组成的考试委员会负责主持，应考者必须毕业于美国的法学院，并取得法学学士学位，考试内容包括州法律和联邦法律，通过考试后，由考试委员会颁发律师资格证书。但是，通过一州的律师考试只能在该州执业，如果需要到另一州执业，则需要再次通过该州的律师资格考试。

（二）律师的组织与管理

美国的律师组织是美国律师协会（American Bar Association，简称 ABA），联邦和州各有自己的律师协会，二者之间没有直接的隶属关系。在大多数州，参加律师协会是自愿的，只是在个别州，加入律师协会是强制性的。美国律师协会的任务主要有：一是对全国的法学院进行考察评估，并对法学院的课程设置、师资力量、教学科研等提出要求，通过授予合格称号的形式对法学教育进行监督管理；二是组织律师进修、研究法律，监督律师执行《律师守则》，受理公民对律师的控告，对律师的违法乱纪行为予以查处、进行惩戒，制定一系列关于职业道德与责任等法规及大量的临时性议案，对律师进行职业伦理教育和纪律教育；三是对社会公众进行法律宣传教育。

## 三、法国的律师制度

法国的律师分两种：一种是由政府任命的，在最高法院执行职务的律师；另一种是在其他法院执行代理和辩护职务，以及在非诉讼事件中为社会提供法律服务的律师。前者在法国只有60多人，它的前身是法国革命前旧王朝的王室参事院律师。这种律师除在最高法院执行职务外，还在最高行政法院执行职务，他们的地位较高。

除最高法院外，后一种律师可以在任何法庭进行代理和辩护。这些律师主要的业务是围绕诉讼进行的，但也为社会提供非诉讼方面的法律服务。

（一）律师资格的取得

在法国要成为律师，必须具备以下条件：第一，年满25岁以上的具有民事能力的法国公民，禁治产人及准禁治产人不在此列；第二，品行端正，且未受妨害风化罪的刑事判决；第三，取得法学学士学位；第四，经过考试合格。法国的律师资格考试独具特点。一般律师的考试是由普通大学法律系主任主持进行的，考试委员是由法律系主任指定的法律教授和法官、检察官、律师、诉讼师等组成。考试分两次，第一次是许可资格考试，第二次是许可考试。在最高法院执行职务的律师，则要经最高法院评议会特别考试合格；在律师事务所、代诉师事务所、

---

① ［美］罗伯特·克拉克：《哈佛法学院院长谈律师：我们需要多少律师》，载“中国律师网”2003年7月18日。

法院、检察厅等处实习3年。以上条件具备后，在律师名册上登记，即取得律师资格。

（二）律师的执业范围

法国的律师业务通常可以分为诉讼业务和非诉讼业务。诉讼业务是律师接受当事人的委托，代表当事人并为了当事人的利益所进行的与案件有关的一切诉讼活动以及采取的有关措施。这些活动和措施包括起草诉讼文书以及出庭辩护、调查取证等。在法国，在基层法院提起诉讼的当事人可以不请律师和其他专业人员代理，当事人只有在某些专门的法院，如民事法院和上诉法院进行诉讼时，才必须由律师和其他专业人员进行代理。在法国，一般的律师可以在任何法院为当事人代理诉讼，但是，行政法院、最高法院、上诉法院例外，只有少数专门的律师才能在行政法院和最高法院出庭，这些律师被称为“行政法院和最高法院的律师”，他们有自己的律师协会、理事会和会长。非诉讼业务，主要是为当事人提供法律咨询。法律咨询的范围包括向当事人提供有关职业、贸易和商业问题的法律意见。近年来，律师的非诉讼业务数量和意义都在不断扩大。

（三）律师的组织与管理

在法国，律师会是法国律师实行行业自治的机关，它属于公共团体的性质，设于各法院所在地。各律师会设有评议会和律师会会长，并定期召开全体会。律师会会长代表律师。律师会的职责是制定并监督律师遵守内部规章，决定对律师的惩戒，等等。

## 四、德国的律师制度

（一）律师资格的取得

在德国，律师是自由职业者，要成为律师，首先要通过资格考试。德国律师资格考试分两次进行：第一次是国家司法考试，科目包括民事、刑事、行政法、宪法和法哲学、罗马法和法律史等，通过第一次司法考试后，开始两年半的实习。实习期间也要参加多次口试和笔试，全部及格并完成实习者可以参加第二次国家司法考试。考试着重于实践知识，考试合格可取得候补文官资格，可以申请成为律师，也可申请成为法官、检察官。德国由司法部授予律师资格，同时赋予律师协会鉴定权和建议权。

（二）律师的职业范围

在德国，律师可以是有资格的独立法律顾问，可以是各种法律事务的代理人，可以是刑事案件中的辩护律师，也允许高等学校法律老师充当辩护律师。法庭可以指定律师为被告人提供辩护服务。从律师的执业地域来看，在民事诉讼中，律师原则上可以在州法庭、州高等法院和联邦法院出庭代理诉讼。在刑事案件中，任何律师在联邦地区内可在任何法庭上辩护。德国《联邦律师收费条例》规定，律师从事的所有业务都要按标准收费，并由法院监督执行。当然，在当事人以书面形式同意的情况下，律师可以收取高于法定标准的酬金。但在法律援助案件中，律师酬金由法院确定先由国家支付，之后由败诉当事人归还国家，法院确定的律师酬金数额一般都偏低。在德国，律师执业由司法部领导和监督。如果律师犯有严重错误并且被加以证实，将受到处罚，处罚包括警告、训诫、罚款、1-5 年内禁止执业和撤销律师资格等措施。律师处罚程序由律师法院主持，律师法院分为地区律师名誉法院、州律师名誉法院和联邦律师法院三个审级。

（三）律师的组织与管理

德国律师协会为公法社团，是律师自律管理的行业组织。律师协会由律师按照法律的规定，经司法行政部门批准后设立。法律规定律师必须加入一个地方律师协会。地方律师协会共同发起成立具有联合会性质的全国律师自律组织——全国性律师协会。地方律师协会是地区性的律师行业管理组织，行使法律赋予的各项管理职责；全国性的律师协会没有实质性的管理职责，它只负责协调地方律师协会之间的关系，制定行业性的一些规范，对外宣传联络。虽然，律师协会为律师自律组织，也必须接受司法行政部门的监督和指导。司法行政部门的主要职责是监督律师协会遵守法律和章程，特别是履行其职责的情况。

## 五、日本的律师制度

日本的律师制度主要吸取了英美的立法经验，并于第二次世界大战后改革了司法制度，1949 年颁布了新的《律师法》，该法是日本现行律师制度的法律基础。日本的律师称为“辩护士”，属于自由职业者，近年来，专业化分工十分明显，如国际案件、专利案件、劳资纠纷案件以及处理集团性债务案件等，均实行了某种程度的专门化。①

（一）律师资格的取得

在日本，取得律师资格原则上要求在大学法律系毕业以后，参加由国家统一组织的司法官考试，考试合格以后到政府主办的司法研修所学习 2 年，期满考试者，授予候补辩护律师资格。取得候补律师资格后还需在司法机关、政府或法院工作 5 年以上，才能取得正式律师资格。但下列人员可以不经过司法官考试和司法研修而授予律师资格：（1）曾任最高法院审判官 5 年以上者；（2）从事法律公务员工作 5 年以上，经司法官考试可免司法研修；（3）曾任大学法学教授或副教授 5 年以上者；（4）《律师法》颁布以前已经取得律师资格者。具有律师资格者要成为执业律师必须在联合会的名册上登记。日本律师的执业机构是“法律事务所”，日本律师属于自由职业者，所以不少律师事务所是个人的。除个人办的法律事务所外，还有数人合伙的法律事务所。合伙法律事务所力量大，竞争力强，便于律师事务水平的提高，近些年发展很快。

① 潘牧天：《全球化与中国律师制度的发展》，载《法治论丛》2003 年第 5 期。

（二）律师的职业范围

日本《律师法》第1条规定，律师的使命有两个：第一，维护基本人权，实现社会正义；第二，在诚实执行职务的基础上，努力维持社会秩序及改善法律制度。其规定的律师职责主要有：参与诉讼案件，为公民、机关团体代理诉讼，为刑事辩护人进行辩护；在非诉讼案件中为社会提供法律帮助；充当税务代办人，等等。

（三）律师的组织与管理

日本律师组织分为两类：日本律师联合会和律师会。日本律师联合会（也称为“日本辩护士联合会”）是全国性律师组织，其使命是保护律师品格，谋求律师改善和进步，对律师和律师会进行监督指导和业务联系。律师会是日本的地方性组织，其使命与日本律师联合会相同。律师会是法人组织，按照法律规定，它在每个地区裁判所辖区设立，目前除东京有三个律师会外，律师会的会员是本辖区内所有的律师。律师会在日本律师系统中起到承上启下的作用，日常是审查律师资格，指导律师开展业务，对律师活动实行直接监督。

# 第三章　律师职业角色与职能

## 第一节　律师职业角色概述

随着我国法治建设的广度和深度不断发展，律师制度作为国家法治基础不可或缺的柱石作用日益凸显。律师这一职业深切嵌入社会生活的方方面面，与国家发展进步和人民生活联系紧密，整个社会的有序运行已经离不开律师职业群体职能作用的发挥。在社会转型过程中，律师职业角色和职能也在发生变化和演进，在不同的时空领域中扮演着不同的角色。关于律师职业角色的探讨，有利于我们更好地认识律师的性质，更好地发挥律师这一特殊社会职业的职能作用。

### 一、新中国成立后律师职业角色的定位

新中国成立之后，我国的法治建设经历了十分曲折的发展历程，与之相对应，律师职业在国家及人民生活中扮演的角色也发生了相应变化。改革开放后，国家明确了律师的职业定位。随着法治建设的深入发展，对律师职业定位也经历了从国家法律工作者到为当事人提供法律服务的社会法律工作者，最终成为当事人提供法律服务的执业人员的转变。

（一）国家法律工作者

1980年五届人大常委会第十五次会议通过的《中华人民共和国律师暂行条例》规定，律师是国家的法律工作者。根据这一规定，律师是具有公职身份的国家干部，具有行政级别，律师事务所也是国家事业单位。这种体制的弊端在于，将律师定位为公务人员，就不会独立于其他公权力机关，在官本位、国家利益至上的社会背景下，当公权力机关侵犯私营企业、其他社会组织、个人合法权益时，律师为当事人据理力争的职能难以得到实现。随着我国经济社会的飞速发展，“律师业务越来越多是为经济主体服务，律师提供服务是要求遵循等价交换的市场规律；律师的执业机构也逐渐由法律顾问处改为律师事务所，并且大量的合作所、合伙所开始出现，国办所也逐步转变为自负盈亏的自主机构”。由此，在市场经济环境下，律师是国家法律工作者的观点已经不能适应市场经济的发展需求。

（二）律师是社会的法律工作者

律师是社会的法律工作者的观点主要体现在1996年的《律师法》中，该法第2条规定："本法所称律师，是指依法取得律师执业证书，为社会提供法律服务的执业人员。"2001年修改后的《律师法》沿用了这一规定。此种观点认为，律师不是国家法律工作者，而是社会法律工作者，因为律师是向社会提供有偿的法律服务，而不是仅仅为国家提供法律服务。应当说，与之前的观点相比，该观点更加客观地反映了律师的性质与特点，拓宽了律师的服务对象，也对律师的职业属性和定位做了根本性转变。但是"社会"二字涵盖过广，无法正确揭示律师与其他社会工作者的区别，也未能包括从事非社会服务的律师。① 此种观点未能充分体现律师职业的特有属性。

（三）律师是为当事人提供法律服务的执业人员

2007年修订的《律师法》第2条规定："本法所称律师，是指依法取得律师执业证书，接受委托或者指定，为当事人提供法律服务的执业人员。律师应当维护当事人合法权益，维护法律正确实施，维护社会公平和正义。"这一概念明确了律师服务的社会属性，此次修订的《律师法》将律师服务对象由"社会"修改为"当事人"，使得律师服务对象更明确，律师的职能就是为当事人提供法律服务，并由此获得报酬，赖以生存和发展。该次修订的《律师法》还强调，律师应当维护当事人合法权益，维护法律正确实施，维护社会公平正义。对于律师职业的这一定位，是对律师本位的回归，有助于增强律师的责任感、使命感，有助于提高人们对律师社会角色的认识。② 同时，明确了律师职业职能定位，从而有助于提高社会对律师职业的认同感，提升律师职业的价值意义和整体地位，此后在2012年、2017年对律师法修订中均对本条款作了保留。

同时，提高律师职业的准入门槛。2002年，为提高和保障法官、检察官、律师队伍素质，根据《中华人民共和国法官法》、《中华人民共和国检察官法》、《中华人民共和国律师法》，对从事法官、检察官、律师等特定法律职业设立统一的资格准入制度，建立了国家统一的司法考试制度，明确了法官、检察官、律师特定法律职业的相同门槛。由此确立国家统一司法考试取代律师资格考试，考试成绩合格者获得律师行业的准入资格。2007年修订《律师法》时对律师申请执业要求作了相应修改，较之以往增设了执业许可条件，如须通过国家统一司法考试、须由律师协会出具实习考核合格证明等。2018年，为特定法律职业设立统一资格准入制度，进一步明确初任法官、初任检察官，申请律师执业、公证员执业和初次担任法律类仲裁员，以及行政机关中初次从事行政处罚决定审核、行政复议、行政裁决、法律顾问的公务员的准入资格条件，建立国家统一法律职业资格制度。确立由国家统一法律职业资格考试取代国家统一司法考试，考试成绩合格

---

① 沈敏：《宪政视野下的中国律师制度研究》，法律出版社2012年版，第9页。

② 郑建伟：《我国律师角色定位探讨》，载《法制与经济》总第332期。

者获得律师行业的准入资格。

此外，大多国家认为律师是自由职业者。早在20世纪90年代，我国法学学者陈兴良先生就提出了类似观点。律师职业就是区别于法官、检察官这些官方职业的一种法律职业。律师定位于自由职业，有利于提高律师的职业威信和社会地位，充分发挥律师在法治建设中的作用。在市民社会，官方权力的行使必然要受到来自社会的制约。由于一般民众并不精通法律，在面临专业法律问题及诉讼程序问题时往往无所适从，这时就需要律师介入个案诉讼或非诉讼活动，起到对官方权力的制约作用，从而保障当事人权利不受侵犯。而律师这一职能的实现，必然以律师职业的相对独立性为前提。如果律师不是自由职业而是官方职业，那么律师就无法取信于当事人。① 律师作为当事人权益的维护者，作为公权力部门在执法活动中的重要监督和司法活动的重要制约者，只有具备独立进行业务活动的地位和权限，才能充分发挥律师的专业职能，从而维护社会公平正义，达到更有助于社会稳定的职能效果。

从社会发展进步对法治需求的趋势来看，将律师职业角色定位为提供法律服务的"自由职业者"更符合现代社会律师职业的发展要求。目前，我国民主法治制度建设尚不完备，律师"自由职业者"的定位与我国当前政治经济体制还不太相适应。因此，从我国具体国情来看，将律师职业的性质界定为"为当事人提供法律服务的执业人员"更符合我国律师行业的发展现状。不仅可以将从事非社会服务的律师涵盖进来，而且更加明确了律师职业的工作方向，同时也体现了国家肯定、尊重和保障公民个人权利的执政理念，与社会主义法治事业的逐步昌盛紧密相连。②

总之，律师的属性是一个综合性概念，是律师的政治角色、社会角色和职业角色的统一。任何从单一角色来界定律师职业的观点都是片面的、非理性的，从而是不科学的。

## 二、律师的政治角色

我国是人民民主专政的社会主义国家，律师扮演的政治角色主要体现在以下几个方面：

### （一）严格遵守宪法和法律

在新时代背景下，律师是共产党领导下社会主义法治建设的重要力量，应当自觉拥护中国共产党的领导、拥护社会主义法治，带头尊崇宪法、学习宪法、遵守宪法，忠诚履行宪法和法律赋予的职责使命，努力做全面推进依法治国的奋斗者。《律师法》规定，律师执业必须以事实为依据，以法律为准绳。法律是上层建筑，是政治体系的重要内容，是推进法治建设的基础。律师作为法律践行者，

---

① 陈兴良：《论律师职业的定位》，载王丽、李贵方主编：《走中国特色的律师之路》，法律出版社1997年版，第50页。

② 陈卫东主编：《中国律师学》，中国人民大学出版社2008年版，第30页。

也扮演着浓墨重彩的政治角色。在中国特色社会主义法律制度已经基本建成的今天，国家自上而下大力推进法治建设。因此，律师不仅是法律人，更是政治人。律师职业与政治职业具有良好的契合性，当代中国，律师的政治参与渠道也在不断拓宽，公民参与民主政治和律师发展的大趋势，昭示着中国律师政治参与的有序扩大是历史的必然。

首先，我国律师执业过程中必须严格执行现行的宪法和法律。律师以法律为武器而生存和发展，必须捍卫宪法和法律的尊严。我国律师制度恢复至今仅40年，结合我国特殊国情和政治经济制度，因此要求律师必须在自己执业活动中自觉地捍卫宪法和法律尊严，忠于法律。带头尊崇宪法、学习宪法、遵守宪法，坚决维护宪法权威，做社会主义法治的忠实捍卫者、踊跃宣传者、赤诚践行者，始终坚持中国特色社会主义法治道路和维护宪法权威。严格依法办事，维护宪法和法律的尊严和权威，这是律师职业素质和政治素质的体现。律师要有较高的法律素质，要准确理解和掌握国家法律的立法精神，按照法律精神和原则规范自己的行为。

其次，我国是成文法国家，法律一经制定便具有准确性、权威性和相对稳定性的特点，伴随而生的则是法律相较于社会发展需要的滞后性。为适应社会发展和实际法律事务处理过程中的需要，律师是修正原有法律和提出新法律建议或意见的主要来源之一，这是由律师的性质和职业活动方式决定的。律师在执业活动中接触大量与法律有关的实务案件，能够直接体会现行法律行文与现实社会之间存在的矛盾关系，在法律事务处理过程中，律师能够直观感受现行法律显现的漏洞和不足，能够以其深厚的法律知识、崇高的社会责任感和丰富的社会经验，对现行的法律提出修正意见或建议，或提出新的法律草案。律师要发挥职业和专业优势，使法律更适应于社会发展的需要，更好地解决社会问题。这是法治建设的需要，也是律师的社会职责和义务所在。

再次，律师在办理涉及国家重大利益案件时，应严肃认真，表现出高度的政治敏锐性、责任感和大局意识，把国家和人民利益始终放在首位。通常意义上，律师的职业使命包括维护法律的正确实施、维护当事人的合法权益、维护社会公平正义。同时，律师更肩负着政治使命、社会使命和道德使命。其中，政治使命在律师行业发展中发挥着不可或缺的促进作用。对涉及国家利益的重大案件，律师要充分发挥自己的专业特长，依法捍卫国家利益、行业利益和当事人利益，为国家挽回损失。

总之，正如美国学者赫尔德所说，“法律制度在总体上的责任以及作为法律制度的要素的法律职业的责任，也就是律师的责任，至少在某些重要的时刻，律师应该为法律制度的总体目标作贡献，律师的角色要求律师这么去做”。严格依法办事，捍卫国家利益，维护当事人合法权益，是律师职业的崇高信念。①

---

① 张耕主编：《中国律师制度研究》，法律出版社1998年版，第40页。

（二）依法维护当事人合法权益

依法维护当事人合法权益是律师的神圣职责。从古罗马产生律师制度以来，律师的社会定位就是为当事人辩护。在法律原则下维护当事人的合法权益，虽历经数千年，这一基本社会定位始终没有改变。依法维护当事人合法权益，使公民私权得到保障，“定分止争”，也是维持社会稳定的必然要求。

律师必须全力维护当事人合法权益，在自身执业活动中充分利用自己渊博的法律知识和娴熟的职业技巧，在不违背法律明确规定和律师职业操守的前提下，通过各种途径，运用战术策略为当事人提供优质的法律服务，从而达到维护当事人合法权益的目的。这里强调的不违法，即是按照法律规定，当事人应该享受的权利必须得到享受，任何机构和个人，都无权也不能随意剥夺当事人合法权益。律师的职责就是凭借自己的律师身份，充分利用自身法定的执业权利，将自己储备的法律专业知识运用到维护当事人合法权益的工作之中。

做好本职工作，发挥律师职业特殊优势，同一切非法剥夺、侵犯当事人合法权益的机构、个人作斗争。以民事诉讼为例，民事诉讼法对能够成为案件诉讼代理人的人员范围作出了必要限制，除有特殊身份关系、基层法律服务工作者外，便只有律师能够作为案件诉讼代理人。在民事诉讼过程中，律师具有其他诉讼代理人不可比拟的优越性。随着法治的进步，律师执业中的阅卷难、会见难、调取证据难所谓“三难”得到有效缓解。律师可以凭借律所公函、执业证书查询对方当事人户籍信息，可以依据执业证件、公函、法院案件受理通知书查询当事人名下不动产信息等，这些都是普通公民代理时做不到的。其他特定的证据调取或者财产线索搜集情况，律师也可以申请法院开具调查令，由律师亲往获取，法院调查令不会开具给当事人。又如，在民事诉讼中的同一个事实，主张法律关系是不当得利还是民间借贷，对案件最终的裁判结果往往会有决定性影响。当案件事实存在争议或者法条竞合时，所提出的诉请或者抗辩意见中须准确判定出有利于自己的基础法律关系。实务中因为判断失误，导致最终败诉或者诉讼成本大幅增加的例子比比皆是。因此，律师在民事诉讼过程中，具有不可替代的作用。

（三）维护法律尊严和当事人合法权益高度统一

随着我国民主法治进程的不断发展，关于律师职业的角色定位也在不断发生着变化，但律师仍然属于社会中的服务阶层。

在我国，按照 2007 年修订的《律师法》的规定，律师是为当事人提供法律服务的执业人员。这一概念明确了律师的服务性和社会性。律师职业与法官、检察官不同，律师的执业行为不具有国家强制力，律师不具备国家公职人员身份，不是国家法律工作者，而是为社会提供法律服务的社会工作者，这就是律师身份的社会性。

从社会属性的外在表现形式上看，律师的社会行为是独立和自由的，因为律师和当事人之间是一种契约关系，其双方的权利和义务关系是双方在法律规范制约下协商一致的结果。在一般条件下，律师不得随意改变当事人的委托，但同时，也可以依照法律规定，有权选择接受委托与否。对于这一点，各国规定虽各有不同，在实际操作中大体相同。我国律师法界定律师是为当事人提供法律服务的执业人员，很好地体现了我国律师的社会属性。

（四）律师服务领域的社会性

世界各国的律师制度，大都规定律师是面向社会提供法律服务的，这就界定了律师服务领域的社会性。有的国家规定律师必须无条件地接受委托人委托，甚至还规定必须依照当事人申请的先后顺序来提供法律服务，就律师业整体而言，世界各国律师提供服务的领域基本一致。再加上一些国家建立律师援助制度，律师的服务面可以说是覆盖了全社会。我国《律师法》也规定律师的服务领域是全社会的，哪里需要服务就到哪里，多门类、全方位，经济、行政、民事、商事、海事、科技、军事、文化等领域，凡是社会需要的地方，都有律师提供法律服务的用武之地。

## 第二节　律师的基本权利

律师作为特定的法律职业，自诞生以来，为保障执业活动顺利进行，在其发展过程中逐渐形成了一些应有的权利。律师权利包括律师的基本权利和执业权利。律师的基本权利，是指为了保护司法活动当事人的合法权益，保障律师依法独立执业，由国家法律赋予律师在其执业活动中及保障执业顺利进行等方面所享有的基本权利。律师依法执业受法律保护，任何组织和个人不得侵害律师的合法权益。这既是律师的一项基本权利，也是一项基本原则。也就是说律师依法执业是一种合法行为，不受非法侵害；国家法律保护律师依法执业，任何单位和个人不得非法干涉；律师在依法执业中受到非法侵害和干涉，有权请求司法机关和国家行政机关等予以保护，制止不法侵害、干涉，直至追究法律责任。同时，律师依法执业的各环节所享有的权利，也应当受到保护，不得非法阻碍、干扰、剥夺、侵犯。① 律师的执业权利主要是指国家法律赋予律师在其执业活动中所享有的权利。

### 一、律师的基本权利

根据我国《律师法》及其他法律的相关规定，我国律师的基本权利大致有以下几种：人身权利不受侵犯，言论不受追究，保守秘密的权利，会见不受监听的权利等，以下分别加以论述。

（一）律师的人身权利不受侵犯

我国《律师法》第 37 条规定，律师在执业活动中人身权利不受侵犯。我国

① 左卫民：《中国司法制度》，中国政法大学出版社 2012 年版，第 87 页。

宪法规定，公民的人身自由不受侵犯。人身权利，是指公民依法享有的与人身直接相关的权利，包括人格权和身份权两大类。公民的人身权利作为一项基本权利，任何人不能非法剥夺，包括：生命健康不受非法侵害，人身自由不受非法限制，人格尊严不受非法侵犯，住宅安全不受非法侵犯，通信自由和通信秘密不受侵犯等。律师作为一个特殊职业群体，也是公民，其人身权利同样应当得到保护。正是因为律师职业的特殊性，经常身处矛盾纠纷的焦点，其人身权利往往容易受到不法侵犯。律师在执业过程中受到对方当事人及其亲属攻击、谩骂、侮辱、殴打等现象时有发生，人身权利因此受到侵害。并且，律师在办理刑事案件、行政案件时，人身权利也容易受到公权机关的侵犯。对于侵犯律师人身权利的行为，应依据我国的法律规定追究其法律责任，构成犯罪的，相应追究其刑事责任。

（二）律师的言论不受追究

我国《律师法》第37条同时规定，律师在法庭上发表的代理、辩护意见不受法律追究。但是，发表危害国家安全、恶意诽谤他人、严重扰乱法庭秩序的言论除外。首次明确规定对于律师在法庭上发表的言论不受法律追究，具有职业豁免权。这既是律师的一项权利，同时也是保障律师执业的一项基本原则。律师承担着一种特殊的实现社会公正的使命，理应享有职业豁免的权利。这一规定有利于保障律师履行诉讼代理人和辩护人的职责，有利于维护犯罪嫌疑人、被告人及其他诉讼委托人的合法权益。这一法律规定是保障律师权利的一大突破，是司法进步的重要特征，是依法治国方略的重要体现，也是建设社会主义法治国家的重要成果。

律师法庭言论的职业豁免权是由律师所肩负的职责决定的，是维护律师制度，有效保障律师执业的自然延伸，也是律师职业道德的内在要求。律师的职责是维护当事人的合法权益，为了履行自身职责，律师在执业过程中不可避免地会穷尽一切手段和方法收集对委托的当事人有利的证据，摒弃不利的证据，尽可能挖掘对委托的当事人有利的各种事实和理由，最大限度地维护委托的当事人的合法权益。但基于此目的，律师在庭审履职过程中不可避免地会碰触到对方当事人或其他人的利益，这种触及对方当事人和其他人利益的言论有时是有可能符合民法所规定的侵权行为的形式要件。客观事物本身复杂多变，对于同一案件事实，由于个人的认识能力有差异，所处的地位、角色以及视角不同，因而立场不同，就可能得出不同的甚至完全相对立的观点和结论。如果此类言行动辄得咎，被认定或可能被认定侵权，必将导致律师不敢在庭审中尽职大胆对地证据及案件事实发表相关意见，这将使律师维护当事人合法权益沦为空谈，从而导致律师执业人员无以为继，整个律师制度毁于一旦。尤其是在刑事案件审理过程中，只有控辩双方进行充分对抗辩论，从不同角度去阐明案件事实，才能对法官查明案情、发现案件事实真相起到至关重要的作用。如果公诉方认为辩护律师在庭审中的言论与事实不符，因而怀疑辩护律师故意为被告人开脱罪责，就可以追究辩护律师的刑事责任，否则必然导致辩护律师无法履行辩护职责，严重损害刑事诉讼制度。这种形象此前在个别地区的刑事案件审理过程中曾经发生过。因此，为了能够使辩护律师充分履行职责，真正维护被告人的合法权益，就必须建立与之相应的职责风险保障机制，即律师在庭审中言论的职业豁免制度。

在我国，律师的地位与公检法人员的地位不可同日而语。侦查人员、检察官、法官在执行职务时，有强大的国家机器作为保障和后盾。律师则不同，律师属于为当事人提供法律服务的社会法律工作者，仅是依靠自身具备的法律知识和技能来行使法律所赋予的职责，其本身无任何职权，更没有任何国家强制力作为执业依托和后盾。而诉讼本身存在巨大风险，律师在这一高风险领域履行职责时，往往处于相对弱势地位，一旦与控方或对方当事人、诉讼参与人发生冲突，就极容易遭到对方的打击报复，轻则向司法行政机关投诉，重则向人民法院起诉，更有甚者被追究刑事责任。只有赋予律师庭审言论的职业豁免制度，保障律师的庭审言论不受任何法律追究的权利，才能够充分发挥律师职能作用，免除律师职业风险，使维护当事人合法权益落到实处。

赋予律师言论的职业豁免权，不但是我国法治建设的需要，也是我国履行国际条约的责任。1990 年第八届联合国预防犯罪和罪犯待遇大会通过的《关于律师作用的基本原则》规定，律师对于其书面或口头辩护时所发表的有关言论或作为职责任务出现于某一法院、法庭或其他法律或行政当局之前所发表的有关言论，应享有民事和刑事豁免权。我国是签字国之一，该规定也明确了律师在辩护时享有言论豁免权，强调律师言论不受追究。

律师在法庭上发表的言论不受追究，不是说律师发表言论毫无限制和底线。因此，《律师法》同时规定，发表危害国家安全、恶意诽谤他人、严重扰乱法庭秩序的言论除外。律师不能滥用这个权利，如果律师在法庭上发表危害国家安全、恶意诽谤他人、严重扰乱法庭秩序的言论，也是有可能被追究法律责任的。

（三）律师有保守秘密的权利

《律师法》第 38 条规定，律师应当保守在执业活动中知悉的国家秘密、商业秘密，不得泄露当事人的隐私。律师法这一规定强化了律师对当事人利益的忠实原则，在一定程度上淡化了律师的作证义务。律师的保密职责，是由职业性质所决定的，既是律师的合同义务，也是律师的法定义务。律师承担着一种特殊的实现社会公正的使命。律师对于在整个执业过程中知悉的当事人商业秘密、个人隐私有权拒绝公开、透露，有权拒绝作证。也称对当事人忠实原则，这是法律赋予律师的一项权利，也是一项职业特权。保守职业秘密，对当事人保持忠诚，对某些特定行业来说都有这一要求，例如银行业，又如医生等。这些特定行业对于当事人的忠诚原则具有更多社会意义，这既是一项重要活动原则，也是一项重要职业道德和执业纪律。

当事人对律师的信赖，是律师履行职责的前提和基础。受人之托，忠人之事。从律师执业的角度来说，律师对在执业活动中知悉的当事人和其他人不愿泄露的信息，应当予以保密。即使委托合同中没有约定保密责任，律师的保密责任也不能免除。这一做法是现代法治文明与和谐社会的一种制度保证，是维护公民基本尊严和人权的最后一道防线，也是保障公民在法律面前一律平等的宪法原则在司法实践中最重要的保障之一。当律师接受一项委托时，当事人基于对律师的信任，将不愿对外公开的秘密告知律师，以便律师能够全面把握案情，选择最优方案维护自身权益。律师与当事人之间就建立了一种紧密联系，这种关系的密切程度，有时候甚至远远超过友情和亲情。因此，律师忠诚于当事人，维护客户的合法权利，就成了律师眼中唯一能看到的东西，也是律师唯一的信念。否则，律师不论主观上或客观上被迫公开当事人或第三人各种不宜泄露的信息，就会失去当事人对律师的信任基础，轻则律师不能正常开展业务，重则会导致当事人、社会大众甚至整个社会对律师行业整体失去信任，律师职业的生存根基就会彻底动摇，进而违背律师对当事人忠实原则，威胁到律师制度存在的意义，严重威胁现代社会法治建设的基础。过去我们讲律师是国家的法律工作人员或者法律工作者，强调的是律师对法律的忠实，律师不能隐瞒犯罪事实，但律师的这一任务与律师性质不相适应。律师的职责首先是维护当事人的合法权益，如果律师必须将当事人告知的有关事实如实提供给司法机关，律师制度就很难被当事人和社会认可。

律师保密义务是执业纪律义务和法律义务，也是道德义务。首先是一项道德义务。作为一项道德义务，律师保守当事人秘密受律师执业道德规范的约束，要求律师从内心谴责、社会评价等角度来权衡利弊，遵守执业道德义务。遵守执业道德义务应成为律师的一种自觉行为。虽然有时候律师严守保密义务可能会产生各种道德困境、利益冲突，如会妨碍案件事实真相的查明，甚至让有罪的被告人逃脱法律惩罚。但这些是一项制度和原则的落实所必须付出的社会成本。强调律师对当事人忠实原则，与律师对法律的忠诚并不矛盾。事实上，正如亚当·斯密在论述著名市场经济学原则“看不见的手”一样，律师对当事人忠实与有意识的促进相比，当事人在追求自身利益的过程中，往往能够更加有效地促进社会的公益。律师对于每位当事人所表现出的忠实义务，最终的结果恰恰保障了法律尊严，体现了律师对于法律所处的至高无上地位的忠诚。并且，作为律师执业纪律义务和法律义务，律师保守秘密受相关律师执业纪律规范和执业法律规范的制约，律师在此保守秘密义务具有强制性，律师违背该义务给委托人造成名誉损失或经济损失，将要受到相应纪律处分或法律惩罚。

律师对当事人忠实原则作为一项职业特权是当前世界公认和国际通行的律师行业基本准则之一。不论是英美法系国家还是大陆法系国家，在所承认的因为陈述内容涉及秘密沟通性质的特权之中，最早被承认且从未中断的唯一特权就是律师与当事人间隐匿秘密的特权。1990 年第八届联合国预防犯罪和罪犯待遇大会通过的《关于律师作用的基本原则》规定，各国政府应确认和尊重律师及其委托人之间在其专业关系内的所有联系和磋商均属保密范畴。第十五届世界刑法学会会议《关于刑事诉讼法中人权问题的决议》规定，一切证据调查必须尊重职业秘密特权。《欧洲共同体律师行为准则法典》规定，“从律师职能的本质来看，委托人告诉律师不可能讲给其他人听的事情，而且律师在保守秘密的前提下，也应当是信息的接收者，律师保守秘密才能赢得信任。因此，保守秘密是律师最基本也是必要的权利与义务。赋予律师保守秘密的义务有助于实现司法管理的利益，同时也有助于实现委托人的利益，因此律师保守秘密在各国都得到了专门的保护”。“律师应当注重对其在执业过程中知悉的全部信息保守秘密”。“保守秘密的义务没有时间限制”。

需要说明的是，律师对当事人忠实义务并非毫无限制。《律师法》规定，委托人或者其他人准备或者正在实施的危害国家安全、公共安全以及其他严重危害他人人身、财产安全的犯罪事实和信息除外。《律师执业行为规范》规定，以下情形律师可以不遵守保密义务：案件涉及（已发生或为了阻止）他人人身伤亡等严重犯罪，而委托人的信息是案件发展的关键点时；案件涉及国家利益，为了避免国家利益受到损害，应该予以公开；委托人授权同意公开；当事律师有被无辜牵涉委托人的犯罪行为中的可能性时，为保护自己的人身安全及合法权益，可以予以公开。也就是说，律师保守当事人秘密也有例外情形，对于防止未来侵害，出于律师自我保护以及当事人授权公开等情形，律师不需遵循对当事人忠实义务。

（四）律师会见不受监听的权利

《刑事诉讼法》和《律师法》都明确规定，律师会见犯罪嫌疑人、被告人时不被监听。司法部《律师会见监狱在押罪犯规定》规定，辩护律师会见被立案侦查、起诉、审判的在押罪犯时，不被监听，监狱不得派警察在场。对于律师会见被刑事立案侦查、起诉、审判在押犯罪嫌疑人或被告人时不受监听，不少普通百姓表示无法理解，认为已经都是涉嫌犯罪甚至被判决有罪之人，为什么还要保障其与律师会见时不被监视、监听。毕竟律师会见犯罪嫌疑人或被告人是有可能出现制造伪证、透露未被司法机关掌握的犯罪线索等情况。此外，在押犯罪嫌疑人、被告人在会见律师时有可能会作出伤害律师或者自残的行为，派员在场可以保障会见时律师和犯罪嫌疑人、被告人的人身安全。其实，律师会见不被监听是保障人权，保护犯罪嫌疑人、被告人享有辩护权的重要体现，是世界公认和国际通行的基本准则。

律师会见不被监听是不得强迫被告人自证其罪宪法权利的必然要求。《刑事诉讼法》第 52 条规定，审判人员、检察人员、侦查人员必须依照法定程序，收集能够证实犯罪嫌疑人、被告人有罪或者无罪、犯罪情节轻重的各种证据。严禁刑讯逼供和以威胁、引诱、欺骗以及其他非法方法收集证据，不得强迫任何人证实自己有罪。《美国宪法修正案》第5条规定，任何人不得被强迫成为对自己不利的证人。1990年第八届联合国预防犯罪和罪犯待遇大会通过的《关于律师作用的基本原则》规定，各国政府应确认和尊重律师及其委托人之间在其专业关系内的所有联系和磋商均属保密性的。同时规定，遭逮捕、拘留或监禁所有的人应有充分机会、时间和便利条件，毫无迟延地、在不被窃听、不经检查和完全保密的情况下接受来访和与律师联系协商。这种协商可以在执法人员看得见但听不见的范围内进行。试想，如果当事人向其律师陈述自己犯罪情节或内容后，国家机关得以监听所得内容指控当事人，那就如同强迫律师成为国家机关侦查犯罪的线人或代理人，也如同强迫当事人陈述对本人不利之事实，等于间接剥夺或侵害被告人不得自证其罪的特权。因此，律师会见不受监听是一项独立的基本人权，也是律师对当事人忠实原则的自然延伸，理应受到保护。

律师会见不受监听是被告人获得律师帮助实现辩护权宪法权利的必然要求。被告人获得律师帮助实现辩护权的宪法权利最重要的核心价值，就是被告人可与辩护人不受约束地进行完全充分的沟通，被告人可以毫无疑虑和恐惧地与辩护人畅所欲言，不用担心今日之所述成为明日之罪证。如果律师与当事人会见被监听，那么被告人势必不敢与辩护人充分沟通，所谓获得律师帮助实现辩护权的宪法权利，也必然成为一种毫无实际价值的虚假权利。

律师会见不受监听是实现刑事诉讼正当程序原则的必然要求。权力会导致腐败，绝对的权力会导致绝对的腐败，权力天然有被滥用的倾向。在刑事案件中，当事人面对强大的国家司法权，明显处于劣势，如果控方权力过于强大，控辩双方诉讼地位极不平等，对抗的天平必然向控方倾斜。假如再有律师会见当事人时被监视、监听，那么当事人就不敢吐露实情，律师也就无法从其叙述中找到从轻减轻处罚的证据线索，不利于控辩平衡的实现，就难以避免冤假错案的产生，更难以保障当事人的诉讼权利和人权。

律师会见不受监听是维护刑事诉讼辩护制度的必然要求。刑事案件当事人之所以委托律师帮助实现刑事辩护权，将个人或家庭中最珍贵的东西——生命、自由和财产托付给辩护律师，是基于对律师职业的信赖原则。一方面，辩护律师为委托人保守秘密；另一方面，辩护律师有专业技能和职业道德。辩护律师能站在委托人利益立场上，给予当事人充分专业的建议，帮助其作出抉择。刑事辩护权能够得以实现，取决于辩护律师和当事人之间能够畅所欲言，律师和当事人之间的谈话不被监听。监听律师会见，犯罪嫌疑人、被告人就不敢和辩护律师核实证据、说出难言之隐，那么辩护律师也就无法知悉犯罪情节，无从选择合适的诉讼策略，无法提出充分事实及法律辩护，必将导致辩护律师战战兢兢，不敢轻易发表言论的“寒蝉效应”，并在整个社会产生律师不可信任的严重负面结果。不仅影响审判真实发现的功能，造成刑事辩护的形式化，直接戕害律师职业的根基，更可能危及整个刑事司法体系。

律师会见不受监听是立足于我国司法实践现状的一大改进，也是我国践行对所签署国际公约的庄严承诺。对转变司法理念，进一步减少刑讯逼供，体现我国对人权的尊重和保障具有重要意义。

## 二、律师的执业权利

律师的执业权利是指国家法律赋予律师在执业过程中所享有的权利，是保障律师顺利执业的前提。根据《律师法》和其他法律的相关规定，仅就律师执业时实体权利进行说明。

### （一）阅卷权

阅卷权指律师从事诉讼业务时，依照法律规定，到有关机关查阅所承办案件卷宗材料的权利。我国《律师法》第 34 条规定，律师担任辩护人的，自人民检察院对案件审查起诉之日起，有权查阅、摘抄、复制本案的案卷材料；《民事诉讼法》规定，律师可以查阅本案的有关材料；《刑事诉讼法》规定，辩护律师自人民检察院对案件审查起诉之日起，可以查阅、摘抄、复制本案的诉讼文书、技术鉴定材料。自人民法院受理案件之日起，可以查阅、摘抄、复制本案所指控的犯罪事实的材料。

### （二）调查取证权

调查取证权是指律师在执业过程中所享有的调查案情、收集证据的权利。律师承办法律事务时，享有调查取证权，是律师正常开展业务活动的制度保障。《律师法》规定，律师自行调查取证的，凭律师执业证书和律师事务所证明，可以向有关单位或者个人调查与承办法律事务有关的情况。律师调查取证权不具有强制性。律师在向有关单位或者个人调查取证时，应当征得有关单位或者个人的同意。

### （三）会见权、通信权

会见权、通信权是指担任刑事案件犯罪嫌疑人、被告人辩护人的律师，有权在监管场所会见犯罪嫌疑人、被告人，或与他们通信，这也是法律赋予辩护律师的一项重要权利。《刑事诉讼法》规定，辩护律师可以同在押的犯罪嫌疑人、被告人会见和通信。《律师法》第 33 条规定，律师担任辩护人的，有权持律师执业证书、律师事务所证明和委托书或者法律援助公函，依照刑事诉讼法的规定会见在押或者被监视居住的犯罪嫌疑人、被告人。

### （四）申请变更强制措施及解除强制措施权

申请变更强制措施权是指犯罪嫌疑人被逮捕后，其聘请的律师可以为其变更申请取保候审强制措施的权利。《刑事诉讼法》规定，犯罪嫌疑人在被侦查机关第一次讯问后或者采取强制措施之日起，可以聘请律师为其提供法律咨询、代理申诉、控告。犯罪嫌疑人被逮捕的，聘请的律师可以为其申请取保候审。

在司法实践中，司法机关对犯罪嫌疑人、被告人滥用强制措施或超期羁押的现象较为常见、严重。如果律师发现人民法院、人民检察院或者公安机关对犯罪嫌疑人、被告人采取强制措施超过法定期限的，有权要求对犯罪嫌疑人、被告人解除强制措施。

（五）拒绝辩护权与代理权

拒绝辩护权与代理权是指律师在一定条件下可以拒绝担任犯罪嫌疑人、被告人辩护人或者诉讼案件以及其他法律事务当事人代理人的权利。委托人可以拒绝律师为其继续辩护或者代理，也可以另行委托律师担任辩护人或者代理人。律师接受委托后，无正当理由的，不得拒绝辩护或者代理，但委托事项违法，委托人利用律师提供的服务从事违法活动或者委托人隐瞒事实的，律师有权拒绝辩护或者代理。

（六）法庭审理阶段诸权利

根据我国相关法律规定，律师在法庭审理阶段主要享有下列权利：

发问权。即律师在法庭庭审过程中，经审判长许可，有权向证人、鉴定人、勘验人、被告人或者被告及其他诉讼参与人发问的权利。

质证权。即律师在法庭调查阶段，对出示的证据包括证人证言（宣读的未到庭的证人笔录）、物证、书证、鉴定意见、勘验笔录、电子数据及其他作为证据的文书，有权提出自己的质证意见；对到庭的证人、鉴定人等进行询问的权利。

提交新证据的权利。即律师在法庭上有提交新证据的权利，有申请通知新的证人到庭，调取新的证据，申请重新鉴定或勘验的权利。

参加法庭辩论的权利。即在法庭辩论阶段，是指律师有权在人民法院的主持下，就争议的案件事实、证据和法律适用以及诉讼程序等问题，进行辩驳和论证的权利。通过行使辩论权，提出和证明自己的主张，反驳对方主张，帮助人民法院核实证据，查明案情，从而作出正确的裁判。

律师对法庭庭审过程中的不正当询问有拒绝回答的权利。

（七）代行上诉权

代行上诉权是指地方各级人民法院第一审判决、裁定后，律师经当事人同意或授权，在上诉期内代其向上一级人民法院提起上诉，要求对案件重新进行审理的权利。需要说明的是，律师没有独立上诉权，仅为代行上诉。同时，律师代行上诉权是基于当事人授权或同意。

## 第三节 律师职业与公平正义

公平正义是一个古老而又常新的概念，可以用“苟日新，日日新，又日新”来形容，其本质上属于社会、道德范畴，是衡量社会制度是否合理的一个重要尺度。公平正义包含着丰富的内容，有经济、政治的，也有文化、社会的，涉及整个社会生活，也涉及每个社会成员。

亚里士多德曾把正义分为分配正义和校正正义。分配正义涉及财富、荣誉、权利等有价值资财的分配，在这个领域中，给相同的人相同对待，给不同的人以不同对待就是正义。校正正义涉及对受到侵害的权利、荣誉、财富的补偿，在校正正义领域中，实施伤害者应该为其加害行为付出相应代价，而受害者从加害者那里得到的补偿就是校正正义。

正义从内容来看，可分为实体正义和程序正义。实体正义和程序正义是相对独立又辩证统一的关系，犹如车之两轮，鸟之两翼，不可或缺，公平正义正是通过实体正义和程序正义来实现。现代法治社会一系列制度设计都是围绕着公平正义展开的，法律制度既是公平正义的体现，又是公平正义的保障。现代社会之所以比以往的社会形态更强调对正义的追求，是因为正义在根本上体现着对人权的尊重和保障。因此，作为提供法律服务的法律执业人员，律师在保障人权、维护社会公平正义方面扮演着不可或缺的角色，这就要求律师从实体和程序两个方面着手，从根本上全面、完整地维护当事人合法权益，从而达到实现社会公平正义的目的。从法律视角看，律师制度有利于正当法律程序的实现，有利于保障公民基本权利，有利于制约国家权力，有利于培育公民社会，等等。

### 一、律师制度有助于实现司法的实体正义

律师通过向社会提供法律服务，对行使权力和权利的行为形成制衡，以确保公与私以及私与私之间的利益均衡。在实施“依法治国”治国方略的当今时代，政治、经济、文化等社会生活各方面已基本有法可依，律师服务领域在不断扩大。因此，律师业务也开始向非诉讼业务领域拓展。例如，律师担任政府、事业单位和企业的法律顾问，通过提供法律意见和建议促进政府依法行政，协助企业依法经营；通过向公民提供法律咨询等服务，提高公民的法律意识，帮助公民自觉守法；通过向社会公众提供法律服务，提示常见法律风险，降低法律纠纷产生的可能性，防范和控制己方可能产生的风险和损失。这些均有利于对政府行使权力和社会成员行使权利的行为形成制衡，确保公与私以及私与私之间的利益均衡，促成政府与社会成员之间以及社会成员之间在缔结各种社会关系时贯彻民主法治和公平正义。

律师通过向社会提供法律服务，协助司法机关使失衡的利益关系得以恢复。在当今任何国家，司法途径均是保护公平正义的最后一道防线，司法是最后伸张正义、主张合法合理权利的空间。诉讼业务既是律师的传统业务，也是律师的基础业务。律师要做好这一业务，首先必须具备渊博的法律知识，具有精湛的业务素质，能够对法律精神和原则作出深刻、具体、生动和合乎实际的理解和适用，协助司法机关维护法律尊严，从而实现公平正义。

## 二、律师制度有利于实现司法的程序正义

近代律师制度的产生和发展与正当法律程序的产生和发展几乎是同步的。在现代国家生活中，正当法律程序包含以下几个条件：第一，程序中立性，即程序无偏私地对待当事人，确保各方参与者受到裁判者平等的对待；第二，程序参与性，即在行使权力可能对当事人之权利义务产生不利影响时，必须提供某种形式的表达意见和为其利益申辩的机会；第三，程序公开性，即程序的每一个阶段和步骤都应以当事人和社会公众看得见的成文方式公布；第四，程序及时终结性，即程序必须包含行为时效和期限要求。① 而律师制度与这些基本要求存在某种程度的“默契”。律师制度有利于这些基本要求的实现，从而有利于正当法律程序的实现和进一步发展。

（一）律师角色与程序中立的实现

程序中立要求案件的审判者在审判的过程中必须保持中立，必须对双方当事人不偏不倚，客观公正，且任何与案件结果有利害关系的人都不能成为案件的审判者。也就是说，程序公正要求遵循两个原则：“一是任何人都不得在与自己有关的案件中担任法官；二是必须给予诉讼当事人充分的机会陈述本方的理由”。② 程序中立提出的原因在于西欧封建时期法官主导的审判制度。在这种审判制度下，诉讼形式不是辩论式的，而是纠问式的。因而，法官在审判过程中居于主导地位，可以自由决定诉讼的进程及结果，而不受任何约束。当案件与法官有利害关系或者其接受一方当事人好处时，法官往往容易偏袒一方当事人，在这种情况下，司法公正就难以实现。为了避免这种情况的出现，就必须实现程序中立。但程序中立的实现需要通过一系列制度来保障，律师制度就是其中重要一环。首先，律师可以根据回避制度相关规定，对审理案件的法官有无回避的事由进行判断，并根据实际情况来决定是否向法院提出法官回避的申请，从而避免“在与自己有关的案件中担任法官”情况的出现，为程序中立提供一种前提和基础。其次，我国人民法院审理案件是职权主义模式，但又有着“不告不理”、“谁主张，谁举证”的法律原则，实务中，法官往往只对双方提供的证据及双方提出的意见进行事实审查和法律审查。在不违法的前提下，怎样罗列证据，怎样使法律逻辑对自己更有利，如何才能获得有利于自己的裁判结果，此时律师的作用就显得举足轻重。律师可以充分行使法律赋予的执业权利，为当事人搜集证据，经过缜密的法律分析，提出维护当事人合法权益的代理或辩护意见，帮助法官准确、完整地查明案件事实，使法官可以“以事实为根据，以法律为准绳”，不偏不倚地作出公正裁判。最后，当法官没有遵循程序中立原则时，律师可以接受当事人委托

---

① 张凤阳等著：《政治哲学关键词》，江苏人民出版社 2006 年版，第 237-238 页。

② ［英］彼德·斯坦、约翰·香德：《西方社会的法律价值》，王献平译，中国人民公安大学出版社 1990 年版，第 97 页。

代理提出上诉或申诉，启动二审或者再审程序，对原有裁定、判决进行改变，以实现司法公正的目的，维护当事人的合法权益。①

（二）律师制度与程序参与的实现

程序参与要求权力主体在作出某种行为，可能会对当事人的权利义务产生不利影响时，必须为当事人提供某种表达意见的渠道和为自身利益辩护的机会。同时，事后要允许当事人向有关权力机关提出申诉，通过法定程序得到救济。律师制度存在的作用就在于帮助当事人实现诉讼程序上的参与。律师通过充分行使法定权利，如诉讼中查阅案卷的权利，参加法庭辩论、辩护的权利，代为上诉的权利，代理申诉或控告的权利等，可以协助当事人找到事实真相，以法律服务的形式保障当事人在诉讼程序中的参与权利，维护当事人合法利益。

（三）律师制度与程序公开的实现

程序公开要求行使司法权力的主体一切活动，除涉及国家机密、商业秘密及个人隐私并由法律规定不得公开以外，都应以当事人和社会公众看得见的方式公布，以增强权力主体活动的透明性，接受当事人和社会公众的监督。正如戈尔丁所言："正义不应当只是被实行的，也应当是被看见要实行的。"② 程序公开的实现也离不开律师制度的保障。首先，律师是程序公开的重要对象，程序公开的对象不仅限于当事人，还包括与当事人有利害关系的人或当事人委托的人，以及社会公众。而律师就属于当事人委托人中重要的一类，甚至是最重要的一种。其次，律师参与诉讼程序的过程就是程序公开的过程。律师通过行使法定权利，就可以增强整个诉讼程序的公开性。最后，作为当事人诉讼权利的维护者，律师可以发挥精通程序法的专业优势，维护当事人知情权，促进实现司法程序面向当事人的公开。

## 三、通过权力制约，实现司法公正

律师作为司法活动的非官方直接参与者，其执业行为能够对司法机关及其工作人员行为进行监督，制约司法权力恣意专断，促进司法公正实现。律师促进司法公正主要是通过以下方面实现：

首先，律师参与司法，有助于查明案件事实。例如，在刑事案件中，律师通过查阅受理案件有关材料，会见案件当事人，收集对案件当事人有利的证据材料，及时向司法机关反映案件真实情况，从而对侦查机关、公诉机关提出的不利意见进行抗辩。

其次，律师参与司法有助于正确适用法律。律师凭借自己丰富的从业经验及专业法律知识，正确区分合法与非法、责任分担、罪与非罪、此罪与彼罪、轻罪与重罪等，对案件情况作出分析，对行为性质有理有据作出认定，正确选择拟适

---

① 沈敏：《宪政视野下的中国律师制度研究》，法律出版社2012年版，第18页。

② ［美］戈尔丁：《法律哲学》，齐海滨译，三联书店1987年版，第209页。

用的法律，对案件作出公正判决提出自己的意见，从而促进实现司法公正。①

### 四、拓展律师维护社会公平正义的功能

律师在维护社会公平正义的作用不容置疑。当前，随着建设社会主义法治国家进程的加快，人民群众的法律意识不断增强，对法律服务的需求日益增多。与此同时，弱势群体请律师难的问题开始显现，因经济困难无法得到法律帮助的情况越来越突出，急需法律帮助的人越来越多。司法行政部门作为负责社会法律服务的权力机关，应该牵头并引导和推动更多的律师参与到法律援助事业中来。一方面，提供更加符合标准的法律援助，保证法律援助服务质量；另一方面，须建立一套运行有效的法律保障系统，开展法律辅导计划、法律咨询等多样化法律帮助，使那些不属于法律援助范围，但确实需要法律帮助的弱势群体也能够及时得到法律服务。

## 第四节 律师职业与法治社会

在依法治国实践中，律师职业建设具有重要的现实意义。法治是具有丰富时代内容的命题。② 法治并不是人类理性随意的创造，它最为深刻的根据在于社会经济发展及对相关政治、文化生活发展所需的内在要求上。随着我国市场经济体系逐步完善，人们的经济生活反映到政治及文化上，民主政治、社会正义、公正平等、保障人权等价值原则，就成为社会存在和发展的客观要求，并取代把血缘情感、伦理规则、血缘共存等观念绝对化的伦理时代。律师职业根据法治要求成为社会一种独立的力量来维护法治的权威成为可能。律师作为社会法律工作者身份的出现是社会的进步。③ 律师成为为当事人提供法律服务的执业人员更是依法治国不断深入发展的体现。

### 一、律师职业在建设法治社会中发挥着重要作用

#### （一）律师有利于维护法治尊严

律师工作的主要内容是依法保护当事人合法权益免受他人侵害，这是从直接方面来说的。间接地说或者最根本的是维护法律的尊严。法律一经制定和颁布，就有一种潜在被破坏和被违反的可能。除了依靠公检法等司法机关和行政权力机关来维护外，作为越来越活跃的律师队伍，无论从民事还是从刑事方面来说，在维护法治权威方面的作用越来越大。法律至上，法律得到普遍遵守，这本就是法治社会的一个重要特点。没有尊严、随意被践踏的法律就不能称之为法律，这种

---

① 沈敏：《宪政视野下的中国律师制度研究》，法律出版社 2012 年版，第 33 页。

② 李瑜青：《法律社会学导论》，上海大学出版社 2004 年版。

③ 李瑜青：《法治与律师职业的使命》，载《学术界》2005 年第 4 期。

社会也绝不是法治社会，可见律师维护了法律也就是促进了法治。

（二）律师在执业过程中伴生普法行为，使公民建立法律观念和信仰

一般来说，当事人找律师，是由于自己遇到解决不了的专业法律问题，或者说自己不懂法律，在他们意识中有一种对法律的陌生和敬畏，一旦律师帮助当事人解决了法律方面的问题，维护了他的合法权益，无形之中等于给当事人上了一堂生动的法治课。当事人也从自己的经历中，从与律师的沟通交流中，感受到了法律尊严和推进法治建设的必要。任何其他职业的人员都无法替代这一职业的社会作用。而且，律师行业职业素养的要求也决定了只有律师能实现这一社会作用。人人奉法律为圭臬，这是法治社会所必需的；人人懂法，这更有助于法治社会的早日实现；人人守法，自觉维护法律尊严，这是法治社会的本质所在。

（三）律师参与立法，有利于提高立法的科学性、民主性

一个国家法治建设水平从根本上说，取决于社会经济条件，但法治建设的直接推动力量在于从事法律工作的人员，而律师作为从事法律实践、处于法律工作第一线的职业人员，深知法律优劣和完善与否。因此，在制定法律的过程中，适当征询律师意见，将会有利于法治水平的提高和法律制度的完善。目前，在中国一些地区，各级人民代表大会作为立法机关，纷纷聘请律师作为法律顾问，在立法时吸收律师参与，其作用非常明显。良好的法律制度是法治社会一个重要前提，律师凭借自身职业优势参与立法，可以更好地推进法治建设。

## 二、完善律师制度建设，推进民主法治进程

我国宪法修正案明确提出：“依法治国，建设社会主义法治国家。”建设法治社会是众望所归，也是社会发展的必然趋势。我国要建设社会主义法治国家，必须完善各方面的法律制度，发挥各种社会力量作用。律师制度发展和完善有利于法治社会的建设和维护。

（一）律师职业道德建设

就目前来说，大部分中国律师职业道德是高尚的，许多律师热爱这一职业，将律师职业作为事业来追求，律师行业中经常出现一些可歌可泣的感人事迹。但也有一部分律师职业道德低下，这影响了一部分社会公众对律师的信任，同时也妨碍了律师在法治建设中作用的发挥。《律师法》及相关规定明确了律师职业道德，但还没有达到应有的规范作用。有些律师只办理能赚钱的法律委托服务，甚至为了能够使案件结果有利于己方，充当法律掮客，与司法人员进行利益输送，玷污了司法环境的廉洁性；有些律师不遵守职业操守，乱收费、私下收费、随口承诺，损害委托人利益；有的律师违规会见，这些现象均严重违背律师的职业道德和执业纪律，造成恶劣的社会影响。从律师行业发展和国家法治建设进程来看，只有律师的职业道德真正提高了，才能赢得广大当事人信任，律师个人才能获取长久的经济效益，律师行业才能更好地实现在社会中的作用，而律师作用的

加强，本身也是法治社会的一个重要标志和体现。

（二）重视律师职业培训

律师平时工作十分繁忙，很少有时间进行学习，这就难以保证律师在法治建设中发挥其应有的作用。如前所述，要发挥这一作用，律师必须具备一定的专业知识和政治意识。但现代社会发展快得惊人，尤其是中国正处在社会转型时期，各种法律制度更新较快，如果不善于学习，法律知识和法律观念都难以及时更新，律师很难跟上社会发展步伐。因此，应当定期对律师进行政治培训、业务培训，只有这样才能保证律师不落后于时代，才能不出现法律工作者不懂法律的怪象，从而相应提高律师业务素质。而业务素质的提高又可以促进律师社会作用的加强，更好实现其在法治建设中的作用，形成良性循环。

（三）进行配套立法改革，保障律师执业权利

在律师制度比较先进的国家中，几乎都规定了律师调查取证权，在刑事诉讼中，律师几乎与公诉人具有同样调查取证的权利。同时，这些国家的律师在诉讼中享有一定的豁免权。而我国律师在诉讼中的权利十分有限：在民事诉讼中的取证权几乎等同于普通公民，虽然近年来最高人民法院联合公安部等多部门共同颁布了相关司法解释，保障律师的调查取证权，但仍旧无法突出律师这一职业的专业性和必备的优越性，仍旧存在律师取证难、执行难等问题。而律师申请人民法院开具调查令的调查取证权，因调查令制度在我国目前无法律级别的条文明文规定，因此在实务中常出现银行等协办部门不认同人民法院签发的律师调查令，导致律师不能高效取证。在刑事诉讼中，律师这一职业应该具备的正当权利也受到了极大限制，法律规定的阅卷权、会见权、调查取证权等在实务中也有不能有效落到实处的情况。在刑事诉讼中，在侦查阶段律师便有权会见犯罪嫌疑人，但根据目前法律规定和司法实务实际情况来看，律师会见犯罪嫌疑人的作用非常小，律师按照刑事诉讼法规定有权向侦查机关、犯罪嫌疑人了解案情，但实务中与侦查机关沟通困难，会见犯罪嫌疑人的权利也受到一定限制。

“有权利必有救济，无救济则无权利”。实践中除了律师执业权利缺乏保障，还存在律师执业救济机制缺失的问题。虽然《关于依法保障律师执业权利的规定》对律师执业权利的规定有所改善，但相关规定只明确了律师的权利与义务，以及违反规定应承担的责任后果，没有明确律师执业权利受到侵害后的具体救济措施。救济机制的缺失，对律师制度完善和律师行业后续发展极其不利，导致律师陷入缺乏司法救济的困境。而执业权利受到侵害的律师，往往无可奈何，最终不了了之。

近年来，司法权力部门、律师行业协会、法学界学者均宣称律师与法官、检察官构建法律职业共同体，共同维护法律尊严，保障司法活动有序进行。律师队伍也切身投入到构建法律职业共同体的活动中，维护法律职业共同体的尊严和权益，互相尊重、共同交流。实际上，由于律师与法官、检察官法律地位不平等，

诉讼角色的不同和共同体意识的欠缺，在司法实务处理过程中会产生冲突。法律职业共同体意识的达成需要力度和深度，要求从立法层面赋予律师充分的诉讼权利，平衡律师与法检之间的权力与权利，使律师与法检在平等的基础上进行对话沟通，这样才能充分发挥律师专业优势，有效履行律师职业责任。因此，要将我国建设成真正的法治社会，必须进行配套的立法改革，在法律层面上明确赋予律师更大的权利。

## 第五节　律师职业与市场经济

经济活动是人类最为纷繁复杂的活动。现代市场经济的发展规律业已表明，市场经济是高度自律的经济形态，它一刻也离不开法律制度的指引和保障，而规范市场经济有效运行法律制度的实施，与高度发达的律师职业是不可分的。目前，在我国“以经济建设为中心”，实施依法治国战略的背景下，广大律师正在经济建设领域发挥着越来越大的作用。①

### 一、律师需要法治国家的市场经济

专制国家的财富畸形地集中在统治者手中，统治者可以任意处置这些财富，而不顾民众的利益。专制者实际上支配着国家的所有财产，甚至是臣民的人身，一切产权皆归皇帝或者统治阶级所有，就必然会减少民众手中的财富。实行自给自足的小农经济社会，贸易减少，争端减少，从经济层面上也不需要律师。而民主法治社会实行私有财产保护制度，其产生的现实背景是市场经济下民众手中掌握资源和公民权利。这样贸易才能活跃，但争端不断出现，律师逐渐踏上舞台。可以说是市场经济造就了现代律师，只有公民权利权威和法律权威存在时，才需要委托律师。社会无财产，无法律，因而就无贸易，无争端，也就无律师。②

### 二、律师在市场经济发展过程中扮演重要角色

#### （一）律师的市场服务职能

随着市场经济发展和经济往来加速，成立公司、办理财产转让、缔结契约、处理银行信贷和社会保险、雇佣工人、处理劳资纠纷、使用专利、纳税、对外投资、技术转让等经济活动都离不开法律规定，这时律师提供法律服务就不可缺少了。律师可以受聘担任公司法律顾问，参与公司法律文书的起草和修改工作，审核公司规章制度，审查管理公司合同，参与公司的商务谈判等，以使当事人的经

① 韩立收、陈金涛：《律师职业在市场经济中的角色初探》，载《吉林省经济干部管理学院学报》2003 年第 3 期。

② 韩立收、陈金涛：《律师职业在市场经济中的角色初探》，载《吉林省经济干部管理学院学报》2003 年第 3 期。

济活动在法律轨道上有条不紊地运行。

（二）律师的市场监督职能

律师不仅是当事人利益的维护者，同时也是法律的捍卫者。这突出地表现在其监督法律实施的过程中。维护当事人权利，必然就会相应地增加相对方的义务或职责，因为权利及权力资源永远是稀缺的，在一定社会条件下其总和固定。一方权利（权力）的增加，势必意味着相对方权利（权力）相应减少。维权过程，同时也就是监督、约束他人遵纪守法的过程。也正因为如此，律师又被称为“免费的市场警察”。

（三）律师的法律宣传教育职能

随着我国社会主义市场经济不断完善，经济法律、法规不断增多，市场主体越来越依赖律师的法律服务作为一种行动指南。法律如果不为人所知或者无法为人所知，那就成为一句空话。然而，法律的公布并不意味着人们就立即知道、理解了法律，并立即遵照执行。律师作为法律专家，通过执业活动、个人模范遵守法律及向当事人释明法律的含义，有意无意中言传身教，向当事人宣传了法律，增强了人们的法律法治观念和权利意识，使其珍惜自己的权利，并学会用法律武器来维护自身利益。

（四）提高律师市场经济体制下参与社会管理的能力

市场经济的不断发展，推动着社会形态不断演变。从律师制度的起源和发展来看，律师这一职业是适应国家和社会管理需要而产生的。从经济发达国家的情况来看，律师参与社会管理已经达到相当高的程度。目前，就总体而言，我国律师参与社会管理才刚刚起步，发挥的作用还很有限。要适应市场经济发展需求，应该引导和推动律师更多地参与到国家立法、行政管理和司法改革等活动中来，在社会管理中发挥律师职业的独特优势。

# 第四章　律师职业约束体系

## 第一节　律师职业约束体系概述

律师职业约束体系，是指律师在履行其职务时所承受的一系列伦理上、纪律上和法律上的约束机制所构成的系统。这一系统为律师的思想和言行确立一系列规范，以种种奖励和惩戒措施为保障，确保律师能够奉行律师角色所负担的种种义务。

### 一、律师职业约束体系的种类和内容

律师职业约束体系的种类包括律师执业法制、律师职业道德、律师执业纪律等，从法律、纪律和道德等多个层面对律师执业活动提出了丰富的要求。

（一）律师执业法制

律师执业法制从法律层面上对律师职业施加约束。律师执业法制由不同位阶的法律制度组成。

1. 法律。律师职业约束体系在法律层面上集中体现在《律师法》中。2017年修正的《律师法》第3条第1款规定："律师执业必须遵守宪法和法律，恪守律师职业道德和执业纪律。"第23条规定："律师事务所应当建立健全执业管理、利益冲突审查、收费与财务管理、投诉查处、年度考核、档案管理等制度，对律师在执业活动中遵守职业道德、执业纪律的情况进行监督。"第46条又规定："律师协会应当履行下列职责……（三）制定行业规范和惩戒规则；（四）组织律师业务培训和职业道德、执业纪律教育，对律师的执业活动进行考核……"这些规定是对律师职业约束体系的统一要求。此外，《刑事诉讼法》、《刑法》等法律对律师的执业行为也作出了具体的约束。

2. 行政法规。在行政法规层面，对律师行为规范提出要求的主要是2003年制定的《法律援助条例》。《法律援助条例》第6条规定："律师应当依照律师法和本条例的规定履行法律援助义务，为受援人提供符合标准的法律服务，依法维护受援人的合法权益，接受律师协会和司法行政部门的监督。"这一规定对律师的社会公益义务作出了明确的要求。

3. 部门规章。与律师执业规范相关的部门规章为数众多，制定部门主要是司法部，也包括一些其他专业机构（如证监会），涉及的部门规章就有 2019 年修正的《律师和律师事务所执业证书管理办法》、2018 年修正的《律师事务所管理办法》、2016 年修订的《律师执业管理办法》、2013 年修正的《取得内地法律职业资格的香港特别行政区和澳门特别行政区居民在内地从事律师职业管理办法》、2010 年制定的《律师和律师事务所违法行为处罚办法》及《律师事务所年度检查考核办法》等。这些部门规章对律师的执业行为提出了一系列专门性的具体要求，内容覆盖律师执业活动的各个方面，为行业规范的制定和律师职业道德的形成提供了具体指引。

4. 地方性法规和政府规章。在律师执业规范方面，近年来较有代表性的地方性法规和政府规章包括 2019 年修正的《深圳经济特区律师条例》、2019 年制定的《海南经济特区律师条例》、2017 年制定的《河北省律师执业保障和规范条例》、2013 年修订的《安徽省关于律师执业的若干规定》、2019 年制定的《吉林省法律援助条例》、2019 年修正的《贵州省法律援助条例》等，它们因地制宜，对律师的行为规范提出了进一步的明确要求。

5. 司法解释。在法律层面，律师职业约束体系还包括一系列的司法解释，主要包括最高人民法院《关于适用〈刑事诉讼法〉的解释》、2016 年修正的《中华人民共和国人民法院法庭规则》、2006 年发布的《最高人民法院关于认真贯彻律师法依法保障律师在诉讼中执业权利的通知》、2004 年发布的《最高人民法院、司法部关于印发〈关于规范法官和律师相互关系维护司法公正的若干规定〉的通知》等。这些司法解释对律师进行诉讼活动提出了一些具体要求，例如，律师应当自觉维护法官权威、法庭秩序，保障诉讼活动的顺利进行；律师不得违反规定单方面会见法官，等等，对于律师执业规范的完善有重要的促进作用。

6. 行业规范。在“软法”① 的意义上，由中华全国律师协会等行业组织制定的行业规范对律师执业约束作出了全面而精细的规定。这些行业规范主要包括 2018 年中华全国律师协会修订的《中华全国律师协会章程》及发布的《中华全国律师协会律师业务推广行为规则（试行）》、2017 年发布的《律师办理刑事案件规范》、《律师和律师事务所诚信信息管理办法》及同年修订的《律师协会会员违规行为处分规则（试行）》、2014 年发布的《律师职业道德基本准则》、2018 年的《中华全国律师协会律师执业行为规范》、2005 年发布的《律师承办行政案件规范（试行）》、2001 年发布的《律师职业道德和执业纪律规范》等。它们对律师职业道德和执业行为提出了全面的要求，是律师职业约束体系的重要规范载体。

---

① “软法”是不能运用国家强制力保证实施的法规范，行业组织制定的自治性规范也属于软法的范围。参见罗豪才、宋功德：《软法亦法——公共治理呼唤软法之治》，法律出版社 2009 年版，第 3 页。

这些法律制度既直接对律师的执业行为施加约束，又为律师的职业约束体系提供法律上的依据，在律师职业约束体系中起到不可替代的作用。

（二）律师职业道德

律师职业道德是指律师在执行职务、履行职责时应当遵守的、与律师职业紧密相关的道德规范的总和。律师职业道德的内容较为丰富，既和律师的本职工作有关，如诚实守信、勤勉尽责、敬业勤业等，也和律师角色被赋予的社会责任有关，如忠于法律、公平互敬、服务社会等。本章第二节将对律师职业道德展开详细的阐述。

（三）律师执业纪律

律师执业纪律是指律师在执业过程中所应当遵守的各种不具备法律效力的行为规范的总和，它是律师职业道德外化为行为规范的结果，对律师的行为具有外在的约束力，并伴随律师行业组织的纪律惩戒。本章第二节将对律师执业纪律展开详细的阐述。

## 二、律师职业约束体系的效力

律师职业约束体系的效力较为复杂，它的规范体系包括法律规范、纪律规范和伦理规范；相应的，它的效力也包括法律层面和纪律层面的效力，同时也发挥着法律层面、纪律层面和道德层面的实效。

从法律层面看，部分律师执业行为规范获得法律的正式承认，有法律的效力，违反这些规范将承担相应的法律责任。例如，司法部制定的《律师和律师事务所违法行为处罚办法》，将“在律师事务所执业的同时又在其他律师事务所或者社会法律服务机构执业的”、“以误导、利诱、威胁或者作虚假承诺等方式承揽业务的”、“在律师事务所住所以外设立办公室、接待室承揽业务的”等行为确定为违法行为，如果违反这些行为将受到《律师法》所规定的行政处罚。相应的，这些违法行为所对应的律师执业规范就具有法律层面的效力。

从纪律层面看，部分律师执业行为规范是以“软法”的形式体现出来的，其实质上并不是国家强制力的规范表达，而是行业自律组织的纪律要求，因此它们并不具备严格意义上的法律效力，但具备纪律性的规范效力。部分行为规范可能同时既具有法律效力，又具有纪律效力，违反者要受到法律和纪律的双重制裁。

## 三、律师职业约束体系的特征

相对于其他行业的职业约束体系而言，我国的律师职业约束体系具有以下特征：

（一）来源众多、内容复杂

从我国的律师职业约束体系看，它的来源相当广泛，既包括法律方面的法律、行政法规、地方性法规、部门规章、地方政府规章、司法解释及行业规范等，又包括不断与时俱进的律师职业道德，具有相当丰富的规范形态。

这一由为数众多的各种规范构建的律师职业约束体系包含了丰富的内容，规范的对象涵盖了律师执业活动的各个方面——律师与委托人的关系、律师与同行的关系、律师与律师事务所的关系、律师与法官的关系、律师与法律援助对象的关系、律师的诉讼活动、律师的非诉活动（如从事证券法律服务的有关要求）、律师的公益活动，等等，对律师执业活动提出了全面的要求。

（二）效力特殊

由于律师的活动关系到法治社会的建设，关系到司法公正和当事人的重大权益，律师职业约束体系中职业道德的外化更为充分，大量职业道德的内容已经外化为法律或纪律上的行为规范；律师职业约束体系也较之一般行业的职业约束体系有着更充分的效力。律师职业约束体系的效力包括法律效力和纪律效力，两套规范的效力可以同时发挥作用，对律师的执业活动施加强有力的外部约束。

（三）功能丰富

律师职业约束体系的功能比较丰富。从律师自身层面看，律师职业约束体系可以保护律师的安全，防范职业风险，为律师的言行作出有益的指引；从当事人的角度看，律师职业约束体系有助于最大限度地保护当事人的合法权益，尤其是当事人的个人隐私与秘密，促使律师勤勉尽责，实现当事人的合法利益最大化；从律师行业的发展看，律师职业约束体系有助于完善律师的管理体制，防止恶性竞争，促进相互尊重，繁荣律师事业；从社会公众的角度看，律师职业约束体系有助于引导律师自觉提供法律援助，参加社会公益活动，努力服务社会，发扬社会公平正义；从法治建设的视角看，律师职业约束体系有助于引导律师忠于宪法和法律，模范遵守法纪，弘扬法治精神，为法治的发展作出贡献。

## 第二节 律师职业道德与律师执业纪律

### 一、律师职业道德

职业道德是指各行各业的人们在从事自己的业务活动中所形成的道德观念、行为规范的总和。从性质上看，律师职业道德属于社会道德的一部分，在律师职业的发展过程中逐渐形成，其中部分内容有时由律师行业的自治性组织加以明文认定。为了加强可操作性，职业道德往往又被细化为具体的执业纪律，并规定有相应的制裁惩戒措施以保证其强制执行。[①] 但职业道德本身仍属于伦理领域，和纪律、法律存在重要的区别，其本身不具备外在的强制性，而是通过内在的心理强制来促使人们遵从一定的价值准则和言行模式。只有当职业道德的内容被纪律

① 陈卫东主编：《中国律师学（第三版）》，中国人民大学出版社2008年版，第119页。

和法律吸收时，纪律和法律中的相关规范才具备外在的强制性。从本质上看，职业道德仍是对某种特定职业的从业者从精神层面上提出的内在要求，违反职业道德将受到不同程度的伦理评价，进而或然性地触发法律的、纪律的或其他经济、社会方面的后果。

律师的职业道德是指律师在执行职务、履行职责时所应当遵守的精神层面上的要求。这些要求是否得到满足，往往会外化为一定的外部表现，一定程度上可以通过外部表现加以评判。律师职业道德既和律师的本职工作有关，如诚实守信、勤勉尽责、敬业勤业等，也和律师角色被赋予的社会责任有关，如忠于法律、公平互敬、服务社会等。律师在执业过程中需要遵守律师职业道德。我国律师职业约束体系历来重视律师职业道德的内容。1995 年司法部制定的《关于反对律师行业不正当竞争行为的若干规定》第 2 条要求："律师及律师事务所的执业行为必须遵循公平、平等、诚实、信用的原则，遵守律师职业道德和执业纪律，遵守律师行业公认的执业准则。" 2018 年的全国律协《律师执业行为规范》第 6 条规定："律师应当忠于宪法、法律，恪守律师职业道德和执业纪律。" 此规定对律师遵守职业道德提出了整体上的要求。2014 年全国律协发布的《律师职业道德基本准则》更是以六条准则对律师的职业道德进行了高度凝练的概括。根据《律师职业道德基本准则》的规定，律师职业道德可以被概括为以下六个方面：

#### （一）坚定理想信念

《律师职业道德基本准则》第 1 条规定："律师应当坚定中国特色社会主义理想信念，坚持中国特色社会主义律师制度的本质属性，拥护党的领导，拥护社会主义制度，自觉维护宪法和法律尊严。" 这一条规定的是律师职业道德中的政治方面，在《律师职业道德基本准则》中排在其他律师职业道德之前，也是中国律师在执业活动和日常言行中需要时刻遵守的红线。

#### （二）始终执业为民

《律师职业道德基本准则》第 2 条规定："律师应当始终把执业为民作为根本宗旨，全心全意为人民群众服务，通过执业活动努力维护人民群众的根本利益，维护公民、法人和其他组织的合法权益。认真履行法律援助义务，积极参加社会公益活动，自觉承担社会责任。" 律师是一项提供法律服务的职业，但又与纯粹博取经济利益的服务业有本质的区别。律师所提供的服务是法律服务，法律应当是公平、公正的化身，在一个崇尚社会公平的法律体系当中，律师也应当奉行社会公平的精神。在律师职业的道德要求上，社会公平伦理既体现为对律师执业为民、服务社会的一般要求，也突出体现为一种体恤孤弱的精神，特别是对弱势群体提供法律援助的自觉性。《律师职业道德和执业纪律规范》第 10 条规定："律师应当自觉履行法律援助义务，为受援人提供法律帮助。" 第 12 条规定："律师应当积极参加社会公益活动。" 这两条规定确认了律师执业为民、服务社会的道德要求。

（三）坚定法治信仰

《律师职业道德基本准则》第3条规定：“律师应当坚定法治信仰，牢固树立法治意识，模范遵守宪法和法律，切实维护宪法和法律尊严。在执业中坚持以事实为根据，以法律为准绳，严格依法履责，尊重司法权威，遵守诉讼规则和法庭纪律，与司法人员建立良性互动关系，维护法律正确实施，促进司法公正。”律师应当忠于宪法和法律，这不只是由律师的职业本质所直接要求，也是国家和社会对律师角色所赋予的期望。律师群体是精研法律、深入了解法律的群体，如果律师也不忠于法律、不信仰法律，甚至知法犯法，法律的公正形象和崇高地位就将受到恶劣的影响。在《律师执业行为规范》中，除第6条外，第7条的规定也对这一义务提出了更详细的要求：“律师应当诚实守信、勤勉尽责，依据事实和法律，维护当事人合法权益，维护法律正确实施，维护社会公平和正义。”这是对律师忠于法律义务的基本要求。

（四）维护公平正义

《律师职业道德基本准则》第4条规定：“律师应当把维护公平正义作为核心价值追求，为当事人提供勤勉尽责、优质高效的法律服务，努力维护当事人合法权益。引导当事人依法理性维权，维护社会大局稳定。依法充分履行辩护或代理职责，促进案件依法、公正解决。”这条规定把维护公平正义的价值追求和勤勉尽责的义务联结在一起。律师维护公平正义除依法为当事人争取权益、维护法律公正外，很重要的一个方面就是对当事人尽职。勤勉尽责是律师职业本身所直接要求的道德义务。律师接受当事人委托后，必须尽己所能依法维护当事人的合法权益。虽然我国将勤勉尽责和诚实守信合并在一条规定中，但从道德上看，这是两种不同的道德要求，国外的职业道德体系也一般将忠实（loyalty）和勤勉（diligence）加以区分。严格而论，《律师职业道德和执业纪律规范》第8条的规定更接近于忠实义务，其第5条的规定更接近于勤勉义务，而《律师职业道德基本准则》将两者加以区分，并明确勤勉尽责的义务与维护公平正义的价值追求相关，提升了其道德层次。律师的勤勉尽责义务体现在工作的各个方面，并可转化为一定的纪律甚至法律内容。如果律师在工作中未能履行勤勉尽责义务维护当事人的合法权益，将不仅遭受信誉上、经济上的损失，更可能受到同行的谴责，其所在的律师事务所还可能承担一定的法律责任。

（五）树立诚信意识

《律师职业道德基本准则》第5条规定：“律师应当牢固树立诚信意识，自觉遵守执业行为规范，在执业中恪尽职守、诚实守信、勤勉尽责、严格自律。积极履行合同约定义务和法定义务，维护委托人合法权益，保守在执业活动中知悉的国家机密、商业秘密和个人隐私。”这条规定的内容主要是关于忠实守信的义务。律师在执业过程中经常需要和当事人展开深入合作，知晓当事人的许多重要信息，因此对当事人也负有忠实守信的义务。忠实守信不仅包括诚信原则，还包括忠于当事人之委托的要求。《律师执业行为规范》第 7 条的规定即是忠实守信义务的体现。此外，《律师执业行为规范》第 9 条第 1 款还规定："律师应当保守在执业活动中知悉的国家秘密、商业秘密，不得泄露当事人隐私。"这两条规定确认了律师忠实守信的道德义务。但是，这一义务有法律规定的例外情形。2012 年修订的《律师法》第 38 条规定："律师对在执业活动中知悉的委托人和其他人不愿泄露的有关情况和信息，应当予以保密。但是，委托人或者其他人准备或者正在实施危害国家安全、公共安全以及严重危害他人人身安全的犯罪事实和信息除外。"这是基于公共利益目标而产生的重要例外。二者统一于《律师职业道德基本准则》第 5 条的规定之中。

（六）端正执业理念

《律师职业道德基本准则》第 6 条规定："律师应当热爱律师职业，珍惜律师荣誉，树立正确的执业理念，不断提高专业素质和执业水平，注重陶冶个人品行和道德情操，忠于职守，爱岗敬业，尊重同行，维护律师的个人声誉和律师行业形象。"这条规定突出强调了爱岗敬业与尊重同行的要求。在爱岗敬业方面，律师应当不断加强自身的专业技能和职业素养，不断提升服务水平。法律规定不断变化发展，律师作为当事人信赖的、承载实现法律公平正义目标的服务者，应当努力钻研业务，与时俱进，给当事人维护合法权益提供有力保障。这一点既是律师在事业上取得发展和成功的必要条件，也是律师本身所应遵循的职业道德之一。《律师职业道德和执业纪律规范》第 6 条规定："律师应当敬业勤业，努力钻研业务，掌握执业所应具备的法律知识和服务技能，不断提高执业水平。"这一规定确认了律师敬业勤业的义务。在尊敬同行方面，律师之间的竞争也要遵循人类社会的一般道德法则和市场竞争的一般道德原则，不能采取不正当的竞争手段，违背法律的精神，也损害整个行业的声誉。《律师职业道德和执业纪律规范》第 9 条规定："律师应当尊重同行，同业互助，公平竞争，共同提高执业水平。"律师行业尽管存在激烈的竞争，但竞争中也需要遵守商业竞争的伦理道德要求。

## 二、律师执业纪律

将律师职业道德在行为层面上的要求逐一展开，加上律师管理方面的特别要求，就形成了律师执业纪律。与律师职业道德相比，律师执业纪律是一种行为规范，具备外在的强制性。这种规范与律师职业道德在内容上存在一定的重叠，部分规范可能既是对律师的内在道德要求，又被制度确认为对律师的纪律要求。

律师执业纪律不仅为行业内规则所规定，也在相当大的程度上体现在法律、规章和规范性文件中。《律师法》第 38-42 条从整体上规定了律师执业纪律，通过一系列义务性规范和禁止性规范对律师执业纪律的底线提出了要求。除《律师法》以外，我国律师执业纪律的规范依据还体现在以下三个层次：

第一，司法行政机关制定和发布的有关律师管理规章中的行为规范。1990 年司法部下发了《律师十要十不要》，对律师执业规范作了原则性的规定。1993 年司法部又正式颁布实施了我国第一部较为完整、具体的律师执业规范——《律师职业道德和执业纪律规范》。该规范开始实现律师职业行为规范建设的制度化、规范化，在我国律师事业的发展史上具有重要意义。① 这部规范几经修订，至今仍是规范律师执业纪律的重要依据。此外，司法部还发布《关于反对律师行业不正当竞争行为的若干规定》、《律师和律师事务所违法行为处罚办法》，司法部与最高人民法院发布《关于规范法官和律师相互关系维护司法公正的若干规定》，以及司法部、国家发展和改革委员会制定的《律师服务收费管理办法》，都涉及律师的具体执业纪律。

第二，中华全国律师协会制定的有关行业规范。1996 年中华全国律师协会制定了《律师职业行为规范与执业纪律规范》。这不仅标志着我国律师行业组织职能的加强，也标志着我国律师执业行为规范逐步走上了正规化、系统化的发展道路。除此以外，近年来中华全国律师协会制定的律师职业行为规范还有《律师办理刑事案件规范》、《律师和律师事务所诚信信息管理办法》、《关于律师办理群体性案件指导意见》、《律师协会会员奖励办法》、《律师协会会员违规行为处分规则（试行）》、《律师事务所内部管理规则（试行）》等。② 尤其值得注意的是，2004 年制定并经多次修订的《律师执业行为规范》，以 9 章共 109 条的篇幅对律师执业纪律作了全面而系统的规定，也将律师执业纪律推到了新的高度。

第三，地方司法行政机关和律师协会制定的相关纪律规范。从实践来看，许多地方已经认识到了加强律师职业行为规范建设的重要意义，制定了大量关于律师职业行为规范的规范性文件。如 2017 年制定的《河北省律师执业保障和规范条例》、1995 年北京市司法局发布的《关于加强法院廉政建设与律师从业清廉的规定》、2001 年北京市律师协会制定的《北京市律师职业规范（试行）》、上海市律师协会制定的《上海市律师协会制止律师执业不正当竞争规则》、《上海市律师协会律师执业利益冲突认定和处理规则》等。②从以上一系列的法律、规章、行政规范性文件和行业自律规范中，我们可以将律师执业纪律归纳为如下几个方面：

1. 代理纪律。代理纪律规范律师与委托人（当事人）之间的关系，其内容非常丰富，主要包括：（1）立足约定，严守委托权限。律师应当与委托人就委托事项范围、内容、权限、费用、期限等进行协商，经协商达成一致后，由律师事务所与委托人签署委托协议；律师应当严格按照法律规定的期间、时效以及与委托人约定的时间办理委托事项。对委托人了解委托事项办理情况的要求，应当及时给予答复；律师接受委托后，应当在委托人委托的权限内开展执业活动，不得超越委托权限；律师接受委托后，无正当理由不得拒绝辩护或者代理，或以其他方式终止委托。（2）实事求是，禁止虚假承诺。律师应根据委托人提供的事实和证

① 田文昌主编：《律师制度》，中国政法大学出版社 2007 年版，第 88-89 页。

② 田文昌主编：《律师制度》，中国政法大学出版社 2007 年版，第 89 页。

据，依据法律规定进行分析，向委托人提出分析性意见；律师在承办受托业务时，对已经出现的和可能出现的不可克服的困难、风险，应当及时通知委托人，并向律师事务所报告。(3) 廉洁从业，禁止非法牟利。律师和律师事务所不得利用提供法律服务的便利，牟取当事人争议的权益；律师和律师事务所不得违法与委托人就争议的权益产生经济上的联系，不得与委托人约定将争议标的物出售给自己；不得委托他人为自己或为自己的近亲属收购、租赁委托人与他人发生争议的标的物；办理委托事务的律师与委托人之间存在利害关系或利益冲突的，不得承办该业务并应当主动提出回避。(4) 严格保密，保护个人隐私，不得违反有关忠实守信道德规范的要求。(5) 尊重当事人的其他权利和利益。律师应谨慎保管委托人或当事人提供的证据原件、原物、音像资料底版以及其他材料；律师事务所与委托人解除委托关系后，应当退还当事人提供的资料原件、物证原物、视听资料底版等证据，并可以保留复印件存档。

2. 竞争纪律。律师和律师事务所不得采用不正当手段进行业务竞争，损害其他律师及律师事务所的声誉或者其他合法权益。竞争纪律主要规范律师及律师事务所的同业竞争，主要包括：(1) 注意言论。在庭审或者谈判过程中各方律师应当互相尊重，不得使用挖苦、讽刺或者侮辱性的语言；律师或律师事务所不得在公众场合及媒体上发表恶意贬低、诋毁、损害同行声誉的言论。(2) 禁止恶意损害同业利益的手段。律师变更执业机构时应当维护委托人及原律师事务所的利益；律师事务所在接受转入律师时，不得损害原律师事务所的利益；无正当理由，不得以低于同地区同行业收费标准为条件争揽业务，或者采用承诺给予客户、中介人、推荐人回扣、馈赠金钱、财物或者其他利益等方式争揽业务；不得故意在委托人与其代理律师之间制造纠纷；不得通过与某机关、某部门、某行业对某一类的法律服务事务进行垄断的方式争揽业务；禁止不正当获取其他律师和律师事务所收费报价或者其他提供法律服务的条件；不得通过招聘启事、律师事务所简介、领导人题写名称或其他方式，对律师或律师事务所进行不符合实际的宣传，等等。(3) 禁止误导客户。律师及律师事务所不得向委托人明示或者暗示自己或者其属的律师事务所与司法机关、政府机关、社会团体及其工作人员具有特殊关系；不得就法律服务结果或者诉讼结果作出虚假承诺；不得明示或者暗示可以帮助委托人达到不正当目的，或者以不正当的方式、手段达到委托人的目的；不得擅自或者非法使用社会专有名称或者知名度较高的名称以及代表其名称的标志、图形文字、代号以混淆误导委托人。(4) 其他竞争纪律。律师的一些行为可能不会直接误导客户或损害同行利益，但有可能产生间接的不利影响，也在禁止之列，如在律师名片上加印律师经历、专业技术职务或其他头衔等。

3. 诉讼纪律。律师作为知法、懂法的代表，在参与诉讼和仲裁活动时，更要严守法律规定，遵守诉讼纪律。律师的诉讼纪律主要包括：(1) 依法调查取证。律师应当依法调查取证，不得伪造证据，不能为了诉讼意图或目的，非法改变证据的内容、形式或属性。律师不得向司法机关或者仲裁机构提交明知是虚假的证据，也不得威逼利诱他人提供虚假证据。（2）禁止角色混同。律师作为证人出庭作证的，不得再接受委托担任该案的辩护人或者代理人出庭。（3）禁止利益冲突。曾任法官、检察官的，离任后未满两年，不得担任诉讼代理人或者辩护人。（4）注重仪表言行。律师担任辩护人、代理人参加法庭审理，必须按照规定穿着律师出庭服装、遵守仪表方面的要求，注重律师职业形象；体态语言要得体，不得使用黑话、脏话等不规范语言。在开庭审理过程中，律师应当尊重法庭、仲裁庭，服从审判长、首席仲裁员主持，不能有当庭评论（包括批评和颂扬）审判人员、仲裁人员言论。（5）谨慎司法评论。律师不得在公共场合或向传媒散布、提供与司法人员及仲裁人员的任职资格和品行有关的轻率言论。在诉讼或仲裁案件终审前，承办律师不得通过传媒或在公开场合发布任何可能被合理地认为损害司法公正的言论。一言以蔽之，律师不得通过违背法律精神的手段不正当地干扰诉讼活动的正常进行。

4. 交往纪律。程序公平是法律实现公平正义目标的直接保障，也是法治大局的长远利益所在，律师必须遵守交往纪律，不得通过私人关系影响法律上程序公平的实现。律师的交往纪律主要包括：（1）律师不得以不正当动机与司法、仲裁人员接触。（2）律师不得向司法机关和仲裁机构人员馈赠财物，更不得以许诺回报或提供其他便利（包括物质利益和非物质形态的利益）等方式，与承办案件的司法或仲裁人员进行交易。

5. 行业管理纪律。律师应当自觉遵守律师行业管理的要求，应当遵守的纪律制度具体包括：（1）备案制度。律师参加国际性律师组织并成为其会员的，以及以中国律师身份参加境外会议等活动的，应当报律师协会备案。（2）报告制度。律师和律师事务所因执业行为成为刑事、民事被告，或者受到行政机关调查、处罚的，应当向律师协会书面报告。（3）组织活动制度。律师应当积极参加律师协会组织的律师业务研究活动，完成律师协会布置的业务研究任务，参加律师协会组织的公益活动。（4）纠纷解决制度。律师应当妥善处理律师执业中发生的纠纷，履行经律师协会调解达成的调解协议。

## 第三节 律师执业投诉与惩戒

当事人或其他有关机构、人员对律师执业活动不满，特别是对律师在执业活动中违反律师职业道德和执业纪律的情形，可以向律师事务所或律师协会提出投诉。律师事务所应当建立投诉查处制度，对律师在执业活动中遵守职业道德、执业纪律的情况进行监督。如果律师在执业活动中确有相关情形，律师协会可以依据《律师法》的授权和 2017 年修订的《律师协会会员违规行为处分规则（试行）》及各地律师协会相关规则的规定，对律师进行惩戒。

## 一、律师执业投诉

《律师法》规定律师事务所要建立投诉查处机制，而律师协会“受理对律师的投诉或者举报，调解律师执业活动中发生的纠纷，受理律师的申诉”。还规定，“县级人民政府司法行政部门对律师和律师事务所的执业活动实施日常监督管理，对检查发现的问题，责令改正；对当事人的投诉，应当及时进行调查。县级人民政府司法行政部门认为律师和律师事务所的违法行为应当给予行政处罚的，应当向上级司法行政部门提出处罚建议”。实际上建立的是一个包含多重投诉渠道的投诉机制。

对于投诉的具体处理方式，根据法律对律师执业处罚权的配置，2018 年修订的《律师事务所管理办法》作了进一步的规定。《律师事务所管理办法》第 57 条规定：“律师事务所应当建立投诉查处制度，及时查处、纠正本所律师在执业活动中的违法违规行为，调处在执业中与委托人之间的纠纷；认为需要对被投诉律师给予行政处罚或者行业惩戒的，应当及时向所在地县级司法行政机关或者律师协会报告。已担任合伙人的律师受到六个月以上停止执业处罚的，自处罚决定生效之日起至处罚期满后三年内，不得担任合伙人。”这就从处理方式及权限上进行了重要的区分。同时，设区的市一级司法行政机关还负责指导对律师事务所重大投诉案件的查处工作。

对于具体的投诉范围和程序，法律规范并未作出明确规定。从实践中看，当事人对律师违法或不当执业的行为均可以进行投诉，但一般只有法律规范明确对律师进行惩戒或处罚的情形，律师才会承担相应的责任。这些责任可以分为纪律责任与法律责任，纪律责任的主要形式是申诫处分，法律责任的主要形式是行政处罚，也包括追偿和刑事处罚。

## 二、纪律责任

2017 年修订的《律师协会会员违规行为处分准则（试行）》规定了律师承担纪律责任的前提和方式，对律师执业惩戒问题作出了系统性的规定。

### （一）惩戒的种类

根据《律师协会会员违规行为处分准则（试行）》，律师承担纪律责任的方式包括训诫、警告、通报批评、公开谴责、中止会员权利 1 个月以上 1 年以下和取消会员资格。前四种纪律处分可以称为申诫处分，后两种纪律处分可以称为资格处分。各种申诫处分的方式彼此之间的关系没有得到清晰的规定，就其严厉程度而言可以认为自“训诫”、“警告”、“通报批评”至“公开谴责”存在处分强度上的递进关系。资格处分则是最为严厉的纪律处分，尤其是取消会员资格对律师的事业发展所产生的负面影响不可估量。

### （二）惩戒的条件

《律师协会会员违规行为处分准则（试行）》第四章将惩戒的前提条件分为

九节，详细列举了应受处分的数十种情形：

第一节为“利益冲突行为”，包括第 20 条规定的 11 种情形和第 21 条规定的 5 种情形，区别是后者中的情形如果事先征得当事人同意则不在受处分之列。前者如律师在同一案件中为双方当事人担任代理人，或代理与本人或者其近亲属有利益冲突的法律事务的；律师办理诉讼或者非诉讼业务，其近亲属是对方当事人的法定代表人或者代理人的。后者如接受民事诉讼、仲裁案件一方当事人的委托，而同所的其他律师是该案件中对方当事人的近亲属的；担任刑事案件犯罪嫌疑人、被告人的辩护人，而同所的其他律师是该案件被害人的近亲属的。如果第 21 条列举的所有情形中不能概括律师执业中未经当事人同意的利益冲突行为，则以兜底条款“其他与本条第（一）至第（五）项情况相似，且依据律师执业经验和行业常识能够判断的其他情形”处理。

第二节为“代理不尽责行为”，包括第 22 条的 4 种情形（主要是提供法律服务不尽责）和第 23 条（主要是利用提供法律服务的便利牟取当事人利益）的 3 种情形。需要注意的是，在法律援助中，同样可以认定和处理律师的代理不尽责行为，如无正当理由拒绝接受律师事务所或者法律援助机构指派的法律援助案件的，或者接受指派后，拖延、懈怠履行或者擅自停止履行法律援助职责的，给予训诫、警告或者通报批评的纪律处分；情节严重的，给予公开谴责、中止会员权利 3 个月以上 1 年以下甚至取消会员资格的纪律处分。

第三节为“泄露秘密或者隐私的行为”，包括 3 种情形：泄露当事人的商业秘密或者个人隐私的；违反规定披露、散布不公开审理案件的信息、材料，或者本人、其他律师在办案过程中获悉的有关案件重要信息、证据材料的；泄露国家秘密的。其中，对泄露国家秘密的处分最为严厉。

第四节为“违规收案、收费的行为”，包括 7 种情形。其中，第 28 条专门规定：“假借法官、检察官、仲裁员以及其他工作人员的名义或者以联络、酬谢法官、检察官、仲裁员以及其他工作人员为由，向当事人索取财物或者其他利益的，给予公开谴责或者中止会员权利三个月以上六个月以下的纪律处分。”这一规定专门针对律师执业中常规的违法行为进行惩戒。

第五节为“不正当竞争行为”，包括第 29 条的 6 种情形和第 30 条的 3 种情形。例如，为争揽业务，向委托人作虚假承诺的；向当事人明示或者暗示与办案机关、政府部门及其工作人员有特殊关系的；利用媒体、广告或者其他方式进行不真实或者不适当宣传的；等等，受处分的行为均为违反公平竞争道德和竞争纪律的行为。

第六节为“妨碍司法公正的行为”，包括 3 种情形：承办案件期间，为了不正当目的，在非工作期间、非工作场所，会见承办法官、检察官、仲裁员或者其他有关工作人员，或者违反规定单方面会见法官、检察官、仲裁员的，利用与法官、检察官、仲裁员以及其他有关工作人员的特殊关系，打探办案机关内部对案件的办理意见，承办其介绍的案件，影响依法办理案件的；向法官、检察官、仲裁员及其他有关工作人员行贿，许诺提供利益、介绍贿赂或者指使、诱导当事人行贿的。这些行为不仅违反了坚定法治信仰和维护公平正义的道德，也违反了公平竞争的要求，将受到严厉的惩治，构成犯罪的，还要追究刑事责任。

第七节为“以不正当方式影响依法办理案件的行为”，包括第 34 条的 6 种情形、第 35 条的 3 种情形和第 36 条的虚假作证情形。其中，第 35 条和第 36 条主要涉及刑事调查和庭审过程中遵守司法纪律的问题，第 34 条则是对律师执业过程中违法违规使用的种种“场外招”加以惩戒。例如，未经当事人委托或者法律援助机构指派，以律师名义为当事人提供法律服务、介入案件，干扰依法办理案件的；对本人或者其他律师正在办理的案件进行歪曲、有误导性的宣传和评论，恶意炒作案件的；以串联组团、联署签名、发表公开信、组织网上聚集、声援等方式或者借个案研讨之名，制造舆论压力，攻击，诋毁司法机关和司法制度的；等等。这些规定既有爱岗敬业、维护公平正义的内涵，也有政治方面的考虑，引人深思。

第八节为“违反司法行政管理或者行业管理的行为”，包括第 37 条的竞业禁止情形、第 38 条的 3 种情形、第 39 条的 9 种情形和第 40 条的 7 种情形。内容丰富而精细，不依法纳税、恶意逃避律师事务所及其分支机构债务、不为聘用的律师或其他工作人员办理社会统筹保险的等均在其中，除第 38 条外，主要是针对律师事务所违法违规的管理行为进行惩戒。

第九节为“其它应处分的违规行为”，不仅对前八节中未规定但有其他违反法律、法规、规章和行业规范的行为确立了惩戒的“兜底条款”，也确立了律所与律师在一定情形下的“双罚制”原则，即律师事务所放任、怂恿或者指使律师从事违法违规行为的，与违法违规律师一并予以相应的处分。

（三）惩戒的程序

中华全国律师协会设立纪律委员会，负责律师行业处分相关规则的制定及对各级律师协会处分工作的指导与监督。各省、自治区、直辖市律师协会及设区的市律师协会设立惩戒委员会，负责对违规会员进行处分。

根据《律师协会会员违规行为处分准则（试行）》，惩戒的程序一般从受理投诉（包括司法行政机关委托惩戒委员会进行的投诉案件）开始，经历受理投诉、立案、调查（部分情况下包含听证）、作出处分决定等几个阶段，部分案件可能还需要进行复查。

1. 受理和立案。投诉人可以采用信函、电话、传真和直接来访等方式。投诉人可以书面形式委托他人代理投诉。律师协会惩戒委员会负责投诉的立案工作。接待投诉的工作人员应当根据不同的投诉方式做好受理工作；惩戒委员会应当在接到投诉之日起 10 个工作日内对案件作出是否立案的决定。惩戒委员会认为应当立案的，投诉人必须到律师协会，当面提交书面投诉书、证据材料等。《律师协会会员违规行为处分准则（试行）》对立案与否作了区分，依照惩戒委员会的受理规定，属于查处范围的，应当在10个工作日内立案。对于不予立案的投诉，惩戒委员会应在7个工作日内向投诉人答复并说明理由，但匿名投诉的除外。需由司法行政机关或其他律师协会处理的，律师协会应当制作转移处理书，随投诉资料移送有管辖权的部门，并告知投诉人。律师协会惩戒委员会应当自立案之日起10个工作日内向投诉人、被调查会员发出书面立案通知。立案通知中应当载明立案的主要内容，有投诉人的，应当列明投诉人名称、投诉内容等事项；投诉人递交了书面投诉文件的，可以将投诉文件的副本与通知一并送达被调查会员；该通知应当要求被调查会员在20个工作日内作出书面申辩，并有义务在同一期限内提交业务档案等书面材料。送达立案通知时，同时告知本案调查组组成人员和日常工作机构工作人员名单，告知被调查会员有申请回避的权利。

2. 调查。惩戒委员会对决定立案调查的案件应当委派两名以上委员组成调查组进行调查，并出具调查函。重大、疑难、复杂案件可以成立由惩戒委员会委员和律师协会邀请的相关部门人员组成联合调查组进行共同调查。调查人员应当全面、客观、公正地调查案情。调查范围不受投诉内容的限制。调查发现投诉以外的其他违纪违规行为的，应当一并调查，无须另行立案。发现其他会员涉嫌有与本案关联的违规行为的，律师协会可以依职权进行调查。

调查人员可以询问被调查会员，出示相关材料，并制作笔录。被调查会员拒绝提交业务档案、拒绝回答询问或者拒绝申辩的，视为逃避、抵制和阻挠调查，应当从重处分。调查人员可以通过电话、电子邮件或者直接与投诉人面对面调查等调查方式进行，要求投诉人提供相关证据材料。

调查人员应当按照所在省、自治区、直辖市律师协会规定的期限完成调查工作，并在调查、收集，整理、归纳、分析全部案卷调查材料的基础上，形成本案的调查终结报告，报告应当载明会员行为是否构成违规，是否建议给予相应的纪律处分。与案件有直接关联的事实或者争议进入诉讼、仲裁程序或者发生其他导致调查无法进行的情形的，经惩戒委员会主任及主管会长批准可以中止调查，待相关程序结束后或者相关情形消失后，再行决定是否恢复调查，中止期间不计入调查时限。

惩戒委员会在作出处分决定前，还应当告知被投诉会员有要求举行听证的权利；要求听证的，惩戒委员会应当组织听证。《律师协会会员违规行为处分准则（试行）》规定了详细的听证程序要求。

3. 决定。调查结束后，惩戒委员会依照《律师协会会员违规行为处分准则（试行）》的规定作出决定。惩戒委员会应当在听取或者审阅听证庭评议报告或者调查终结报告后集体作出决定。会议应当有三分之二以上的委员出席，决定由出席会议委员的二分之一以上多数通过，如评议出现三种以上意见，且均不过半数，将最不利于被调查会员的意见票数依次计入次不利于被调查会员的票数，直至超过半数为止。调查人员和应回避人员不参加表决，不计入出席会议委员基数。

4. 复查。各省、自治区、直辖市律师协会设立会员处分复查委员会，负责受理复查申请和作出复查决定。被处分会员对于惩戒委员会给予的行业处分不服的，可以申请复查。此外，《律师协会会员违规行为处分准则（试行）》第 78 条第 2 款特别规定："省、自治区、直辖市律师协会秘书长办公会议或者复查委员会主任、副主任集体认为本地区各律师协会惩戒委员会所做出的处分决定可能存在事实认定不清，或者适用法律、法规，规范错误，或调查、做出决定的程序不当的，有权在该处分决定做出后一年内提请复查委员会启动复查程序。"复查委员会应当自作出受理决定之日起 3 个工作日内，由复查委员会主任指定 1 名复查委员会委员为主审人与另 4 名复查委员会委员组成复查庭，对复查申请人主张的事实、理由、证据和要求、原处分决定所依据的事实、证据、给予纪律处分的理由和依据等进行书面审查。复查庭应于组庭后四十五个工作日内，按照二分之一以上多数意见作出复查决定。复查庭不能形成二分之一以上多数意见的，提交复查委员会全体会议讨论，复查庭按照复查委员会全体会议相对多数意见作出复查决定。

## 三、法律责任

律师承担法律责任的主要形式是行政处罚，法律对律师违法执业的处罚范围和幅度作了较为详细的设定。2012 年修订的《律师法》第 47 条至第 49 条分 3 个档次、18 种情形，具体地规定了律师可能就其违法行为承担的法律责任，责任形态包括行政处罚（警告、停止执业、吊销律师职业证书等）和刑事处罚。第 51 条还规定了加重情形："律师因违反本法规定，在受到警告处罚后一年内又发生应当给予警告处罚情形的，由设区的市级或者直辖市的区人民政府司法行政部门给予停止执业三个月以上一年以下的处罚；在受到停止执业处罚期满后二年内又发生应当给予停止执业处罚情形的，由省、自治区、直辖市人民政府司法行政部门吊销其律师执业证书。"同时，第 50 条也规定了对律师事务所的处罚。

追偿也是律师承担法律责任的一种形式。律师违法执业或者因过错给当事人造成损失的，由其所在的律师事务所承担赔偿责任。律师事务所赔偿后，可以向有故意或者重大过失行为的律师追偿。这一规定要求律师事务所作为直接的赔偿责任人，通过律师事务所间接促进律师遵守忠实守信、勤勉尽责等义务。

在律师执业严重违反法律规定、依法已经可以认定为犯罪的情形，律师还有可能负担刑事责任。前述《律师法》第 49 条对律师在执业活动中可能面临刑事责任的情形作了总体上的规定，在实践中较常见的情形包括行贿、介绍贿赂、故意提供虚假证据等。刑事责任是律师执业活动所面临的最严厉的法律责任，律师在刑事辩护中尤其需要注意严守依法执业的义务，不能在证据上弄虚作假，否则将可能面临严厉的制裁。

纪律责任和法律责任属于不同的责任形态，换言之，行业处分和行政处罚在理论上可以同时适用。不过，就目前而言，行业处分和行政处罚的前提条件存在相当程度的重合，二者的关系也并不十分清楚。绝大多数国家律师的惩处权由律师协会行使，以保障律师的资质和自律。[①]《律师法》同时赋予律师协会以纪律处分权，赋予司法行政机关以行政处罚权，从我国实践上看，行政处罚权占据主导作用。在行使行政处罚权时，行政机关应当谨慎行事，严格执法，注重行政处罚的价值平衡，既防止行政机关对律师可能的不当干预，保证律师自主地行使职能，又防止律师确实恶意违反法律规定，以违背法律精神的方式进行执业活动。

① 马宏俊主编：《律师法学》，北京大学出版社 2013 年版，第 147-148 页。

# 第五章　律师职业准入机制

## 第一节　律师职业准入机制概述

### 一、律师准入机制的概念和意义

在法治发达国家，律师占据着越来越重要的地位。律师职业的专业性和特殊性也成为现代法治国家必须重视的一个问题。总体而言，不论各国对律师的定义如何不同，律师职业的发展历史和前景如何有差异，但采用较为严格的职业资格准入机制成为各国共同的选择。所谓律师职业准入机制，是指通过立法所确立的取得律师资格并以律师身份执业的条件、方式和程序。律师职业准入机制是律师与非律师的分水岭，设置律师职业准入机制的实质是为实现国家对律师行业的监督、管理和控制。

律师职业具有较高的专业性。作为法务工作者，律师不仅要具有严格的法律逻辑思维，还要全面掌握各门各类的专业法律知识，并积累丰富的实践经验，尤其是律师所具有的独特的法律逻辑思维，以其严谨的行事特点清晰地将律师区别于其他职业。因此，不论是英美法系国家还是大陆法系国家，均要求申请律师资格的人员参加较高层次的法学学历教育，经过严格的法律培训、实习。比如法国，要求申请者必须参加实习，而且实习期最短要求 3 年，长者甚至长达 4 年或者 5 年。再如我国，法律规定凡是以律师名义“为社会提供法律服务”的人员，都必须是经过国家司法行政机关授予律师资格，并取得律师执业证的人员。设立严格的准入机制，有利于强化国家对律师队伍的管理和监控，对提高律师队伍的素质有很大的帮助。

### 二、律师准入机制的分类

律师准入机制一般分为分离制和统一制。

#### （一）分离制

分离制是指取得律师职业资格后可以自由决定是否执行律师业务，并不因不执行或因正当原因中止执行律师业务而取消律师资格。① 我国采用的就是分离制。这其中包括律师资格和律师执业两个内容。取得律师职业资格是申请律师执业的前提，若不执行律师业务则取消律师职业资格。分离制的优点在于尊重进入或退出律师职业的自由，并有利于律师后备力量的储备。

（二）统一制

与分离制对应的是统一制，统一制是指取得律师资格后必须申请律师执业许可，并且从事律师实务，否则将取消律师资格。采取统一制的典型国家是日本。在日本，凡是取得律师资格者必须从事律师工作，如果不从事律师工作，则丧失律师资格。具体来说，只有符合取得律师资格的条件并准备从事律师工作的人，方可向拟加入的律师协会提出登录申请，取得律师资格，进入律师行业；取得律师资格者必须从事律师工作，如果不再从事律师工作，则退出律师行业，丧失律师资格。统一制的优点在于能够加强律师行业的管理，实行律师职业化。

## 三、我国律师准入机制的概况

我国律师职业准入机制是一个完整复杂的体系，采用律师资格和律师执业相分离机制。我国实行分离制，一方面，是因为我国自2002年开始实行统一司法考试。为顺应我国法治实践需要，2018年司法部在原有的司法考试基础上进行了改革，当前取得律师资格需要通过国家统一法律职业资格考试。《国家统一法律职业资格考试实施办法》第2条规定，国家统一法律职业资格考试是国家统一组织的选拔合格法律职业人才的国家考试。初任法官、初任检察官，申请律师执业、公证员执业和初次担任法律类仲裁员，以及行政机关中初次从事行政处罚决定审核、行政复议、行政裁决、法律顾问的公务员，应当通过国家统一法律职业资格考试，取得法律职业资格。法律、行政法规另有规定的除外。因此，在我国，只有通过法律职业资格考试的人员才有资格成为初任检察官、初任法官、律师、仲裁员以及其行政机关中初次从事法律工作的公务员。为了使准法律工作者们对职业拥有更大的自由选择空间，分离制顺应了我国对法律工作者的需求，成功调节了律师队伍的数量，使得律师队伍健康发展，提高了律师队伍的整体素质。

另一方面，分离制也是我国律师资格管理的一个重要措施。在马来西亚、新加坡等国家甚至不需要通过国家统一考试就可以申请获得律师资格，这与其本身国家和法律发展情况息息相关。而在幅员辽阔、地区差异巨大、国情复杂的我国，对律师不仅仅要求要通过法律职业资格考试达到法律专业素质上的高要求，更要求通过申请律师职业许可这第二道关卡以确保进入律师队伍的申请者是品行良好、服从管理的合格律师。只有同时获取律师资格并且获得律师执业许可的申请者才可以以律师名义从事业务活动。我国规定没有取得律师执业证书的人员以

---

① 陈卫东主编：《中国律师学》，中国人民大学出版社2008年版，第110页。

律师名义从事法律服务业务的，由所在地的县级以上地方人民政府司法行政部门责令停止非法执业，没收违法所得，处违法所得 1 倍以上 5 倍以下的罚款。

## 第二节　律师职业资格与执业条件

律师作为一个国家法治发展道路上重要的角色，关系到一个国家每一个当事人的利益、社会公众的利益以及整个国家的法律制度。各国都对律师职业资格作了明确的规定。律师职业资格指的是法律规定公民担任律师一职所应具备的条件。即公民只有符合法律所规定的条件，才可以取得律师职业资格，这是成为一名合格律师的前提条件。

### 一、国外相关规定

世界各国法律制度不同，典型的英美法系、大陆法系国家对于律师职业资格的规定也各有不同。一般而言，各国都要求律师须具备一定的法律知识，具有良好的道德品行。也有国家作了更加细致的规定，如学历、国籍、年龄、考试与考核、宣誓以及审批资格等。

（一）考试或审核

对于律师资格的取得，大多数国家均规定，必须通过国家的统一资格考试，如英国、美国、日本等。在有的国家，资格考试甚至是取得律师职业资格的唯一途径。美国的法律制度是“双轨制”，即联邦法和州法共存，再加上美国是判例法国家，所以美国没有统一的律师法。有关律师制度的法规散见于宪法、判例法以及律师协会制定的《律师守则》中。在美国，律师资格考试由各州最高法院组织。这种做法的优点是，通过各州单独组织考试，可以根据各州的情况决定通过考试的分数，避免地区教育程度的不同而形成差异，当然各州通过的考试只能在各州分别作为执业的资格依据。

有的国家则实行审核批准制，即国家对于申请律师资格的人，不进行统一的资格考试，而只对申请人是否符合授予律师资格的条件进行审查核准，符合条件的即授予律师资格，否则即不授予的制度。实行这一制度的国家主要有泰国、印度、阿尔及利亚、韩国、斯里兰卡、马来西亚和新加坡等。比如在印度，要想取得律师资格，在学历上必须是大学毕业，再考入法学院学习 3 年，法学院毕业后，向邦律师协会提出申请，并交纳 250 卢比的申请费，由邦律师协会审核合格后，才能授予其律师资格。只要经过律师协会批准成为律师的，就可以在印度全国各地开业执行律师职务。① 这一制度的优点是快速简便，缺点在于没有经过统一严格的考试，很难准确地把握申请人的综合素质，对于申请人的法律知识更是

---

① 石毅主编：《中外律师制度纵观》，群众出版社 2000 年版，第 410 页。

缺乏全面彻底的考察，对于律师队伍的建设是非常不利的。

（二）学历等其他条件

在美国，律师的社会地位很高，取得律师资格的学历条件也非常严格。美国法律明确规定，只有正规学院和大学本科获得学士学位者，才有资格进入法学院。即必须在大学本科毕业后再在法学院学习 3 年，相当于我国的硕士学历。对于国籍的要求，各个州有自己的规定，比如在得克萨斯州，必须是本州的公民，才能参加该州组织的律师资格考试，不允许其他州的公民参加考试。有的州规定，在本州居住 2 个月或者 6 个月以上的外国人或具有永久居留权的外国人也可以报考律师。到 20 世纪 90 年代，在律师资格方面关于国籍的限制，美国大多不再有效。关于年龄方面，美国规定的年龄为 20 周岁以上，但有的州规定为 18 周岁或 21 周岁以上。另外非常严格的一点是对品行的要求，美国州律师协会对报考者进行资格审查时，一是将报考者留下的指纹送警察部门核验有无犯罪或不良记录；二是对有疑点的情况进行调查，经过登记审核发现有品行不良者，如酗酒、闹事被警察传讯、吸毒、虐待家人，将不允许其参加律师资格考试。①

在法国，对于律师职业的学历要求十分严格。根据法国 1971 年《律师法》的相关规定，取得律师资格，首先必须取得法学硕士学位，再经过一段时间的实习或见习，成为“见习律师”，一般实习期为 2 年，但可以根据实习律师本人的要求延长到 4 年，之后方可取得正式律师资格。起点之高可见其对法律知识素养要求之严。在国籍方面，法国相关法律规定：“从事律师职业必须是法国公民，但国际条约另有规定的除外。”这样，一些与法国在这方面有条约的国家的律师，也可以在法国执业。② 在法国，资格审查的任务交给了律师协会理事会。律师协会理事会在审查时，主要是根据申请人过去的表现、平时的交往及其生活方式和受教育程度等情况，作为判断申请人是否具备资格的要件。申请人不能有任何不名誉、不诚实或违反伦理道德的刑事犯罪记录，不能因此而受过纪律处分，或者成为行政诉讼中的被告，也不能受过破产宣告。另外，有些行为虽不属于刑事犯罪，但若律师协会理事会认为情节严重并有充分理由时，亦可拒绝授予律师资格。

## 二、我国律师的职业资格

（一）我国律师职业资格制度的发展

在 1979 年至 1986 年，我国推行《律师暂行条例》，在律师制度恢复初期通过考核授予符合一定条件的人员律师资格，要求申请人在高等院校毕业或者受过法律专业训练，并且要求申请人在司法机关工作、从事法律教学工作或法学研究

① 王国良、黄瑞、肖萍：《中外律师制度比较研究》，江西人民出版社 2003 年版，第 39 页。

② 阎志明主编：《中外律师制度》，中国人民公安大学出版社 1998 年版，第 170 页。

工作 2 年以上，或担任过人民法院审判员、人民检察院检察员，或者做过 3 年以上经济、科技等工作，熟悉本专业及与本专业有关的法律、法令，经过法律专业训练。在当时，该条例缓解了社会对律师的需求，对于律师制度的重建发挥了积极的作用。从 1986 年开始，司法部决定实行全国律师资格统一考试，而通过考核授予律师资格的制度也继续实行。1996 年《律师法》保留了考核这一制度，但提高了对通过考核获得律师资格者的学历及专业水平的要求。具体而言，《律师法》要求申请人具有高等院校法学本科以上学历，且要求申请人是从事法律研究、教学等专业工作并具有高级职称或者具有同等专业水平的人员。

在 2002 年之前，我国初任法官考试、初任检察官考试、律师资格考试都是单独组织。直到 2001 年 10 月 31 日颁布《国家司法考试实施办法（试行）》，我国的司法考试才成为初任法官、初任检察官、公证员和律师取得职业资格共同的必经途径。为适应法治实践的需要，2018 年 4 月 25 日通过了《国家统一法律职业资格考试实施办法》（以下简称《实施办法》），改革后的国家统一法律职业资格考试进一步将行政机关中初次从事行政处罚决定审核、行政复议、行政裁决、法律顾问的公务员也纳入需通过考试的方式取得职业资格的人员范围之中。国家统一法律职业资格考试制度是保证和提高法律职业人员素质，加强法律职业人员管理，保障依法独立行使审判权、检察权，保障法律职业人员依法履行职责，保障司法公正的一项基础制度。具体内容将在下文详述。

### （二）国家统一法律职业资格考试的目的

国家统一法律职业资格考试是国家统一组织的选拔合格法律职业人才的国家考试。根据《实施办法》的规定，初任法官、初任检察官，申请律师执业、公证员执业和初次担任法律类仲裁员，以及行政机关中初次从事行政处罚决定审核、行政复议、行政裁决、法律顾问的公务员，应当通过国家统一法律职业资格考试，取得法律职业资格。国家统一法律职业资格考试由司法部负责实施，实行全国统一评卷，统一确定合格分数线，考试成绩及合格分数线由司法部公布。国家统一法律职业资格考试每年举行一次，分为客观题考试和主观题考试两部分，综合考查应试人员从事法律职业应当具有的政治素养、业务能力和职业伦理。应试人员客观题考试成绩合格的方可参加主观题考试，客观题考试合格成绩在本年度和下一个考试年度内有效。通过国家法律职业资格考试的合格人员可以向司法部申请授予法律职业资格。相较于过去的司法考试，国家法律职业资格考试在注重对法学理论、法律规定考察的同时，更加侧重对于司法案例的考察，这不仅要求应试人员熟练掌握法学理论、法律规定，同时要具备较高的法律适用能力。这对从事法律工作的人员分析案例、实际处理案件的能力提出了很高的要求。同时，对于仅通过客观题考试的考生可以保留成绩一年，次年直接参加主观题考试的新规定更加适应了当前我国司法实践中亟须扩充法治工作队伍规模的现实需求。虽然仅以考试分数判断一个人的综合法律能力的确不全面，但在人口基数庞大的我国，采取传统的笔试统一公正地筛选准法律工作者是目前较为可行的做法。

（三）国家统一法律职业资格考试的报名条件

《实施办法》第 9 条规定，符合以下条件的人员，可以报名参加国家统一法律职业资格考试：

1. 具有中华人民共和国国籍；

2. 拥护中华人民共和国宪法，享有选举权和被选举权；

3. 具有良好的政治、业务素质和道德品行；

4. 具有完全民事行为能力；

5. 具备全日制普通高等学校法学类本科学历并获得学士及以上学位；全日制普通高等学校非法学类本科及以上学历，并获得法律硕士、法学硕士及以上学位；全日制普通高等学校非法学类本科及以上学历并获得相应学位且从事法律工作满 3 年。

第 10 条规定，有下列情形之一的人员，不得报名参加国家统一法律职业资格考试：

（1）因故意犯罪受过刑事处罚的；

（2）曾被开除公职或者曾被吊销律师执业证书、公证员执业证书的；

（3）被吊销法律职业资格证书的；

（4）被给予 2 年内不得报名参加国家统一法律职业资格考试（国家司法考试）处理期限未满或者被给予终身不得报名参加国家统一法律职业资格考试（国家司法考试）处理的；

（5）因严重失信行为被国家有关单位确定为失信联合惩戒对象并纳入国家信用信息共享平台的；

（6）因其他情形被给予终身禁止从事法律职业处理的。

有前款规定情形之一的人员，已经办理报名手续的，报名无效；已经参加考试的，考试成绩无效。

（四）国家司法考试的内容和范围

当前，司法考试的内容和范围主要包括：理论法学、应用法学、现行法律规定、法律实务和法律职业道德。法律职业道德的比例在近几年大大提高，体现了我国对于律师职业道德要求的不断提高，有利于提升律师队伍的综合素质。考试分为客观题考试与主观题考试，达到客观题考试合格标准的考生才可参加主观题考试。

客观题考试共两卷。每张试卷 100 道试题，分值为 150 分，其中单项选择题 50 题、每题 1 分，多项选择题和不定项选择题共 50 题、每题 2 分，两张试卷总分为 300 分。具体考查科目为：试卷一：中国特色社会主义法治理论、法理学、宪法、中国法律史、国际法、司法制度和法律职业道德、刑法、刑事诉讼法、行政法与行政诉讼法。试卷二：民法、知识产权法、商法、经济法、环境资源法、劳动与社会保障法、国际私法、国际经济法、民事诉讼法（含仲裁制度）。主观题考试为一卷，包括案例分析题、法律文书题、论述题等题型，分值为 180 分。具体考查科目为：中国特色社会主义法治理论、法理学、宪法、刑法、刑事诉讼法、民法、商法、民事诉讼法（含仲裁制度）、行政法与行政诉讼法、司法制度和法律职业道德。相较于过去的司法考试，法律职业资格考试更加注重了对于案例的考查，无论是客观题的考题还是主观题的考题，都依托于司法实务，强化了对考生案例分析能力的考查，更加注重了现行法律、法治理论在法律实务中的适用。但是，当前法律职业资格考试的形式仍然局限于笔试，缺乏对于考生口才能力的考查是当下法律职业资格考试的一大缺陷。比如在日本，律师资格考试分为两次，第一次是考查报考者的基本素养、基本教育水平，第二次的考查包括笔试和口试两种形式。口才作为律师辩护职能的一个基本工具而不纳入考查范围之内是不合理的。在直接言词原则逐渐发展的今天，一个律师必须有能力在法庭上将自己的辩护意见清楚准确地表达给法官，也必须有能力在语言表达上给予控方一定的对抗。尽管鉴于我国统一司法考试范围太大，而且口试的评判又具有相当的主观性，如何做到公正、公平是一个难题。但增加口试是一个必然趋势。

（五）违纪处理

与国家统一举行的其他考试相同，参加国家统一法律职业资格考试的人员如果有作弊等违纪行为，按照《实施办法》第 16 条的规定，应试人员有违反考试纪律行为的，由司法行政机关按照有关规定，视其情节、后果，分别给予口头警告、责令离开考场并取消本场考试成绩、确认当年考试成绩无效、2 年内不得报名参加国家统一法律职业资格考试的处理；构成故意犯罪的，给予终身不得报名参加国家统一法律职业资格考试的处理。应试人员及其他相关人员有违反治安管理行为的，由公安机关进行处理；构成犯罪的，由司法机关依法追究刑事责任。第 17 条规定，考试工作人员有违反工作纪律行为的，应当按照有关规定，视其情节、后果给予相应的处分；构成犯罪的，由司法机关依法追究刑事责任。

（六）资格授予及管理

国家统一法律职业资格考试的具体考试时间和相关安排在举行考试 3 个月前向社会公布，国家统一法律职业资格考试实行全国统一评卷，统一确定合格分数线，考试成绩及合格分数线由司法部公布。《实施办法》第 18 条规定，参加国家统一法律职业资格考试成绩合格，且不具有本办法第 10 条第 1 款规定情形的人员，可以按照规定程序申请授予法律职业资格，由司法部颁发法律职业资格证书。《法律职业资格证书管理办法》第 5 条规定，参加当年国家司法考试（现称为法律职业资格考试），取得合格成绩的人员，应当自收到成绩通知书之日起 30 日内向地（市）司法局申请领取法律职业资格证书。无正当理由逾期提出申请的，地（市）司法局不予受理。

《实施办法》第 19 条规定，以欺骗、贿赂等不正当手段取得法律职业资格证书的，由司法部撤销原授予法律职业资格的决定，注销其法律职业资格证书。第20条规定，取得法律职业资格人员有违反宪法和法律、妨害司法公正、违背职业伦理道德等行为的，由司法行政机关根据司法部有关规定，视其情节、后果，对其给予相应处理。

《实施办法》第21条规定，司法行政机关应当将取得法律职业资格人员的有关信息，以及依据本办法第19条、第20条作出相应处理人员的有关信息，录入国家法律职业资格管理系统，在司法部官方网站上公布。

## 三、我国律师的执业条件

鉴于我国实行律师资格与律师执业分离制度，在通过国家统一法律职业资格考试取得律师职业资格后，要想从事律师职业，还必须申请领取律师执业证书。作为进入律师队伍的第二道关卡，申请律师执业许可需要具备更严格的条件。根据我国《律师法》第5条的规定，申请律师执业，应当具备四个方面的条件。

### （一）拥护中华人民共和国宪法

宪法作为我国根本大法，引导着整个国家法律方向，体现了中国特色社会主义的各项基本精神。律师职业不同于其他职业，作为法律工作者，要懂宪法，更要拥护宪法。如果一名律师不拥护我国宪法，就很难为中国境内的公民、法人和其他组织提供符合法律的法律服务。因此，拥护中华人民共和国宪法是申请律师执业最基本的条件。

### （二）通过国家统一法律职业资格考试取得法律职业资格

实施国家统一法律职业资格考试制度，有利于我国法律职业共同体的形成。国家统一法律职业资格考试制度是提高法律职业人员素质，加强法律职业人员管理，保障依法独立行使审判权、检察权，保障法律职业人员依法履行职责，保障司法公正的一项基础制度。一名合格的律师只有通过国家统一法律职业资格考试才可以正式以律师名义执行法律业务。

### （三）在律师事务所实习满1年

申请领取律师执业证的人员，应在一个律师事务所连续实习满1年。这一制度比较符合国际趋势，通过实习的律师将在1年的时间内获得许多脱离书本法条的实践经验。实习律师将由一个合格的律师事务所的经验丰富的律师指导实习，可以使入门者尽快适应律师实践。律师事务所应指派具有3年以上执业经历、政治思想好、业务素质较高的律师指导实习人员。实习人员辅助律师办理业务，不得单独执业。实习人员应当接受职业道德和执业纪律的培训；接受刑事辩护，民事、行政案件代理，非诉讼代理，法律咨询以及代书等业务方面的指导训练，并完成司法行政机关规定的业务量。司法行政机关应当对实习人员的实习活动进行检查。实习期满，律师事务所应对实习人员的思想道德、业务能力和工作态度作出鉴定。实习人员在实习期满后申请领取律师执业证的，由所在的或拟调入的律师事务所将本人填写的《律师执业证申请登记表》、申请人的律师资格证书、身份证复印件等材料报送住所地司法行政机关。

（四）品行良好

在国外，申请律师执业一般都对申请人进行品行的审查。比如英国，欲成为出庭律师者，在进入律师学院时，必须提供证明其“品格良好”的证明书两份。申请初级律师资格的人，必须是“人品和其他条件都适合担任初级律师的人”，初级律师协会将对其“条件是否适合担任见习律师”进行审查。申请人在提出申请时，必须提供3个能够签字证明其品格优良并受过相应教育的推荐人的姓名。① 在我国，根据有关规定，品行良好主要是指申请执业的人员不得是无行为民事能力人或者限制民事行为能力人，没有受过刑事处罚（但过失犯罪除外），没有曾经被开除公职或者被吊销律师执业证书。

此外，根据相关规定，实行国家统一司法考试、国家统一法律职业资格考试前取得的律师资格凭证，在申请律师执业时，与国家统一司法考试、法律职业资格考试、合格证书具有同等效力。这意味着，在实行国家统一司法考试、国家统一法律职业资格考试之前取得律师资格证书的人员在申请律师执业时，与国家统一司法考试、国家统一法律职业资格考试合格证书具有同等效力。这样的制度安排符合了“法不溯及既往”的原则，避免了大量的人才资源的浪费，满足了社会上对法律工作者的需求。但是，取得律师资格证书的人员只能申请从事律师执业，而不得申请从事法官、检察官职业。这是因为在实行国家统一司法考试、国家统一法律职业资格考试之前，旧的资格考试只针对律师进行，考核内容与对检察官、法官的考察具有不同的侧重点。具有律师资格的人员在国家统一司法考试制度实施后如果想从事法官、检察官工作，仍然需要参加国家统一法律职业资格考试。

## 第三节　律师执业一般许可

### 一、律师执业一般许可的概念

律师执业许可是一种政府掌握的权力，是司法行政机关根据申请人的申请，经法定调查，准予其从事律师法律服务的行为。这种许可属于《行政许可法》的调整范围。根据《行政许可法》的规定，司法行政机关在实施律师执业许可时，应当依照法定的权限，范围、条件和程序实施，同时还应当遵循公开、公平、公正的原则。就律师执业许可的实施程序而言，司法行政机关在作出执业许可时，除了应当执行《律师法》规定的内容之外，对《律师法》没有规定的内容，还应当适用《行政许可法》的规定。

① 陈卫东主编：《中国律师学》，中国人民大学出版社2008年版，第101页。

## 二、律师执业一般许可的程序

律师执业一般许可的程序包括申请、受理、审查、决定等环节。

（一）申请

我国《律师法》第6条规定，申请律师执业，应当向设区的市级或者直辖市的区人民政府司法行政部门提出申请，并提交下列材料：（1）国家统一法律职业资格证书；（2）律师协会出具的申请人实习考核合格的材料；（3）申请人的身份证明；（4）律师事务所出具的同意接收申请人的证明。申请兼职律师执业的，还应当提交所在单位同意申请人兼职从事律师职业的证明。申请人应当如实提交有关材料，并对材料的真实性负责。司法行政机关也不得要求申请人提交与申请律师执业许可无关的技术资料和其他资料。

另外，设区的市级或者直辖市的区人民政府司法行政部门还应当将律师执业许可的依据、条件、数量、程序、期限以及需要提交的全部材料目录和申请书示范文本等在办公场所公示，申请人要求行政机关对公示内容予以说明和解释的，司法行政机关还应当提供准确、可靠的说明与解释。

（二）受理

根据《律师法》的相关规定，受理律师执业申请的机关与作出执业许可的机关是相分离的。受理申请的部门是设区的市级或者直辖市的区人民政府司法行政部门。受理申请的部门应当自受理之日起20日内予以审查，并将审查意见和全部申请材料报送省、自治区、直辖市人民政府司法行政部门。省、自治区、直辖市人民政府司法行政部门应当自收到报送材料之日起10日内予以审核，作出是否准予执业的决定。准予执业的，向申请人颁发律师执业证书；不准予执业的，向申请人书面说明理由。

另外，依据《行政许可法》第32条的规定，受理申请的司法行政部门的工作人员应当按照受理标准查验申请材料。对申请材料符合标准的即时受理，应当向申请人出具加盖专用印章和注明日期的《受理通知书》。申请材料不全的，司法行政部门应当当场将需要补齐、补正的内容一次性书面告知申请人，逾期未告知的，自收到申请材料之日起即为受理。申请人需在规定时间内提交补齐、补正的书面材料，逾期未提交的视为放弃申请。申请材料存在可以当场更正的错误，应当允许申请人当场更正。申请材料不符合法定形式或不符合申请条件的，应当将申请材料退回申请人，并向申请人出具加盖专用印章和注明日期的《不予受理通知书》。《不予受理通知书》中应说明不予受理的理由以及告知申请人投诉的渠道、申请行政复议和提起行政诉讼的权利。

（三）审查与决定

根据《律师法》的相关规定，省、自治区、直辖市人民政府司法行政部门是法定具有律师执业许可权的行政机关。省级司法行政部门应当自收到报送材料之日起10日内予以审查，并作出是否准予执业的决定。准予执业的，向申请人颁发律师执业证书；不准予执业的，向申请人书面说明理由。

根据《律师法》第7条的规定，申请人有下列情形之一的，不予颁发律师执业证书：

（1）无民事行为能力或者限制民事行为能力的。根据《中华人民共和国民法典》的规定，18周岁以上的公民是成年人，具有完全民事行为能力，可以独立进行民事活动，是完全民事行为能力人。只有当辩护律师是完全民事行为能力人时，才可以确保顺利为他人提供有效的法律服务，并且为自己作出的行为承担风险与责任。

（2）受过刑事处罚的，但过失犯罪的除外。此处的刑事处罚包括主刑和附加刑。过失犯罪中，由于当事人主观恶性不大，可以通过教育再次融入社会。为了鼓励这一类人员回归社会，也满足我国对法律工作者的需求，因过失犯罪而受到刑事处罚的人员也可以申请律师执业资格。这体现了《律师法》的人道主义精神，也符合我国惩罚与教育相结合的基本理念。

（3）被开除公职或者被吊销律师、公证员执业证书的。曾经被开除公职的人员是指因违法违纪问题受到开除处分的曾经在机关、事业单位、人民团体等单位中从事公务的人员。被吊销律师执业证的人员是指曾经获得律师执业证书，但在执业期间有违反执业规定的行为或受到刑事处罚等严重损害律师职业形象的违法行为而被有权司法行政机关依法吊销律师执业证书的人员。被吊销公证员执业证书的人员是指曾经获得公证员执业证书，但在执业期间有违反执业规定的行为或者受到刑事处罚等严重损害公证员职业形象的违法行为而被有关机关依法吊销公证员执业证书的人员。这三类都属于较为严重的违法违纪情形，受到三种处理已经证明这些人员不符合《律师法》规定的“品行良好”条件。《律师法》对这些人员规定不得授予律师执业证书是完全必要的。当然，有关机关作出的开除公职、吊销律师、公证员执业证书的行为也必须建立在全面、客观、公正地查明事实、收集证据的基础上。

（四）撤销

获得律师执业许可不是一劳永逸的。司法行政机关可以撤销已经颁布的许可，即司法行政机关对符合法定条件的执业许可依法予以撤销。《律师法》第9条规定，有下列情形之一的，由省、自治区、直辖市人民政府司法行政部门撤销准予执业的决定，并注销被准予执业人员的律师执业证书：

（1）申请人以欺诈、贿赂等不正当手段取得律师执业证书的；

（2）对不符合本法规定条件的申请人准予执业的。

负责撤销许可的机关按照“谁行为、谁负责”的基本道理，由省级司法行政部门作出。律师执业证被有权机关撤销后，原律师证的持有人不得再以律师的名义从事法律服务工作，同时，省级司法行政部门还会依法注销被准予执业人员的执业证书。总之，律师执业证书被撤销之后，原证书就失去了法律效力。

## 三、律师执业限制

（一）律师只能在一个律师事务所执业

我国《律师法》第10条规定，律师只能在一个律师事务所执业。律师变更执业机构的，应当申请换发律师执业证书。律师的职责就是为当事人提供法律服务。如果允许一名律师同时在两个以上律师事务所执业，就会发生各律师事务所同时指派该律师到不同地方为不同当事人提供法律服务的荒唐事，同时，也不利于对律师进行教育、培训和管理。① 司法部2010年发布的《律师和律师事务所违法行为处罚办法》第5条规定："有下列情形之一的，属于《律师法》第四十七条第一项规定的律师'同时在两个以上律师事务所执业的'违法行为：（一）在律师事务所执业的同时又在其他律师事务所或者社会法律服务机构执业的；（二）在获准变更执业机构前以拟变更律师事务所律师的名义承办业务，或者在获准变更后仍以原所在律师事务所律师的名义承办业务的。"

（二）公务员不得兼任执业律师

我国《律师法》第11条规定，公务员不得兼任执业律师。律师职业的特点决定了律师职业与某些公职会产生一定冲突，如国家公务员，纳入国家行政编制、由国家财政负担工资福利的工作人员。如果公务员尤其是公、检、法三机关的工作人员同时兼任律师，很容易导致滥用职权，从而导致侦查、起诉、审判不公平等。如果公务员离开公务员队伍，符合《公务员法》和《律师法》等有关规定条件的，则可以专职从事执业律师。但是，根据《法官法》第36条和《检察官法》第37条的规定，法官、检察官从人民法院、人民检察院离任后2年内，不得以律师身份担任诉讼代理人或者辩护人。法官从人民法院离任后，不得担任原任职法院办理案件的诉讼代理人或者辩护人。检察官从人民检察院离任后，不得担任原任职检察院办理案件的诉讼代理人或者辩护人。

（三）各级人大常委会组成人员任职期间不得从事律师业务

律师担任各级人民代表大会常务委员会组成人员的，任职期间不得从事诉讼代理或者辩护业务。原因是，律师代理的案件很大一部分是涉及诉讼的案件，而承担办案职责的人民法院、人民检察院均要受人大及其常委会的监督，如果律师在担任人大常委会组成人员期间执业，势必使办案单位有所顾虑。② 如此规定可以防止律师利用人大常委会组成人员的身份从事诉讼活动而可能出现影响人民法院、人民检察院对案件公正处理的情况。但这些律师在任职期间仍然可以从事法律咨询等非诉讼业务。但是，如果律师仅仅当选为各级人大代表，并没有进入各级人大常委会，则这些律师代表可以继续执业，其业务范围并不因当选人大代表而受到限制。

---

① 刘健主编：《中华人民共和国律师法释义》，中国法制出版社2007年版，第37页。

② 王进喜主编：《律师与公证制度》，中国人民公安大学出版社2012年版，第43页。

（四）无证律师的限制

我国《律师法》第13条规定，没有取得律师执业证书的人员，不得以律师名义从事法律服务业务；除法律另有规定外，不得从事诉讼代理或者辩护业务。没有律师执业证书的，不得以律师的名义从事法律服务。由于我国实行法律职业资格证书，但尚未依法获得律师执业证书的人员，也不得以律师的名义从事法律服务。当然，没有取得律师执业证的人员不以律师的名义，但是仍然允许以一般代理人、专家的身份提供法律咨询、一般的诉讼代理等法律服务的。该规定可以确保律师队伍的整体素质，从而保障公民、法人和其他组织能够获得合格、优质的法律服务。作为律师行业的补充，我国于20世纪80年代中期发展了许多乡镇法律服务所，它对缓解“请律师难”的问题起了一定的作用。但乡镇法律服务所的法律工作者，不能以律师的名义执业。另外，在我国企事业单位内部的法律顾问处也有许多从事法律服务的人员，这些人只要没有取得律师执业证书，就不得以律师名义执业，且其从事诉讼代理或辩护业务，限制在无偿的业务内，从而为各级司法行政部门整顿法律服务市场秩序，取缔“黑律师”提供法律依据。①

## 四、兼职律师的执业许可

（一）兼职律师产生背景

我国律师分为专职律师和兼职律师。专职律师与兼职律师并存是由我国国情和社会发展的需要决定的。律师制度自恢复以来，由于受各种因素的制约，专职律师发展缓慢，专职律师队伍数量不足与社会对律师的需求日益增加的矛盾突出。为了缓解这种矛盾，国家决定发展兼职从事律师职业的人员，允许取得律师资格的人员在不脱离本职工作的同时兼职从事律师职业。② 从长远来看，兼职从事律师职业人员只是对专家律师的一种补充，是一种特定历史条件下的产物，专职律师才是我国律师队伍的主体，是我国发展律师队伍的方向。但就目前而言，我们需要兼职律师解决燃眉之急。在许多现实问题面前，兼职律师以其特有的实用性、高效性发挥着巨大的作用。但对于兼职律师的条件限制仍然是非常严格的，不能因为其是兼职律师就放宽准入门槛，只能在参照专职律师的条件下适当放宽。

（二）兼职律师具体规定

我国《律师法》第12条规定，高等院校、科研机构中从事法学教育、研究工作的人员，符合本法第5条规定条件的，经所在单位同意，依照本法第6条规定的程序，可以申请兼职律师执业。按照《律师法》第6条的规定，兼职律师申请执业许可时还必须提交以下材料：（1）国家统一法律职业资格考试合格证书；（2）律师协会出具的申请人实习考核合格的材料；（3）申请人的身份证明；

① 陈光中主编：《律师学》，中国法制出版社2004年版，第131页。

② 石茂生主编：《律师法学》，郑州大学出版社2004年版，第44页。

(4) 律师事务所出具的同意接收申请人的证明。此外，申请兼职律师执业的，还应当提交所在单位同意申请人兼职从事律师职业的证明。需要指出的是，根据我国《律师法》第 11 条的规定，公务员不得兼任执业律师。

## 第四节　律师执业特殊许可

### 一、律师执业特殊许可的概念和意义

律师执业特殊许可，是相对于一般许可而言的，是指在特定领域，对有关人员，按照不同于一般许可的特殊条件和程序，由相关部门授予其执业资格的制度。日本、新加坡、韩国、加拿大等国家均有律师执业特殊许可的规定。

各国对于设定律师执业特殊许可都有不同的背景和历史环境。我国设立该制度时，考虑到某些人由于长期专门从事法律教学、研究工作，或者曾长期从事法律实务，对法学理论及实务均较为熟悉和精通，即使不经过考试，也能达到法定的取得律师资格的条件和标准。且当时我国的律师队伍建设极为落后，社会法律需求得不到满足。在当时，特殊许可制度为扩充律师资源作出了极大贡献。

### 二、我国相关规定

#### (一) 特殊许可的一般规定

我国立法对律师执业的特殊许可持肯定态度。我国《律师法》第 8 条规定，具有高等院校本科以上学历，在法律服务人员紧缺领域从事专业工作满 15 年，具有高级职称或者同等专业水平并具有相应的专业法律知识的人员，申请专职律师执业的，经国务院司法行政部门考核合格，准予执业。

在我国，对律师执业的特殊许可，理论界长期以来存在争议。有观点认为，律师执业应经国家统一法律职业资格考试，不经国家统一法律职业资格考试由司法部准予执业，不符合公平选拔律师的要求，不利于提高律师队伍素质。尤其是在国家统一法律职业资格考试通过率非常低的今天，如果存在可以不通过法律职业资格考试就成为律师的捷径，将会导致许多造假作弊的现象，不利于律师队伍的健康成长且有损社会公平。而有的观点则认为，我国可以保留特许执业制度。理由是，法律职业资格考试的统一性与我国目前的法律服务现状存在矛盾，尤其是与一些高端领域，如跨国并购、反倾销、证券法、高科技法等领域对法律服务的专业化、多元化要求存在矛盾。但持此观点的学者也主张，律师特许执业的范围不宜过宽，应主要限于那些法律服务人员稀缺领域中的专门人才。也就是说，只有少数专业性很强的人，才可以不经国家统一法律职业资格考试而进入律师队伍。

笔者认为，我国目前社会经济发展迅速，社会对于法律工作者的特殊需求也

日益增多，特别是在我国加入世界贸易组织之后，在反倾销、融资并购、知识产权等诸多高端领域不可避免地出现了对法律服务的大量需求，而目前在某些专业性很强的领域，尚缺乏足够的专业律师。在此情形下，实行律师执业的特殊许可是必要的，这对完善我国律师制度，推动法治社会的建设，健全法律体系起着积极的作用。当然，我国现有的特许律师执业制度还存在缺陷与不足，有待进一步完善。

（二）有关公职律师的特殊规定

我国司法部于 2002 年正式启动公职律师试点工作，2018 年 12 月司法部通过了《公职律师管理办法》。公职律师是指任职于党政机关或者人民团体，依法取得司法行政机关颁发的公职律师证书，在本单位从事法律事务工作的公职人员。司法行政机关对公职律师业务活动进行监督、指导。公职律师所在单位对公职律师进行日常管理。律师协会对公职律师实行行业自律。根据《公职律师管理办法》的相关规定，申请颁发公职律师的应当具备以下条件：（1）拥护中华人民共和国宪法；（2）依法取得法律职业资格或者律师资格；（3）具有公职人员身份；（4）从事法律事务工作 2 年以上，或者曾经担任法官、检察官、律师 1 年以上；（5）品行良好；（6）所在单位同意其担任公职律师。国家统一法律职业资格制度实施前已担任法律顾问但未依法取得法律职业资格或者律师资格的人员，同时具备下列条件的，经司法部考核合格，可以向其颁发公职律师证书：（1）在党政机关、人民团体担任法律顾问满 15 年；（2）具有高等学校法学类本科学历并获得学士及以上学位，或者高等学校非法学类本科及以上学历并获得法律硕士、法学硕士及以上学位或者获得其他相应学位；（3）具有高级职称或者同等专业水平。依照前款规定取得公职律师证书的人员，脱离原单位后申请社会律师执业的，应当符合国家统一法律职业资格制度的相关规定。另外，《公职律师管理办法》第 6 条还规定了不予颁发公职律师证书的情形，主要有：（1）无民事行为能力或者限制民事行为能力的；（2）曾被吊销律师、公证员执业证书的；（3）涉嫌犯罪、司法程序尚未终结的，或者涉嫌违纪违法、正在接受审查的；（4）上一年度公务员年度考核结果被确定为不称职的；（5）正被列为失信联合惩戒对象的。

（三）有关公司律师的特殊规定

我国司法部于 2018 年 12 月通过了《公司律师管理办法》。公司律师是指与国有企业订立劳动合同，依法取得司法行政机关颁发的公司律师证书，在本企业从事法律事务工作的员工。司法行政机关对公司律师业务活动进行监督、指导。公司律师所在单位对公司律师进行日常管理。律师协会对公司律师实行行业自律。《公司律师管理办法》第 5 条规定，申请颁发公司律师证书，应当具备下列条件：（1）拥护中华人民共和国宪法；（2）依法取得法律职业资格或者律师资格；（3）与国有企业依法订立劳动合同；（4）从事法律事务工作 2 年以上，或者曾经担任法官、检察官、律师 1 年以上；（5）品行良好；（6）所在单位同意其担任公司律师。第6条规定，申请人有下列情形之一的，不予颁发公司律师证书：(1) 无民事行为能力或者限制民事行为能力的；(2) 受过刑事处罚的，但过失犯罪的除外；(3) 曾被开除公职或者吊销律师、公证员执业证书的；(4) 涉嫌犯罪、司法程序尚未终结的，或者涉嫌违纪违法、正在接受审查的；(5) 正被列为失信联合惩戒对象的。

（四）从事证券法律业务的特殊规定

由于证券法律业务的复杂性和关系重大的原因，对从业资格有特殊的规定。《律师事务所从事证券法律业务管理办法》第8条规定，鼓励具备下列条件的律师事务所从事证券法律业务：(1) 内部管理规范，风险控制制度健全，执业水准高，社会信誉良好；(2) 有20名以上执业律师，其中5名以上曾从事过证券法律业务；(3) 已经办理有效的执业责任保险；(4) 最近2年未因违法执业行为受到行政处罚。另外，第9条规定，鼓励具备下列条件之一，并且最近2年未因违法执业行为受到行政处罚的律师从事证券法律业务：(1) 最近3年从事过证券法律业务；(2) 最近3年连续执业，且拟与其共同承办业务的律师最近3年从事过证券法律业务；(3) 最近3年连续从事证券法律领域的教学、研究工作，或者接受过证券法律业务的行业培训。

（五）香港、澳门法律执业者受聘于内地相关规定

为了规范香港法律执业者、澳门执业律师受聘于内地律师事务所担任法律顾问的活动及管理，我国于2003年11月27日发布了《香港法律执业者和澳门执业律师受聘于内地律师事务所担任法律顾问管理办法》。该办法涉及的香港法律执业者，是指具有香港永久性居民身份，依据香港有关法规在律师、大律师登记册上登记，并没有被暂时吊销执业资格的律师、大律师。澳门执业律师，是指具有澳门永久性居民身份，在澳门律师公会有效注册的执业律师。该办法第3条规定，香港法律执业者、澳门执业律师受聘于内地律师事务所担任法律顾问，只能办理已获准从事律师执业业务的香港、澳门以及中国以外的其他国家的法律事务。香港法律执业者、澳门执业律师受聘于内地律师事务所担任法律顾问，应当接受内地司法行政机关的监督和管理。第4条规定，香港法律执业者受聘于内地律师事务所担任法律顾问，应当依照本办法申请领取香港法律顾问证。澳门执业律师受聘于内地律师事务所担任法律顾问，应当依照本办法申请领取澳门法律顾问证。第5条规定了具体条件：(1) 在香港或者澳门执业满2年；(2) 未受过刑事处罚及未因违反律师职业道德、执业纪律受过处罚；(3) 有内地律师事务所同意聘用。另外，对内地律师事务所还有特殊规定：(1) 成立满3年；(2) 专职律师不少于10人；(3) 最近3年内未受过行政处罚、行业处分，且内地律师事务所聘用香港法律执业者、澳门执业律师的数量合计不得超过本所专职律师总数的1/5。

（六）取得内地法律职业资格的香港、澳门居民申请在内地执业

取得内地法律职业资格就是指通过国家统一法律职业资格考试。《取得内地

法律职业资格的香港特别行政区和澳门特别行政区居民在内地从事律师职业管理办法》第6条规定，取得内地法律职业资格的香港、澳门居民申请在内地律师事务所执业的，除有本办法第11条规定情形外，应当依照《律师法》、司法部和中华全国律师协会有关申请律师执业人员实习管理的规定，先在内地律师事务所参加为期1年的实习。香港居民参加实习，可以安排在内地律师事务所设在香港的分所进行。第8条规定，在内地律师事务所或者内地律师事务所设在香港的分所实习的香港、澳门居民，应当按照内地实习管理的有关规定参加集中培训和实务训练，实务训练以办理非诉讼法律事务及代理有关涉港澳民事案件的训练为主，并遵守有关实习的规定和纪律。

（七）外国律师事务所驻华代表机构从业规定

随着对外贸易的开展，经济全球化的浪潮带来了外国律师事务所，为了更好地管理和区分国内律师师事务所，《外国律师事务所驻华代表机构管理条例》作了详细规定，确定了其从业范围。该条例第15条规定，代表机构及其代表，只能从事不包括中国法律事务的下列活动：（1）向当事人提供该外国律师事务所律师已获准从事律师执业业务的国家法律的咨询，以及有关国际条约、国际惯例的咨询；（2）接受当事人或者中国律师事务所的委托，办理在该外国律师事务所律师已获准从事律师执业业务的国家的法律事务；（3）代表外国当事人，委托中国律师事务所办理中国法律事务；（4）通过订立合同与中国律师事务所保持长期的委托关系办理法律事务；（5）提供有关中国法律环境影响的信息。另外，代表机构按照与中国律师事务所达成的协议约定，可以直接向受委托的中国律师事务所的律师提出要求。并且，代表机构及其代表不得从事本条第1款、第2款规定以外的其他法律服务活动或者其他营利活动。第16条还规定，代表机构不得聘用中国执业律师；聘用的辅助人员不得为当事人提供法律服务。

# 第六章　律师职业组织机构

## 第一节　律师事务所

### 一、律师事务所的概念

根据《律师法》第 14 条的规定，律师事务所是律师的执业机构。律师作为个体从事法律服务需要专门的组织机构保障、规范其执业活动合法、顺利地进行，而律师事务所正是律师开展日常业务活动的专门性工作机构。

律师事务所作为我国律师执业机构的法定称谓经历了发展演变的过程。新中国成立之初，我国的律师执业机构借鉴苏联的规定，称为“法律顾问处”。1980 年制定、1982 年实施的《律师暂行条例》，明确规定我国律师执行职务的工作机构是法律顾问处。但国际上对律师执业机构的通称为“律师事务所”。随着我国改革开放及经济的发展，为适应与国际接轨的需要，1984 年司法部决定，将律师执业机构统一改称为律师事务所，1995 年司法部颁布的《律师事务所名称管理办法》及 1996 年颁布的《律师法》对这一称谓均作出了明确的规定。

根据 2018 年修正的《律师事务所管理办法》第 3 条的规定，律师事务所应当坚持以习近平新时代中国特色社会主义思想为指导，坚持和加强党对律师工作的全面领导，坚定维护以习近平同志为核心的党中央权威和集中统一领导，把拥护中国共产党领导、拥护社会主义法治作为从业的基本要求，增强广大律师走中国特色社会主义法治道路的自觉性和坚定性。律师事务所应当依法开展业务活动，加强内部管理和对律师执业行为的监督，依法承担相应的法律责任。任何组织和个人不得非法干预律师事务所的业务活动，不得侵害律师事务所的合法权益。

### 二、律师事务所的类型

目前，我国律师事务所主要有三种类型，即国资律师事务所、合伙制律师事务所及个人律师事务所，其中最主要、数量最多的为合伙制律师事务所，又分为普通合伙与特殊的普通合伙两种类型。

（一）国资律师事务所

国资律师事务所，是指国家出资由司法行政部门设立的律师事务所。根据《律师法》第 20 条的规定，国家出资设立的律师事务所，依法自主开展律师业务，以该律师事务所的全部资产对其债务承担责任。国资律师事务所的设立形式包括一次性投入开办资产、不核定编制、核定编制并核拨经费等。对于经费的管理，目前主要有全额管理、差额补助、自收自支三种管理方式。

国资律师事务所经历了逐步演变的过程。1980 年颁布的《律师暂行条例》规定，国家出资的律师执业机构称为法律顾问处，这也是当时我国唯一的律师执业机构，性质上属于事业单位，其工作人员属于司法行政事业编制，经费由国家财政划拨，收益全部上缴国家，律师报酬实行工资制。随着经济的发展，这种体制的局限性阻碍了我国律师制度的发展，从 1983 年开始，国家对其进行了一系列改革。1997 年颁布的《国家出资设立的律师事务所管理办法》规定，国资律师事务所不再是唯一的律师执业机构，但其当时仍在全国占相当大的比重。2007 年《律师法》修改之前，对是否取消国资律师事务所存在广泛争议，但最终仍保留了这一形式。目前，国资律师事务所已不再是主流的律师执业机构。

（二）合伙律师事务所

1. 普通合伙律师事务所。普通合伙律师事务所是由合伙人依照合伙协议依法设立的、各合伙律师共同出资、共负盈亏、共同管理并对律师事务所的债务承担无限连带责任的律师执业机构。

普通合伙律师事务所是针对国资律师事务所的弊端在国家律师执业机构改革中出现的一种组织形式，1996 年颁布的《律师法》将其确立为我国法定的律师执业机构之一。由于合伙律师事务所采用合伙制的设立方式，因此，呈现出《公司法》中合伙公司的诸多特点：（1）由各合伙律师根据合伙协议共同出资、共同管理；（2）财产属合伙律师共有，事务所对外承担无限连带责任；（3）事务所内部，合伙律师受《公司法》关于合伙人权利义务相关规定的制约。由于合伙律师事务所适应我国经济发展及律师制度深化改革的客观需要，从其产生伊始便显示出强大的生命力，目前已成为我国最主要的律师执业机构组织方式。

2. 特殊的普通合伙律师事务所。特殊的普通合伙律师事务所是 2007 年颁布的《律师法》中确立的一种新型律师执业机构组织方式，其本质上仍属合伙律师事务所，除法律有特殊规定外，适用普通合伙律师事务所的相关规定。它与普通合伙律师事务所的区别在于：是一种有限合伙组织形式，各合伙律师不再无条件地对事务所的债务承担无限连带责任。2018 年修正的《律师事务所管理办法》第 53 条规定，特殊的普通合伙律师事务所一个合伙人或者数个合伙人在执业活动中因故意或者重大过失造成律师事务所债务的，应当承担无限责任或者无限连带责任，其他合伙人以其在律师事务所中的财产份额为限承担责任；合伙人在执业活动中非因故意或者重大过失造成的律师事务所债务，由全体合伙人承担无限连带责任。

（三）个人律师事务所

个人律师事务所，是指由律师个人出资设立并由设立人对律师事务所的债务承担无限责任的律师执业机构组织方式。个人律师事务所在英美等西方国家较为普遍，我国于2007年《律师法》的修改中予以确立。其最大的特点是由律师个人出资设立，个人管理，个人承担债务，虽然这种组织方式在实践中运用较为灵活，但也会存在更多的风险，因此，对于其设立法律作出了特殊的规定。

除上述三种类型的律师事务所外，我国还存在过合作制律师事务所。1996年《律师法》规定，律师可以出资设立合作律师事务所，以该律师事务所的全部资产对其债务承担责任。这种类型的律师执业机构虽然在一定时期发挥过积极作用，但由于属集体所有制的特点，合作律师对自己的出资及收益处分权存在诸多限制，在实践中已逐步被淘汰，2007年《律师法》取消了对合作律师事务所的相关规定。

## 三、律师事务所的设立、变更和终止

（一）律师事务所的设立

1. 律师事务所设立的一般规定。律师事务所的设立必须符合法律的规定条件，按照一定的程序由司法行政部门批准。《律师法》第14条明确规定了设立律师事务所应具备的一般条件：

（1）有自己的名称、住所和章程。名称是指经批准设立的律师事务所在执业活动中使用的机构名字和称谓，依次由省（自治区、直辖市）行政区划地名、字号、律师事务所三部分内容组成。设立律师事务所，其申请的名称应当符合司法部有关律师事务所名称管理的规定，并应当在申请设立许可前按规定办理名称检索。住所是指律师事务所的机构所在地，也是律师的办公场所。住所是确定律师事务所所属地域及法律管辖的依据。章程是设立律师事务所必须制定的规范性文件，用来规定律师事务所的组织结构方式和执业必须遵循的活动准则。《律师事务所管理办法》第16条规定，律师事务所章程应当包括下列内容：律师事务所的名称和住所；律师事务所的宗旨；律师事务所的组织形式；设立资产的数额和来源；律师事务所负责人的职责以及产生、变更程序；律师事务所决策、管理机构的设置、职责；本所律师的权利与义务；律师事务所有关执业、收费、财务、分配等主要管理制度；律师事务所解散的事由、程序以及清算办法；律师事务所章程的解释、修改程序；律师事务所党组织的设置形式、地位作用、职责权限、参与本所决策、管理的工作机制和党建工作保障措施等；其他需要载明的事项。设立合伙律师事务所的，其章程还应当载明合伙人的姓名、出资额及出资方式。律师事务所章程的内容不得与有关法律、法规、规章相抵触。律师事务所章程自省、自治区、直辖市司法行政机关作出准予设立律师事务所决定之日起生效。

（2）有符合本法规定的律师。律师是律师事务所提供法律服务的主体，拥有一定数量的律师也是律师事务所设立的前提条件。

（3）设立人应当是具有一定的执业经历，且3年内未受过停止执业处罚的律师。除国资律师事务所外，律师事务所由设立人申请设立，本条规定了设立人应当具备的基本条件。

（4）有符合国务院司法行政部门规定数额的资产。不同类型的律师事务所对资产数额的规定不同。省、自治区、直辖市司法行政机关可以根据本地经济社会发展状况和律师业发展需要，适当调整本办法规定的普通合伙律师事务所、特殊的普通合伙律师事务所和个人律师事务所的设立资产数额，报司法部批准后实施。

2. 不同类型律师事务所的特殊条件。根据法律的相关规定，设立律师事务所不仅要符合一般条件，而且申请不同类型的律师事务所还应当符合相应的特殊要求。

（1）设立普通合伙律师事务所，除符合《律师法》规定的一般条件外，还应当具备下列条件：有书面合伙协议；有3名以上合伙人作为设立人；设立人应当是具有3年以上执业经历并能够专职执业的律师；有人民币30万元以上的资产。

（2）设立特殊的普通合伙律师事务所，除符合《律师法》规定的一般条件外，还应当具备下列条件：有书面合伙协议；有20名以上合伙人作为设立人；设立人应当是具有3年以上执业经历并能够专职执业的律师；有人民币1000万元以上的资产。

（3）设立个人律师事务所，除符合《律师法》规定的一般条件外，还应当具备下列条件：设立人应当是具有5年以上执业经历并能够专职执业的律师；有人民币10万元以上的资产。

（4）国家出资设立的律师事务所，除符合《律师法》规定的一般条件外，应当至少有2名符合《律师法》规定并能够专职执业的律师。需要国家出资设立律师事务所的，由当地县级司法行政机关筹建，申请设立许可前须经所在地县级人民政府有关部门核拨编制、提供经费保障。

3. 律师事务所设立许可程序。申请设立律师事务所，应当提交下列材料：申请书；律师事务所的名称、章程；律师的名单、简历、身份证明、律师执业证书；住所证明；资产证明。设立合伙律师事务所，还应当提交合伙协议。设立律师事务所，应当向设区的市级或者直辖市的区人民政府司法行政部门提出申请，受理申请的部门应当自受理之日起20日内予以审查，并将审查意见和全部申请材料报送省、自治区、直辖市人民政府司法行政部门。省、自治区、直辖市人民政府司法行政部门应当自收到报送材料之日起10日内予以审核，作出是否准予设立的决定。准予设立的，向申请人颁发律师事务所执业证书；不准予设立的，向申请人书面说明理由。

### （二）律师事务所的变更

为便于执业与管理，律师事务所变更名称、负责人、章程、合伙协议、住所及合伙人等情形时，应当报原审核部门批准或备案。《律师事务所管理办法》作出了更具体的规定：

律师事务所变更名称、负责人、章程、合伙协议的，应当经所在地设区的市级或者直辖市的区（县）司法行政机关审查后报原审核机关批准。具体办法按律师事务所设立许可程序办理。

律师事务所变更住所、合伙人的，应当自变更之日起15日内经所在地设区的市级或者直辖市的区（县）司法行政机关报原审核机关备案。

律师事务所跨县、不设区的市、市辖区变更住所，需要相应变更负责对其实施日常监督管理的司法行政机关的，应当在办理备案手续后，由其所在地设区的市级司法行政机关或者直辖市司法行政机关将有关变更情况通知律师事务所迁入地的县级司法行政机关。

律师事务所拟将住所迁移其他省、自治区、直辖市的，应当按注销原律师事务所、设立新的律师事务所的程序办理。

律师事务所变更合伙人，包括吸收新合伙人、合伙人退伙、合伙人因法定事由或者经合伙人会议决议被除名。新合伙人应当从专职执业的律师中产生，并具有3年以上执业经历，但司法部另有规定的除外。受到6个月以上停止执业处罚的律师，处罚期满未逾3年的，不得担任合伙人。合伙人退伙、被除名的，律师事务所应当依照法律、本所章程和合伙协议处理相关财产权益、债务承担等事务。因合伙人变更需要修改合伙协议的，修改后的合伙协议应当按照规定报批。

律师事务所变更组织形式的，应当在自行依法处理好业务衔接、人员安排、资产处置、债务承担等事务并对章程、合伙协议作出相应修改后，按照规定申请变更。

律师事务所因分立、合并，需要对原律师事务所进行变更或者注销原律师事务所、设立新的律师事务所的，应当在自行依法处理好相关律师事务所的业务衔接、人员安排、资产处置、债务承担等事务后，提交分立协议或者合并协议等申请材料，按照相关规定办理。

（三）律师事务所的终止

根据《律师法》第22条的规定，律师事务所有下列情形之一的，应当终止：

1. 不能保持法定设立条件，经限期整改仍不符合条件的；

2. 律师事务所执业证书被依法吊销的；

3. 自行决定解散的；

4. 法律、行政法规规定应当终止的其他情形。律师事务所终止的，由颁发执业证书的部门注销该律师事务所的执业证书。

律师事务所在取得设立许可后，6个月内未开业或者无正当理由停止业务活动满1年的，视为自行停办，应当终止。律师事务所在受到停业整顿处罚期限未满前，不得自行决定解散。

律师事务所在终止事由发生后，不得受理新的业务。律师事务所在终止事由发生后，应当向社会公告，依照有关规定进行清算，依法处置资产分割、债务清偿等事务。律师事务所应当在清算结束后15日内向所在地设区的市级或者直辖市的区（县）司法行政机关提交注销申请书、清算报告、本所执业许可证以及其他有关材料，由其出具审查意见后连同全部注销申请材料报原审核机关审核，办理注销手续。律师事务所拒不履行公告、清算义务的，由设区的市级或者直辖市的区（县）司法行政机关向社会公告后，可以直接报原审核机关办理注销手续。律师事务所被注销后的债权、债务由律师事务所的设立人、合伙人承担。律师事务所被注销的，其业务档案、财务账簿、本所印章的移管、处置，按照有关规定办理。

## 四、律师事务所执业和管理规则

律师事务所的主要业务是律师执业，应当依照《律师法》和有关法律、法规、规章及行业规范，建立健全执业管理和其他各项内部管理制度，规范本所律师执业行为，履行监管职责，对本所律师遵守法律、法规、规章及行业规范，遵守职业道德和执业纪律的情况进行监督，发现问题及时予以纠正。执业管理与内部管理是律师事务所的两大任务。

### （一）执业管理

根据《律师法》和《律师事务所管理办法》的相关规定，关于律师事务所执业方面的管理主要包括以下几个方面：

1. 律师事务所应当保障本所律师和辅助人员享有下列权利：获得本所提供的必要工作条件和劳动保障；获得劳动报酬及享受有关福利待遇；向本所提出意见和建议；法律、法规、规章及行业规范规定的其他权利。

2. 律师事务所应当监督本所律师和辅助人员履行下列义务：遵守宪法和法律，遵守职业道德和执业纪律；依法、诚信、规范执业；接受本所监督管理，遵守本所章程和规章制度，维护本所的形象和声誉；法律、法规、规章及行业规范规定的其他义务。

3. 律师事务所应当建立违规律师辞退和除名制度，对于违法违规执业、违反本所章程及管理制度或者年度考核不称职的律师，可以将其辞退或者经合伙人会议通过将其除名，有关处理结果报所在地县级司法行政机关和律师协会备案。

4. 律师事务所应当在法定业务范围内开展业务活动，不得以独资、与他人合资或者委托持股方式兴办企业，并委派律师担任企业法定代表人、总经理职务，不得从事与法律服务无关的其他经营性活动。

5. 律师事务所应当与其他律师事务所公平竞争，不得以诋毁其他律师事务所、律师或者支付介绍费等不正当手段承揽业务。

6. 律师承办业务，由律师事务所统一接受委托，与委托人签订书面委托合同。律师事务所受理业务，应当进行利益冲突审查，不得违反规定受理与本所承办业务及其委托人有利益冲突的业务。

7. 律师事务所应当按照有关规定统一收取服务费用并如实入账，建立健全收费管理制度，及时查处有关违规收费的举报和投诉，不得在实行政府指导价的业务领域违反规定标准收取费用，或者违反风险代理管理规定收取费用。律师事务所应当按照规定建立健全财务管理制度，建立和实行合理的分配制度及激励机制。律师事务所应当依法纳税。

8. 律师事务所应当依法履行法律援助义务，及时安排本所律师承办法律援助案件，为办理法律援助案件提供条件和便利，无正当理由不得拒绝接受法律援助机构指派的法律援助案件。

9. 律师事务所应当建立健全重大疑难案件的请示报告、集体研究和检查督导制度，规范受理程序，指导监督律师依法办理重大疑难案件。

10. 律师事务所应当依法履行管理职责，教育管理本所律师依法、规范承办业务，加强对本所律师执业活动的监督管理，不得放任、纵容本所律师有下列行为：(1) 采取煽动、教唆和组织当事人或者其他人员到司法机关或者其他国家机关静坐、举牌、打横幅、喊口号、声援、围观等扰乱公共秩序、危害公共安全的非法手段，聚众滋事，制造影响，向有关部门施加压力；(2) 对本人或者其他律师正在办理的案件进行歪曲、有误导性的宣传和评论，恶意炒作案件；(3) 以串联组团、联署签名、发表公开信、组织网上聚集、声援等方式或者借个案研讨之名，制造舆论压力，攻击、诋毁司法机关和司法制度；(4) 无正当理由，拒不按照人民法院通知出庭参与诉讼，或者违反法庭规则，擅自退庭；(5) 聚众哄闹、冲击法庭，侮辱、诽谤、威胁、殴打司法工作人员或者诉讼参与人，否定国家认定的邪教组织的性质，或者有其他严重扰乱法庭秩序的行为；(6) 发表、散布否定宪法确立的根本政治制度、基本原则和危害国家安全的言论，利用网络、媒体挑动对党和政府的不满，发起、参与危害国家安全的组织或者支持、参与、实施危害国家安全的活动；以歪曲事实真相、明显违背社会公序良俗等方式，发表恶意诽谤他人的言论，或者发表严重扰乱法庭秩序的言论。

11. 律师事务所应当按照规定，建立执业风险、事业发展、社会保障等基金。律师参加执业责任保险的具体办法另行规定。

12. 律师违法执业或者因过错给当事人造成损失的，由其所在的律师事务所承担赔偿责任。律师事务所赔偿后，可以向有故意或者重大过失行为的律师追偿。

### （二）内部管理

根据《律师法》和《律师事务所管理办法》的相关规定，关于律师事务所内部的管理主要包括以下几个方面：

1. 律师事务所的负责人负责对律师事务所的业务活动和内部事务进行管理，对外代表律师事务所，依法承担对律师事务所违法行为的管理责任。合伙人会议或者律师会议为合伙律师事务所或者国家出资设立的律师事务所的决策机构；个人律师事务所的重大决策应当充分听取聘用律师的意见。律师事务所根据本所章程可以设立相关管理机构或者配备专职管理人员，协助本所负责人开展日常管理工作。

2. 律师事务所应当加强对本所律师的职业道德和执业纪律教育，组织开展业务学习和经验交流活动，为律师参加业务培训和继续教育提供条件。

3. 律师事务所应当建立律师表彰奖励制度，对依法、诚信、规范执业表现突出的律师予以表彰奖励。

4. 律师事务所应当建立投诉查处制度，及时查处、纠正本所律师在执业活动中的违法违规行为，调处在执业中与委托人之间的纠纷；认为需要对被投诉律师给予行政处罚或者行业惩戒的，应当及时向所在地县级司法行政机关或者律师协会报告。已担任合伙人的律师受到6个月以上停止执业处罚的，自处罚决定生效之日起至处罚期满后3年内，不得担任合伙人。

5. 律师事务所应当建立律师执业年度考核制度，按照规定对本所律师的执业表现和遵守职业道德、执业纪律的情况进行考核，评定等次，实施奖惩，建立律师执业档案和诚信档案。

6. 律师事务所应当于每年的一季度经所在地县级司法行政机关向设区的市级司法行政机关提交上一年度本所执业情况报告和律师执业考核结果，直辖市的律师事务所的执业情况报告和律师执业考核结果直接向所在地区（县）司法行政机关提交，接受司法行政机关的年度检查、考核。具体年度检查考核办法，由司法部规定。

7. 律师事务所应当按照规定建立健全档案管理制度，对所承办业务的案卷和有关资料及时立卷归档，妥善保管。

8. 律师事务所应当通过本所网站等，公开本所律师和辅助人员的基本信息和奖惩情况。

9. 合伙律师事务所和国家出资设立的律师事务所应当按照规定为聘用的律师和辅助人员办理失业、养老、医疗等社会保险。个人律师事务所聘用律师和辅助人员的，应当按规定为其办理社会保险。

## 第二节　律师协会

### 一、律师协会的概述

律师协会是指由律师及律师事务所根据《律师法》及《中华全国律师协会章程》的相关规定组成的社会团体。就性质而言，律师协会是社会团体法人，是律师的自律性组织；就其职能而言，是为规范律师事务所及律师的执业活动而设立的行业管理组织。

## 二、律师协会的设立

### （一）设立宗旨

根据 2018 年修订的《中华全国律师协会章程》第 3 条的规定，中华全国律师协会（简称“全国律协”）的设立宗旨是：坚持以习近平新时代中国特色社会主义思想为指导，坚持中国共产党领导，团结带领会员高举中国特色社会主义伟大旗帜，坚定维护以习近平同志为核心的党中央权威和集中统一领导，忠实履行中国特色社会主义法治工作队伍的职责使命，加强律师队伍思想政治建设，把拥护中国共产党领导、拥护社会主义法治作为律师从业的基本要求，增强广大律师走中国特色社会主义法治道路的自觉性和坚定性，忠于宪法和法律，自觉践行社会主义核心价值观，维护当事人合法权益、维护法律的正确实施，维护社会公平和正义，为全面依法治国、建设中国特色社会主义法治体系和社会主义法治国家，为把我国建设成为富强民主文明和谐美丽的社会主义现代化强国，实现中华民族伟大复兴而奋斗。

### （二）设立方式

律师协会在设立上采取全国律师协会和地方律师协会相结合的方式。根据《律师法》第 43 条的规定，全国设立中华全国律师协会，省、自治区、直辖市设立地方律师协会，设区的市根据需要可以设立地方律师协会。具体而言，执业律师为律师协会的个人会员，依法批准设立的律师事务所为律师协会的团体会员，下一级律师协会为上一级律师协会的团体会员。

### （三）设立依据

除《律师法》及相关法律、法规外，律师协会设立的主要依据是《中华全国律师协会章程》，这也是为完善律师协会管理，保障律师的合法权益，规范律师行业管理和律师执业行为而制定的行为准则。我国现行《中华全国律师协会章程》于 1999 年 4 月 28 日第四次全国律师代表大会通过，2002 年 5 月 21 日第五次全国律师代表大会第一次修订；2008 年 10 月 26 日第七次全国律师代表大会第二次修订；2011 年 12 月 25 日第八次全国律师代表大会第三次修订；2016 年 3 月 31 日第九次全国律师代表大会第四次修订；2018 年 7 月 1 日第九届全国律师代表大会第二次会议第五次修订。该章程由全国律师代表大会制定，报国务院司法行政部门备案，并且适用于全国各级律师协会。地方律师协会章程由地方会员代表大会制定，报同级司法行政部门备案，地方律师协会章程不得与全国律师协会章程相抵触。当律师协会章程的规定与《宪法》、《律师法》或有关法律、行政法规、规章规定相抵触或者全国律师代表大会决定修改章程时，由全国律师代表大会进行修改。章程的修改，必须有全体代表的 2/3 以上（含本数）出席，并经出席代表的 2/3 以上（含本数）通过。

## 三、律师协会的职责及其会员的权利与义务

### (一) 律师协会的职责

律师协会作为行业自律组织机构,《律师法》第46条对其主要职责规定为:

1. 保障律师依法执业,维护律师的合法权益;2. 总结、交流律师工作经验;3. 制定行业规范和惩戒规则;4. 组织律师业务培训和职业道德、执业纪律教育,对律师的执业活动进行考核;5. 组织管理申请律师执业人员的实习活动,对实习人员进行考核;6. 对律师、律师事务所实施奖励和惩戒;7. 受理对律师的投诉或者举报,调解律师执业活动中发生的纠纷,受理律师的申诉;8. 法律、行政法规、规章以及律师协会章程规定的其他职责。

### (二) 会员的权利与义务

律师协会的会员分为团体会员和个人会员。

依照《律师法》规定取得律师执业证书的律师,为本会的个人会员;依法批准设立的律师事务所为本会的团体会员。

个人会员是中国共产党党员的,应当履行党员义务,享有党员权利,自觉接受党组织的监督。符合设立党组织条件的团体会员应当根据中国共产党章程的规定,设立党的组织,开展党的活动,加强党的建设。

1. 个人会员的权利:

(1) 在律师协会内部享有表决权、选举权和被选举权;

(2) 享有依法执业保障权;

(3) 参加律师协会组织的学习和培训;

(4) 参加律师协会组织的专业研究和经验交流活动;

(5) 享受律师协会举办的福利;

(6) 使用律师协会的图书、资料、网络和信息资源;

(7) 提出立法、司法和行政执法的意见和建议;

(8) 对律师协会的工作进行监督,提出批评和建议;

(9) 通过律师协会向有关部门反映意见。

2. 个人会员的义务:

(1) 遵守律师协会章程,执行律师协会决议;

(2) 遵守律师执业行为规范,遵守律师行业规范和准则;

(3) 接受律师协会的指导、监督和管理;

(4) 承担律师协会委托的工作;

(5) 承担律师协会委托的工作,履行律师协会规定的法律援助义务;

(6) 自觉维护律师职业声誉,维护会员间的团结;

(7) 按规定交纳会费。

3. 团体会员的权利：

（1）参加律师协会举办的会议和其他活动；

（2）使用律师协会的信息资源；

（3）对律师协会工作进行监督，提出意见和建议。

4. 团体会员的义务：

（1）遵守律师协会章程；

（2）遵守律师协会的行业规则，执行本会决议；

（3）教育律师遵守律师执业规范；

（4）组织律师参加律师协会的各项活动；

（5）制定、完善内部规章制度；

（6）为律师行使权利、履行义务提供必要条件；

（7）组织和参加律师执业责任保险；

（8）对实习律师加强管理；

（9）对律师的执业活动进行考核；

（10）按规定交纳或代收会费；

（11）承担律师协会委托的工作。

个人会员应当在本人执业注册所在地的省、自治区、直辖市律师协会办理会员登记手续。

## 四、律师协会的组织机构

全国律师协会根据章程设立了全国律师代表大会、中华全国律师协会理事会、中华全国律师协会常务理事会、中华全国律师协会秘书处、专门委员会及专业委员会等。

### （一）全国律师代表大会

全国律师代表大会是律师协会的最高权力机构。代表由个人会员组成。全国律师代表大会每4年举行1次。必要时，经常务理事会决定，可以提前或延期举行。全国律师代表大会必须有超过半数的代表出席始得举行。全国律师代表大会代表由省、自治区、直辖市律师协会从个人会员中选举或推举产生。各省、自治区、直辖市律师协会中担任会长的执业律师为全国律师代表大会的当然代表。根据需要，可以邀请有关人士作为特邀代表参加律师代表大会。特邀代表的职权由常务理事会确定。

全国律师代表大会代表应当出席律师代表大会，并行使下列职权：（1）在代表大会上行使审议权、表决权、提案权、提议权、选举权和被选举权；（2）联系会员、反映会员呼声、维护会员权益；（3）章程规定的其他职权。

全国律师代表大会的职权是：（1）制定修改律师协会章程；（2）讨论并决定律师协会的工作方针和任务；（3）听取和审议律师协会理事会的工作报告和工作

规划；（4）选举、罢免律师协会理事会理事；（5）审议会费收取标准；（6）审议经审计的会费收支情况报告；（7）审议大会主席团提出的其他事项。

（二）理事会与常务理事会

律师协会理事会由全国律师代表大会选举产生。理事会是全国律师代表大会的常设机构，对全国律师代表大会负责。理事会任期 4 年。理事成员应从具有良好职业道德和较高业务水平，执业 3 年以上，具有奉献精神，热心律师行业公益活动的执业律师代表中选举产生。理事应当履行诚信和勤勉义务，维护律师协会利益，接受代表对其履行职责的监督和合理建议。理事连续 2 次不履行职责者，其理事资格自动取消。

理事会的职权：（1）召开全国律师代表大会；（2）选举会长、副会长、常务理事；（3）在全国律师代表大会闭会期间，讨论决定重大事项；（4）增补或更换理事；（5）审议、批准常务理事会的年度会费收支报告和工作报告；（6）其他应由理事会履行的职权。

理事会全体会议选举会长、副会长及常务理事若干名组成常务理事会。每届常务理事的更新应不少于 1/3。会长可以连选连任，但连续任期不得超过 2 届。理事会认为必要时，可以增选或罢免常务理事。根据工作需要，理事会可聘请名誉会长和顾问若干人。

会长行使下列职权：（1）主持律师代表大会；（2）召集和主持理事会、常务理事会；（3）督促和检查理事决议的执行；（4）签署本会重要文件；（5）行使理事会授予的其他职权。副会长协助会长开展工作，必要时，可受会长委托，召集、主持常务理事会会议。

理事会会议每年至少举行 1 次。理事会由会长召集和主持，会长因特殊原因不能履行职务的，由会长指定的副会长召集和主持。

常务理事会在理事会闭会期间主持本会工作。常务理事会一般 3 个月举行一次会议，按照理事会的决议研究、决定、部署本会的工作。

本会实行会长办公会议制度，会长办公会议由会长、副会长组成，由会长定期召集开会。会长办公会议负责督促、落实常务理事会决议和决定。

（三）秘书处与专门委员会、专业委员会

律师协会设秘书处，负责实施全国律师代表大会、理事会、常务理事会的各项决议、决定，承担本会的日常工作。秘书处设秘书长 1 人，副秘书长若干人。秘书长由常务理事会聘任，副秘书长由秘书长提名，常务理事会决定。秘书长在常务理事会的授权范围内，领导秘书处开展工作。秘书长、副秘书长列席理事会议、常务理事会议、会长办公会议。

秘书长履行下列职责：（1）主持秘书处的日常工作；（2）组织实施律师代表大会、理事会、常务理事会的各项决议；（3）拟定秘书处机构设置方案；（4）制定、实施秘书处各项规章制度；（5）向常务理事会提请聘任或解聘副秘书长；

(6) 完成律师代表大会、理事会、常务理事会、会长交办的其他工作；(7) 协调与司法行政等机关的关系。

专门委员会是律师协会履行职责的专门工作机构。律师协会应当设立维护律师执业合法权益委员会、律师纪律委员会、规章制度委员会、财务委员会等。经常务理事会决定，可以设立其他专门委员会。

律师协会可以设立若干专业委员会。各委员会设主任 1 人，副主任若干人和委员若干人。专业委员会的设置、调整和主任、副主任人选由常务理事会决定。专业委员会按照专业委员会活动规则，组织开展理论研究和业务交流活动，起草律师有关业务规范。常务理事会可以聘请专家、学者和有关领导担任专业委员会的顾问。

## 五、律师协会的奖励和惩戒

律师协会可以对团体会员、个人会员进行奖励和惩戒。对会员的奖励和惩戒规则，由律师协会理事会制定。

### (一) 律师协会的奖励

会员有下列情形之一的，由律师协会分别给予通报表扬、嘉奖、授予荣誉称号，并酌情给予物质奖励：(1) 对在民主与法治建设中作出突出贡献的；(2) 在维护国家和人民利益方面作出重大贡献的；(3) 成功办理在全国或本地区有重大影响的案件，成绩显著的；(4) 对完善立法和司法工作起到推动作用，为律师事业的改革发展作出突出贡献的；(5) 其他应予奖励的情形。

### (二) 律师协会的惩戒

地方律师协会依据律师协会惩戒规则对会员有下列行为之一的，视情节分别给予训诫、通报批评、公开谴责、取消会员资格等处分：(1) 违反《律师法》和其他法律法规规定的；(2) 违反《中华全国律师协会章程》和律师行业规范的；(3) 严重违反社会公共道德，损害律师职业形象和信誉的；(4) 违反律师职业道德和执业纪律的；(5) 其他应受处分的违纪行为。

对于会员的违法违纪行为，律师协会有权建议有处罚权的行政部门给予行政处罚；个人会员是中国共产党党员的，或者团体会员设立党的组织的，律师协会应当建议其所属党组织依纪依规处理。

律师协会作出处分决定前，应认真听取当事人的申辩。作出暂停会员资格、取消会员资格的处分决定前，当事人有要求听证的权利。当事人要求听证的，律师协会应当组织听证。

会员因违法违纪受到司法行政部门停止执业处罚的，在停止执业期间，不享有本会的选举权、被选举权等会员权利。

## 第三节　司法行政机关

### 一、司法行政机关概述

司法行政机关是根据我国《律师法》及其相关法律、法规的规定，对律师及律师事务所行使行政管理权的政府部门。

我国对律师及律师事务所的管理主要有两种模式：律师协会的行业自律管理模式与司法行政部门的政府行政管理模式。虽然律师协会对于规范律师事务所及律师的执业活动起着非常重要的作用，但司法行政机关的管理仍然不可替代。在我国律师制度建立之初，律师的执业活动完全由司法行政机关进行管理，但随着社会的发展及律师制度改革，这种单一的行政管理模式难以适应现实需要，从而逐步推行行政管理与行业管理相结合的方式。目前，涉及律师及律师事务所管理的重要领域，如律师的执业许可、执业管理对律师及律师事务所违法行为的处罚等方面，仍由司法行政机关负责。

各级司法行政机关及其工作人员对律师事务所实施监督管理时，均不得妨碍律师事务所依法执业，不得侵害律师事务所的合法权益，不得索取或者收受律师事务所及其律师的财物，不得谋取其他利益。

### 二、县级司法行政机关的监督管理职责

县级司法行政机关对本行政区域内的律师事务所的执业活动进行日常监督管理，履行下列职责：

1. 监督律师事务所在开展业务活动过程中遵守法律、法规、规章的情况；
2. 监督律师事务所执业和内部管理制度的建立和实施情况；
3. 监督律师事务所保持法定设立条件以及变更报批或者备案的执行情况；
4. 监督律师事务所进行清算、申请注销的情况；
5. 监督律师事务所开展律师执业年度考核和上报年度执业总结的情况；
6. 受理对律师事务所的举报和投诉；
7. 监督律师事务所履行行政处罚和实行整改的情况；
8. 司法部和省、自治区、直辖市司法行政机关规定的其他职责。

县级司法行政机关在开展日常监督管理过程中，对发现、查实的律师事务所在执业和内部管理方面存在的问题，应当对律师事务所负责人或者有关律师进行警示谈话，责令改正，并对其整改情况进行监督；对律师事务所的违法行为认为依法应当给予行政处罚的，应当向上一级司法行政机关提出处罚建议；认为需要给予行业惩戒的，移送律师协会处理。

## 三、设区的市级司法行政机关的监督管理职责

设区的市级司法行政机关履行下列监督管理职责：

1. 掌握本行政区域律师事务所的执业活动和组织建设、队伍建设、制度建设的情况，制定加强律师工作的措施和办法；

2. 指导、监督下一级司法行政机关的日常监督管理工作，组织开展对律师事务所的专项监督检查工作，指导对律师事务所重大投诉案件的查处工作；

3. 对律师事务所进行表彰；

4. 依法定职权对律师事务所的违法行为实施行政处罚；对依法应当给予吊销执业许可证处罚的，向上一级司法行政机关提出处罚建议；

5. 组织开展对律师事务所的年度检查考核工作；

6. 受理、审查律师事务所设立、变更、设立分所、注销申请事项；

7. 建立律师事务所执业档案，负责有关律师事务所的许可、变更、终止及执业档案信息的公开工作；

8. 法律、法规、规章规定的其他职责。

## 四、省、自治区、直辖市司法行政机关的监督管理职责

省、自治区、直辖市司法行政机关履行下列监督管理职责：

1. 制定本行政区域律师事务所的发展规划和有关政策，制定律师事务所管理的规范性文件；

2. 掌握本行政区域律师事务所组织建设、队伍建设、制度建设和业务开展情况；

3. 监督、指导下级司法行政机关的监督管理工作，指导对律师事务所的专项监督检查和年度检查考核工作；

4. 组织对律师事务所的表彰活动；

5. 依法对律师事务所的严重违法行为实施吊销执业许可证的处罚，监督下一级司法行政机关的行政处罚工作，办理有关行政复议和申诉案件；

6. 办理律师事务所设立核准、变更核准或者备案、设立分所核准及执业许可证注销事项；

7. 负责本行政区域律师事务所有关重大信息的公开工作；

8. 法律、法规规定的其他职责。

## 五、司法行政机关的监督管理

1. 各级司法行政机关及其工作人员对律师事务所实施监督管理，不得妨碍律师事务所依法执业，不得侵害律师事务所的合法权益，不得索取或者收受律师事务所及其律师的财物，不得谋取其他利益。

2. 司法行政机关应当加强对实施许可和管理活动的层级监督，按照规定建立有关工作的统计、请示、报告、督办等制度。负责律师事务所许可实施、年度检查考核或者奖励、处罚的司法行政机关，应当及时将有关许可决定、考核结果或者奖惩情况通报下级司法行政机关，并报送上一级司法行政机关。

3. 司法行政机关、律师协会应当建立律师和律师事务所信息管理系统，按照有关规定向社会公开律师事务所基本信息和年度检查考核结果、奖惩情况。

4. 司法行政机关应当加强对律师协会的指导、监督，支持律师协会依照《律师法》和协会章程、行业规范对律师事务所实行行业自律，建立健全行政管理与行业自律相结合的协调、协作机制。

5. 各级司法行政机关应当定期将本行政区域律师事务所的组织、队伍、业务情况的统计资料、年度管理工作总结报送上一级司法行政机关。

6. 人民法院、人民检察院、公安机关、国家安全机关或者其他有关部门对律师事务所的违法违规行为向司法行政机关、律师协会提出予以处罚、处分建议的，司法行政机关、律师协会应当自作出处理决定之日起 7 日内通报建议机关。

7. 司法行政机关工作人员在律师事务所设立许可和实施监督管理活动中，滥用职权、玩忽职守，构成犯罪的，依法追究刑事责任；尚不构成犯罪的，依法给予行政处分。

## 第四节　域外律师职业组织机构

随着社会法治文明的进步，目前世界上大多数国家都设有专门的律师执业组织机构。各个国家的律师执业组织方式受本国法律文化传统、法治理念及其司法制度的影响而各具特色。本节选取美国和德国作为英美法系与大陆法系的代表国家，对域外律师执业组织机构进行简要介绍。

### 一、美国律师执业组织机构

（一）美国律师事务所

1. 律师事务所的类型。律师事务所是美国主要的律师执业组织机构。美国的律师事务所分为个人律师事务所与合伙律师事务所，其中合伙律师事务所又分为普通合伙制与有限责任合伙制。个人律师事务所与普通合伙律师事务所均对外承担无限责任，而有限责任合伙制律师事务所的合伙人无须为其他合伙人及事务所的过失承担责任。有限责任合伙制律师事务所最早于 1991 年在得克萨斯州成立，虽然是美国近 20 年来新兴的律师执业组织方式，却被大多数州所采用，在美国也有极好的发展前景。

2. 律师事务所的设立。美国律师事务所的设立与我国律师事务所的设立相比，程序相对简单，政府的行政化干预也较少。设立个人独资的律师事务所，通常由依法取得执业资格的律师在州高等法院进行注册登记后即可从事法律服务活动，设立合伙律师事务所则要求合伙律师之间签订合伙协议，就事务所的经营的相关事项约定明确即可开展业务。有些州甚至不要求律师事务所注册登记。美国律师事务所不被认为是法人，没有类似我国的事务所章程的内部规定，纳税主体不是律师事务所，而是律师个人。

3. 律师事务所的特征。美国律师事务所最突出的特征是分工细致、专业化强，大多数律师事务所提供专业领域内的法律服务。例如，专门做刑事业务的律师事务所一般不提供商事法律服务。规模化也是美国律师事务所的另一重要特征，美国众达律师事务所在世界 32 个主要城市拥有超过 2500 名律师，是世界规模最大、地域覆盖最广的律师事务所之一。

（二）美国律师协会

独立战争之前，美国的律师一般都是地方性组织，美国律师协会（American-BarAssociation，简称 ABA），于 1878 年在纽约成立，这是第一个全国性的并且也是最大的律师组织。发展到 1925 年，基本上所有的州和地区都有了地方性律师协会。

美国律师组织分为自愿性的律师协会与非自愿性的律师协会，前者由律师自愿参加，如美国律师协会；后者是为实现对律师的统一管理而必须加入的律师协会，一般指各州的律师协会。

律师协会的一般任务是：制定律师执业规则，对律师进行道德教育，组织律师法律培训，对社会进行法律宣传教育，受理公民对律师的控告，等等，各州的律师协会对律师还具有惩戒的权力。

## 二、德国律师执业组织机构

（一）德国律师的执业定位

要了解德国的律师执业组织机构，必须先了解律师的职业定位。德国将律师定位为自由法律职业者。作为大陆法系的代表国家，独立性与公益性是德国律师的最大特点。其独立性体现在，《德国联邦律师法》第 1 条明确规定，律师是独立的司法机构；第 3 条规定，律师是案件的独立顾问与代理人。这意味着在德国，律师应当依据法律独立执业，不受政府、委托人等外界影响。关于德国律师的公益性，《德国联邦律师法》第 2 条规定，律师执业属非工商性营利事业。这意味着律师应当为达到公益目的而提供高质量的法律服务，不能以营利为唯一目的。

（二）律师的执业组织机构类型

1. 个人律师事务所。个人律师事务所是依法取得执业资格的律师个人投资、自负盈亏并承担无限责任的执业组织机构类型。个人律师事务所在注册的法院辖区内设立，一般以律师个人的名字命名，律师以自己的名义独立开展业务。在德国还存在一种特殊的律师执业组织机构，即数个个人律师联合办公，共享设备、图书资料及信息等，目的是节约成本和资源，律师彼此之间仍是独立的个体，相互不存在隶属关系。

2. 合伙律师事务所。合伙律师事务所是由数名律师以合伙协议为基础，共同出资，共负盈亏，对外承担无限连带责任的律师执业组织机构类型。《德国联邦律师法》第 59 条 a 第 1 项规定，合伙应共同执业，共同接受委托，对外共同出面，以合伙名义与当事人订立合同。在责任承担方面，先以合伙财产清偿，各合伙人承担连带责任。

3. 律师公司。律师公司是德国联邦律师法新增列的律师执业机构组织类型。由于相对于英美国家的律师事务所而言，德国的律师事务所规模普遍较小，律师公司的组织模式更利于律师事务所朝着专业化与规模化的方向发展。

德国律师公司的设立采用许可证的方式，根据法律的规定，凡以提供法律咨询及代理的业务，其股东组成合乎律师公司的规定，并已投保职业责任保险或提出临时的投保约定，且无陷入财产大量减少的风险者，都可以向所在地的司法行政机关申请设立律师公司。

# 第七章 律师执业模式

律师执业模式是指律师从业的方式。具体来说，当今世界比较流行的律师职业模式有专职律师和兼职律师（按职业是否单一而分）、公职律师和私人律师（按服务对象不同而分）。另外，随着大型公司企业的扩张与发展，新的执业模式——公司律师也初见端倪。此外，作为专门提供“法律援助”业务的主体——法律援助律师也是重要的执业模式。

## 第一节 专职律师与兼职律师

### 一、专职律师

（一）含义

专职律师是指取得律师资格或法律职业资格证书、在律师事务所实习 1 年后，领取专职律师执业证、专门从事律师工作的人员。专职律师要求必须在律师事务所执业，执业范围包括民事诉讼、刑事诉讼、行政诉讼等诉讼业务，也包括法律咨询、法律顾问等非诉业务。

（二）申请专职律师执业的要求

1. 现行《律师法》第 5 条规定，申请律师执业必须符合以下条件：

（1）政治条件：拥护中华人民共和国宪法；

（2）知识及学历条件：本科及以上学历并且通过国家统一法律职业资格考试取得法律职业资格；

（3）操作能力：在律师事务所实习期满 1 年；

（4）品行条件：品行良好。

2. 法律规定不予颁发执业证书的情况，现行《律师法》第 7 条规定，有下列情形之一的，不予颁发律师执业证书：

（1）无民事行为能力或者限制民事行为能力的；

（2）受过刑事处罚的，但过失犯罪的除外；

（3）被开除公职或者被吊销律师、公证员执业证书的。

3. 法律规定撤销律师执业、注销律师执业证书的情形。《律师法》第 9 条规定，有下列情形之一的，由省、自治区、直辖市人民政府司法行政部门撤销准予执业的决定，并注销被准予执业人员的律师执业证书：

（1）申请人以欺诈、贿赂等不正当手段取得律师执业证书的；

（2）对不符合本法规定条件的申请人准予执业的。

（三）申请专职律师的程序

1.《律师法》第6条规定，申请律师执业证书需要遵循下列程序：

（1）申请。申请人应当向设区的市级或直辖市的区人民政府司法行政部门提出执业证书的申请，并且需要提交以下材料：国家统一法律职业资格证书、律师协会出具的申请人实习考核合格材料、申请人的身份证明、律师事务所出具的同意接收申请人的证明。

（2）初步审查。受理的设区市级或直辖市的区的司法行政机关自受理之日起20日内予以审查，并将审查意见和全部材料报送省、自治区、直辖市人民政府司法行政部门。

（3）审核、颁发律师执业证书。省、自治区、直辖市人民政府司法行政部门应当自收到报送材料之日起10日内予以审核，作出是否准予执业的决定。其中准予执业的向该申请人颁发律师执业证书，不准予执业的向该申请人书面说明理由。

（四）专职律师执业的法律特征

1. 执业的专一性。专职律师必须是专一执业而不得同时从事其他执业。这是与兼职律师最大的区别。因为执业的单一性有利于保障律师队伍的稳定性和专业性。

2. 执业的社会服务性。

（1）法律服务的双向选择性。即律师的法律服务必须以当事人的委托为前提，反之，当事人的委托又必须以取得受托律师同意受理承办为条件，即律师的法律服务活动基于律师和当事人之间的合同。

（2）提供法律服务效应的非强制性。律师向当事人提供的是一种法律服务，而非执法活动；律师是社会法律生活的服务者，而非国家司法职能的执行者。因此，律师向当事人提供的法律服务仅仅是一种对当事人的帮助，当事人可以采纳律师意见，也可以拒绝采纳律师意见。这一特征决定了律师所提供的法律服务与司法机关执法人员所进行的执法活动在法律效力上具有实质性区别。

提供法律服务的劳务有偿性。律师向当事人提供法律服务，是基于当事人与律师事务所签订的法律服务合同，这种合同是一种智力劳务合同，律师所提供的是一种智力劳动，而智力劳动的成果是律师的服务方案，这种服务方案的受益人则是特定的，即劳务合同的对方当事人。当然，《律师法》在规定律师有偿服务制度的同时，也规定了律师的法律援助制度，这一制度不仅是律师有偿服务制度的必要补充，同时也是律师实现一个法律工作者维护法制、增进社会主义民主的职责的重要渠道。

## 二、兼职律师

### （一）概念

兼职律师是指在高等院校、科研机构中从事法学教育、研究工作的，取得法律职业资格（律师资格）和律师执业证书，不脱离本职工作兼职从事律师职业的人员。兼职律师设置的初衷主要是弥补我国专职律师的不足，满足社会对法律服务的需要。1980 年发布的《律师暂行条例》根据当时律师队伍不能满足社会需要的实际情况，从而规定“取得律师资格的人员不能脱离本职的，可以担任兼职律师”。

### （二）兼职律师执业的法律特征

1. 兼职性。从事律师的工作是兼职事业而非全职事业。兼职律师其主业是从事自己的法学研究和教学工作，律师工作则是其兼职从事的工作，其必须在不影响其主业的情况下从事律师事务，因此，兼职律师执业具有兼职性。

2. 有限性。这里是指从事兼职律师工作人员范围的有限性，兼职律师设置的目的是弥补我国专职律师的不足，其本质上也是提供法律相关的服务，因此在人员的选拔上必然需要有专业法律功底的人员，而法学院校和科研单位的教学研究人员平时从事的是法律有关事务，同时其基于研究和教学的需要又有一定的法律经验，这种条件正好契合了兼职律师的实际需要。

3. 广泛性。兼职律师从业范围同专职律师是一样的，其从业范围十分广泛。我国法律并未对兼职律师的从业范围有所限制，因此，从业务范围来讲，兼职律师同专职律师并没有什么不同。

### （三）申请兼职律师执业的条件

司法部 2008 年 7 月发布的《律师执业管理办法》第 7 条对兼职律师制度作了重要调整，将其人员范围限定在符合相关条件的“在高等院校、科研机构中从事法学教育、研究工作”的人员中。具体来说，兼职律师从业的条件主要有：

1. 必须是高等院校、法学研究单位从事法学教育、研究工作的人员。

2. 应具有律师资格，即通过国家统一法律职业资格考试，并在律师事务所实习 1 年考核合格取得律师执业资格。

3. 本人所在单位允许从事兼职律师职业。

4. 应加入当地律师协会，并遵守律师的职业道德和执业纪律。

### （四）兼职律师执业的禁止性规定

由于兼职律师毕竟不是专门从事法律执业的，其有自己的本职工作，因此法律对兼职律师的从业是有所限制的，具体来说：

1. 兼职律师不得同时在两个或两个以上的律师事务所或法律服务机构执业。

2. 不得接受与本人工作单位有利害关系的案件的当事人委托担任代理人。

3. 国家机关的现职工作人员不得从事兼职律师。

4. 各级人民代表大会常务委员会组成人员不得从事兼职律师。

（五）关于兼职律师制度的存废

2011年新的《律师法》在修订过程中，对兼职律师制度的存废，引发了广泛的争论。主张废除兼职律师制度的理由大抵如下：第一，历史的产物应随历史发展而消亡。兼职律师是历史上律师资源一度紧张，为适应社会需求才产生的特定历史条件的产物。第二，可能引发职业之间的冲突。兼职律师执业，会造成本职工作和律师业务之间的冲突。第三，不便管理。兼职律师来源分散，业务素质良莠不齐，不利于管理，不符合律师的专业化、规模化发展趋势，也影响我国律师整体素质和竞争力的提高。第四，冲击专职律师行业，有碍公平竞争。兼职律师在本职工作之外从事律师业务，对专职律师造成冲击，有碍律师间的公平竞争。

主张保留兼职律师制度的理由主要有：第一，弥补现有专职律师的不足，提高律师队伍的素质。随着社会法律服务需求数量的增多和质量的提高，客观上确实需要一定数量的专业型法律人才加入律师队伍，以弥补现有律师队伍分布不平衡、整体素质不高的缺陷。第二，有利于理论与实践的结合，促进司法公正的实现。由从事法学教育、研究工作的专业人员直接参与办案，直接接触律师制度和法律发展中的实际问题，可以在理论和制度两个层面更好地促进律师制度的完善、促进司法公平正义的实现。第三，提高律师的整体素质。从事法学教育、研究工作的专业人员从事兼职律师工作，不但有利于促进其教学和科研工作，而且有利于他们从法律专业知识、理论素养以及律师基本技能、办案经验两个层面去培养符合社会需要的律师后备人才，促进律师整体素质的良性发展。第四，符合国际趋势。考察各国立法例，无论英美法系国家还是大陆法系国家，各国在律师制度上虽有相当大的区别，但兼职律师制度却广泛存在并发挥着积极作用。综观各国的立法现状可以发现，没有哪一个国家是完全禁止兼职律师的存在的。

因此，我们国家目前仍然保留了兼职律师制度。

## 三、特许律师与特邀律师

《律师法》第8条规定，特许律师应当是具有高等院校本科及以上学历，在法律服务人员紧缺领域从事专业工作满15年，并且具有高级职称或者同等专业水平并具有相应的法律专业知识的人员。此类人员从业必须经过国务院司法行政部门考核方准予执业。

2002年以前，我们国家还存在过特邀律师制度，它是指离退休的司法工作人员和法学研究及教学单位的专家、学者，已依法取得律师资格，并被安排到律师事务所从事律师职业的人员。这项制度自1984年开始实施，其初衷是解决当时律师数量严重不足而采取的一项阶段性措施，但随着律师制度的不断深化，律师队伍的不断扩大，律师发展的逐渐专业化、规范化、制度化，特邀律师制度悄然退出了历史舞台，1996年《律师法》的颁布使得特邀律师制度失去了存在的法律依据，1999年司法部发布的《关于特邀律师注册问题的通知》明确规定，到2001

年度年检时，终止注册特邀律师并正式公布取消特邀律师。但值得一提的是，无论是特许律师还是特邀律师，都不是律师执业的专门类别。

## 第二节　公职律师与私人律师

根据律师的身份及服务对象的不同，将律师分为公职律师和私人律师。这里我们首先有必要区分容易混同的私人律师和社会律师的概念。私人律师和社会律师本质上有一定的重合，都是与公职律师对应的律师种类，都是为社会中的个人服务的。只不过私人律师这一概念来源于西方国家，社会律师的称谓来自我国。西方国家更加重视私人和政府权力的区分，而我国社会主义国家更加注重社会层面对公民权利的保障。还有就是西方概念中私人律师仅仅指为私人服务的律师，与其相对应的还有为公司等组织服务的律师，称为公司律师，而我国的广义的社会律师（社会律师具体是指依法取得律师执业证书，接受委托或者指定，为社会提供法律服务的执业人员）不仅包括为私人提供法律服务的私人律师，还包括为公司等其他社会组织提供法律服务的公司律师。综上，在我国，社会律师是包含私人律师和公司律师的。

### 一、公职律师

（一）公职律师的含义

具有我国律师资格或司法部颁发的法律职业资格证书，供职于政府职能部门或行使政府职能部门的部门，或经招聘到上述部门专门从事法律事务的人员。其职责是担任法律顾问、代理行政诉讼，维护政府和行政部门的合法权益。1995 年 8 月，我国在上海率先设立公职律师制度，随即在南京、北京等地相继开展了公职律师试点工作。2002 年 1 月司法部发文指出，积极开展公职律师试点工作，探索建立具有中国特色的公职律师制度。建立公职律师制度，是我国加入世贸组织后社会经济生活发展的客观需要，也是推进依法治国，实施依法行政，进一步完善我国律师机制结构的需要。

（二）公职律师的执业要求

1. 任职条件。必须具有律师资格或者司法部门颁发的法律职业资格。公职律师本质上也是律师，其任务是为政府机构提供法律服务的专业法律人员，因此其必须具有相应的法律知识与素养，而就我国目前而言，获得律师资格或司法部门颁发的法律职业资格是检验是否具备法律知识与素养的主要标准，因此，成为公职律师的首要条件是有律师资格或者司法部门颁发的法律职业资格。

2. 任职机关。专门供职于政府职能部门或者行使政府职能的部门。公职律师与其他律师的区别在于“公职”，而公职就是指他们是建立在国家机关内部为各级政府和行政部门提供法律服务的律师队伍，是为公权力机关服务的。

3. 职责范围。为本级政府或部门的行政决策提供法律咨询意见或法律建议。具体来说，其职责主要包括：为本级政府或部门行政决策提供法律咨询意见和法律建议；按照政府的要求，参与本级政府或部门规范性文件的起草、审议和修改工作；受本级政府或部门委托调查和处理具体的法律事务；代理本级政府或部门参加诉讼、仲裁活动；为受援人提供法律援助；本级政府或部门的其他应该由公职律师承担的工作。

（三）公职律师的权利与义务

1. 公职律师的权利。在执业过程中公职律师主要享有以下权利：依法调查取证权、查阅案件材料权、自主转为社会律师的权利、加入当地律师协会的权利。

2. 公职律师的义务。公职律师必须接受所在地的司法行政机关指导和监督、不得从事有偿法律服务、不得在律师事务所执业或兼职、不得以律师身份办理本级政府或部门以外的诉讼和非诉案件。

（四）公职律师的管理

公职律师一般由其所在单位管理，司法行政机关负责其资质管理和业务指导。其在试点期间，公职律师执业证由司法部统一印制，由省、自治区、直辖市司法厅（局）颁发。申请公职律师时，应由其申请人自行提出申请，经工作单位批准后，报所在地司法行政机关审核，再由审核同意的司法行政机关报省、自治区、直辖市司法厅（局）审批。司法厅（局）应在15日内作出批准或不予批准的决定。

## 二、私人律师

（一）私人律师的含义

私人律师是指委托人个人聘请的，长期为该委托人提供法律问题解答、法律后果评价、法律风险评估、法律事务代理等服务的律师。随着社会的进步和文明的发展，私人律师越来越多地介入公民及家庭的生活，私人律师服务早已遍及社会生活的方方面面，如美国98%的人与私人律师打交道。

（二）私人律师的执业范围

私人律师执业的范围比较广泛，归纳起来主要有：（1）解答日常生活中涉及公民个人财产权益、人身权益的有关法律咨询。（2）为公民个人从事各种民事、经济活动提供规范化的合同文本格式。（3）为公民进行资信调查、办理工商或税务登记。（4）代为办理公民个人公证。（5）提供公民个人从事行业相关的最新法律法规信息。（6）对涉及公民个人的有关法律文件进行起草、修改、审查，代表私人进行交易、纠纷谈判，协助草拟谈判提纲。（7）帮助公民策划、分析判断所涉及的个人法律事务，并提出建议方案，出具正式法律意见书。（8）以委托律师的身份维护公民的名誉、人身、自由、财产、知识产权（专利权、著作权）等个人合法权益。（9）接受私人委托代理各类民事、行政、刑事案件，发表声明、出具法律意见书、律师见证书、律师函等。(10) 办理私人财产 (房屋、股权等) 的转让、质押等手续；代为监管私人财产。(11) 办理其他个人不便直接出面办理的涉及个人的法律事务。(12) 提供公民个人 (包括外籍人士) 专项的法律咨询服务，起草各类文件并代为办理相关手续。

(三) 私人律师的执业特征

1. 广泛性。私人律师提供的法律服务范围比较广泛，凡是涉及委托人的法律事务都属于私人律师的服务范围。

2. 便捷性。私人法律顾问的作用就是以最快的方式介入、以最有效的方法处理委托人的各类法律事务，从而更好地维护委托人的合法权益。

3. 社会性。私人律师介入的范围仅限于社会领域，其不得为国家机关或其他公权领域提供法律服务，这也是私人律师与公职律师的主要分工。

## 第三节　公司律师

### 一、公司律师的含义

公司律师是指具有律师资格或者法律职业资格，受雇于公司，专职从事公司内部法律事务，不对社会提供有偿法律服务的专业人员。就世界而言，公司律师的历史已逾百年，其发展一直充满活力，它是一种与现代企业制度相融合的工作和意识领域。就我国而言，公司律师产生于我国加入世贸组织期间，为了更好地应对加入世贸组织后我国企业界和律师界所面临的严峻挑战，提高企业和律师的国际竞争力，促进企业内部管理的科学化和规范化，完善我国企业法律制度和律师制度，2002 年 10 月 12 日，司法部颁发的《关于开展公司律师试点工作的意见》决定开展公司律师试点工作，由此，我国公司律师制度正式产生。

### 二、公司律师的执业特点

公司律师既不同于企业的法律顾问，又不同于律师事务所的专职律师，在形式上它是专职律师，在内容上它是公司的法律顾问，它既享有专职律师的身份，又专门为公司提供法律服务。它既克服了专职律师的业务范围太广的弊端，又弥补了企业法律顾问业务过于狭窄的不足。具体来说，它具有一些与众不同的特点：

第一，公司律师是与现代企业制度紧密结合的。现代企业是法律安排与制度创新的结果，因此其对法律、律师的需求是必然的。我国《公司法》及相关的法律以较高的法治观念、法律原则、立法技术等方面的知识，预示着我们必须有这样一群通晓法律的专家队伍，因为只有他们才会对公司、企业有着深入的了解，并且能够有效运作公司法律业务，从而为公司的发展保驾护航，因此，公司律师和现代企业制度是紧密结合的。

第二，公司律师具有较强的不可替代性。公司所涉及的法律问题都具有很强的专业性。例如，公司在融资、投资等重大决策及运营行为中的法律预警措施、公司治理结构的制度安排等都具有很强的专业性。此外，随着与《公司法》、《证券法》配套实施的法律、法规和部门规章的不断颁布实施，公司相关法律事务的处理对技术和知识都有了很高的要求，没有从事过公司律师的人员是无法处理这些专业性较强的业务的，公司律师因其具有的专业知识而有着较强的不可替代性。

第三，公司律师具有双重职能。它不仅是公司的救火员，也是公司的保健医生。公司律师不仅在公司遇到法律难题，出现违法、违规行为时，帮助公司应对法律事务，解决法律难题，而且在很多情形下，尤其是在公司运营过程中，作为公司的法律咨询者，他不仅要评估公司政策法律上的风险，更要考虑到公司的战略以及市场的变化等情况，在综合考虑各方面因素后，提出一个切实可行的方案。因此，公司律师对公司而言，既是救火员，又是保健医生。

第四，公司律师行为规范和监督管理受双重领导。公司律师的称谓决定了公司律师既是律师的一员，也是公司的一员，其行为必然受律师行业的约束和公司本身规则的制约。具体来说，首先，作为律师主管机关的国家司法行政机关必然对公司律师有着监督指导作用（主要体现在执业证书的颁发、业务的指导和监督、违反律师执业规范的处罚等宏观方面的管理）。此外，作为律师协会的一员，公司律师必须接受律师协会的统一指导，在职称评定、业务培训、对外交流方面应符合律师协会的相关要求。其次，公司律师是具有律师身份的公司员工，其日常行为规范也受所在公司的规章制度的限制，因此，其必须和公司其他员工一样，遵守公司章程。

## 三、公司律师的执业条件和主要职责

### （一）公司律师的执业条件

根据司法部《关于开展公司律师试点工作的意见》的规定，公司律师的任职条件主要有：

1. 具有中华人民共和国律师资格或司法部认定的法律执业资格。
2. 必须在企业内部专职从事法律事务。
3. 所在公司或企业同意其担任公司律师。

此外，由于司法部的意见只是一个原则性的规定，具体条件会因各地的不同而出现一些差异，如有的省要求公司律师必须具有大学本科以上学历。但大的原则性规定是相同的。当然，一些禁止任职条件如无民事行为能力或限制民事行为能力人、曾经受过刑事处罚的、被开除公职的等都不得从事公司律师职业。

### （二）公司律师执业的主要职责

作为企业的专职律师，公司律师的主要任务是为其所在企业或企业内部服务，为企业或企业内部提供法律支持。具体来说，公司律师的主要职责有：

1. 对企业的生产经营决策提出法律意见。作为企业法律风险的主要保护者，公司律师必须为企业生产经营等重大决策事项中的法律事项提出意见，以减少企业法律上的风险。

2. 参与企业法律文书的起草和修改工作。这里指的是企业建立时包括公司章程、公司日常规范等在内的法律文书的起草和修改工作。此外，还包括企业在运营过程中的各种法律文书的起草和修改。

3. 审核企业规章制度。对企业的各种规章和制度进行法律层面的审核，对于与国家法律法规不符的规定及时进行更正，与落后于社会发展的规定及时进行更新，以使企业的规章制度不断完善。

4. 审查和管理企业合同。针对企业的各类合同进行法律层面上的审查，以及时发现问题，解决问题，降低企业的法律和经济上的风险。

5. 对企业违反法律、法规的行为提出纠正的建议，并在企业内部开展法制宣传教育工作。这里包括两个方面内容：一是对本企业违法违规的纠正建议职责；二是对本企业职工的法制宣传教育职责。

6. 参与企业的谈判。这里主要指代表本企业通过与其他公司、企业等单位的谈判，以处理谈判过程中的法律问题。

7. 代理本企业的诉讼、仲裁活动。代表本企业出席、参与涉及本企业的各类诉讼（包括刑事、民事、行政方面的诉讼）、仲裁活动，维护本企业的合法权益。

8. 其他应由公司律师承办的法律事务。因不同公司的不同规定而赋予公司律师在本公司内特有的法律事务义务。

## 四、公司律师执业时的权利与义务

### （一）公司律师的权利

公司律师作为公司的法律事务的代表，根据司法部《关于全面开展律师试点工作的意见》的精神，其享有同社会律师本质上相同的权利：

1. 在执业过程中享有依法调查取证、查阅案件材料等执业权利。作为公司的法律代表，公司律师在诉讼、仲裁活动中有权为本公司的利益而进行调查取证、查阅相关案件材料等活动。

2. 有权加入律师协会。此权利和社会律师相同，公司律师有权加入当地律师协会，并且享有律师协会会员的一切权利。

3. 可以参加律师职称评定。公司律师可以同社会律师一样享有评定职称的资格。

4. 可以直接转为社会律师。这是从公司律师转为社会律师的便捷通道，公司律师无须其他条件，只需按换发证程序进行即可。

### （二）公司律师的义务

权利与义务是相对的，公司律师有着律师和公司员工的双重身份，其也应遵守律师和公司员工的双重义务。具体来说，公司律师的义务主要有：

1. 接受所在地司法行政机关的业务指导和监督。公司律师是律师的一种类别，其本质是律师，申请执业时需要司法行政机关颁发执业证书，因此，他们同普通的社会律师一样，都需要接受当地司法行政机关的业务指导和监督。

2. 不得从事有偿法律服务、不得在律师事务所和法律服务机构做兼职。这是公司律师的禁业限制条款，也是公司律师与社会律师主要区别之一。

3. 不得以律师身份办理本公司以外的诉讼和非诉业务。此义务可以称为公司律师的忠诚条款，公司律师既是律师，同时也是公司的员工，一个员工首要的义务是对本公司、本企业忠诚。

## 五、现行公司律师执业制度存在的问题

我国公司律师制度的试点工作虽然取得了一定的成效，但由于种种原因，其在发展过程中仍然存在一些问题，主要表现在以下几个方面：

第一，公司律师现在仍处于无法可依的状态。尽管2002年司法部出台了《关于开展公司律师试点工作的意见》，但在此后2007年修订的《律师法》中，仅规定律师可以接受自然人、法人或其他组织的委托，担任法律顾问，而对于公司律师制度仍没有作出任何规定。无法可依的状态使得公司律师制度试点面临着极大的尴尬。

第二，公司律师和企业的法律顾问相互混淆，以至于管理混乱。多年来，我国一直大力发展企业法律顾问制度，不断壮大企业法律顾问的队伍，并于1997年建立企业法律顾问执业资格考试制度，与此同时，我国仍在推行公司律师试点工作，而对于两种制度推行的准入资格则是完全不同的：要成为企业法律顾问必须通过法律顾问执业资格考试，要成为公司律师则必须通过国家司法考试。此外，两种制度在管理上也存在显著差异：企业法律顾问受所在公司、企业的领导和管理，而公司律师则必须参加当地的律师协会，并接受司法行政机关的监督和指导。但在实际管理过程中，一个公司内部的公司律师和法律顾问是合并办公的，如此形式不同实质相同的情形，导致了二者在实践中相互混淆，管理混乱。

第三，公司律师在工作和社会中的地位不高。在工作中，国家没有相应的法律规定公司律师制度导致了公司对公司律师的性质和工作认识不清，容易将其视为一般公司员工予以对待，导致公司律师的作用难以充分发挥。在社会中，社会执业律师队伍不断发展壮大，执业日益规范，相比之下，公司律师产生时间较短，制度很不完善，导致社会对公司律师缺乏认识，造成了社会对公司律师的认同度普遍不高。

第四，公司律师的管理存在混乱的现象，主要表现为：一是在许多企业，其公司律师机构名称还不统一，无法真正体现公司律师的工作性质、特征和业务范围，公司律师和公司律师机构面临着称谓、身份识别上的尴尬局面。二是公司律

师身兼律师和公司职员双重身份，这决定了其管理方式既不同于社会执业律师又不同于一般公司职员，但目前无论是相关的企业协会、行政管理部门，还是所在企业，对公司律师的管理均不够完善，有关制度还很不健全，以致造成管理上的混乱。

第五，公司律师的激励机制不健全，导致其发展后劲不足。公司律师具备律师和公司职员的双重身份，这使得企业对公司律师的薪酬设计既要区别于公司其他职员，又要统一于企业的薪酬体系，难以按照公司律师的工作性质和实际贡献给予较高待遇，从而导致公司律师和社会执业律师在收入水平上差距较大，进而影响了他们的工作热情和积极性。加之公司律师从事的业务范围限于企业内部的法律事务，其施展才华的舞台不如社会执业律师广阔，从而使得公司律师这一职务对优秀的法律人才缺乏足够的吸引力。

## 第四节　法律援助

### 一、法律援助概述

#### （一）法律援助含义

法律援助是指由国家为经济困难的公民或者特殊案件的当事人提供减免费用提供法律帮助的制度。其起源于1495年的英国，到目前为止，世界上已经有100多个国家和地区建立了此项制度，它已成为世界各国普遍实行的一种司法救济制度，是构成各国民主法治的重要组成部分。提供法律援助的主要有社会律师、基层法律服务工作者、法律援助机构专职律师、社会组织人员和注册法律志愿者等，前三种是主要的法律援助提供者。①

#### （二）中国法律援助立法目的和执业依据

中国法律援助制度的立法目的是促进司法公正，保护贫弱者享有平等的司法权。它是实现国家司法公正的重要手段。其法治目的主要有三：一是贯彻法律面前人人平等的宪法原则；二是建立健全我国的人权保障机制；三是确保法律保护的平等性和公正性。2018年以来，我国开始在全国范围内统一建立“中国法律服务网”，各地12348电话热线也逐步由省级法律援助机构统一提供法律咨询与转介服务。同时，在司法部的推动下，以基层司法所为主体，全国每个县（市、区）开始建设公共法律服务中心以及乡镇（街道）公共法律服务站，开始建立以社区为中间层级的公共法律服务模式。② 2019年7月，中共中央办公厅、国务院

① 黄东东：《基本公共法律服务视野下的法律援助均等化研究》，载《山东社会科学》2020年第6期。

② 黄东东：《基本公共法律服务视野下的法律援助均等化研究》，载《山东社会科学》2020年第6期。

办公厅印发了《关于加快推进公共法律服务体系建设的意见》，指出“推进公共法律服务体系建设，对于更好满足广大人民群众日益增长的美好生活需要，提高国家治理体系和治理能力现代化水平具有重要意义”。其中，法律援助就是公共法律服务中的一项重要内容。

现行规定中国法律援助制度的执业依据主要有两个：《刑事诉讼法》和《律师法》。《刑事诉讼法》规定了四种情形下指定律师提供法律援助的制度：第一，公诉案件中公诉人出庭的案件，被告人因经济困难或其他原因没有委托辩护人的，人民法院可以指定法律援助义务的律师为其提供辩护。第二，刑事案件中被告人是盲人、聋哑人、未成年人以及尚未完全丧失辨认和控制能力的精神病人，如果没有委托辩护人的，人民法院应当为其指定律师提供法律帮助。第三，被告人可能被判处无期徒刑、死刑而没有委托辩护人的，人民法院应当为其指定律师提供法律援助。第四，强制医疗程序中对于无刑事责任能力的精神病人进行强制医疗审理时，如果其没有辩护人的，人民法院也应当为其指定律师提供法律帮助。《律师法》第 42 条规定，律师、律师事务所应当按照国家的规定履行法律援助义务，为受援人提供符合标准的法律服务，维护受援人的合法权益。

## 二、法律援助的条件、对象及范围

### （一）法律援助的条件与对象

1. 我国法律援助的前提条件有两个：第一，公民的合法权益受到侵害；第二，当事人确实因经济困难而无力承担全部或部分诉讼费用。

2. 我国法律援助的对象。法律援助的对象是指究竟哪些人有权利接受法律援助，具体来说，我国法律规定的法律援助对象主要包括：

（1）《刑事诉讼法》第 35 条规定的犯罪嫌疑人、被告人：盲人、聋哑人、尚未完全丧失辨认或者控制自己行为能力的精神病人、未成年人没有委托辩护人的，依法可能被判处无期徒刑、死刑的刑事被告人以及其经济困难或其他原因没有委托辩护人而符合法律援助的犯罪嫌疑人、被告人。

（2）刑事案件中外国籍被告人没有委托辩护人的。

（3）司法机关、行政执法机关已经立案或申请人有充分理由和证据为保障自己合法权益确实需要提供法律帮助的。

（4）申请人确因经济困难、无力支付法律服务费用，其中农业人口属社会救济对象，对非农业人口其家庭成员总收入不超过市政府公布的当月最低生活保障标准线的。

（5）具有本市常住户口或暂住证的公民。

### （二）法律援助的范围

我国法律援助的范围是指在我国法律援助的案件范围，即哪些案件和其他情形下需要提供法律援助：

1. 刑事案件中的法律援助范围：《刑事诉讼法》规定的“指定辩护”的三种情形：公诉人出庭的公诉案件被告人确因经济困难或其他困难而没有委托辩护人的；刑事被告人是盲人、聋哑人、未成年人、精神病人（包括完全无刑事责任能力和限制刑事责任能力）而没有委托辩护人的；犯罪嫌疑人、被告人可能判处死刑、无期徒刑的。

申请法律援助的三种情形：犯罪嫌疑人在被侦查机关第一次讯问或采取强制措施的，因经济困难而未聘请律师的；公诉案件的被害人及其法定代理人、近亲属，自诉案件自移送审查之日起，因经济困难而没有委托代理人的；自诉案件的自诉人及其法定代理人，自案件被人民法院受理之日起，因经济困难而没有委托代理人的。

2. 民事案件中的法律援助范围：根据《法律援助条例》的规定，公民对下列需要代理的事项，因为经济困难而没有委托代理人的，可向法律援助机构申请法律援助：

（1）依法请求国家赔偿的；

（2）请求给予社会保险待遇或者最低生活保障待遇的；

（3）请求发放抚恤金、救济金的；

（4）请求给付赡养费、抚育费、抚养费的；

（5）请求支付劳动报酬的；

（6）主张因见义勇为行为而产生的民事权益纠纷。

3. 行政案件中法律援助的范围：《法律援助条例》中将在行政诉讼案件中法律援助的范围限于国家赔偿、请求给予社会保险待遇或者最低生活保障待遇、请求发给抚恤金、救济金的诉讼案件。将此类案件纳入法律援助的范围，体现了国家对诉讼中处于弱势地位的公民权利的保护。

但是，就行政案件而言，法律援助的范围仍过于狭窄，因为行政诉讼中一方是国家机关，另一方是公民个人，明显的强弱差异决定了二者实际地位的不对等，只有为弱势的公民个人一方提供更为广阔的法律援助，才能在一定程度上缓解二者地位的不对等状况。因此，为了弥补这种缺憾，法律特地将涉及公民民主权利、健康、安全等当事人交不起律师费的案件都纳入法律援助范围。

4. 其他情形下法律援助的范围：随着国家的发展和法制的进步，法律援助的范围正在逐渐地拓宽。除了上诉案件类型的法律援助外，在实施法律援助过程中，还规定了一个由法律援助机构负责审查：凡是属于应该提供法律援助的事项范围，可以根据实际需要灵活掌握。

## 三、法律援助的主体及执业要求

法律援助的主体即法律援助律师，它可分为广义的援助律师和狭义的援助律师。广义的援助律师，既包括社会律师、基层法律服务工作者、法律援助机构专职律师、社会组织人员和注册法律志愿者接受委托或指派，为某一个案件提供法律援助服务，而称之为某个案件的援助律师，也包括专门从事法律援助服务的法律援助专职律师。狭义的法律援助律师，也称为公职律师、援助专职律师，是指受聘于法律援助机构或政府其他部门，通过了全国法律职业资格的考试，取得了法律职业资格证书和律师执业资格证书，专门从事法律援助事业的人员。这类人员的编制属于国家行政或事业单位，并享受国家行政事业等单位工作人员的待遇。律师法律援助的特点在于：社会律师在接受法律援助机构的指派后，对指派的援助案件不能收取律师费用。法律援助专职律师则不能向社会提供任何有偿的法律服务。

法律援助机构应当根据本机构、律师事务所、基层法律服务所及其他社会组织的人员数量、资质、专业特长、承办法律援助案件的情况、受援人意愿等因素合理指派或者安排承办机构、人员。其中，法律援助机构、律师事务所应当指派或者安排具有一定年限刑事辩护执业经历的律师担任死刑案件的辩护人。

### 四、律师执业中提供法律援助的方式

《办理法律援助案件程序规定》规定了承办法律援助的人员在法律援助案件中的援助方式：

1. 会见。法律援助人员应当会见受援人，并制作会见笔录。会见笔录应当经受援人确认无误后签名或者捺指印；受援人无阅读能力的，法律援助人员应当向受援人宣读笔录，并在笔录上载明。

2. 代理申诉、控告、和解、仲裁等。接受委托的律师应该在受委托的权限内，通过和解、调解、申请仲裁和提起诉讼等方式依法最大限度地维护受援人的合法权益。其中，法律援助人员代理受援人以和解或者调解方式解决纠纷的，应当征得受援人同意。

3. 代为通知。对于指定辩护的案件，法律援助人员应当在首次会见犯罪嫌疑人、被告人时，询问是否同意为其辩护，并记录在案。犯罪嫌疑人、被告人不同意的，应当书面告知人民法院、人民检察院、公安机关和法律援助机构。

4. 权利告知。对于民事诉讼法律援助案件，法律援助人员应当告知受援人可以向人民法院申请司法救助，而且需要告知受援人其享有的诉讼权利。

### 五、律师法律援助中的权利与义务

1. 调查取证的权利。法律援助人员承办案件，应当根据需要依法进行调查取证，并可以根据需要请求法律援助机构出具必要的证明文件或者与有关机关、单位进行协调。法律援助人员认为需要异地调查取证的，可以向作出指派或者安排的法律援助机构报告。作出指派或者安排的法律援助机构可以请求调查取证事项所在地的法律援助机构协作。

2. 请求司法协助权利。法律援助人员认为需要相关机关提供司法协助的，可以向法律援助机构提出申请，由援助机构向被请求的法律援助机构发出协作函件，说明案件基本情况、需要调查取证的事项、办理时限等。被请求的法律援助机构应当予以协作。因客观原因无法协作的，应当向请求协作的法律援助机构书面说明理由。

3. 准备庭审与答辩的义务。对于人民法院开庭审理的刑事案件，法律援助人员应当做好开庭前准备；庭审中充分陈述、质证；庭审结束后，法律援助人员应当向人民法院提交刑事辩护或者代理书面意见。对于人民法院决定不开庭审理的指定辩护案件，法律援助人员应当自收到法律援助机构指派函之日起10日内向人民法院提交刑事辩护书面意见。对于其他不开庭审理的刑事案件，法律援助人员应当按照人民法院规定的期限提交刑事辩护或者代理书面意见。

4. 通报案件情况的义务。这里包括向受援人通报案件情况和向法律援助机构通报案件情况两类。法律援助人员应当向受援人通报案件办理情况，答复受援人询问，并制作通报情况记录。此外，法律援助人员应当按照法律援助机构要求报告案件承办情况，法律援助案件有下列情形之一的，法律援助人员应当向法律援助机构报告：（1）主要证据认定、适用法律等方面有重大疑义的；（2）涉及群体性事件的；（3）有重大社会影响的；（4）其他复杂、疑难情形。

## 六、律师执业时违规进行法律援助的责任

在以律师为主要组成部分的法律援助机构及其工作人员在承担法律援助的工作中，必须遵守法律规定的法律援助规定，否则将要承担相应的法律责任。司法部关于《办理法律援助案件程序规定》第37条规定，法律援助机构、律师事务所、基层法律服务所和法律援助人员从事法律援助活动违反本规定的，依照《律师法》、《法律援助条例》、《律师和律师事务所违法行为处罚办法》等法律、法规和规章的规定追究法律责任。

### （一）《律师法》关于违反法律援助义务的规定

1.《律师法》第50条规定，律师事务所拒绝履行法律援助义务的，由设区的市级或者直辖市的区人民政府司法行政部门视其情节给予警告、停业整顿1个月以上6个月以下的处罚，可以处10万元以下的罚款；有违法所得的，没收违法所得；情节特别严重的，由省、自治区、直辖市人民政府司法行政部门吊销律师事务所执业证书。

2.《律师法》第51条规定，律师因违反本法规定，在受到警告处罚后1年内又发生应当给予警告处罚情形的，由设区的市级或者直辖市的区人民政府司法行政部门给予停止执业3个月以上1年以下的处罚；在受到停止执业处罚期满后2年内又发生应当给予停止执业处罚情形的，由省、自治区、直辖市人民政府司法行政部门吊销其律师执业证书。

（二）《法律援助条例》关于违反法律援助义务的规定

1. 国务院《法律援助条例》第26条规定，法律援助机构及其工作人员有下列情形之一的，对直接负责的主管人员以及其他直接责任人员依法给予纪律处分：（1）为不符合法律援助条件的人员提供法律援助，或者拒绝为符合法律援助条件的人员提供法律援助的；（2）办理法律援助案件收取财物的；（3）从事有偿法律服务的；（4）侵占、私分、挪用法律援助经费的。其中，办理法律援助案件收取的财物，由司法行政部门责令退还；从事有偿法律服务的违法所得，由司法行政部门予以没收；侵占、私分、挪用法律援助经费的，由司法行政部门责令追回，情节严重，构成犯罪的，依法追究刑事责任。

2.《法律援助条例》第28条规定，律师有下列情形之一的，由司法行政部门给予警告、责令改正；情节严重的，给予1个月以上3个月以下停止执业的处罚：（1）无正当理由拒绝接受、擅自终止法律援助案件的；（2）办理法律援助案件收取财物的。有前款第2项违法行为的，由司法行政部门责令退还违法所得的财物，可以并处所收财物价值1倍以上3倍以下的罚款。

（三）《律师和律师事务所违法行为处罚办法》关于违反法律援助义务的规定

1.《律师和律师事务所违法行为处罚办法》第9条规定：有下列情形之一的，属于《律师法》第47条第5项规定的律师"拒绝履行法律援助义务的"违法行为：（1）无正当理由拒绝接受律师事务所或者法律援助机构指派的法律援助案件的；（2）接受指派后，懈怠履行或者擅自停止履行法律援助职责的。

2.《律师和律师事务所违法行为处罚办法》第32条第1款规定：律师有《律师法》第47条以及本办法第5条至第9条规定的违法行为的，由司法行政机关给予警告，可以处5000元以下的罚款；有违法所得的，没收违法所得；情节严重的，给予停止执业3个月以下的处罚。

## 七、值班律师

2014年出台的《关于在部分地区开展刑事速裁程序试点工作的办法》和2015年《关于完善法律援助制度的意见》，对值班律师制度作了初步规定。2017年，最高人民法院、最高人民检察院、公安部、国家安全部、司法部联合颁布了《关于开展法律援助值班律师工作的意见》，对值班律师制度进行了进一步的阐释。2018年，修改后的《刑事诉讼法》将值班律师正式予以确定，在第36条的规定，"法律援助机构可以在人民法院、看守所等场所派驻值班律师"。"人民法院、人民检察院、看守所应当告知犯罪嫌疑人、被告人有权约见值班律师，并为犯罪嫌疑人、被告人约见值班律师提供便利"。此次修改，在很大程度上将值班律师作为刑事速裁程序和认罪认罚从宽制度的配套措施，为犯罪嫌疑人提供初步的法律帮助，从而实现刑事辩护全覆盖。从存在意义来看，值班律师是推进以审判为中心的刑事诉讼制度改革和完善认罪认罚从宽制度的重要保障。①

1. 值班律师的职责。若犯罪嫌疑人、被告人没有委托辩护人，法律援助机构没有指派律师为其提供辩护的，由值班律师为犯罪嫌疑人、被告人提供法律咨询、程序选择建议、申请变更强制措施、对案件处理提出意见等法律帮助。

值班律师在认罪认罚案件中，还应当提供以下法律帮助：（1）向犯罪嫌疑人、被告人释明认罪认罚的性质和法律规定；（2）对人民检察院指控罪名、量刑建议、诉讼程序适用等事项提出意见；（3）在犯罪嫌疑人签署认罪认罚具结书时在场。

2. 值班律师提出意见的权利。根据《刑事诉讼法》第 173 条、第 174 条的规定，若犯罪嫌疑人认罪认罚的，值班律师可以就以下事项向人民检察院提出意见：（1）涉嫌的犯罪事实、罪名及适用的法律规定；（2）从轻、减轻或者免除处罚等从宽处罚的建议；（3）认罪认罚后案件审理适用的程序；（4）其他需要听取意见的事项。人民检察院应当提前为值班律师了解案件有关情况提供必要的便利。

3. 值班律师的工作保障。法律援助机构在看守所、人民检察院、人民法院等设立法律援助工作站的，看守所、人民检察院、人民法院应当为法律援助工作站提供必要的办公场所和设施。有条件的人民检察院、人民法院，可以设置认罪认罚等案件办理专门办公区域，为值班律师设立专门会见室。看守所、人民检察院、人民法院等机关办公地点临近的，法律援助机构可以设立联合法律援助工作站，派驻值班律师。

---

① 参见吴小军：《我国值班律师制度的功能及其展开》，载《法律适用》2017 年第 11 期。

# 下　编

# 律师业务规范与实践

# 第八章　刑事辩护律师

## 第一节　刑事辩护律师概述

### 一、刑事辩护律师的概念和种类

（一）刑事辩护律师的概念

刑事辩护是指犯罪嫌疑人、被告人及其辩护人针对控诉一方的指控而进行的论证犯罪嫌疑人、被告人无罪、罪轻、减轻或免除罪责的反驳和辩解，以保护犯罪嫌疑人、被告人合法权益的诉讼行为。刑事辩护活动是律师的主要业务之一，也是全面反映律师职业水平的一个重要舞台。根据法律规定，律师在刑事案件中可以接受公诉案件犯罪嫌疑人、被告人及其监护人、近亲属的委托，或接受自诉案件被告人及近亲属的委托，或者受法律援助机构的指派，担任辩护人。接受委托或者指派为犯罪嫌疑人、被告人辩护的律师，就是刑事辩护律师。

律师从事刑事辩护活动是基于犯罪嫌疑人、被告人享有的辩护权而展开的。辩护权是犯罪嫌疑人、被告人最基本、最核心的诉讼权利，它是刑事辩护制度得以产生、形成的基础。刑事辩护制度作为司法制度的一项重要内容，作为刑事诉讼制度的重要组成部分，源起西方社会，在古罗马时期就已产生。无罪推定是刑事辩护制度的重要理论基础，即犯罪嫌疑人、被告人在未经法律规定的程序判决有罪之前，被推定为无罪，而享有辩护权及其他诉讼权利，可以委托律师或其他辩护人参与刑事诉讼程序，通过充分行使辩护权，与公诉机关进行平等对抗，以维护其合法权益。在现代社会，犯罪嫌疑人、被告人有权获得辩护已成为许多国家宪法规定的权利，我国《宪法》第 130 条也明确规定："人民法院审理案件，除法律规定的特别情况外，一律公开进行。被告人有权获得辩护。"可以说，刑事辩护制度是现代国家法律制度的重要组成部分，该制度的健全与完善是一个国家刑事诉讼程序民主化与科学化的重要标志。我国 1979 年制定的《刑事诉讼法》及 1996 年、2012 年、2018 年对该法的三次修改，都对刑事辩护制度作出了较为全面、完善的规定，并且律师辩护制度也是三次法律修改的重要内容之一。从修订的内容看，律师辩护权也呈现出一个逐渐扩大的趋势。

(二)律师刑事辩护的种类

根据律师获得辩护权的来源不同,律师刑事辩护可以分为受委托辩护和受指派辩护。

1. 受委托辩护。受委托辩护就是律师接受犯罪嫌疑人、被告人及其监护人、近亲属的委托而参与到刑事辩护活动中。受委托辩护是律师刑事辩护的主要形式。

我国《刑事诉讼法》对有权委托律师的人员、委托辩护的时间等都进行了明确的规定。

(1)有权委托律师的人员。犯罪嫌疑人、被告人自己有权委托,犯罪嫌疑人、被告人在押期间要求委托辩护人的,人民法院、人民检察院和公安机关应当及时转达其要求。如果犯罪嫌疑人、被告人在押的,也可以由其监护人、近亲属代为委托辩护人。根据《刑事诉讼法》第108条第6项的规定,"近亲属"是指夫、妻、父、母、子、女、同胞兄弟姊妹。上述人员之外的其他人,如犯罪嫌疑人的其他亲属、朋友,则没有权利委托辩护律师。在司法实践中,绝大部分犯罪嫌疑人、被告人在案发前对刑事律师缺乏了解,所以,很多情况下都是由犯罪嫌疑人、被告人的亲属委托律师。

(2)委托辩护的时间。2018年10月26日起实施的《刑事诉讼法》第34条第1款规定,犯罪嫌疑人自被侦查机关第一次讯问或者采取强制措施之日起,有权委托辩护人;被告人有权随时委托辩护人。根据这一规定,在侦查阶段,犯罪嫌疑人及其监护人、近亲属就有权委托律师以辩护人的身份进行刑事辩护活动。《刑事诉讼法》也明确了受委托的律师在侦查阶段的身份是辩护人。需要注意的是,在侦查阶段只能委托律师作为辩护人,近亲属委托辩护人的,近亲属还需要提交与犯罪嫌疑人、被告人之间的亲属关系证明,如户口本、结婚证等。

(3)委托手续的办理。犯罪嫌疑人、被告人及其监护人、近亲属委托律师,应当依法办理委托手续。委托手续包括签订委托协议和授权委托书。委托协议由委托人与律师所在的律师事务所签署,协议中对双方的权利义务、律师费的收取等问题会进行明确的约定。授权委托书是由委托人签署、明确律师权限的法律文书。由于法律对辩护律师的权利有明确的规定,另外,在司法实践中,授权委托书的格式均由当地司法行政部门或者律师协会事先制定统一的格式,所以,授权委托书中一般不写明受托律师的具体权限。

根据我国《刑事诉讼法》第34条的规定,辩护人接受犯罪嫌疑人、被告人委托后,应当及时告知办理案件的机关。

2. 受指派辩护。受指派辩护是指公安机关、人民检察院、人民法院通知法律援助机构指派律师为犯罪嫌疑人、被告人辩护的活动。受指派辩护实际上就是律师从事刑事法律援助。根据我国《刑事诉讼法》第35条的规定,指派辩护分为可以和应当两种情形。可以指派辩护的情形是:犯罪嫌疑人、被告人因经济困难或者其他原因没有委托辩护人的，本人及其近亲属可以向法律援助机构提出申请。对符合法律援助条件的，法律援助机构应当指派律师为其提供辩护。应当指定辩护的情形包括：犯罪嫌疑人、被告人是盲、聋、哑人，或者是尚未完全丧失辨认或者控制自己行为能力的精神病人，没有委托辩护人的；犯罪嫌疑人、被告人可能被判处无期徒刑、死刑，没有委托辩护人的；未成年犯罪嫌疑人、被告人没有委托辩护人的，人民法院、人民检察院、公安机关应当通知法律援助机构指派律师为其提供辩护。值得注意的是，指派辩护存在于整个诉讼阶段，而不仅仅是人民法院审判阶段。

受委托辩护和受指派辩护，除了受托权的来源不同外，律师在刑事诉讼中享有的权利、承担的义务和履行的职责没有区别。

## 二、律师刑事辩护的意义和作用

曾经在相当长的时间内，律师刑事辩护受到很多人的误解，被认为是替坏人说话，与司法机关作对。与此同时，也有相当数量的人持律师无用论的观点，认为刑事案件的结果是由公安司法机关抓人、人民法院判决，律师的辩护只是走走过场，发挥不了什么作用。即使在人们的法治观念逐步增强的 21 世纪，依然有人对律师刑事辩护保留着上述看法。但长期的司法实践充分证明，律师刑事辩护是一项意义、作用重大的工作，是推动司法公正、保障人权的重要力量。

### （一）律师刑事辩护制度对于发现案件事实，实现实体正义，防止冤假错案的发生发挥着积极的作用，具有重要的意义

辩护律师在刑事诉讼中与犯罪嫌疑人、被告人共同承担辩护职能。辩护律师能依据事实和法律，与承担控诉职能的控诉一方积极对抗，并针对指控提出证明犯罪嫌疑人、被告人无罪、罪轻或减轻、免除其刑事责任的材料和意见，促使办案机关更加全面、客观地处理案件。这一制度的设计目的，就在于与控诉方形成一种诉讼对抗关系，防止对犯罪的指控成为一种潜在的犯罪认定。我国前些年发生的佘祥林、赵作海、张辉张高平叔侄等冤案，在事后分析其发生原因时发现，当初司法机关不重视辩护律师的意见是重要的一个因素。

### （二）律师刑事辩护更有利于维护犯罪嫌疑人、被告人的合法权益

在刑事诉讼中，犯罪嫌疑人、被告人除了委托律师辩护外，还可以自行辩护和委托律师以外的其他人为自己辩护，如人民团体或者犯罪嫌疑人、被告人所在单位推荐的人、犯罪嫌疑人、被告人的监护人、亲友。但是，律师辩护的作用通常是自行辩护和其他人辩护无法取代的，应该说，律师辩护是整个刑事辩护制度的核心和支柱。在英美法系国家，为了更好地维护犯罪嫌疑人、被告人的权益，法律规定只有律师才能作为辩护人。我国没有这样严格限定辩护人身份，但《刑事诉讼法》第 34 条第 1 款也规定了，在侦查期间，只能委托律师作为辩护人。

### （三）律师刑事辩护有利于社会公众法治观念的养成，有利于发挥法治的宣传教育作用

律师开展刑事辩护在维护犯罪嫌疑人、被告人合法权益的同时，实际上也是一个宣传法治、进行法治教育的过程，有助于培养社会公众对法律的信仰，有助于刑事诉讼法确立的预防和减少犯罪的立法目的的实现，促进法律的正确实施和法治社会的形成。

## 三、辩护律师的诉讼地位

辩护律师在刑事诉讼中与犯罪嫌疑人、被告人共同承担辩护职能，这一诉讼职能独立于控诉职能和审判职能。辩护律师是犯罪嫌疑人、被告人合法权益的专门维护者，具有独立的诉讼地位，是独立的诉讼参与人，既不从属于犯罪嫌疑人、被告人，也不从属于人民检察院和人民法院。辩护律师根据自己对案件事实和法律适用的理解，依自己的意志依法进行独立辩护，独立履行职责，维护犯罪嫌疑人、被告人的合法权益。

辩护律师诉讼地位的理解主要包括两个方面：一是辩护律师与犯罪嫌疑人、被告人之间的关系；二是辩护律师与侦查、公诉和审判机关之间的关系。

### （一）辩护律师与犯罪嫌疑人、被告人之间的关系

辩护律师与犯罪嫌疑人、被告人之间的关系最容易被理解为辩护律师依附于犯罪嫌疑人、被告人而存在，没有独立的诉讼地位，是犯罪嫌疑人、被告人的代言人，受犯罪嫌疑人、被告人意志左右。产生这种认识的主要原因是，在受委托辩护的情况下，辩护律师的辩护权来源于犯罪嫌疑人、被告人的委托，并且在诉讼过程中，犯罪嫌疑人、被告人有权随时解除对律师的委托，有权随时拒绝律师为其辩护。但其实这种认识是不正确的，因为辩护律师辩护权的取得与辩护权的行使是两个不同的问题。律师介入刑事诉讼成为辩护人确实来自犯罪嫌疑人、被告人的委托或者公安司法机关的指派，如果没有委托或指派，辩护律师的身份就无法成立。律师一旦接受委托或指派成为辩护人之后，就依法享有了法律赋予的一系列辩护权，如会见权、申请回避权、阅卷权、调查取证权、质证权、辩论权等。辩护律师能独立行使这些权利，不需要经过犯罪嫌疑人、被告人的同意。另外，辩护律师享有的很多辩护权，如阅卷权、调查取证权，法律并没有赋予犯罪嫌疑人、被告人。这些都充分说明辩护律师有着独立的诉讼地位，享有独立的诉讼权利，不受犯罪嫌疑人、被告人意志的约束。当然，在刑事诉讼中，辩护律师行使某些诉讼权利要经过犯罪嫌疑人、被告人的同意，如上诉权。这种由犯罪嫌疑人、被告人享有并授予辩护人行使的权利，有人称之为“传来权”。这种传来权的存在并不能否定辩护律师独立诉讼地位的存在。因为传来权不是律师辩护权的主体，律师也可以拒绝行使这些权利。

总体分析来看，辩护律师在刑事诉讼程序中享有的诉讼权利来自法律的赋

予，而不是犯罪嫌疑人、被告人的授权。现行的刑事委托书和民事委托书在内容方面的区别也反映了两类案件中律师权利来源的不同，前者并没有写明委托律师行使哪些诉讼权利，法律也没有要求委托书中必须要写明委托的权限；后者则明确、具体地写明了受托律师的权限，这也是《民事诉讼法》的规定。辩护律师参与刑事诉讼，主要是利用自己的专业法律知识和对案件事实的整体进行分析判断，独立地向司法机关提出有利于犯罪嫌疑人、被告人的材料和意见，以维护他们的合法权益。所以，从本质上讲，辩护律师的诉讼地位是独立的。

辩护律师诉讼地位的独立性意味着其可以发表与犯罪嫌疑人、被告人不同的辩护意见，在司法实践中，这种情况也时常发生。对于同一犯罪嫌疑人、被告人委托的两个辩护律师能否各自发表不同甚至相互对立的辩护意见，如罪轻意见和无罪意见，存在不同看法。应该说，辩护律师诉讼地位的独立性体现在其不仅独立于犯罪嫌疑人、被告人，也独立于其他辩护人。所以，两个辩护律师发表不同辩护意见是合法的，在有些案件中，这种做法可能更有利于全面向法院展示辩护观点，引起法官的重视。至于在司法实践中，某些法院要求同一被告人的两个辩护律师统一辩护意见的做法则于法无据。

辩护律师的诉讼地位虽然独立，但并不是说律师的辩护观点与犯罪嫌疑人、被告人的意见相冲突，不同律师之间的辩护意见相左的这两种现象就很值得鼓励。在通常情况下，辩护律师还是应当尽量与犯罪嫌疑人、被告人就案件的证据、事实和法律适用进行充分沟通，争取形成一致的辩护意见，这样可能更有说服力，从而取得更好的辩护效果。同一犯罪嫌疑人、被告人的两个律师之间也最好如此。

（二）辩护律师与司法机关之间的关系

实践中，公安机关是承担侦查犯罪的主体，检察院是承担控诉职能的诉讼主体，法院是裁判机关，从理论上讲是具有中立地位的诉讼主体。所以，辩护律师与公安、检察院的关系应该与辩护律师与法院的关系有所区别。

1. 辩护律师与公安、检察院的关系。辩护律师承担的诉讼职能是辩护，公安承担的是侦查职能，检察院承担的是控诉职能，双方在诉讼职能方面是处于对立的关系。但双方的诉讼地位应当是平等的，依法履行各自的诉讼职能，辩护律师既不受侦查机关、公诉机关意见的左右，也不能成为“第二控诉人”。辩护律师与公安、检察院虽然存在对立的关系，但双方之间也承担有共同的使命，即确保案件得到公正的处理，防止冤假错案的发生，共同维护司法权威。双方不能因为诉讼职能的对立而导致诉讼地位的对立，尤其是公安、检察院要充分认识到辩护律师的存在能帮助其客观、全面地收集案件的证据，对案件事实作出客观、正确的处理，降低冤假错案发生的可能性。所以，公安、检察院应将律师作为法律职业共同体的一支重要力量，自觉尊重辩护律师的辩护权利，保障其依法得到实现。当然，辩护律师与公安、检察院之间处理相互关系的最根本原则和最有效的方法就是双方都坚持“以事实为根据，以法律为准绳”的原则，都在法律的范围内履行各自的诉讼职能，进行各自的诉讼行为，这样才能出现良性的互动。作为辩护律师，其最终的诉讼目标是维护犯罪嫌疑人、被告人的合法权益，自己的辩护意见能被控诉机关所采纳应是追求的诉讼效果之一。所以，在司法实践中，辩护律师应主动加强与公安、检察院就案件事实、法律适用等方面的问题依法进行沟通。

2. 辩护律师与法院之间的关系。法院在刑事诉讼中不承担控诉职能，处于居中裁判的中立地位，在诉讼职能方面与辩护律师不存在对立的问题。辩护律师与法院在刑事诉讼中，双方的诉讼地位平等，辩护律师有权独立提出辩护意见，不受法官意志的约束。从理论上讲，辩护律师与公安、检察院有可能因诉讼职能的对立而造成关系紧张，律师与法院之间应该不存在这种现象。但在司法实践中，律师不与公诉人对抗，反而同主持庭审的法官进行对抗，甚至演变成了“对手”的奇怪现象也时有发生，对此应引起法官和律师的重视和反思。当然，现在越来越多的法官认识到，就确保所有刑事案件审判的公正性、合理性、裁判可接受性而言，辩护律师都是法庭最可信赖和应当依靠的力量；律师是法律职业共同体的重要一员，是人民法院的同盟军，是实现公正审判、有效防范冤假错案的无可替代的重要力量。① 所以，法院应当重视保障律师辩护权的行使，充分发挥律师在刑事诉讼中的重要作用，恪守司法中立的原则和公正的立场。辩护律师也要理性、合法地行使辩护权，尽量避免“死磕”法官现象的出现。

## 第二节　刑事辩护律师权利

根据《刑事诉讼法》和《律师法》的规定，辩护律师的诉讼权利主要有：

### 一、独立辩护权

辩护律师是有独立诉讼地位的诉讼参与人，有权根据事实和法律，独立进行辩护。辩护律师根据自己对事实的认定和对法律的理解，独立进行辩护，其他任何机关，包括人民检察院和人民法院，或司法行政部门、个人，都无权干涉。

### 二、会见通信权

会见通信权是辩护律师在整个诉讼过程中都享有的权利。会见通信权的行使对于辩护律师了解案情，与犯罪嫌疑人、被告人充分沟通和及时掌握有关信息等都十分重要。我国目前大部分刑事案件的犯罪嫌疑人、被告人在诉讼过程中都被适用拘留、逮捕的强制措施，人身自由被剥夺，在被羁押期间，其亲友均无法会见，其与亲属的通信权实际也受到很大限制，如很多看守所规定每个月亲属只能

---

① 沈德咏：《我们应当如何防范冤假错案》，载《人民法院报》2013 年 5 月 6 日。

与被羁押的人通信一次。可以说，在整个被羁押期间，只有辩护律师能依法与犯罪嫌疑人、被告人进行经常性的会见和通信。在早期的侦查阶段，犯罪嫌疑人从自由之身突然进入被羁押的状态，对刑事法律也基本上是一无所知，所以，此时的律师会见对于犯罪嫌疑人缓解紧张情绪、了解法律规定、维护自身的合法权益等尤为重要。

2018年修订的《刑事诉讼法》完善了律师会见权，尤其是律师持“三证”（律师的执业证书、律师事务所证明和委托书）会见和会见时不受监听的规定，对于解决长期存在的会见难问题起到了积极作用，尤其是侦查阶段的会见得到了很大的改善。

### （一）律师会见的法律手续

我国《刑事诉讼法》第39条规定，辩护律师可以同在押的犯罪嫌疑人、被告人会见和通信。律师如何行使会见权，不同的案件有所区别。对于危害国家安全的犯罪、恐怖活动犯罪，在侦查期间辩护律师会见在押的犯罪嫌疑人，应当经侦查机关许可。上述案件，侦查机关应当事先通知看守所。对于上述案件以外的其他案件，辩护律师持律师执业证书、律师事务所证明和委托书或者法律援助公函要求会见在押的犯罪嫌疑人、被告人的，看守所应当及时安排会见，保证辩护律师在48小时以内见到在押的犯罪嫌疑人、被告人。

### （二）律师会见不受监听

《刑事诉讼法》第39条规定，辩护律师会见犯罪嫌疑人、被告人时不被监听。这就意味着，律师会见时，办案机关不能派人在场陪同，也不能通过技术设施监听律师。这一权利有利于消除会见双方的紧张情绪和思想顾虑，有利于双方就案情进行充分沟通。

### （三）律师会见时可以进行的活动

辩护律师会见在押或者被监视居住的犯罪嫌疑人、被告人，可以了解案件有关情况、提供法律咨询等；自案件移送审查起诉之日起，可以向犯罪嫌疑人、被告人核实有关证据。

律师会见时能否使用电脑、摄录设备行使录音、录像和拍照权，我国《刑事诉讼法》及司法解释、行政规章等都无明确规定。在司法实践中，各地做法不一。

### （四）通信权

根据《刑事诉讼法》的规定，辩护律师从侦查阶段开始就享有通信权。这就意味着律师有权与在押或者被监视居住的犯罪嫌疑人、被告人通过书信等方式进行通信。但律师的通信权如何行使，写给犯罪嫌疑人、被告人的书信是否要经过办案机关或者看守所的审查，我国《刑事诉讼法》及司法解释、《公安机关办理刑事案件程序规定》等都没有明确规定。在司法实践中，律师一般均通过会见权的行使来与犯罪嫌疑人、被告人进行沟通，通信权很少行使。

## 三、阅卷权

根据《刑事诉讼法》及司法解释的规定，辩护律师自人民检察院对案件审查起诉之日起，可以查阅、摘抄、复制本案的案卷材料。由此可见，律师在侦查阶段没有阅卷权。案卷材料包括案件的诉讼文书和全部的证据材料，但合议庭、审判委员会的讨论记录以及其他依法不公开的材料不得查阅、摘抄、复制。查阅、摘抄、复制案卷材料，涉及国家秘密、商业秘密、个人隐私的，应当保密，对不公开审理案件的信息、材料，或者在办案过程中获悉的案件重要信息、证据材料，不得违反规定泄露，不得违反规定泄露、披露，不得用于办案以外的用途，人民法院可以要求相关人员出具承诺书。审讯录像、光盘的内容能反映办案机关的审讯是否合法，理应是案卷材料的一部分，应当允许律师查阅、复制，但在司法实践中，很多地方不允许律师复制审讯录像、光盘，律师只能在审判阶段的庭前会议或者法庭上申请法院播放，这种做法是不合法的。律师复制案卷材料可以采用复印、拍照、扫描等方式。随着科技的发展，办案机关在审讯时越来越多地采用电脑录入、打印笔录，对于其他的案卷材料也多采用扫描等方式形成电子文档，有些办案机关为了方便律师阅卷，直接向律师提供电子案卷，这是值得肯定的做法。

## 四、调查取证权

辩护律师的调查取证权包括三个方面的内容：

### （一）自行调查取证权

根据《刑事诉讼法》第43条及最高人民法院《关于适用〈中华人民共和国刑事诉讼法〉的解释》第58条、第59条的规定，辩护律师经证人或者其他有关单位和个人同意，可以向他们收集与本案有关的材料。辩护律师经人民检察院或者人民法院许可，并且经被害人或者其近亲属提供的证人同意，可以向他们收集与本案有关的材料。辩护律师向证人或者有关单位、个人收集、调取与本案有关的证据材料，因证人或者有关单位、个人不同意、申请人民法院收集、调取或者申请通知证人出庭作证的，人民法院认为确有必要的，应当同意。

### （二）申请调查取证的权利

根据《刑事诉讼法》第41条、第43条及司法解释的规定，在审查起诉阶段和法院审判阶段，辩护律师有权申请人民检察院、人民法院调取证明犯罪嫌疑人、被告人无罪或者罪轻的证据材料，或者申请人民法院通知证人出庭作证。对于辩护律师人民法院收集、调取证据。人民法院接受申请后，应当向人民检察院调取。人民检察院移送相关证据材料后，人民法院应当及时通知辩护人。

辩护人认为在调查侦查、审查起诉期间监察机关、公安机关、人民检察院收集的证明犯罪嫌疑人、被告人无罪或者罪轻的证据材料未随案移送的，有权申请人民检察院、人民法院调取，但应当以书面形式提出，并提供相关线索或者材料，人民法院接受申请后，应当向人民检察院调取，人民检察院移送相关证据材料后，人民法院应当及时通知辩护人。

（三）辩护律师就收集到的特定类型的无罪证据，负有及时告知控方的义务

根据《刑事诉讼法》第 42 条的规定，辩护人收集的有关犯罪嫌疑人不在犯罪现场、未达到刑事责任年龄、属于依法不负刑事责任的精神病人的证据，应当及时告知公安机关、人民检察院。

## 五、申请回避权

《刑事诉讼法》第 32 条第 2 款规定，辩护人诉讼代理人可以依照法律规定要求回避、申请复议。辩护律师的申请回避权是独立享有的，可以独立行使，不需要事先经过犯罪嫌疑人、被告人的同意或者授权，在犯罪嫌疑人、被告人不申请回避时，辩护律师可以单独提出。

## 六、提出辩护意见权

提出辩护意见权是指律师有权在侦查阶段和审查起诉阶段就案件事实的认定和法律适用向办案机关提出自己的法律意见，人民法院审理阶段律师辩护权的行使将在后文分析。

（一）侦查阶段律师的提出辩护意见权

1. 人民检察院审查批准逮捕阶段的提出辩护意见权。《刑事诉讼法》第 88 条第 2 款规定，人民检察院审查批准逮捕，可以询问证人等诉讼参与人，听取辩护律师的意见；辩护律师提出要求的，应当听取辩护律师的意见。对于未成年人刑事案件，人民检察院审查批准逮捕和人民法院决定逮捕，应当讯问未成年犯罪嫌疑人、被告人，听取辩护律师的意见。

2. 在整个侦查过程中，律师有权随时提出辩护意见。除了审查批准逮捕阶段，《刑事诉讼法》第 161 条规定，在案件侦查终结前，辩护律师提出要求的，侦查机关应当听取辩护律师的意见，并记录在案。辩护律师提出书面意见的，应当附卷。这表明，在整个侦查阶段，辩护律师都享有提出辩护意见权。

（二）审查起诉阶段的提出辩护意见权

《刑事诉讼法》第 173 条规定："人民检察院审查案件，应当讯问犯罪嫌疑人，听取辩护人或者值班律师、被害人及其诉讼代理人的意见，并记录在案。辩护人或者值班律师、被害人及其诉讼代理人提出书面意见的，应当附卷。"

2018 年修订后的《刑事诉讼法》关于律师辩护权的扩大和非法证据排除制度，为律师在审查起诉阶段发表更有质量的法律意见提供了基础。在律师辩护权扩大方面，《刑事诉讼法》修订后最重要的变化是扩大了律师在审查起诉阶段的阅卷权，辩护律师自人民检察院对案件审查起诉之日起，可以查阅、摘抄、复制

本案的案卷材料。这就意味着律师在审查起诉阶段可以查阅全部案卷材料，这显然有利于律师全面了解案件证据和事实，为制作高质量的法律意见提供了事实基础。另外，律师的取证权在新《刑事诉讼法》中也有扩大，《刑事诉讼法》还明确规定了非法证据排除规则。根据该法第 96 条、第 97 条、第 98 条的规定，辩护人申请人民法院排除以非法方法收集的证据的，应该提供涉嫌非法取证的人员、时间、地点、方式、内容等相关线索或者材料。人民法院向被告人及其辩护人送达起诉书副本时，应当告知其申请排除非法证据的，应当在开庭审理前提出，但在庭审期间才发现相关线索或者材料的除外。

## 七、被告知诉讼程序进展的权利

辩护律师很多权利行使的前提是知道案件的诉讼进展情况，在 2012 年《刑事诉讼法》修订前，由于法律没有规定办案机关的告知义务，所以，要想掌握案件是否侦查终结、是否移送起诉，律师只有自己对照法律的规定，计算大概的日期，然后经常与办案机关和犯罪嫌疑人保持联系，从而了解案件所处的诉讼阶段。修订后的《刑事诉讼法》为了改变此种状况，保障辩护律师诉讼权利的行使，规定了办案机关有义务将诉讼程序进展情况告知律师。

根据《刑事诉讼法》及司法解释的规定，辩护律师的被告知诉讼程序进展的权利主要有：人民检察院自侦案件的侦查部门报请审查逮捕时，应当同时将报请情况告知犯罪嫌疑人及其辩护律师；人民检察院自侦案件侦查终结移送审查起诉时，人民检察院应当同时将案件移送情况告知犯罪嫌疑人及其辩护律师；公安机关侦查的案件，在侦查终结时应当将案件移送情况告知犯罪嫌疑人及其辩护律师。

## 八、参加庭前会议、出席法庭参加法庭调查、法律辩论的权利

1. 接收起诉书副本的权利。人民法院决定开庭审判后，应当将人民检察院的起诉书副本至迟在开庭 10 日以前送达辩护律师。

2. 参加庭前会议的权利。在开庭以前，审判人员可以召集公诉人、当事人和辩护人、诉讼代理人，对回避、出庭证人名单、非法证据排除等与审判相关的问题，了解情况，听取意见。

3. 被通知开庭的权利。人民法院确定开庭日期后，应当将开庭的时间、地点至少提前 3 天通知辩护人。

4. 参加法庭调查的权利。

（1）申请证人出庭作证的权利。辩护律师对证人证言有异议，且该证人证言对案件定罪量刑有重大影响，人民法院认为证人有必要出庭作证的，证人应当出庭作证。

（2）申请鉴定人作证的权利。辩护律师对鉴定意见有异议，人民法院认为鉴

定人有必要出庭的，鉴定人应当出庭作证。经人民法院通知，鉴定人拒不出庭作证的，鉴定意见不得作为定案的根据。

（3）向证人、鉴定人发问权。辩护律师经审判长许可，可以对证人、鉴定人发问。

（4）质证权。对法庭上出示的物证、书证、勘验检查笔录等所有证据，有权发表质证意见。

（5）在法庭审理过程中，辩护律师有权申请通知新的证人到庭，调取新的物证，申请重新鉴定或者勘验。

（6）辩护律师可以申请法庭通知有专门知识的人出庭，就鉴定人作出的鉴定意见提出意见。

（7）经审判长许可，辩护律师可以对案件情况发表意见并且可同公诉人员互相辩论。

## 九、经被告人同意，提出上诉的权利

《刑事诉讼法》第 227 条规定，被告人的辩护人，经被告人同意，可以提出上诉。即辩护人经被告人同意，有权对第一审尚未发生法律效力的判决或裁定提出上诉。辩护律师没有独立的上诉权，在被告人同意的情况下，也不能以自己的名义上诉，上诉人仍然是一审被告人。

## 十、拒绝辩护权

根据《刑事诉讼法》和《律师法》的规定，拒绝辩护的情形有两种：一种是犯罪嫌疑人、被告人拒绝辩护人继续辩护；另一种是指辩护人具有法定理由不再为犯罪嫌疑人、被告人辩护的行为。《律师法》第 32 条规定，律师接受委托后，无正当理由的，不得拒绝辩护或者代理。但委托事项违法，委托人利用律师提供的服务从事违法活动或者委托人故意隐瞒事实的，律师有权拒绝辩护。在司法实践中，辩护律师应当慎重使用拒绝辩护权，对于委托人提出的违法要求等，尽量在事实和法律等层面做好说服工作。

## 十一、辩护律师的其他诉讼权利

1. 要求司法机关依法解除强制措施权。对于人民法院、人民检察院和公安机关采取强制措施超过法定期限的，辩护人有权要求解除强制措施。《刑事诉讼法》第 99 条规定，犯罪嫌疑人、被告人及其法定代理人、近亲属或者辩护人对于人民法院、人民检察院或者公安机关采取强制措施法定期限届满的，有权要求解除强制措施。

2. 在执业活动中的合法权益不受侵犯。辩护律师对公安司法机关侵犯其公民权利、诉讼权利的行为，有权提出控告。

3. 辩护律师有权获得人民检察院的起诉书和抗诉书副本、不起诉决定书；人民法院的判决书、裁定书副本。《刑事诉讼法》没有规定辩护律师获得死刑复核法律文书的权利，这应当是立法需要改进的地方。

## 第三节 刑事辩护律师的义务和责任

### 一、辩护律师的义务

根据《刑事诉讼法》、《律师法》及司法解释的规定，辩护律师在刑事诉讼中主要有以下义务：

1. 辩护律师有义务根据事实和法律，提出证明犯罪嫌疑人、被告人无罪、罪轻或者减轻、免除其刑事责任的材料和意见，依法维护犯罪嫌疑人、被告人的合法权益。律师接受委托或者指派后，应当在法律允许的范围内，充分运用自己的知识和能力，为犯罪嫌疑人、被告人争取最好的结果。

2. 辩护律师不得帮助犯罪嫌疑人、被告人串供、隐匿、毁灭、伪造证据，不得威胁、引诱证人改变证言或者作伪证及进行其他干扰司法机关诉讼活动的行为。否则，应当依法追究法律责任。《刑法》第306条规定，在刑事诉讼中，辩护人、诉讼代理人毁灭、伪造证据，帮助当事人毁灭、伪造证据，威胁、引诱证人违背事实改变证言或者作伪证的，处3年以下有期徒刑或者拘役；情节严重的，处3年以上7年以下有期徒刑。虽然此条规定饱受争议，极少数公安司法机关也利用此罪名故意侵犯辩护律师的合法执业活动，但在此条规定仍然存在的情况下，辩护律师必须要在执业活动中高度重视，在会见、调查取证等环节上切实履行上述义务，并采取一定的措施来保护自己。

3. 不得违反规定会见侦查人员、检察官和法官；不得向公安机关人民警察、检察官、法官以及其他有关工作人员请客送礼或者行贿，或者指使、诱导当事人行贿。

4. 会见在押犯罪嫌疑人、被告人时，应当遵守看管场所的规定；参加法庭审判时要遵守法庭规则和法律规定的诉讼程序，尊重法庭组成人员和公诉人，不得违法影响诉讼活动的正常进行。

5. 不得私自接受委托，私自向委托人收取费用，收受委托人的财物，也不得利用提供法律服务的便利接受对方当事人的财物。

6. 保密义务。辩护律师对于辩护活动中知悉的国家秘密、商业秘密和个人隐私都应当予以保密，不得对外泄露。对于审判的时候不满18周岁的未成年人犯罪案件，刑事诉讼法规定是不公开审理。对于这类案件，辩护律师更应注意遵守保密义务。在司法实践中，有些律师出于扩大知名度、引起社会关注等原因，违反保密义务，泄露个人隐私，这种行为应当受到处罚和道德谴责。

### 二、辩护律师的责任

根据《刑事诉讼法》第 37 条和《律师法》第 31 条的规定，辩护人的责任是根据事实和法律，提出犯罪嫌疑人、被告人无罪、罪轻或者减轻、免除其刑事责任的材料和意见，维护犯罪嫌疑人、被告人的诉讼权利和其他合法权益。由此可见，辩护律师的责任具体包括以下几个方面：

1. 辩护律师应当根据事实和法律维护犯罪嫌疑人、被告人的合法权益。根据事实实事求是地提出犯罪嫌疑人、被告人无罪、罪轻或者减轻、免除刑事责任的材料和意见，必须以事实为根据，而不是猜想、推测，更不能凭空捏造。根据法律就是在事实证据的基础上，以法律作为辩护的准则和依据，无论是无罪、有罪、罪轻、罪重，都要以法律规定为依据。

2. 辩护律师为了维护犯罪嫌疑人、被告人的合法权益，应当提出犯罪嫌疑人、被告人无罪、罪轻或者减轻、免除其刑事责任的材料和意见。这是辩护律师应当进行的主要工作，也是辩护律师维护犯罪嫌疑人、被告人合法权益唯一正确的途径。需要注意的是，辩护律师不仅要重视收集、提交刑事实体法律问题方面的材料和意见，同时还要重视反映办案机关诉讼程序违法的材料和意见，以便进行非法证据排除等程序性辩护。

3. 依法只维护犯罪嫌疑人、被告人的合法权益。辩护人在刑事诉讼中只维护犯罪嫌疑人、被告人的合法权益，并不是维护犯罪嫌疑人、被告人的所有利益，更不是维护依法应予以限制或剥夺的权益。

4. 辩护人只有辩护的职责，没有控诉的义务，不承担控诉职能。《刑事诉讼法》第 48 条规定，辩护律师对在执业活动中知悉的委托人的有关情况和信息，有权予以保密。但是，辩护律师在执业活动中知悉委托人或者其他人准备或者正在实施危害国家安全、公共安全以及严重危害他人人身安全的犯罪的，应当及时告知司法机关。我国《刑事诉讼法》的这一规定也是世界各民主法制健全国家的立法通例，也充分揭示了辩护人制度的实质，即辩护人的首要职责是辩护而不是控诉的观点。辩护律师的保守秘密权虽然会放纵某些犯罪行为，但从辩护制度乃至刑事诉讼制度整体出发，这一权利的存在确实十分重要，可以说是辩护制度得以存在的基石之一。另外，需要指出的是，辩护律师的保密权不仅存在于享有辩护权期间，对于委托关系解除后，辩护律师同样有保密权，否则《刑事诉讼法》的上述规定就会形同虚设。

## 第四节　刑事辩护律师的经验与技巧

一名优秀的辩护律师除了要具备全面、扎实的法学知识，尤其是刑事方面的法学知识，还需要在长期的执业过程中积累一定的辩护经验和技巧。

## 一、重视处理好与当事人及其亲属的关系

处理好与当事人及其亲属的关系，对于律师顺利地受到委托、完成全部的辩护活动十分重要。但是，这种关系的正确处理及如何尽快建立相互信任和融洽的关系，确实不是一件容易的事。

从司法实践来看，律师与当事人及其亲属之间的关系及其处理主要涉及以下问题：

（一）如何处理双方对案件及刑事诉讼活动认识的分歧

当事人及其亲属对刑事诉讼的基本知识、特点及司法实践等通常都缺乏应有的认知，经常会根据自己的生活经验和对其他案件零碎的了解，形成自己对案件和刑事司法实践的看法，这些看法与律师的判断常常会发生冲突。司法实践中最常见的是，一些当事人及其亲属都认为刑事案件的结果主要取决于社会关系、领导的关注和介入，法律只是陪衬，辩护只是走过场。律师也很难说这种认识完全错误，我国当前不健全的法治环境和司法腐败案例为这种认识的存在提供了很重要的土壤和现实基础，甚至律师中都曾流传“大案讲政治，中案讲影响，小案讲法律”的说法。如何运用自己的知识和执业经验去影响、说服当事人及其亲属，让他们对刑事诉讼及辩护工作逐渐树立起相对客观、正确的认识是一件相当复杂的事情。

比较妥当地处理这方面的不同认识，两个方法值得注意：一是换位思考，理解但不迎合；二是逐渐影响、引导当事人及其亲属对刑事诉讼及辩护的看法。律师要尽量掌握主动权，最好通过自己的执业活动来影响对方对刑事辩护的看法，让其逐渐认识到刑事诉讼的最主要原则还是“以事实为根据、以法律为准绳”。当然，这需要律师具备相当的职业能力和敬业态度，如果律师对当事人及其亲属都不能产生积极、有效的影响，那么其说服能力确实需要进一步加强。

（二）如何处理双方对律师辩护活动过程预期的分歧

当事人及其亲属委托律师后，对律师的辩护活动如会见、调查取证、与司法机关沟通等通常都抱有很高的要求，甚至希望律师的工作完全以自己的案件为中心，希望律师无所不能。律师对当事人提出的这些要求和希望，在理解的同时也要有所拒绝，尤其是要坚持法律的底线。对不合理或者过分的要求，律师在早期的接触过程中，就要对自己辩护活动的主要内容向当事人及其亲属充分说明；同时要尽量做好解释工作，对当事人及其亲属的心情要充分理解。

（三）如何处理双方对案件结果预期的分歧

双方都希望案件能取得对犯罪嫌疑人、被告人最有利的结果，但对于什么是最有利的结果，双方的认知通常会不一致。当事人及其亲属由于其在诉讼中所处的地位、对案件事实和法律知识等缺乏全面、客观的认知等原因，通常对案件结果和律师辩护的作用期望过高，向律师提出一些缺乏现实可能性的要求。律师对这些问题和要求的提出应当理解，但应该就案件的事实和法律对当事人及其亲属

进行客观的分析，切忌为了迎合当事人，使当事人委托自己，收取高额的律师费，从而夸大自己的能力，宣传甚至虚构自己的社会关系，向当事人承诺一定会实现某种诉讼结果。有极少数律师，在还没有进行会见、阅卷等工作，对案件事实还缺乏基本了解的情况下，就向当事人及其亲属承诺案件的结果，甚至承诺“包赢官司”，这种做法不仅欺骗了对方，而且最终也会使自己陷入极其不利的境地，这是一种违反律师职业规范和道德的违法行为。

## 二、重视行使好辩护律师的三大核心权利：会见权、阅卷权和调查取证权

### （一）会见权的行使

会见是一项十分重要的工作，也能充分反映律师的执业水平和综合素养。如何行使会见权，以下几方面值得注意：

1. 明确会见的主要任务。会见的任务绝不是陪犯罪嫌疑人、被告人聊天，充当当事人与其亲属之间沟通桥梁那样简单。会见更重要的任务是：

（1）让犯罪嫌疑人、被告人充分了解、掌握必要的法律知识和保护自己合法权益的必要方法。在司法实践中，少数司法办案机关尤其是侦查机关为了早日完成侦破任务、实现控诉目的，利用侦查对象法律知识的欠缺，采取逼供、骗供、诱供等手段获取口供等证据，甚至不惜在犯罪嫌疑人供述笔录形成的过程中做手脚。最常见的是不如实记录、不记录对犯罪嫌疑人有利的辩解、故意添加对犯罪嫌疑人不利的内容、故意曲解犯罪嫌疑人的供述等，然后以时间紧张、办案机关不会故意陷害、记录的都是原话、口供不重要等理由，不让犯罪嫌疑人有充分的时间去阅读自己的笔录，从而限制或者变相剥夺犯罪嫌疑人阅读、修改、补充笔录的权利。我国《刑事诉讼法》虽然规定，重物证、书证，不轻信口供，所有证据要在庭审时经过质证才能作为定案根据等，但从现行司法实践来看，我国的庭审实际上主要还是以侦查卷宗为中心，侦查阶段形成的卷宗对于整个刑事案件的最终结果会产生极其重要的影响。如果犯罪嫌疑人在自己供述笔录形成的时候，不注意行使阅读、修改、补充的权利，使办案机关的违法行为得逞，再在后面的诉讼过程中主张笔录内容错误，办案机关没有如实、客观记录，除非有充分的证据能证明笔录内容虚假或者办案机关侦查行为违法，否则一般得到支持的可能性很小。因为，笔录的最后都会有犯罪嫌疑人亲笔书写的“以上内容我看过，与我所说的一致”，这就表明笔录内容经过了犯罪嫌疑人自己的阅读、核对，在法庭上再抗辩说自己当时签笔录时侦查人员没让看，在犯罪嫌疑人提供不了证据的情况下，法官采信的可能性很小。类似这种现象，律师在刑事辩护中经常会遇到，对司法实践的实际运行状况也有充分了解，但犯罪嫌疑人、被告人往往对此知之甚少。所以，律师在会见中一定要将法律的相关规定、司法实践的运行情况、当事人的诉讼权利及行使等问题充分、深入地向会见对象讲解清楚，以维护其合法权益。

（2）尽可能全面地通过会见了解案件的有关事实，发现调查取证的线索，向犯

罪嫌疑人、被告人提供有针对性的咨询和建议。在侦查阶段，律师无法查阅案卷，律师虽然有权从侦查机关处了解犯罪嫌疑人涉嫌的罪名和案件的有关情况，但侦查人员一般只告诉罪名，对案件事实的告知也极其简单。此阶段，律师要想比较全面地了解案情，只有通过会见才能实现。会见中，律师要明确告知犯罪嫌疑人辩护律师的职责、权利，与其尽快建立信任关系，要尽可能让犯罪嫌疑人详细、全面地陈述案情，从中发现进一步调查取证的线索。同时，律师根据了解的案情，结合法律规定，向犯罪嫌疑人讲解、分析，提供有利于保护其合法权益的咨询建议。

（3）及时发现办案机关可能违法办案、侵犯犯罪嫌疑人、被告人合法权益的行为。律师在会见中，要注意观察、询问会见对象的身体状况、办案机关、羁押场所的人员是否有刑讯逼供、诱供、骗供、虐待等行为。如果发现这方面的线索，律师一定要及时向看守所的民警、驻所检察人员等反映、控告，并注意保留相关证据。

（4）增强被告人出庭应诉的能力和技巧。被告人通常对庭审的程序、公诉方的诉讼策略等都缺乏基本的了解，庭审的过程及结果对其又相当重要，所以庭审时一般都比较紧张。律师通过会见，让被告人基本了解、掌握庭审的基本程序、被告人所享有的诉讼权利，分析公诉人可能会讯问哪些问题、出示哪些证据、公诉人常用的讯问技巧和诉讼策略等，这样被告人在心理上会有所准备，可以有效克服紧张情绪。

2. 对重大、复杂案件的重要会见，最好找另一律师或者律师助理陪同会见，做好完整的会见笔录。根据《刑事诉讼法》的规定，律师可以单独一个人会见。通常情况下，律师一个人能有效地完成会见工作。对于某些重大复杂案件，如社会关注度高，案情复杂，犯罪嫌疑人或被告人供述多次反复、可能无罪等，律师虽然不必每次都是两人会见，但对准备向会见对象全面了解案情、核实证据、沟通辩护意见等这些重要环节的会见，最好两人共同会见，并对会见过程及内容做好会见笔录，让会见对象签字。这样做的主要目的是防止被指控指使、引诱会见对象作伪证等执业风险的发生。另一名律师或者律师助理的陪同会见，相当于辩护律师的会见行为有了第三者的见证，必要时可以作为证明会见是否存在违法行为的证据。当然，如果羁押场所允许律师会见时使用录音、录像设备，对于重大案件的重要会见，律师可以用这些设备对会见进行全程记录，必要时可以作为重要的证据使用。

3. 对办案机关故意违法妨碍会见的行为要据法力争。会见难曾是长期困扰刑事辩护律师正常执业的一个重要问题，2012 年《刑事诉讼法》修改后，会见难的问题在一定程度上得到了解决，特别是对于普通刑事案件，律师持法律规定的“三证”（律师证、介绍信和委托书）一般都能顺利地会见。但对于某些有重大社会影响的案件，律师会见尤其是侦查阶段的会见仍存在较大困难。对此，律师不能被动接受，要从维护犯罪嫌疑人合法权益的角度出发，与办案机关据法力争，但也不能有过激行为，要始终在法律的范围内行使会见权，否则可能会招致执业风险。

（二）阅卷权的行使

律师在行使阅卷权时，要注意以下几个方面的问题：

1. 尽可能复制全部案卷材料。根据《刑事诉讼法》的规定，在审查起诉阶段，律师就可以查阅、复制全部卷宗。有些律师为了节省在检察院、法院的阅卷时间，只根据自己对起诉意见书、起诉书内容的理解，复制部分卷宗。应该说，这种做法并不可取，除了极个别卷宗数量特别多（如几百本、上千本）的案件，律师一般都应复制全部卷宗材料。因为，第一，卷宗材料一般都与案件有一定关系，完全与案件无关的材料，办案机关一般也不会装订进来；第二，不会遗漏案件的细节，某些细节问题可能对证据的认定和案件的最终结果会产生较大的影响；第三，有些材料的意义可能开始并没有被重视，在多次阅卷后才会认识到；第四，现代化的拍照、复印技术为大量复制卷宗提供了可能。

2. 在审查起诉、一审、二审都要阅卷。这主要是针对从侦查阶段一直到二审阶段都担任同一案件辩护人的律师而言。刑事案件的绝大部分卷宗在审查起诉阶段都已形成，所以，很多全程辩护的律师只在这个阶段阅卷，在一审、二审阶段不再去法院阅卷。应该说，这种做法往往会因不及时掌握案件材料而不利于做好辩护工作。因为，每个诉讼阶段都会产生一些新的案件材料，甚至有些对被告人有利的材料，办案机关在律师阅卷时没有提供，但向法院移交的卷宗里有，这时律师如果没有去法院阅卷，对这些材料就不能及时掌握。

3. 做好阅卷笔录，形成初步的质证意见。律师在阅卷之前，要仔细分析起诉意见书和起诉书的内容，掌握指控的犯罪事实和量刑情节，然后审阅全部的卷宗材料，同时做好阅卷笔录。阅卷笔录的形成和整理要注意以下几个问题：第一，对每个证据所在的卷宗册数和具体页数都要做好记录。第二，对阅卷笔录的内容按一定的标准进行分类，如按指控的犯罪事实分类，将所有指控某一起犯罪事实的所有证据整理在一起；也可以按证据的种类和来源分类，如将同一被告人的所有供述和辩解整理在一起。第三，对犯罪嫌疑人、被告人有利和不利的证据材料都要重视。第四，在整理阅卷笔录的同时，初步形成质证意见，为在审查起诉阶段提交辩护意见书和庭审时的质证做好准备。第五，通过阅卷，分析、整理需要在会见时向犯罪嫌疑人、被告人核实的事实和需要进一步调查取证的事实。

（三）调查取证权的行使

调查取证是辩护律师的一项重要工作，同时也是一项风险很大、难度很高的工作。律师调查取证的目的多是针对控诉而进行的，内容多是能证明犯罪嫌疑人、被告人罪轻、无罪的证据材料，这容易造成律师与控诉机关尤其是与侦查机关的对立。我国《刑法》第 306 条还专门针对辩护律师规定了一个罪名，即辩护人、诉讼代理人毁灭证据、伪造证据、妨害作证罪。该条第 1 款规定："在刑事诉讼中，辩护人、诉讼代理人毁灭、伪造证据，帮助当事人毁灭、伪造证据，威胁、引诱证人违背事实改变证言或者作伪证的，处三年以下有期徒刑或者拘役；

情节严重的，处三年以上七年以下有期徒刑。”司法实践中，每年都有为数不少的辩护律师被司法机关以此罪名追究刑事责任，这都与律师的调查取证密切相关。所以，很多辩护律师为远离上述刑事风险，在辩护过程中基本不调查取证，尤其对证人证言等人证根本不敢触碰。辩护律师不调查取证虽然保护了自己，但对于履行律师职责、保护当事人合法权益却十分不利。

辩护律师如何防范调查取证的风险，如何使用调查的证据材料，有以下两点值得注意：

1. 对书证、物证调查取证的风险较小，风险较大的是对证人的取证。对侦查机关已经询问过的证人，律师一般不要再去取证。因为，一旦律师调查证人证言发生变化以后，侦查机关或公诉机关立即回过头来找证人去核实。那么，这对证人产生的直接威胁就是，两次证词肯定有一次是伪证，那证人就必然承担伪证罪的责任。而证人为什么说假话，只有两种可能，要么是证人自己说的，要么是律师唆使的。在这种情况下，出于自保的本能和某些侦查人员的引诱、威胁、强迫等，证人多会将证言改变的原因归结于律师的指使。公安机关随即就会以《刑法》第306条的罪名对律师立案侦查。如果律师怀疑证人证言的真实性，尽量不要与证人言语沟通，比较妥当的做法可以是：第一，向法院申请证人出庭，但存在法院不同意证人出庭的可能；第二，以书面形式向证人提出问题，要求证人书面答复；第三，如果必须与证人见面调查取证，最好全程录音录像。

2. 不要搞证据袭击。有些律师担心将调查的证据材料提前交给法院和检察院，公诉机关会事先有所准备，于是在庭前秘而不宣，而在法庭审理的过程中才提交，以期达到证据突袭、使公诉人措手不及的效果。实际上，刑事诉讼中的证据突袭不仅达不到预期的效果，反而可能会因没有提前提交而不被法院采用。根据最高人民法院《关于适用〈刑事诉讼法〉的解释》第221条的规定，公诉人在法庭审理时申请出示开庭前没有移送或者提交人民法院的证据，辩护方提出异议的，审判长应当要求公诉人说明理由；理由成立并确有出示必要的，应当准许。根据这一规定，对于当庭提交的证据，审判长实际上有权决定是否允许辩护人出示。如果审判长不允许辩护人出示，那么辩护律师调查所得的证据材料就没有被法院采信的可能，调查取证工作也就没有任何意义。另外，即使审判长同意出示，公诉人完全可以以证据未事先提交而当庭申请休庭，这样不仅不会起到证据突袭的效果，而且会给庭审的正常进行造成一定的影响，有可能在一定程度上造成法官与辩护律师情绪的对立。

### 三、注重审查起诉阶段提出辩护意见权的行使

虽然侦查阶段律师有权提出辩护意见，但由于律师没有阅卷权，无法了解侦查机关掌握的案件材料和侦查机关对案件的处理意见。所以，律师在侦查阶段通常无法提出有针对性的辩护意见。与之相比，律师在审查起诉阶段具备了提出辩

护意见的事实基础，辩护律师应高度重视这一权利的行使。

（一）审查起诉阶段提出辩护意见权行使的现状及原因

律师在审查起诉阶段提出法律意见是法律赋予律师的一项重要权利，但从司法实践的情况看，很多律师对于这一权利都不甚重视，这直接导致这一制度在很大程度上流于形式。产生这一现象的原因主要有以下几个：

1. 修订前《刑事诉讼法》关于律师阅卷权的限制直接影响了律师法律意见的质量和被采性。因为，律师在审查起诉阶段不能查阅全部案卷材料，诉讼文书和技术性鉴定材料通常都不能反映案件的主要事实。律师对案件证据和事实缺乏全面了解，自然也就不能制作可以直击案件主要问题和切中要害的法律意见，检察院对于这样的法律意见通常也不会予以重视并采纳，而这反过来又会影响律师制作法律意见的积极性。当然，随着新《刑事诉讼法》的实施，这一问题会得到解决。

2. 有些律师认为，在审查起诉阶段向检察院发表反映自己辩护观点的法律意见，会让检察院在庭前进行有针对性的准备，如对律师指出的证据不足的问题，检察院可能会及时进行弥补，从而不利于当事人权利的保护和审判阶段辩护权的行使。

3. 有些律师认为，辩护工作的开展和辩护水平的展示主要在审判阶段进行，在审查起诉阶段就向公诉机关发表法律意见书，显然不利于律师在法庭上充分展现自己，这对于某些喜欢将法庭当成表演舞台的律师来说更是如此。

4. 某些检察院具有强烈的权力本位意识，认为审查起诉完全是检察机关的工作和任务，因此，忽视辩护权在审查起诉过程当中的地位和作用，不重视律师的法律意见。

5. 法律制度的缺陷也制约了律师发表法律意见制度的实施。这方面的缺陷主要有三点：一是法律只规定检察院要听取律师的法律意见，但并没有规定检察院应该向律师反馈对法律意见的看法，没有形成良性的互动，也没有体现诉讼地位的平等。二是在细节方面存在问题，如缺乏检察院的告知程序。法律没有规定检察机关应当告知辩护人有向检察机关发表意见的权利。三是法律没有规定律师发表法律意见的具体时间、场所，也没有规定检察机关在起诉前应提示律师发表法律意见。

（二）解决措施

为了解决上述现状，应该从以下几方面解决：

1. 律师要充分认识到在审查起诉阶段发表法律意见对于保障当事人合法权利、取得最佳辩护效果的重要性。

首先，律师不能狭隘地将辩护工作理解为就是法庭审判阶段的辩护，辩护的效果主要取决于法庭阶段。其实，辩护工作应当是贯穿于整个诉讼阶段，侦查和审查起诉阶段的辩护工作对于取得最终的辩护效果具有很重要的作用。法庭是控辩双方交锋最激烈的场合，由于法庭审理的公开性，控辩双方为了维护各自的利益甚至尊严，通常都不容易心平气和地听取对方的意见，驳倒对方成为主要的目的。但是，在审查起诉阶段不同，控辩双方在庭下更容易理性地听取对方的意见，进行沟通，并由此理性地作出决策。

其次，从维护当事人利益的角度出发，律师在审查起诉阶段发表法律意见通常能更容易地实现当事人利益的最大化。从我国现行司法体制和司法机关内部的考核指标等因素看，虽然以事实为根据、以法律为准绳是司法机关办案的原则，但从司法实践的情况看，刑事案件通常越到后面的诉讼阶段，就越难取得对当事人有利的结果。对当事人有利的法律意见，在审查起诉阶段被采纳的可能性通常都要大于审判阶段。所以，律师也应该尽早将对当事人有利的法律意见向司法机关呈递，以有利于当事人更早、更容易地获得有利的结果。对于当事人来说，公正不仅要实现，而且要以尽可能快的速度实现。律师在审判阶段发表的法律意见，如果被检察院采纳，控辩双方就会在开庭前就某些问题达成一致，这肯定会降低律师在法庭上辩护风采的展现，但律师的职责就是最大限度地维护当事人的合法权益，所以，这种“牺牲”是值得的，也是必要的。

最后，从我国现行诉讼制度看，在绝大多数案件中，律师在审查起诉阶段发表法律意见并不会给当事人带来不利的后果。前文已指出，律师在审查起诉阶段发表法律意见确实会使检察院进行补充证据等准备工作，这似乎对当事人不利。但同时，我们必须要看到，律师在法庭审判时提出证据方面的问题后，检察院同样可以要求休庭并补充证据，所以，检察院补充证据只是时间早晚的问题。当然，律师在制作法律意见时，完全可以根据案件的实际情况有选择性地发表法律意见。

2. 检察院也需要重视律师的法律意见并及时反馈，这样才能提高律师发表法律意见的积极性。检察机关在审查起诉阶段听取律师的法律意见，有助于检察机关全面、客观、公正地审查案件，准确、及时地查明案情，正确适用法律，提高办案质量和公诉效率，强化公诉能力，同时对于保障犯罪嫌疑人辩护权的充分行使，维护其合法权益，追求法律的公平与正义也有着重要意义。所以，检察机关应该高度重视律师发表的法律意见，并及时进行反馈。

3. 进一步完善我国《刑事诉讼法》的相关制度。新《刑事诉讼法》对律师发表法律意见的制度已作了一定完善，如增加规定，检察机关对律师的法律意见应当记录在案，对于书面的法律意见应当附卷。但是，还应增加规定如下内容：第一，检察机关对于律师的法律意见应当在一定的期限内予以反馈，说明采纳或者不采纳的事实和理由；第二，检察机关应当告知律师有向检察机关发表法律意见的权利和具体的时间、地点，并应在起诉前询问律师是否发表法律意见；第三，在案件起诉时，应将律师所提出的法律意见一同提交给法院。

## 四、辩护意见应以事实和法律为依据，提高辩护意见被采纳的可能性

律师所进行的所有辩护活动、发表的所有辩护意见都应紧紧围绕案件证据、事实和法律适用而展开，不能为吸引关注、制造影响而脱离基本的案件事实、曲解法律。辩护律师在坚持这一基本原则时，注意以下几个方面的问题。

（一）刑事辩护的说服对象是办案人员，让其接受自己的辩护观点

诉讼的本质就是说服，说服是辩护律师的一项基本功。辩护律师要记住的是，其说服的对象不是社会大众、旁听人员、媒体，而是案件的办案人员。在一般情况下，办案人员对案件的处理主要是基于事实和法律，对于律师就事实认定和法律适用方面提出的辩护观点比较重视。有些律师发表的辩护意见不是基于案件事实，而是与案情无关的宏观大论，或者是建立诸多假设的基础上。这样的辩护意见可能对非法律专业人士的旁听人员和家属具有感染力，能够引起其共鸣，但法官很可能认为辩护律师缺乏专业水平，对这样的辩护意见视而不见也就不足为奇。

（二）紧密结合所办案件的案情和法律，提出切合实际的辩护意见

对于很多刑事案件，辩护律师容易在选择做无罪辩护和罪轻辩护之间纠结。客观地说，由于办案人能力、办案条件限制等因素，很多刑事案件的证据、办案程序等都存在一定的问题；很多案件定罪的证据是否确实充分，通常也存在一定的争议。面对这样的案件，辩护律师会感觉到，做无罪辩护成功的可能性不大，但做罪轻辩护又心有不甘。有些律师在这种情况下，容易从法庭辩护的听觉效果出发，选择更有听觉冲击力的无罪辩护，在法庭上与公诉人展开激烈的交锋。应该说，从庭审的听觉效果看，无罪辩护通常比罪轻辩护更能展现辩护律师的雄辩口才，尤其是辩护律师抓住案件的某些问题穷追猛打时。但是，法庭上的听觉效果与诉讼结果毕竟是两回事。辩护律师在选择辩护观点时，最好以辩护意见的可采性为主要考虑因素，根据案件的证据、事实和所适用的法律，提出更能说服法官、被其采纳的辩护观点。对于案件中存在的瑕疵、违法证据，辩护律师要注意分析这些有问题的证据是否对案件主要事实的认定产生影响，是否影响案件的定罪量刑。如果是非主要事实的证据，或者某一证据违法、有瑕疵，但其他证据同样能证实案件的事实，辩护律师最好不要选择无罪辩护。所以，辩护律师对辩护观点的选择，一定要建立在对案件事实、证据和法律综合分析的基础上，不要为了个人名利、展现个人风采或者盲从于被告人及其家属的意见。

（三）换位思考，并进行针对性的准备

知己知彼，才能百战不殆，刑事辩护同样如此。辩护律师办理刑事案件，一个主要的工作目标是说服办案人员尤其是法官接受自己的观点，这就要求律师一定要有换位思考的意识，要去分析侦查机关、公诉机关为什么要收集这些证据、为什么要采取强制措施、为什么要指控这些犯罪事实；要去思考如果自己是办案

人，会如何看待、处理本案的事实和证据；要去分析公诉人、法官对本案关注的主要问题。如何换位思考，如何比较准确地把握办案人员对案件的看法和关注点，并不是件容易的事，这需要辩护律师长期执业经验的积累，对案件事实和法律的全面掌握，与办案人员多次沟通、交换意见等才能实现。

律师在换位思考后，最好要围绕办案人员关注的事实和法律问题，就如何说服办案人员，去进一步调查取证、准备质证意见和辩护意见，这样才能有的放矢，取得较好的辩护效果。

# 第九章　刑事诉讼律师代理

## 第一节　刑事诉讼律师代理概述

### 一、刑事诉讼律师代理的概念

刑事诉讼律师代理是指律师根据刑事诉讼法的规定接受公诉案件的被害人及其法定代理人或者近亲属、自诉案件的自诉人及其法定代理人、附带民事诉讼当事人等的委托，担任诉讼代理人参与诉讼，在授权范围内实施维护被代理人合法权益的诉讼行为。

刑事诉讼律师代理只是刑事代理的一种，除此之外，还有非律师担任诉讼代理人的情形。根据《刑事诉讼法》第 33 条和第 47 条的规定，担任诉讼代理人的范围，包括律师、被代理人所在单位推荐的人和其监护人与亲友。律师代理相对于其他代理人，更具有专业性，也比其他诉讼代理人有更多的诉讼经验，委托律师担任诉讼代理人更能保护被代理人的合法权益。

律师担任辩护人和律师担任诉讼代理人具有很多相同的地方，如都是基于委托人的信任，即使是履行法律援助义务的律师，也都需要获得当事人的信任；都是私权利行使的范围；都必须在事实基础上和法律框架内的维护委托人的合法权益。当然，辩护律师和代理律师还是存在很大区别，两者之间的区别，表现如下：

首先，辩护律师和代理律师在刑事诉讼中行使的职能不同。辩护律师在刑事诉讼中执行辩护职能，其任务是根据事实和法律反驳控诉，维护犯罪嫌疑人、被告人的合法权益。代理律师则因为被代理人的身份不同承担的职能也有所不同。自诉人、公诉案件被害人的代理律师承担的是控诉职能，代理诉讼活动的目的是通过控诉被告人的犯罪行为，进而追究其刑事责任，以维护自诉人、被害人的合法权益；附带民事诉讼当事人的代理律师则是在代理权限内进行附带民事诉讼活动，以维护其当事人民事方面的合法权益。

其次，辩护律师和代理律师在刑事诉讼中的地位不同。辩护律师在刑事诉讼中处于独立的诉讼地位，不依附于任何人，以自己的名义从事刑事辩护活动，维护犯罪嫌疑人、被告人的合法权益。辩护律师进行诉讼活动的根据，是《刑事诉讼法》关于辩护人享有诉讼权利的规定，而且不以犯罪嫌疑人、被告人的名义进行诉讼活动，也不受犯罪嫌疑人、被告人的意志左右。代理律师在诉讼中则没有独立的诉讼地位，只能以被代理人的名义，进行诉讼活动。代理律师进行诉讼活动的权利是来自被代理人的权利委托，可能是全部诉讼权利的委托，也可能是部分诉讼权利的委托。代理律师只能在被代理人授权范围内进行诉讼活动。

## 二、刑事诉讼律师代理的特征

### （一）律师代理诉讼行为发生的阶段性

刑事代理行为只能发生在刑事诉讼的特定阶段。《刑事诉讼法》第 46 条第 1 款规定："公诉案件的被害人及其法定代理人或者近亲属，附带民事诉讼的当事人及其法定代理人，自案件移送审查起诉之日起，有权委托诉讼代理人。自诉案件的自诉人及其法定代理人，附带民事诉讼的当事人及其法定代理人，有权随时委托诉讼代理人。"因此，刑事诉讼代理行为是发生在刑事诉讼中的行为，公诉案件中代理被害人和附带民事诉讼当事人的代理行为，则发生在审查起诉之后和刑事判决生效之前。自诉案件律师代理诉讼行为则发生在自诉人准备提起自诉而委托代理律师之后，法院作出生效判决裁定之前。

### （二）委托律师代理诉讼主体的确定性

《刑事诉讼法》十分明确地规定在刑事诉讼中有权委托诉讼代理人主体的具体范围，包括公诉案件的被害人及其法定代理人或者近亲属，附带民事诉讼的当事人及其法定代理人；自诉案件的自诉人及其法定代理人，附带民事诉讼的当事人及其法定代理人。这样就排除了其他诉讼主体委托诉讼代理人的可能性。

### （三）律师代理诉讼行为根据的明确性

律师代理的诉讼行为，只能是被代理人的授权。律师担任诉讼代理人，是基于委托。根据《法律援助法》第 11 条第 2 项"公诉案件中的被害人及其法定代理人或者近亲属，自案件移送审查起诉之日起，因经济困难没有委托诉讼代理人的"而参加诉讼的律师，也需要明确诉讼代理权的范围。律师代理诉讼行为必须有被代理人的授权，并在授权范围内进行诉讼代理活动，未经被代理人同意，不得转委托或者超越授权范围的活动，否则由律师承担由此产生的法律后果。

### （四）律师代理诉讼活动内容的合法性

律师代理的诉讼行为必须是被代理人有权进行的诉讼行为。被代理人由于某种原因难以自行行使诉讼权利，进而委托律师代为履行，并承受由此产生的后果。但是，代理律师不能从事违背刑事诉讼法规定的行为，即使是被代理人委托的事项，也是必须禁止的。

## 三、刑事诉讼代理的种类

根据《刑事诉讼法》第 46 条的规定，基于被代理人诉讼地位的不同，可以将刑事诉讼中的律师代理分为以下三类：

1. 公诉案件中的律师代理。即律师接受公诉案件被害人及其法定代理人或者近亲属的委托，担任被害人的诉讼代理人，参与刑事诉讼，依法行使被代理人授权的行为，维护被代理人的合法权益。

2. 自诉案件中的律师代理。即律师接受自诉案件自诉人及其法定代理人的委托，担任诉讼代理人，行使自诉人及其法定代理人委托的指控被告人犯罪行为，参与诉讼活动，并依法维护被代理人的合法权益。

3. 附带民事诉讼中的律师代理。即律师接受公诉案件和自诉案件附带民事诉讼当事人的委托，参加诉讼活动，依法维护附带民事诉讼当事人的民事合法权益。

## 四、刑事诉讼代理的意义

刑事诉讼代理是一项重要的诉讼制度，也是律师的一项重要业务，其意义体现在以下几个方面：

1. 刑事诉讼律师代理，有利于保障当事人的合法权益。刑事诉讼的结果涉及被害人、自诉人以及附带民事诉讼当事人的利益，因此，他们积极参加诉讼活动有利于保障自己的合法权益，从而参与诉讼活动，影响诉讼结果，是诉讼民主的体现。但是，被害人、自诉人以及附带民事诉讼当事人由于自身不具备必要的法律知识，缺乏进行诉讼活动的常识和经验，导致其不具备或者欠缺保障自己合法权益的能力。因此，《刑事诉讼法》设立的刑事诉讼代理制度，就是为了加强对被害人、自诉人以及附带民事诉讼当事人合法权益的保障。律师作为法律职业的执业者，担任被害人、自诉人，以及附带民事诉讼当事人的诉讼代理人，参加刑事诉讼活动，比被害人、自诉人以及附带民事诉讼当事人自己参与诉讼更能保障其合法权益，从而最大化地保障自身的合法权益。

2. 刑事诉讼律师代理，有助于刑事诉讼的顺利进行。律师代理被害人、自诉人以及附带民事诉讼当事人参与诉讼活动，因其对法律和诉讼规则比较熟悉，比被代理人行使诉讼权利显然更为便利。当事人由于缺乏法律知识和经验，容易不正确或者不恰当地行使诉讼权利，从而导致诉讼的拖延或者延误。因此，由律师代理其进行诉讼，不仅可以确保当事人的合法权益，也可以保障诉讼权利行使的正当与合法，从而使刑事诉讼能够顺利进行。

3. 刑事诉讼律师代理，有利于案件的正确处理。律师代理被代理人参与诉讼，就被代理人所了解的案件事实进行陈述，不仅可以有重点地陈述案件事实，适时恰当地提出有利于自己的证据以及反驳对方，从被代理人的角度对法律适用问题提出意见和看法。代理律师的这些诉讼活动，对于法官而言，了解了被害人、自诉人以及附带民事诉讼当事人诉求，全面认识了案件事实，为案件的正确处理带来了可能性。

4. 刑事诉讼律师代理，有利于司法机关与被害人、自诉人以及附带民事诉讼当事人之间的沟通。对于不具备法律知识的被害人、自诉人以及附带民事诉讼当事人，关于案件情况和诉讼过程中出现的问题的认识，是基于自己知识和以往的经验，难免会出现与法律规定或者与司法机关相左的情形，从而导致其与司法机关的交流出现障碍。由于代理律师是被害人、自诉人以及附带民事诉讼当事人所委托的专门维护其合法权益的诉讼代理人，由代理律师给予其意见和说明，一般而言，被代理人容易接受，代理律师起到了司法机关与被害人、自诉人以及附带民事诉讼当事人之间的桥梁和纽带的作用。

## 第二节　公诉案件的律师代理

### 一、公诉案件律师代理的概念

公诉案件的律师代理，是指律师接受公诉案件中的被害人及其法定代理人或者近亲属的委托，作为其诉讼代理人参与诉讼，维护被代理人的诉讼行为。

我国 1979 年《刑事诉讼法》中公诉案件的被害人不是当事人，仅是诉讼参与人，《刑事诉讼法》也没有规定其代理问题。1996 年修改后的《刑事诉讼法》，扩大了当事人的范围，明确规定被害人也是刑事诉讼当事人，使原来处于诉讼参与人地位的被害人转变为当事人的诉讼地位，并扩大了诉讼权利的范围，使之享有当事人的诉讼权利。《刑事诉讼法》中被害人诉讼地位转变和享有诉讼权利范围的扩大，体现了我国《刑事诉讼法》加强对被害人合法权益的保障。

根据我国现行《刑事诉讼法》的规定，公诉案件中的被害人及其法定代理人或者近亲属，都有权委托包括律师在内的诉讼代理人。有权委托的时间是从案件移送审查起诉之日起，直至生效判决作出之日止。检察机关自收到移送审查起诉的案件材料之日起 3 日内，应当告知被害人及其法定代理人或者近亲属有权委托诉讼代理人。

### 二、代理律师的法律地位

在公诉案件中，由于被害人处于当事人的法律地位，被害人有权委托律师代为参加诉讼。律师代理被代理人参加诉讼，是被害人及其法定代理人或近亲属的诉讼代理人，属于诉讼参与人中的一种。

代理律师是基于被害人及其法定代理人或近亲属的委托，以被代理人的名义参与诉讼，目的在于保障被害人的合法权益。因此，律师作为诉讼代理人，不具有独立的法律地位，而是依附于被代理人的诉讼地位。

公诉案件中的代理律师，是代理被害人及其法定代理人或近亲属参加诉讼活动的诉讼参与人，站在控诉犯罪行为的立场来参加诉讼活动，涉及如何处理与委托人、公诉人之间关系的问题。

首先，代理律师与被害人之间是委托关系。第一，代理律师与被害人及其法定代理人或者近亲属是委托合同的关系，代理律师参加诉讼是基于被代理人的授权。被害人将法律赋予自己的诉讼权利委托代理律师代为进行，因此，代理律师只能在授权范围内进行诉讼行为，没有授权或者授权不明确的诉讼行为不得代理。第二，代理律师应当切实维护委托人的合法权益，不能进行不利于委托人利益的活动。代理律师与被代理人之间的委托关系是建立在相互信任基础上的，因此，代理律师必须忠诚地履行维护委托人的合法权益职责，追求保障合法权益保障的最大化，不得作出有损于被代理人利益的行为。第三，代理律师应当尊重被代理人的意见，听取委托人对案件的看法和要求，对于委托人非法的要求，应当采用说服的方式，而不能迎合委托人，不能说服的，只能拒绝委托，而不能代理委托人进行不合法的行为。

其次，代理律师与公诉人之间是控诉同向的关系。代理律师与公诉人参加诉讼的目标方向是一致的，都是对犯罪进行控诉。但是，公诉人在诉讼中是代表国家行使控诉职能，要求法院追究被告人的刑事责任，其重点在于维护国家利益和社会利益，修复被破坏的社会秩序和社会关系，在诉讼中是独立的诉讼主体。而代理律师代理被害人行使控诉职能，其目的在于维护被害人的合法权益，追求诉讼利益的最大化，在诉讼中不是独立的诉讼主体，没有独立的诉讼地位。

代理律师与公诉人之间的同向关系，决定了两者之间存在密切配合的可能性。同时，《刑事诉讼法》第 173 条也明确规定，要求检察机关在审查起诉阶段要听取被害人及其诉讼代理人的意见。因此，代理律师应当积极向公诉人提出口头或者书面对案件的意见。但是，代理律师与公诉人之间也存在同向关系中的差异性，即被害人及其代理律师的意见，与公诉人的意见是不一致的。在这种情况下，作为代理律师，应当按照授权范围，尊重委托人的意见，根据事实和法律阐明自己对案件的看法，维护被害人的合法利益，而不应当附和公诉人的意见。

## 三、代理律师的诉讼权利和义务

### （一）代理律师的诉讼权利

代理律师的法律地位决定了其享有的诉讼权利，必须来自被害人的授予。代理律师的诉讼权利，必须在法律规定被害人享有的诉讼权利范围之内，被害人可以将自己享有的诉讼权利全部授权给代理律师行使，也可以部分授权给代理律师行使。

公诉案件中被害人的代理律师，其诉讼权利来自被害人的授权，可以享有委托人授予的以下诉讼权利：

根据《刑事诉讼法》的规定，被害人在刑事诉讼中的诉讼权利包括：有权申请检察人员和审判人员回避；有权委托诉讼代理人；有权参加庭前会议；在法庭审理中，公诉人宣读起诉书后，被害人可以就起诉书指控的犯罪事实进行陈述，经审判长许可，可以向被告人、证人、鉴定人发问；对在法庭上出示或宣读的物证、证人证言、鉴定意见、勘验检查笔录等证据，可以发表意见；有权参加法庭辩论；有权申请通知新的证人到庭，调取新的物证，申请重新鉴定或勘验；有权提起附带民事诉讼；被害人认为公安机关对应当立案侦查的案件而不立案的，有权向检察机关提出申诉，由检察机关要求公安机关说明不立案的理由；对于有证据证明被告人侵犯自己人身、财产权利的行为应当追究刑事责任，而公安机关或者检察机关不予追究刑事责任的案件，被害人可以直接向人民法院起诉；被害人不服地方各级人民法院第一审判决、裁定的，有权在法定的期限内要求检察机关提出抗诉，等等。

上述这些诉讼权利中，除了委托诉讼代理人的权利不能授权给代理律师，其他诉讼权利都可以授权给代理律师。根据《人民检察院刑事诉讼规则》第 56 条的规定：代理律师经人民检察院许可，可以查阅、摘抄、复制本案的案卷材料；需要收集、调取证据的，应当向人民检察院提出申请，进行证据的收集、调取。根据最高人民法院《关于适用〈刑事诉讼法〉的解释》第 65 条的规定，律师担任诉讼代理人的可以查阅、摘抄、复制本案的案卷材料，可以依据本解释的规定，收集、调取与本案有关的证据材料。

（二）代理律师的诉讼义务

根据《刑事诉讼法》、《律师法》及相关法律的规定，代理律师的诉讼义务包括以下几点：

1. 依法维护被代理人的合法权益。律师接受自诉人、被害人、附带民事诉讼当事人及其法定代理人的委托，代理委托人依法行使诉讼权利，维护委托人的合法权益。依法维护委托人的合法权益，不仅是律师依法进行代理活动的法定职责，也是律师职业道德和执业纪律所要求的，更是代理律师与委托人之间应当履行的合同义务。因此，律师在刑事案件中接受委托后，应当根据法律规定和委托授权的范围，尽职尽责地为委托人提供法律服务。维护被代理人的合法权益，并不意味着代理律师可以超出代理权限范围，代理律师的代理活动同样要遵守代理活动的一般原则，超出代理权限的代理活动即使是维护被代理人的利益，也不被认可。

2. 代理律师的代理行为不能超越被代理人的授权范围。代理律师代理参加刑事诉讼活动，与辩护律师的辩护活动不同。律师的辩护权来源于刑事诉讼法的授权性规定，而代理律师的代理行为，则来自被代理人的授权。也就是代理律师代理的行为，只能在被代理的授权范围内，从事维护被代理人合法权益的诉讼活动。代理律师超越代理权限的行为，对于被代理人不产生法律效力，对此，给被代理人带来的损失，由代理律师负责赔偿。

3. 代理律师应当保守代理过程中知晓的国家秘密、被代理人的商业秘密和个人隐私。代理律师在代理过程中，要了解案件材料和向被代理人了解相关案件的情况，必然会涉及国家秘密、被代理人的商业秘密和个人隐私。代理律师对所知晓的国家秘密、被代理人的商业秘密和个人隐私，不得泄露。对于国家秘密而言，法律规定了任何公民都负有保护的义务，违反了这一义务就要承担相应的法律责任，代理律师在代理案件过程中知晓的国家秘密更应当保守。对于被代理人的商业秘密和个人隐私，代理律师业同样要严守。代理律师与被代理人之间的代理关系，是建立在被代理人对代理人的信任基础之上的，代理律师对被代理人负有忠诚的义务，同时也是代理合同所要求的义务。

## 四、律师代理的工作内容

### （一）接受委托过程中的具体工作

根据《律师法》的规定，公诉案件的被害人及其法定代理人或者近亲属，以及自诉案件的自诉人及其法定代理人与附带民事诉讼的当事人及其法定代理人需要委托律师代理诉讼时，应当同律师所在的律师事务所签订委托合同，并在委托合同中明确代理权限；委托合同经双方签字，表明委托关系成立，委托关系的成立是代理律师开展工作的前提。被害人及其法定代理人或者近亲属，以及自诉案件的自诉人及其法定代理人与附带民事诉讼的当事人及其法定代理人还需要向委托的律师签发授权委托书，这是律师代理活动的权利证明。

律师接受委托担任被害人的代理人后，首要的工作是为被害人、自诉人和附带民事诉讼当事人提供法律咨询和解答问题，并从案件事实的认定、案件的性质和罪名的确定、证据的判断和法律的适用等各个方面帮助被害人、自诉人和附带民事诉讼当事人分析案情；解释案件的性质、涉及的罪名、行为人应该承担刑事责任的种类；告知被害人、自诉人和附带民事诉讼当事人在诉讼中享有的诉讼权利范围，以及被害人与检察机关的协调问题等。

### （二）审查起诉阶段律师代理工作的内容

案件自移送审查起诉之日起，被害人及其法定代理人或者近亲属可以委托诉讼代理人，因而代理律师自审查起诉阶段起，可以以诉讼代理人的身份参与诉讼。

在审查起诉阶段，代理律师主要进行以下几项工作：

一是对案件事实和证据的了解和调查。代理律师在审查起诉阶段，其所做的准备工作主要是了解案件事实情况。为了全面地了解案件事实，代理律师除了听取被害人或者法定代理人、近亲属对案件事实的意见，经人民检察院的许可，还可以查阅、摘抄、复制本案的案卷材料，进行调查，以及向人民检察院申请，进行证据的收集、调取。

二是向检察机关表达对案件的意见。根据《刑事诉讼法》的规定，检察机关在提起公诉阶段审查案件，应当听取被害人和被害人委托人的意见。代理律师应当充分利用这一诉讼权利，向检察机关表达被害人方面对该案案件事实和证据的意见。使检察机关了解被害人方面对该案的态度和看法，敦促检察机关加强对该案件被害人合法权益的保护。

三是对检察机关阻碍依法行使诉讼权利的行为，提出申诉或者控告。《刑事诉讼法》第 49 条规定，代理律师认为检察机关及其工作人员阻碍其依法行使诉讼权利的，有权向同级或者上一级检察机关申诉或者控告。

四是代理被害人对不起诉决定进行申诉或者起诉。根据《刑事诉讼法》第 180 条的规定，被害人对不起诉决定不服，可以自收到决定书后 7 日以内，向上一级人民检察院申诉，请求提起公诉。人民检察院应当将复查决定告知被害人。对人民检察院维持不起诉决定的，被害人可以向人民法院起诉。被害人也可以不经申诉，直接向人民法院起诉。代理律师代理被害人进行申诉或者起诉。

（三）审判阶段律师代理工作的内容

审判阶段是代理律师维护被害人合法权益的关键阶段，代理律师需要准备的代理工作内容包括：

1. 准备开庭。在法庭开庭审判以前，代理律师的代理工作主要是为开庭审判做准备，包括熟悉案件事实和证据情况，经人民法院许可，代理律师可以查阅、摘抄、复制本案的案件材料，收集、调取与本案有关的证据材料；申请或者参加庭前会议，对回避、出庭证人名单、非法证据排除等与审判相关的问题，提出意见；拟制法庭调查提纲，撰写代理词。代理词应当从被害人的角度，对主要的案件事实包括案件发生的时间、地点，被告人的行为给被害人所造成的危害，被告人的行为是否构成犯罪，以及如何适用法律等问题发表代理意见。代理词的作用在于表达被害人方面对该案的意见和态度，影响法官作出有利于维护被害人合法权益的判决。

2. 参与开庭审理。根据《刑事诉讼法》的规定和委托人的授权，代理律师在法庭审理过程中，行使的诉讼权利，主要有：

第一，开庭时，在审判长告知当事人有权对合议庭组成人员、书记员、公诉人、鉴定人和翻译人员申请回避后，代理律师认为上述人员有法律规定回避情形的，有权申请其回避。为了提高法庭审判活动效率，回避的申请，可以在开庭之前举行的庭前会议上提出；在法庭审判时，原确定的出庭的公诉人、合议庭组成人员、书记员有变化的，代理律师仍然有权提出回避申请。

第二，公诉人在宣读起诉书后，代理律师可以代被害人就起诉书指控的犯罪进行陈述，并且在公诉人讯问被告人后，经审判长许可，可以向被告人发问。

第三，代理律师经审判长许可，可以对证人、鉴定人发问；对未到庭证人的证言笔录、鉴定人的鉴定意见、勘验笔录和其他作为证据的文书发表意见。

第四，在法庭调查中，公诉人、辩护人向法庭出示物证后，以及对未到庭证人的证言笔录、鉴定人的鉴定意见、勘验笔录和其他作为证据的文书当庭宣读后，代理律师有权就出示的各种证据发表意见，审判人员应当听取。

第五，代理律师有权申请通知新的证人到庭，调取新的物证，申请重新鉴定或勘验；代理律师可以申请法庭通知有专门知识的人出庭，就鉴定人作出的鉴定意见提出意见。

第六，经审判长许可，在法庭调查阶段和法庭辩论阶段，代理律师可以对证据和案件情况发表意见，并且可以与对方互相辩论。这是代理律师综合发表对案件意见的机会，因此，代理律师应当做好充分的准备。

第七，法庭审理结束后，代理律师应与被害人认真阅读法庭笔录，认为记载有遗漏或者差错的，可以请求补充或者改正，被害人承认没有错误后，应当签名或盖章。代理律师应及时整理辩论意见和证据材料，尽快向法庭提供书面代理意见。

第八，一审宣判后，被害人及其法定代理人或者近亲属如果对判决结果没有意见，那么律师代理工作基本完成；如果被害人及其法定代理人不服人民法院的第一审判决的，自收到判决书后 5 日以内，代理律师可以代理被害人及其法定代理人请求人民检察院提出抗诉。人民检察院自收到抗诉请求后 5 日以内，应当作出是否抗诉的决定并且答复请求人。如果人民检察院提起抗诉，或者被告人一方提出上诉，案件进入第二审程序的，代理律师还可以代理被害人参加第二审程序的代理活动。

## 第三节　自诉案件的律师代理

### 一、自诉案件律师代理的概念

自诉案件的律师代理，是指律师接受自诉人及其法定代理人的委托，担任其诉讼代理人，在代理权限内以自诉人的名义进行的诉讼活动。

在我国，刑事案件分为公诉案件和自诉案件两种。自诉案件是指被害人及其法定代理人或者近亲属向人民法院提起刑事起诉，要求追究被告人的刑事责任，由人民法院直接受理的刑事案件。

根据《刑事诉讼法》第 210 条的规定，自诉案件有三类：一是告诉才处理的案件；二是被害人有证据证明的轻微刑事案件；三是被害人有证据证明对被告人侵犯自己人身、财产权利的行为应当依法追究刑事责任，而公安机关或者人民检察院不予追究被告人刑事责任的案件。律师可以担任自诉人的诉讼代理人，参加自诉案件的审理活动。

由于我国《刑事诉讼法》第 213 条规定了反诉，即“自诉案件的被告人在诉讼过程中，可以对自诉人提起反诉。反诉适用自诉的规定”。

所谓反诉，是指自诉案件的被告人对自诉人的控告。反诉须具备三个条件：

第一，反诉的对象必须是本案自诉人；第二，反诉的内容必须是与本案相关的行为；第三，反诉的案件必须是告诉才处理的案件和人民检察院没有提起公诉，被害人有证据证明的轻微刑事案件。反诉案件适用自诉案件的规定，应当与自诉案件一并审理。自诉人撤诉的，不影响反诉案件的继续审理。

因此，自诉人的诉讼代理人就有可能具有双重身份，即自诉案件的诉讼代理人、反诉案件的辩护人。律师代理自诉案件的，对于这种存在双重身份的情形予以考虑，并与委托人做好沟通和身份确认工作。

## 二、自诉案件律师代理的特点

自诉案件中的律师代理有以下特征：一是自诉案件代理律师比公诉案件代理律师权限大。根据《刑事诉讼法》的规定，自诉人在诉讼中享有的诉讼权利有起诉权、上诉权、和解权、撤诉权等，这些诉讼权利，自诉人可以授予代理律师行使。二是自诉案件代理律师可能行使完全的控诉职能。公诉案件代理律师在诉讼中只能起到辅助和补充的控诉作用，对被告人的控诉职能是由公诉机关来行使，被害人的控诉是可有可无的，而自诉案件则不同，对被告人的控诉完全由自诉人来行使或者委托给代理律师来行使。

## 三、代理律师的法律地位

律师参加自诉案件的诉讼活动是基于自诉人及其法定代理人的委托，在自诉案件中是诉讼参与人，在诉讼中处于诉讼代理人的法律地位。自诉案件中的代理律师和公诉案件中的代理律师都是当事人的诉讼代理人，二者的法律地位基本上是相同的。但是，由于自诉人和被害人在刑事诉讼中的法律地位上存在差异，即自诉人对犯罪行为具有完全的起诉权，被害人则没有，后者在诉讼中只能发表指控意见。因此，自诉案件的代理律师与公诉案件的代理律师的法律地位也存在差异，主要体现在：

一是代理律师代为行使控诉职能，处于控诉地位。自诉案件中自诉人能够直接向法院提起刑事诉讼，是诉讼程序的提起者，其诉讼行为可以引起刑事诉讼法律关系的产生、变更和消灭，即直接导致诉讼的启动、递进或者终结；而公诉案件中的被害人虽然也是当事人，却不能启动或者终结刑事诉讼程序，其诉讼行为只能对刑事诉讼法律关系的产生、变更和消灭起到一定的影响作用而不是决定作用，也就是对刑事诉讼进程起到一定的影响作用。因此，作为自诉案件的代理律师在诉讼中代替自诉人或者与自诉人一起行使控诉职能，一同指控犯罪行为，处于刑事程序启动的原告地位。而公诉案件程序启动者是公诉机关，处于诉讼程序的原告地位，代理律师不具有这样启动程序的功能，因此，不能处于这样的地位。

二是代理律师可能处于两种诉讼地位，具有双重身份。根据我国《刑事诉讼法》的规定，自诉案件的被告人在诉讼过程中，可以对自诉人提起反诉。因此，在反诉中，自诉案件的自诉人就在反诉中成了被告人，其代理律师就成了辩护人。在自诉案件审理过程中，因被告人反诉导致自诉人成了反诉中的被告人，在这种情形下，自诉人不会因为成了反诉中被告人而另行委托辩护人，只能是由代理律师充当辩护人来进行辩护。因此，在自诉案件中，自诉人的代理律师可能处于两种诉讼地位，具有双重身份。而这种情况，在公诉案件被害人的代理中，则不会出现。

## 四、代理律师的主要工作

根据《刑事诉讼法》的规定，自诉案件的自诉人及其法定代理人有权随时委托诉讼代理人。因此，自诉案件代理律师的代理工作范围非常广泛，其在诉讼开始以前的准备工作，直到诉讼结束的任何阶段，都可以进行代理工作。

### （一）起诉前的代理工作

自诉人在向法院提起自诉以前，可以委托代理律师进行起诉前准备工作，具体包括：

一是调查案件事实和收集证据。代理律师在自诉案件起诉之前，要了解案件事实，为了有足够的证据支持起诉并能够获得胜诉，代理律师要收集和整理足够的证据，并尽量达到确实充分的标准。这是自诉案件和公诉案件律师代理工作的一个重要区别，在自诉案件中，自诉人是作为程序启动者提起刑事诉讼，并在诉讼中负有举证责任。根据《刑事诉讼法》的规定，缺乏罪证的自诉案件，法院会要求自诉人进行补充证据；如果自诉人提不出补充证据，法官会说服自诉人撤回自诉或者裁定驳回。因此，代理律师接收委托代自诉人在向法院提起自诉之前，代理工作的重点就是帮助自诉人准备好足够的证据。涉及证明被告人身份的证据，代理律师可以到被告人户籍所在地的派出所进行调查；涉及案件事实的证据，代理律师可以向证人或者有关单位、个人收集、调取证据材料，以及自诉人自己提供等。

二是撰写自诉状。自诉人向法院提起刑事诉讼，必须向法院提交自诉状。自诉状在法律上具有提起刑事诉讼的效力，表明自诉人向人民法院提出了诉讼请求，要求追究被告人的刑事责任。自诉人委托律师作为诉讼代理人的，代理律师应当撰写自诉状。自诉状应包括以下内容：自诉人、被告人的姓名、年龄、民族、籍贯、出生地、文化程度、职业、工作单位、住址等自然情况；被告人的犯罪事实，包括时间、地点、手段、危害后果等；被告人行为所触犯的罪名；具体的诉讼请求；致送人民法院的名称和具状时间；证人的姓名、住址；证据的名称、件数、来源等。被告人是两人以上的，应按被告人的人数提供起诉状的副本。

### （二）开庭审判中的代理工作

代理律师在法庭开庭过程中，应当认真履行代理职责，帮助自诉人对被告人进行控诉。在庭审过程中，代理律师的代理工作如下：

一是代理律师可以代替自诉人宣读自诉状，发表代理意见；二是法庭调查阶段，代理律师代理自诉人或者协助自诉人也能用证据叙述案件事实，同时举出证据证明案件的存在，给自诉人造成的伤害情况，论证被告人的行为构成犯罪；三是法庭辩论阶段，自诉人和代理律师首先发表对案件事实和证据的意见，并于被告人和辩护人发表辩护意见后，与对方进行辩论，代理律师针对被告人及其辩护人的辩护意见进行法律上和事实上的分析，进行反驳；四是在法院对案件进行调解时，代理律师应当在追求自诉人利益最大化的前提下，考虑是否接受法院的调解，以及与被告人自行和解或者撤回自诉；五是如果被告人在诉讼过程中提起了反诉，此时自诉人同时变成了反诉的被告人，代理律师应当做好为其辩护的准备工作等。

（三）二审程序的代理工作

自诉人接到判决书以后，如果不服，可以上诉。代理律师如果继续代理该案，帮助和协助自诉人准备上诉，提起二审程序。在二审程序中，代理律师的代理工作内容有：

一是撰写并递交上诉状提起上诉。自诉人及其法定代理人不服一审判决裁定的，可以口头和书面向上一级法院上诉。代理律师应当帮助委托人撰写上诉状，上诉状中应写明当事人不服原判决裁定的事由，并且写明自己的诉讼请求以及理由。代理律师在法定上诉期间，可以通过原审法院提出上诉，也可以直接向二审法院提出上诉。

二是参加二审程序的审理。二审法院对上诉案件进行开庭审理的，代理律师应当作为诉讼代理人参加法庭审理。代理律师在二审法庭上，有权陈述其代理意见，表明其对案件事实和适用法律的看法。

## 第四节　附带民事诉讼案件的律师代理

### 一、附带民事诉讼案件律师代理的含义

附带民事诉讼案件的律师代理，是指律师接受附带民事诉讼案件当事人及其法定代理人的委托，作为附带民事诉讼当事人的诉讼代理人，在其授权范围内，以附带民事诉讼当事人的名义，代为参加诉讼的活动。具体包括公诉案件的附带民事诉讼和自诉案件的附带民事诉讼。

根据《刑事诉讼法》的规定，公诉案件附带民事诉讼的当事人及其法定代理人，自案件移送审查起诉之日起有权委托诉讼代理人；而自诉案件附带民事诉讼的当事人有权随时委托诉讼代理人。

附带民事诉讼本质上属于民事诉讼，只是物质损失是由犯罪行为造成的，而

在刑事诉讼中解决物质损失赔偿问题。在刑事诉讼程序中，被害人及其法定代理人或者近亲属向人民法院提出赔偿申请，人民法院在确定被告人刑事责任的同时，一并解决因被告人的犯罪行为所造成物质损失的赔偿问题。律师在代理附带民事诉讼代理工作时，应当注意以下问题：

一是注意审查附带民事诉讼的起诉条件。《刑事诉讼法》第 101 条第 1 款规定："被害人由于被告人的犯罪行为而遭受物质损失的，在刑事诉讼过程中，有权提起附带民事诉讼。被害人死亡或者丧失行为能力的，被害人的法定代理人、近亲属有权提起附带民事诉讼。"而最高法《刑诉法解释》第 175 条则进一步明确了，刑事附带民事诉讼的成立条件：一是被害人因人身权利受到犯罪侵犯或者财物被犯罪分子毁坏而遭受物质损失的，有权提起附带民事诉讼；二是必须是在刑事诉讼过程中提起刑事附带民事诉讼，刑事案件还没有立案或者刑事判决已经发生法律效力，则不能提起；三是提起的主体必须是被害人，被害人死亡或者丧失行为能力的，其法定代理人、近亲属有权提起附带民事诉讼，除此之外，其他人无权提起。

为了规范刑事附带民事诉讼，最高人民法院《关于适用〈刑事诉讼法〉的解释》第 182 条规定了附带民事诉讼的起诉条件："（一）起诉人符合法定条件；（二）有明确的被告人；（三）有请求赔偿的具体要求和事实、理由；（四）属于人民法院受理附带民事诉讼的范围"。作为代理律师，按照刑事附带民事诉讼的起诉条件审查所代理的案件，避免被法院驳回而导致当事人利益受损。

二是注意审查代理律师的双重身份的问题。在刑事诉讼中，存在公诉案件附带民事诉讼原告人的诉讼代理人与刑事诉讼被害人的诉讼代理人两种身份重合的情形；存在附带民事诉讼被告人的诉讼代理人与辩护人两种身份重合的情形；存在自诉案件自诉人的诉讼代理人、附带民事诉讼原告人的诉讼代理人、反诉中辩护人与附带民事诉讼被告人的诉讼代理人四种身份重合的情形；以及自诉案件中被告人的辩护人、附带民事诉讼被告人、反诉中自诉人诉讼代理人、附带民事诉讼原告人诉讼代理人四种身份重合的情形。

因此，律师在办理委托手续时，要考虑到上述情况，明确委托关系和代理权限。附带民事诉讼的律师代理，根据委托人法律地位的不同，可以分为附带民事诉讼原告人的律师代理和附带民事诉讼被告人的律师代理。

## 二、附带民事诉讼原告人的律师代理

附带民事诉讼原告人的律师代理，是指律师接受附带民事诉讼原告人及其法定代理人的委托，作为附带民事诉讼原告人的诉讼代理人，在其授权范围内，以附带民事诉讼原告人的名义，参加诉讼的活动。

### （一）附带民事诉讼原告人的范围

根据最高人民法院《关于适用〈刑事诉讼法〉的解释》第 175 条和第 179 条

的规定，附带民事诉讼的原告人包括：

1. 因人身权利受到侵犯或者财物被犯罪分子毁坏而遭受物质损失的被害人，包括自然人和法人；

2. 被害人死亡或者丧失行为能力的，其法定代理人、近亲属；

3. 国家财产、集体财产遭受损失，受损失的单位未提起附带民事诉讼，在提起公诉时提起附带民事诉讼的人民检察院。

（二）代理律师的法律地位

附带民事诉讼代理律师，作为附带民事诉讼原告人的诉讼代理人，是以附带民事诉讼原告人的名义参与诉讼的诉讼参与人。

附带民事诉讼的原告人，在多数情况下与公诉案件的被害人、自诉案件的自诉人就是同一个人，只是因为诉讼的属性不同，法律地位有所不同。不过，公诉案件的被害人与自诉案件的自诉人如果提起附带民事诉讼，其聘请的律师可以同时作为刑事诉讼和附带民事诉讼的诉讼代理人，同时享有两者赋予的诉讼权利。

（三）代理律师的工作内容

1. 附带民事诉讼提起前，即法庭审理前的代理工作。

第一，《刑事诉讼法》第 101 条规定，被害人由于被告人的犯罪行为而遭受物质损失的，在刑事诉讼过程中，有权提起附带民事诉讼。因此，代理律师在接受附带民事诉讼原告人的委托之前，应审查：（1）作为提起附带民事诉讼前提的刑事诉讼是否已经提起；（2）附带民事诉讼的被告人是否符合法定条件（附带民事诉讼的被告人除刑事被告人外，还包括未被追究刑事责任的其他共同致害人，未成年刑事被告人的监护人，已被执行死刑的罪犯的遗产继承人，审结前已死亡的被告人的遗产继承人，对刑事被告人的犯罪行为依法应当承担民事赔偿责任的单位和个人等）；（3）被害人的物质损失是否由被告人的犯罪行为所引起；（4）附带民事诉讼提起的时间是否在刑事案件立案之后第一审判决宣告之前。

第二，撰写附带民事起诉状，其基本内容包括：（1）附带民事诉讼原告人、被告人的自然情况；（2）具体诉讼请求；（3）基本事实和理由；（4）致送人民法院的名称和具状时间；（5）相关的证据材料。

第三，指导、协助委托人收集证据，展开调查，申请鉴定，建议或协助委托人申请人民法院对被告人的财产予以扣押或查封。

2. 法庭审判阶段的代理工作。代理律师出庭参加诉讼的主要活动包括：（1）经委托人授权可以对本案合议庭组成人员、书记员、公诉人、鉴定人和翻译人员提出回避申请；（2）陈述案件事实；（3）出示、宣读本方证据；（4）申请法庭通知本方证人出庭作证；（5）经审判长许可对被告人、证人、鉴定人发问；（6）对对方证据提出异议；（7）对对方代理人的不当发问提出异议；（8）发表代理意见；（9）指导委托人参加调解，准备调解方案。

3. 庭审结束后的代理工作。一审判决作出后，原告人对于一审判决、裁定中附带民事诉讼部分不服的，代理律师应协助其提起上诉。附带民事诉讼进入二审程序后，律师可以接受附带民事诉讼原告人的委托，担任二审诉讼代理人。

## 三、附带民事诉讼被告人的律师代理

附带民事诉讼被告人的律师代理，是指律师接受附带民事诉讼被告人及其法定代理人的委托，作为附带民事诉讼被告人的诉讼代理人，在其授权范围内，以附带民事诉讼被告人的名义，参加诉讼的活动。

### （一）附带民事诉讼被告人的范围

根据最高人民法院《关于适用〈刑事诉讼法〉的解释》第180条的规定，附带民事诉讼中依法负有赔偿责任的人包括：刑事被告人以及未被追究刑事责任的其他共同侵害人；刑事被告人的监护人；死刑罪犯的遗产继承人；共同犯罪案件中，案件审结前死亡的被告人的遗产继承人；对被害人的物质损失依法应当承担赔偿责任的其他单位和个人。附带民事诉讼被告人的亲友自愿代为赔偿的，应当准许。

### （二）代理律师的法律地位

律师作为附带民事诉讼被告人的诉讼代理人，是以附带民事诉讼被告人的名义参与诉讼的诉讼参与人，目的在于维护附带民事诉讼被告人的合法权益。

附带民事诉讼被告人的代理律师，参加诉讼的依据是基于被代理人的委托。因此，代理律师参加诉讼，必须向司法机关提交授权委托书，而且在委托书中需要明确权限范围。

在司法实践中，存在诉讼代理人与辩护人重合的情形，在这种情况下，律师在接受附带民事诉讼被告人及其法定代理人的委托时，应当明确身份的属性。当律师具有双重身份时，既享有代理权，又享有辩护权的情况下，应当意识到代理和辩护的区别。

鉴于附带民事诉讼和刑事诉讼的紧密联系，辩护和代理并非截然分开，辩护中可以适当为代理做些准备。不过，作为律师，无论是进行辩护还是进行代理，都必须有明确的目的。

### （三）代理律师的工作内容

1. 开庭前对案件事实的了解和调查。附带民事诉讼被告人的代理律师在法庭审理以前，主要代理工作是针对被告人的行为给原告人究竟是否造成了物质损失及损失的范围、被告人应当承担多大责任等有关案件事实进行调查研究，并且可以进行必要证据的收集。

2. 法庭审理阶段的代理工作。在法庭审理阶段，代理律师作为附带民事诉讼被告人的诉讼代理人参加诉讼，参与对附带民事诉讼的审理。代理律师在法庭上应当对被告人发问，对法庭上出示的证据包括物证、书证、证人证言、被害人陈述、鉴定意见以及其他证据发表代理意见，在辩论阶段同对方当事人及代理律师进行辩论。

3. 庭审结束后的代理工作。附带民事诉讼被告人如果对一审的判决、裁定不服，可以提出上诉。代理律师可以帮助被告人撰写上诉状，在上诉状中主要写明一审判决裁定存在的问题和理由，以及其诉讼请求。在二审审理过程中，代理律师仍然可以代理参加诉讼，发表代理意见。

# 第十章 民事诉讼代理律师

## 第一节 民事诉讼律师代理概述

### 一、民事诉讼律师代理的概念和特点

(一) 民事诉讼律师代理的概念

民事诉讼律师代理，是指在民事诉讼中，律师接受当事人的委托，为了维护被代理人的合法权益，以被代理人的名义，在代理权限范围内代理被代理人进行诉讼活动的行为。

我国民事实体法和民事程序法为律师在民事诉讼中代理当事人参加诉讼提供了法律依据。《民法典》第 161 条第 1 款规定：“民事主体可以通过代理人实施民事法律行为。”《民事诉讼法》第 58 条规定：“当事人、法定代理人可以委托一至二人作为诉讼代理人。下列人员可以被委托为诉讼代理人：(一) 律师、基层法律服务工作者；(二) 当事人的近亲属或者工作人员；(三) 当事人所在社区、单位以及有关社会团体推荐的公民。”在可以委托的诉讼代理人范围中，律师居于首位。而《律师法》第 28 条也规定，律师可以接受民事案件、行政案件当事人的委托，担任代理人，参加诉讼。这些都是律师代理民事诉讼的直接法律依据。从律师所从事的主要业务看，接受当事人的委托担任民事诉讼代理人，是律师的主要业务之一。

(二) 民事诉讼律师代理的特点

民事诉讼律师代理当事人为一定的诉讼行为，主要有以下几个特点：

1. 律师与被代理人必须符合法定的条件。根据《律师法》的规定，以律师名义代理当事人进行民事诉讼的代理人，必须是在律师事务所执业的律师，并受该律师事务所指派以律师身份进行代理活动的自然人。律师不能直接接受当事人的委托代理诉讼，必须以律师事务所为依托，通过律师事务所接受当事人的委托。被代理人必须是符合法定条件的委托人。民事诉讼中的委托人是具备民事诉讼当事人资格的公民或者其他法定代理人，法人或者其他组织的法定代表人，其他人不能以委托人的身份委托律师代理民事诉讼。

2. 律师必须以被代理人的名义，并且为了维护被代理人的利益进行诉讼活动。我国《民事诉讼法》对诉讼代理人的诉讼地位作了明确的规定，律师代理民事诉讼活动，必须以被代理人的名义进行诉讼。在代理与被代理的法律关系中，代理律师不是案件的一方当事人，与案件没有直接或间接的利害关系，他参加诉讼完全是为了给被代理人提供法律帮助。因此，诉讼代理人必须以被代理人的名义，并且为了维护被代理人的利益进行诉讼活动，而不能以自己的名义，为了维护自己的利益进行诉讼活动。

3. 律师必须在代理权限范围内实施诉讼行为。律师代为诉讼行为和代受诉讼行为的依据是诉讼代理权。为了防止诉讼代理权的滥用，维护被代理人的利益，诉讼代理权有一定范围的限制。律师参加诉讼、行使代理权必须根据被代理人的授权进行活动，其权限不可能也不应该超越被代理人授权的范围。律师在代理权限范围内实施的诉讼行为才是诉讼代理行为，才产生诉讼代理的法律后果。律师的代理活动，必须在所受委托的权限范围内独立地进行。律师代理有关事务，目的在于维护被代理人的合法权益，而不是为了维护律师自己的权益。因此，律师代理既有从属性，又有独立性。

4. 律师代理行为所产生的法律后果由被代理人承担。律师的民事诉讼代理，在被代理人授权范围所为的诉讼行为，以被代理人的名义行使法律赋予被代理人的诉讼权利，履行诉讼义务，其产生的一切法律后果，均应当由被代理人承担。诉讼代理的法律后果，包括程序性的后果和实体性的后果。前者如因代理当事人申请撤诉被法院批准而结束诉讼程序，后者如因代理当事人承认对方的诉讼请求而被法院判决承担某种民事义务。诉讼代理行为只要未超越诉讼代理权限，其法律后果均应由被代理人承担，而不由诉讼代理人承担。诉讼代理人超越诉讼代理权实施的诉讼行为则不是诉讼代理行为，其法律后果只能由诉讼代理人自己承担，除非被代理人对越权的诉讼代理行为予以追认。

## 二、民事诉讼律师代理的种类

民事诉讼中的律师代理是一项复杂的法律制度，为了便于理论界和司法实践部门把握和深入研究，将民事诉讼律师代理依据不同的标准进行不同的科学的分类。

### （一）一般授权代理和特别授权代理

根据律师代理民事诉讼的权限范围不同，将其划分为一般授权代理和特别授权代理。

一般授权代理是指民事诉讼当事人只授予律师纯粹的程序性权利或与案件实体权利联系不太紧密的诉讼权利，而不将处分实体的诉讼权利授予代理律师。享有一般授权的律师只能代理当事人行使如代为起诉、应诉、出示证据、质证、询问证人、申请保全、提请回避、提出管辖权异议等不涉及当事人实体权利的一般诉讼权利。

特别授权代理是指当事人不仅将一般的诉讼权利而且将处分实体权的诉讼权利全部或部分授予律师行使的代理。特别授权委托的权限范围，主要是指能直接影响被代理人案件实体权利义务的权限事项，如代为承认、放弃、变更诉讼请求，进行和解，提起反诉或上诉，等等。

（二）一审程序、二审程序、审判监督程序和执行程序的律师代理

根据律师代理民事诉讼的诉讼阶段不同，将其分为一审程序、二审程序、审判监督程序和执行程序的律师代理。

一审程序、二审程序、审判监督程序和执行程序是人民法院处理民事案件的四个不同的阶段和程序，它们都有各自特定的任务以及不同的要求和特点。与此相对应，律师在上述四个阶段担任诉讼代理人，应有不同的工作方式、方法和步骤，也应有不同的工作重点。

（三）涉外民事诉讼律师代理和非涉外民事诉讼律师代理

根据律师代理民事案件有无涉外因素，将其分为涉外民事诉讼律师代理和非涉外民事诉讼律师代理。

非涉外民事诉讼律师代理，是指律师代理不具有涉外因素的民事诉讼的行为。涉外民事诉讼和非涉外民事诉讼具有不同的特点，各自应遵循一定的特有原则，在管辖、期间、送达、司法协助上都有各自的特定内容。这也决定了涉外民事诉讼律师代理和非涉外民事诉讼律师代理在工作方式、工作方法、具体步骤及注意事项等方面，都会存在一定差异。

此外，学理上还将民事诉讼律师代理分为单独律师代理和共同律师代理，指定的律师代理和委托的律师代理，一般民事案件律师代理和经济、商事案件律师代理等，这里不一一赘述。

## 三、民事诉讼律师代理的意义

律师代理民事诉讼，对于保障公民、法人和其他组织民事权利的实现和民事法律的正确实施，具有极其重要的意义。

1. 民事诉讼律师代理，有助于当事人更好地行使诉讼权利。我国公民享有广泛的权利，如人身权、财产权、知识产权、继承权等，当这些权利受到非法侵害时，公民因种种原因，或无诉讼能力，或无诉讼经验，或无诉讼时间，不能实际和有效地参加诉讼活动。律师作为提供专业法律服务的人员，接受当事人或法定代理人的委托，参加民事诉讼，可以充分运用律师的专业知识和诉讼技巧，帮助当事人有效地行使诉讼权利，维护和实现其合法权益。

2. 民事诉讼律师代理，有利于充分保护当事人的合法权益。在经济发展迅速、社会关系日益复杂、纠纷越来越多的今天，诉讼对当事人提出了更高的要求。当事人往往不具备法律专业知识和诉讼技巧，无法在诉讼中及时、有效地实

施相应的诉讼行为，从而难以有效地保护其合法权益。律师是专门为当事人提供法律服务的执业人员，不但精通法律，而且能言善辩，具有丰富的诉讼经验，因此，当事人聘请律师担任代理人代理诉讼比聘请其他人代理诉讼，可以更好地维护自己的合法权益，实现自己的诉讼目的。

3. 民事诉讼律师代理，有利于人民法院正确及时审理民事案件，提高审判质量。律师代理民事诉讼，进行调查取证，有助于人民法院更好地行使审判权，律师的代理活动可以从不同的角度提出事实材料和意见，可以使审判人员得到更全面的案件信息，从而为审判人员正确地认定事实和适用法律，提高办案质量提供有力的帮助。律师向委托人讲解有关法律规定，协助人民法院做好调解工作，有利于案件正确、及时、彻底地得到解决。对于错误的判决和裁定，律师还可以协助当事人上诉，通过二审程序予以纠正。因此，律师代理民事诉讼，有助于增强审判人员的工作责任感、提高审判质量，同时矫正审判的失误和偏差，防止错案发生，从而有效地维护法律正确实施，维护社会公平和正义。

4. 民事诉讼律师代理，有利于对当事人进行法治宣传教育，促进社会主义物质文明和精神文明建设。律师在民事诉讼中可以利用自己的特殊身份对当事人及其他有关人员进行法治宣传教育，增强他们的法治观念，提高他们的法律意识，预防违法行为的发生，从而推动社会主义的物质文明和精神文明建设。

## 第二节　民事诉讼代理律师的权利

### 一、民事诉讼代理律师权利的概念

民事诉讼代理律师的权利，是指律师在民事诉讼过程中依法享有的权利。从民事诉讼代理律师权利的本质来看，它应该是一种职务性权利，民事诉讼代理律师的权利主要是法律规定的律师从事这个职业所享有的权利。律师如果不从事法律规定的业务活动，则不享有法律赋予的权利。

从民事诉讼代理律师权利的范围来看，律师代理民事诉讼的权利可以分为两部分：一是律师因代理关系而取得的权利，二是律师依法直接享有的权利。前者称为律师的继受权利，后者则称为律师的法定权利。律师的继受权利，是指律师因被代理人的委托授权而取得的权利。这种权利既可以是当事人所享有的全部或者部分诉讼权利，也可以是当事人所享有全部或者部分实体权利。代理律师只能在委托授权的范围内行使继受权利。律师的法定权利，是指律师在代理民事诉讼中，按照有关法律规定直接享有的权利。这种权利由律师在担任代理人时享有并自行行使，而不受当事人授权范围的限制。

### 二、民事诉讼代理律师权利的内容

根据《律师法》和《民事诉讼法》的有关规定，民事诉讼代理律师在民事诉讼中主要包括以下权利：

（一）依法执行职务受法律保护权

《律师法》第3条第4款规定："律师依法执业受法律保护，任何组织和个人不得侵害律师的合法权益。"第36条规定："律师担任诉讼代理人或者辩护人的，其辩论或者辩护的权利依法受到保障。"律师依法执行民事诉讼代理职务时，受国家法律的保护，任何单位、个人不得非法干涉。在代理活动中的人身权利不受侵犯，在法庭上发表的代理意见不受法律追究。律师依法执行职务受法律保护，这既是律师的一项权利，也是律师行使其他权利的保障性规定。

（二）阅卷权

律师享有阅卷权，是民事诉讼代理活动的必要手段。通过阅卷，可以达到获取事实和证据、熟悉和了解案情的目的。自案件被人民法院受理之日起，律师有权查阅、摘抄和复制与案件有关的所有材料。

（三）调查取证权

律师在民事诉讼代理中，有权按照法律规定，查阅案件的证据和材料，也有权向有关单位和个人进行调查与承办法律事务有关的情况。

（四）出庭参加诉讼权

律师参加诉讼活动，可以出席法庭，参与诉讼，以及享有法律规定的其他权利。为了适应律师在代理民事诉讼中履行职务的需要，法律赋予律师在不同诉讼阶段享有相应的诉讼权利。在出庭参加诉讼方面享有以下权利：

1. 发问权。在法庭审理中，律师经法庭许可，有权向当事人、证人、鉴定人发问。根据我国《民事诉讼法》的规定，只要律师发问的内容正当，程序合法，法庭应当准许，不应任意限制或制止。

2. 质证权。在法庭调查阶段，律师对于对方当事人出示的证据，有权提出自己的意见；对于到庭的证人、鉴定人，有权进行质证。

3. 提出新证据权。在法庭上，律师有权提出新的证据，有权申请通知新的证人到庭作证，有权申请重新鉴定或者重新勘验。是否准许，由人民法院决定。

4. 参加法庭辩论权。在法庭辩论中，律师有权进行辩论，且辩论的权利依法受到保障。

（五）拒绝代理权

《律师法》第32条第2款规定："律师接受委托后，无正当理由的，不得拒绝辩护或者代理。但是，委托事项违法、委托人利用律师提供的服务从事违法活动或者委托人故意隐瞒与案件有关的重要事实的，律师有权拒绝辩护或者代理。"这一规定赋予了律师拒绝代理的权利。律师发现被代理人伪造、隐藏、毁灭证据或者提出无理或违法要求的，有权拒绝担任代理人，或者解除与被代理人的委托关系。

（六）获取本案各种法律文书副本的权利

律师代理民事诉讼案件，有权获得人民法院的判决书、裁定书、调解书的副本。此外，根据《民事诉讼法》等有关规定，律师代理民事诉讼活动过程中还享有以下权利：(1) 律师根据被代理人的特别授权范围，有权处理被代理人的实体权利，如代为承认、放弃、变更诉讼请求，进行和解，提起反诉或上诉，等等。(2) 查阅、复制本案有关材料和法律文书，包括庭审记录、案卷等。(3) 对已经发生法律效力的判决、裁定、调解协议，律师认为在适用法律或认定事实上确有错误的，有权代理当事人向人民法院依法申请再审或者申诉。(4) 律师在诉讼活动中，对人民法院的审判人员、执行人员侵犯国家、集体和公民合法权益的行为，有揭发、检举和控告的权利。

## 第三节　民事诉讼代理律师的义务

### 一、民事诉讼代理律师义务的概念

律师代理民事诉讼在享有权利的同时，必须承担一定的义务。民事诉讼代理律师的义务是指律师在代理民事诉讼中依法应当为或者不为一定行为的范围和限度。民事诉讼代理律师的义务，与代理律师的权利相对应。严格确定民事诉讼代理律师的义务，是代理律师正确行使权利的必要保障。

### 二、民事诉讼代理律师义务的内容

代理律师在民事诉讼中享有权利的同时，应当履行相应的义务。我国民事诉讼代理律师在民事诉讼中应当履行下列义务：

(一) 律师不得在同一案件中担任双方当事人的代理人

《律师法》第 39 条规定：“律师不得在同一案件中为双方当事人担任代理人，不得代理与本人或者其近亲属有利益冲突的法律事务。”当事人委托律师代理民事诉讼的目的，是通过律师依据法律取得有利于自己的证据，帮助人民法院查明案件事实，从而排除不法侵害，维护其合法权益。民事案件中当事人双方利益呈现相对立与相冲突的状态，如果律师接受同一案件的原、被告双方当事人的委托参加诉讼，无法同时维护双方当事人的合法权益，必然维护一方而损害另一方，而且也无法正常收集证据、参加庭审，从而影响人民法院对案件作出公正的裁判，因此法律禁止双方代理现象。

(二) 律师不得私自接受委托、收取费用，接受委托人的财物或者其他利益

《律师法》第 25 条第 1 款规定：“律师承办业务，由律师事务所统一接受委托，与委托人签订书面委托合同，按照国家规定统一收取费用并如实入账。”依此规定，律师事务所受理案件应当指派专人负责，接待当事人，符合收案条件的，由律师事务所统一收案，统一收取费用，由律师事务所主任指派律师承办。如果律师私自接受委托、收取费用，接受委托人的财物或者其他利益，不仅妨碍

律师事务所对律师的管理，影响律师事务所的声誉，减少律师事务所的收入，而且因委托关系不合法、不稳定或容易产生乱收费而给委托人带来损害，同时还会造成税款损失，减少国家财政收入。因此，《律师法》第 40 条规定，律师不得“私自接受委托、收取费用，接受委托人的财物或者其他利益”。

（三）律师不得利用提供法律服务的便利牟取当事人争议的权益，或者接受对方当事人财物

公民、法人或者其他组织与他人发生争议时，委托律师代为诉讼，这种行为本身就包含着对律师的信任和依赖，他们向律师事务所支付律师费，与律师事务所签订委托代理合同。作为民事诉讼代理律师接受委托，收取当事人付给的劳动报酬，理应全心全意为当事人服务，不应当介入当事人争议的权益之中，更不能将牟取当事人争议的权益作为从事代理活动的目的。同时，律师提供法律服务，应当忠实地为委托人服务，如果接受与委托人有利益冲突的对方当事人的财物或者其他利益，或者与对方当事人或者第三人恶意串通，必然导致律师侵害委托人的权益。因此，《律师法》第 40 条还明确规定，律师不得“利用提供法律服务的便利牟取当事人争议的权益”，不得“接受对方当事人的财物或者其他利益，与对方当事人或者第三人恶意串通，侵害委托人的权益”。

（四）保守职务秘密的义务

律师应当保守在执业活动中知悉的国家秘密、商业秘密，不得泄露当事人的隐私。根据《律师法》第 38 条的规定，律师对在执业活动中知悉的委托人和其他人不愿泄露的有关情况和信息，应当予以保密。但是，委托人或者其他人准备或者正在实施危害国家安全、公共安全以及严重危害他人人身安全的犯罪事实和信息除外。如果律师违反保密义务，则需要承担法律责任。

（五）曾经担任法官、检察官的律师，从人民法院、人民检察院离任后 2 年内，不得担任诉讼代理人

曾经担任法官、检察官的律师，由于以往的工作岗位，使其与原所在法院、检察院有着特定的联系，为了实现司法公正，避免关系案、人情案的发生，也为了维护律师队伍的声誉，《律师法》第 41 条规定，曾经担任法官、检察官的律师，从人民法院、人民检察院离任后 2 年内，不得担任诉讼代理人。

此外，《律师法》第 40 条规定，律师在代理民事诉讼活动中，不得有下列行为：（1）违反规定会见法官、检察官、仲裁员以及其他有关工作人员；（2）向法官、检察官、仲裁员以及其他有关工作人员行贿，介绍贿赂或者指使、诱导当事人行贿，或者以其他不正当方式影响法官、检察官、仲裁员以及其他有关工作人员依法办理案件；（3）故意提供虚假证据或者威胁、利诱他人提供虚假证据，妨碍对方当事人合法取得证据；（4）煽动、教唆当事人采取扰乱公共秩序、危害公共安全等非法手段解决争议；（5）扰乱法庭、仲裁庭秩序，干扰诉讼、仲裁活动的正常进行。

## 第四节　民事诉讼代理律师的职责

### 一、民事诉讼代理律师职责的概念

民事诉讼代理律师的职责，是指律师作为民事诉讼代理人在代理民事诉讼活动中应当承担的责任，也就是民事诉讼代理律师在代理民事活动时应尽的责任。

### 二、民事诉讼代理律师职责的内容

《律师法》第2条第2款规定："律师应当维护当事人合法权益，维护法律正确实施，维护社会公平和正义。"第30条规定："律师担任诉讼法律事务代理人或者非诉讼法律事务代理人的，应当在受委托的权限内，维护委托人的合法权益。"根据这一规定，律师的职责就是依法全力维护自己当事人的合法权益，维护法律正确实施，维护社会公平和正义。律师在民事代理活动中必须履行以下职责：

（一）依法维护当事人的合法权益

律师一经接受当事人的委托，就有责任依法执行职务，根据事实和法律，为当事人提供法律服务，维护当事人的合法权益。依法维护当事人的合法权益，是律师进行业务活动的法定职责。依照法律规定和律师职业道德与执业纪律的规定，律师在代理民事诉讼活动过程中必须热情勤勉，诚实守信，尽职尽责地为当事人提供法律服务，努力满足当事人的正当要求，维护当事人的合法权益。

（二）指导、协助或者代理当事人实现诉讼权利

律师职业本身就是应社会主体维护自身权益的需要而产生的，维护当事人权益是律师职业产生的直接原因。律师运用社会主体所不具备的专业法律知识，将社会主体的权利或利益要求及其所依据的客观事实纳入法律的框架内，转换为诉讼请求，使得这些实体请求得以进入法的空间，成为法律问题，进而实现与法官或对方律师之间的沟通与交流，并获得法律的认同和保护。当争议或纠纷产生后，通过何种形式，如何实现法律赋予的诉讼权利，关系到当事人的切身利益。在这种情况下，当事人委托律师作为代理人参加诉讼，其目的有两个：一方面寻求律师对其提供法律帮助；另一方面请求律师指导、协助或者代理当事人实现诉讼权利。在实践中，如果当事人出庭参加案件的审理，代理律师则主要履行指导、协助当事人行使诉讼权利的职责。如果当事人不出庭参加案件的审理，代理律师则代理当事人行使诉讼权利。

（三）维护法律公正

律师接受当事人的委托，作为代理人参加民事诉讼，就要在诉讼活动中寻求法律的公正。只有法律公正，当事人的合法权益才能得到维护。另外，在民事诉

讼当中，律师和当事人之间形成代理关系以后，律师对当事人就要忠诚。当然，律师对当事人的忠诚并不意味着律师对当事人政治、经济、社会或道德观点及行为的赞同，也不是要律师附和当事人的主张，无原则地完全按照当事人的要求和意愿行事。律师给当事人提供的所有法律帮助都必须限定在法律的边界内，不得为法律所禁止之事；律师自身还应当与当事人保持相对的独立性。代理律师参加民事诉讼，必须忠实于案件的事实真相，忠于国家的法律，忠于职守，做好民事诉讼的代理业务；必须以事实为依据，以法律为准绳，对人民法院审判活动的合法性、公正性予以监督，促使人民法院能够正确、合法、及时地审理案件，公正处理当事人之间的民事权益纠纷，有效维护当事人的合法权益。

## 第五节　民事诉讼代理律师的经验与技巧

律师代理民事诉讼案件，一般可以分为以下几个阶段：代理一审程序、代理二审程序和代理再审程序。这些阶段并非在每一个民事案件的代理中都要经历，但对于执业律师来讲，即使不在这个案件代理中经历，也可能会在另一个案件代理中经历，因此，各个阶段中的策略设计与操作技巧都值得认真研究并总结经验。一审程序是整个诉讼程序的基础，因此，下面重点介绍律师代理一审民事案件的经验与技巧。

### 一、律师代理一审民事案件的经验与技巧

律师代理一审民事案件，按照其工作特点和各环节的主要任务分为审查收案阶段、庭审前的准备阶段、庭审阶段、诉后总结完善阶段。

（一）审查收案阶段

收案，是指民事诉讼当事人到律师事务所办理委托代理手续，聘请律师担任其民事诉讼代理人，与律师事务所签订书面委托代理协议的过程。在收案阶段主要注意做好以下几个环节的工作：接待委托人、评估案情、签订委托代理协议等。

1. 接待委托人。在案件代理过程中，始终存在律师接待委托人的工作，这个阶段的接待对于能否建立委托关系以及律师在委托关系存续期间能否受到委托人的尊重和工作上的配合起着至关重要的作用。在委托前的接待阶段中，应注意下列问题：

（1）根据当事人自身和案件的不同情况，选择合适的接待场所。对当事人的接待，可以选择多种不同的场所，一般说来，约当事人到律师办公室谈话是最好也是最常见的方式，但是，在特殊情况下，为了满足案件代理的需要，也可以到当事人所在场所会谈。这样，当事人就会因为律师对其处境的理解而感到律师的细心及其对他人的尊重。作为一名律师，应当从细微处入手，在可能的情况下，

尽量替当事人着想，通过细节树立良好的职业形象，为日后的顺利合作奠定基础。

（2）设计接待模式。每个律师在工作中都会有一套自己惯用的接待方式，但是，什么样的接待方式更能树立律师的职业形象，更能显示律师的业务能力，是每个律师都应关注的问题。接询律师要以友善的态度，并带着同情心倾听当事人的讲述。在实践中，也可以采取“先看后听再问”的办法，就是除了极其简单的法律问题面对面谈话后当时就提出解决方案外，提倡采取先进行简短的谈话让当事人把材料留下，经仔细阅读分析后，再约当事人谈，听当事人陈述有关事实，并在当事人陈述中有针对性地问一些当事人认为并不重要但律师认为会直接或间接影响案件处理结果的问题。这样做的好处在于：律师可以避开当事人的视线静静地阅读材料、查找资料、进行思考。当对案件思考成熟后面对当事人时，可以很从容地询问当事人并对当事人的一些观点进行评判，从而使之感到律师的业务功底很深。在实践中，有些律师“先听后问再看”，结果因为对当事人提出的一些问题一时无法回答，使当事人对律师的能力产生怀疑，律师本人也很尴尬，从而可能失去代理机会。

2. 评估案情。在了解案情的基础上，应对案件的审理结果有一个初步的判断，并据此决定是否接受当事人的委托。在分析和评估案情时，要注意审查委托代理案件的合法性。具体包括：审查委托人代理的事项是否具备民事诉讼法规定的起诉条件；案件是否归人民法院主管；委托人的诉讼请求是否违反法律、政策或者社会公德；审查案件是否已经超过了诉讼时效等。同时还要注意，在分析案情、评估委托人的诉讼请求时，一定要充分研究现有的证据，全面了解委托人的情况，切忌过早地盲目下结论，一定要细致、谨慎，切忌误导委托人。

3. 签订委托代理协议。委托代理协议是律师代理民事诉讼的依据，其主要内容应包括：委托人的姓名、性别、年龄、住址等基本情况及案由；律师事务所指派参加诉讼的律师；委托代理事项及权限；代理关系的有效期限；双方商定的委托代理费用；双方的权利、义务。

委托代理协议是确定律师与委托人委托代理关系及相互权利义务的基础性文件，在签署委托代理协议时，律师一定要把协议条款的内容及意义对委托人明确说明，这样既是对双方权利义务的明确，也是为了避免在代理诉讼的过程中产生不必要的误会或纠纷。

在委托代理协议中，除了要明确约定代理费的数额、计算方法、收取时间等以外，还要明确律师在代理案件的过程中支出的其他费用，如交通费、住宿费、招待费等，是否最终由委托人负担以及如何负担等，以免在代理案件的过程中发生纠纷。

（二）庭审前的准备阶段

律师在接受委托之后，在开庭审理之前，因代理起诉、应诉、上诉和申诉的不同，有很多工作要做，但主要应该做好建立档案、查阅案卷、与被代理人谈话、调查取证以及拟定代理词等。

1. 建立律师诉讼代理档案包括：（1）律师接待委托人的谈话记录；（2）律师接受委托提交的各种材料；（3）接受委托后，与当事人之间的往来信、函件；（4）律师的调查访问材料；（5）律师在人民法院的阅卷记录；（6）委托合同与授权证书；（7）人民法院送交各种材料；（8）其他有关材料等。

2. 查阅案卷材料阶段。在接受委托后，律师就应当尽快全面了解案情，这是做好案件代理最基础的工作。要想迅速而全面地了解案情，到受案人民法院查阅卷宗是一种极为有效的方法。在阅卷过程中，代理律师应注意以下问题：（1）注意审查证据的合法性、客观性、关联性，认真审查正反两方面的证据，及时发现矛盾和疑点，对司法实践中经常可能出现的伪证情况要重点分析。（2）阅卷要注意证据材料的完整性，用全方位的法律意识进行，从中发现对己方有利和不利的证据材料。对于卷宗中有利于己方当事人和不利于己方当事人的材料都应给予充分的重视。对于有利的材料，应重点审查该材料是否形成了证据链，是否还需进一步补充和完善；对于不利于己方当事人的材料，律师更应给予充分的重视，一方面应询问自己的当事人，让其说明这份材料形成的真实情况；另一方面应设法找出这份材料的形成瑕疵、内容瑕疵、时间瑕疵及与其他证据无法印证的瑕疵，从而依据事实和法律否认这份材料的证明效力。（3）对于阅卷工作过程中知悉的国家秘密、商业秘密和个人隐私，要注意保密。

3. 与被代理人谈话。在接受当事人委托、查阅法院全部案卷之后，应与委托人再次进行有针对性的谈话。在再次谈话中，要紧紧围绕如下几个方面去进行：

（1）让当事人重点介绍本案法律关系的发生、变更、终结的事实，以判断其法律关系的合法性。（2）引导当事人重点介绍本案纠纷的发生、发展直到诉讼的事实经过，以判断是非责任，进一步明确双方争议的焦点与诉讼请求。（3）要求当事人说明本案件当事人与证人、第三人之间的关系，特别是恩怨利害关系，以判定证据来源及其证明力。（4）在进一步核实了解全案情况以后，确定是否还需要委托人提供新的证人，补充新的证据，是否要向法庭建议调查新证人、调取新证据或重新鉴定，或建议延期审理。

4. 调查取证阶段。在民事诉讼中，很多案件当事人各方之所以发生争执，其焦点就在于案件事实本身，即各方当事人所陈述的案件事实各不相同。在此类案件中，调查取证工作做得如何就成为案件代理成败的关键，尤其是在强调当事人举证的民事诉讼机制中，这一环节就显得更为重要。调查收集证据要讲究方式方法，因势利导、因人制宜是取证成功的关键。另外，有些证据时间性极强，为了避免时过境迁，应及时取证。实践证明，收集证据抓得越紧，进行得越及时，就越能收集到确实可靠的证据材料。在调查开始之前，律师应当告知有关人员要实事求是，不作伪证，否则，应当承担法律责任。

此外，律师因客观原因在其不能自行收集证据时，应当及时向法院提出申请，请求法院调查收集证据，需要勘验物证和现场的，也应及时提出并要求共同参加。在证据有可能灭失或转移的情况下，应及时告知委托人并代其向人民法院申请证据保全。

5. 撰写有关法律文书。代理律师在掌握了案件事实和证据之后，就要对法律适用进行分析论证，根据实际情况，撰写有关法律文书，这些法律文书包括起诉状、答辩状、代理词等。

从当事人那里收集来的原始材料必须被赋予法律形式，以便清晰和准确地揭示出其行为的原因。在撰写代理词的时候，不要冗长啰唆，也不要过于简短，以致使人感到还未说明问题。同时，还应当注意以下问题：(1) 律师撰写各种法律文书，总的要求是：观点正确，立论有据，说理充分，以理服人；中心突出，层次分明，语言生动，文字简练；诉讼请求要可行适当，合理合法，实事求是。(2) 要注意代理词在拟写时因诉讼地位有所区别，要注意原告委托与被委托的不同侧重点。(3) 拟写代理词中所引证的材料，应尽可能地引用法庭在调查阶段已经查明证实了的事实材料，以加强说服力。(4) 律师在诉讼代理词中的意见和观点，要征求委托人的意见，或事先告知委托人。

6. 反复熟悉案情，做好庭前准备。律师在拥有大量证据的基础上，应当反复熟悉案件事实，“吃透”案情，为开庭审理做好准备工作。具体包括：(1) 界定双方争议的焦点。律师应对起诉状和答辩状进行比较研究，将有争议的事实和理由罗列出来，以确定双方争议的焦点，并围绕该焦点筛选有关的证据，将原告起诉证据与被告答辩证据进行比较和鉴别，寻找事实上和法律上的突破口。(2) 查找法律依据。将案件所需要适用的法律、法规及司法解释摘录下来单列一页，作为开庭的备忘材料，注意注明出处、颁布时间、生效时间、颁布部门和法规性质、效力等级等内容，以备当庭引用，并给法庭备送一份。(3) 准备法庭调查提纲。律师可根据案件基本事实，编写一个调查提纲。调查提纲主要是针对证人、鉴定人、对方当事人发问内容及证据的质证意见和反驳意见所形成的基本纲要。

(三) 庭审阶段

1. 法庭调查。法庭调查，是指在当事人和其他诉讼参与人的参加下，审判人员在法庭上对案件事实、证据进行调查、核实的活动。法庭调查，通过陈述、举证、质证等，双方当事人直接平等对抗，人民法院审查、核实案情，认定证据。它是开庭审理的中心环节，对做好律师诉讼代理工作至关重要。律师在法庭调查阶段，应侧重做好以下工作：

(1) 陈述。律师代理或帮助被代理人作法庭陈述。被代理人亲自参加法庭调查的，应该由被代理人自己陈述。委托人虽亲自出庭，但其陈述事实确有困难的，可以委托律师为主、被代理人为辅的方式进行陈述，当然也可以以被代理人为主、以律师为辅的方式进行陈述。委托人不出庭时，陈述事实的诉讼行为，应由委托律师代为进行。律师应当认真听取审判人员的询问、对方当事人或诉讼代理人的陈述，注意揭示他们之间相互矛盾的地方和自己掌握情况的异同之处。

（2）举证。律师应按照事先编写好的证据目录逐一列举、宣读证据，并分别说明各证据所要证明的事项。有些案子中曾经出现过由诉讼的某一方提出的文件却反过来不利于自己一方甚至推翻了自己一方的论点。律师的这一类疏忽是不可原谅的，这种疏忽常常会招致惨败。

（3）质证。对于对方出示的书证、物证等证据一定要仔细查看、核对，书证必须当庭查看原件，并与复印件进行比较，物证要核查原物并结合其他证据，辨别其可靠性、真实性和有效性，发现疑点立即提出异议或要求对方继续举证印证。针对对方当事人及其代理人出示的证据，提出质询，找出破绽，避实击虚，打乱对方阵脚，达到以守为攻、各个击破的目的。质证的过程也是一个辩论过程，切忌在质证中放过任何一点辩论机会。

（4）询问证人及对方当事人。掌握好发问和回答的步骤与方法。发问包括对各方当事人的发问、对证人的发问、对鉴定人的发问等，其目的，一是寻找疑问的答案，二是暴露矛盾。根据不同的需要对不同人的发问要采用不同的策略。有时可单刀直入，有时可迂回曲折，有时可步步紧逼，有时可声东击西。无论采取何种策略，目的都是获取自己所需要的证据。律师在询问证人及向对方当事人发问时，如果被问者所答于己方不利且出乎意料，可以要求其重复一遍，以争取时间思考，如果时间还不够，还可以以“问题太长、未叙述清楚和未听懂”为由，向法官求助，法官即会责令其言简意赅，简明扼要地叙述，在这段宝贵的时间内，律师就可以形成反驳的理由。

2. 法庭辩论。律师的辩论发言，应紧紧围绕着案件争议的焦点和庭审调查的重点进行。从事实、证据、适用法律等不同方面进行分析，阐明观点和意见。事实上，律师辩论的过程也是运用质证后的证据和有关法律规定来论证自己观点的过程，在进行论证时，律师必须援引具有确切出处的依据以支持自己的观点，决不要反复重复自己的论点，因为重复可能会使法官感到厌烦。律师必须根据法庭调查所发现的新问题、新情况及时调整自己的代理（辩护）思路，重新考虑自己的发言提纲，不必面面俱到，但对重点问题应说到谈透，以引起法官的注意，双方已经达成共识的观点不必过多重复，只需作概括说明。辩论发言要切中要害，具有针对性，论证要准确，反驳要有力，观点要鲜明，逻辑要严密。同时，要认真倾听对方的发言，敏锐捕捉对方发言中的破绽，并予以必要的辩驳。律师在整个庭审过程中，都应当全神贯注，不仅应听明白审判人员的每一次发问内容，而且更应认真倾听对方的发言，并注意观察这些发言对审判人员的影响。在认真的倾听和观察中敏锐地捕捉到对方发言中的破绽，有针对性地找准自己的进攻方向。绝不可忽视对方的发言，也绝不可轻易地放弃反驳。

（四）诉后总结完善阶段

诉后总结完善阶段要进行的工作除了整理和提交代理词外，还有向委托人汇报案件审理情况、对是否谋求和解提出律师的意见或者建议、整理卷宗和与委托人进行有关账目结算的准备等，其中，尤其要注意以下几点：

1. 整理和提交代理词以及其他书面材料。在不进行当庭判决的案件中，法庭休庭以后，论辩各方应把自己庭上辩论的内容书面化，以增强口头论辩的效果。

2. 宣判后，应再次向委托人说明，如不服本判决，有权提起上诉，并告知上诉期限和上诉法院。

3. 律师应根据案件的审理情况，做好委托人善后的思想工作，以圆满履行法院的判决书或调解书。

4. 根据案件中暴露出来的问题，律师可以以法律意见书的形式，向有关单位提出司法建议，督促提醒有关单位引起重视与注意。

## 二、律师代理二审程序的经验与技巧

在二审阶段，律师的工作内容与一审相差不大，但律师也应当结合二审程序自身的特点，有针对性地进行代理活动。

### （一）收案

律师应当审查上诉人委托的案件是否符合法定的上诉条件，只有符合这些条件，律师才能接受委托。律师主要审查以下几个方面：审查上诉人是否享有上诉权；上诉人的上诉是否在上诉期内；一审判决或裁定是否有错误，等等。

### （二）代写上诉状或者二审答辩状

律师接受上诉人或者被上诉人的委托后，在“吃透”案情和认真研究一审判决的基础上，着手撰写上诉状或二审答辩状。这里需要注意的是：提交二审法院的诉状是获得上诉成功的关键。一个有效的上诉状应当结构严谨、文笔流畅、具有说服力并且清晰和精确。

### （三）庭前的准备工作

代理律师在二审庭前的准备工作因是否参加一审诉讼有较大的不同。如果代理律师参加过一审诉讼，此时的准备工作可以少做。如果是新接受委托的律师，则必须做好充分的准备工作，包括与被代理人谈话，了解其上诉或答辩的理由和根据，全面查阅案卷材料，尤其是律师在办理委托手续后应到二审法院阅卷，查看一审的证据是否充足确凿，使用法律是否正确；一审的定案证据是否均已经过法庭质证；一审认定的事实是否清楚、完整，该事实与判决结果之间是否有必然的联系；进行调查，发掘新线索，发现新事实，收集新证据，等等。

### （四）参加二审审理

人民法院依据第二审程序审理上诉案件的审理方式有两种，即开庭审理和不开庭审理。由于审判方式的不同，律师的代理工作亦有明显差别。二审人民法院对上诉案件开庭审理的，代理律师通常只就上诉或答辩的理由进行陈述和回答法庭的提问。重点注意双方提出的新事实、新证据。双方的辩论要紧紧围绕着一审判决来进行，或确认其正确或说明其谬误，以达到使二审人民法院维持原判或改判的目的。二审人民法院审理民事上诉案件，对没有提出新的事实、证据或者理由的，合议庭认为不需要开庭审理的，可以不开庭审理。对此，代理律师应及时向二审人民法院提交书面的代理意见，必要时也可以约见审判人员予以说明。以维护当事人的合法权益。

## 三、律师代理再审程序的经验与技巧

再审程序，亦称审判监督程序，它不是诉讼必经的阶段，而是一种事后补救程序。人民法院对案件进行再审，没有专门的审判程序，根据案件的不同情况，分别适用第一审程序和第二审程序。因此，律师代理一审、二审的经验与技巧适用再审程序。除此之外，还应注意以下问题：

### （一）判断是否符合申请再审的条件

律师代理再审案件首先判断当事人申请再审是否符合申请再审的法定情形，只有符合《民事诉讼法》申请再审的法定条件的，才能引起再审程序发生。

### （二）提交再审申请书和相关材料

《民事诉讼法》和最高人民法院《关于适用〈中华人民共和国民事诉讼法〉审判监督程序若干问题的解释》都规定，当事人申请再审的，应当提交再审申请书等材料。当事人提交再审申请书时，应当按照对方当事人人数提供副本。当事人申请再审，还应当向人民法院提交已经发生法律效力的判决书、裁定书、调解书，身份证明及相关证据材料。

### （三）代理当事人向人民检察院申请检察建议或者抗诉

有下列情形之一的，可以向人民检察院申请检察建议或者抗诉：人民法院驳回再审申请的；人民法院逾期未对再审申请作出裁定的；再审判决、裁定有明显错误的。

# 第十一章　行政诉讼代理律师

## 第一节　行政诉讼代理律师概述

### 一、行政诉讼代理律师的概念和特点

（一）行政诉讼代理律师的概念

行政诉讼的代理律师，是指在行政诉讼中，根据当事人的委托或人民法院的指定，为了维护被代理人的合法权益，以被代理人的名义，在代理权限范围内代理被代理人进行相应诉讼活动的律师。

我国《行政诉讼法》、《律师法》等法律规范，为律师在代理当事人参加行政诉讼活动提供了相应的法律依据。在行政诉讼中委托代理人的范围广泛，代理律师只是行政诉讼中委托代理人的一种。例如，与当事人有合法劳动人事关系的职工，可以当事人工作人员的名义作为诉讼代理人。（可参见《行政诉讼法》第31条第2款的规定）与刑事诉讼、民事诉讼相比，行政诉讼中争议主体的地位、举证责任、证明标准等方面均存在较大差异。又由于行政诉讼本身所具有的特点和我国的法治传统、现实国情等的影响，因而律师在行政诉讼中的代理活动具有更重要的价值与意义。

（二）行政诉讼律师代理的特点

行政诉讼中的律师代理不同于律师在民事、刑事诉讼中的代理。行政诉讼中律师代理主要有以下特征：

第一审程序中被代理人的身份具有恒定性。即在行政诉讼的第一审程序中，作为被代理人的原告，只能是认为其权益受行政行为影响的公民、法人或其他组织；作为被代理人的被告，只能是具有行政主体资格的行政机关或法律、法规、规章授权的组织。（当然，如果行政机关或法律、法规、规章授权的组织，在某一具体行政争议中以行政相对人的身份出现，其权益受另一行政主体行政行为的影响，则可以以原告身份提起行政诉讼）作出被诉行政行为的行政主体不能作为原告提起行政诉讼，诉讼开始后也不能提起反诉从而成为反诉的原告；而行政相对人可以以原告身份起诉，但不能成为行政诉讼的被告。因此，行政诉讼当事人

的诉讼地位是特定的，不能互换且具有恒定性。当然，如果行政诉讼程序进入第二审程序或再审程序，则双方当事人的身份不受此限制，可以相互转化。另外，作为例外，只有在行政公益诉讼中，人民检察院才得以原告的身份提起行政诉讼。(依据 2017 年 6 月 27 日第十二届全国人大常委会通过的关于修改《中华人民共和国行政诉讼法》的决定，现行《行政诉讼法》第 25 条第 4 款增加了关于人民检察院提起行政公益诉讼的规定)

1. 行政诉讼代理律师的诉讼权限具有差异性。如上所述，由于行政诉讼当事人法定的诉讼权限具有差异性，因此，不同当事人代理律师的代理权限也就具有差异性。在具体的行政法律关系中，行政主体与行政相对人双方的法律地位往往并不平等，这一点在典型的单方行政行为中更为明显，如行政处罚、行政强制、行政征收等。究其原因，由于享有国家公权力、负有法定职责且以维护公共利益为目的，因而行政主体通常在具体的行政关系中处于优势地位。在行政诉讼中，为保障行政诉讼原告、被告双方当事人法律地位的平等性，《行政诉讼法》对于作为被告的行政主体所享有的诉讼权利设定了一些限制性的规定或在一定程度上加重了被告的诉讼义务，如被告没有反诉权，不得自行向原告、第三人和证人收集证据等。受被代理人诉讼权限的影响，行政诉讼被告代理律师的代理权限亦会受到一定的限制。而律师如果在行政诉讼中代理原告进行诉讼，则享有律师代理的全部权限。因此，原被告双方代理律师的代理权限呈现出一定的差异性。

2. 行政诉讼代理律师的代理内容和代理方法具有特殊性。行政诉讼可以说脱胎于民事诉讼，两者有许多共性，甚至某些具体诉讼制度在《行政诉讼法》未作规定时，可适用《民事诉讼法》的相关规定。[《行政诉讼法》(2017 年修正) 第 101 条规定："人民法院审理行政案件，关于期间、送达、财产保全、开庭审理、调解、中止诉讼、终结诉讼、简易程序、执行等，以及人民检察院对行政案件受理、审理、裁判、执行的监督，本法没有规定的，适用《中华人民共和国民事诉讼法》的相关规定。"] 但行政诉讼的目的是解决行政争议，其本身所具有的特殊性必然使得行政诉讼代理律师的代理内容和代理方法具有特殊性。例如，在民事诉讼中主要实行"谁主张，谁举证"的举证责任分配原则，而在行政诉讼中，法律规定由被告负主要的举证责任，即被告的代理律师需帮助被告就行政行为的合法性进行全面、系统的举证。相比之下，从理论上来讲，行政诉讼原告的代理律师的举证内容较窄、举证责任较轻，原告的代理律师主要是帮助原告对一些事实问题进行举证。例如，在行政赔偿、补偿的案件中，原告应对行政行为造成的损害提供证据等。

就代理的方法而言，在民事诉讼中，调解是基本的原则和方法，民事诉讼双方当事人的代理律师均可基于委托人的授权，通过促使当事人达成调解或和解的方式完成代理职责；而在行政诉讼中，《行政诉讼法》第 60 条明确规定，除了行政赔偿、补偿以及行政机关行使法律、法规规定的自由裁量权的案件外，人民法院审理行政案件不适用调解。[依据最高人民法院关于适用《中华人民共和国行政诉讼法》的解释（于2017年11月13日由最高人民法院审判委员会第1726次会议通过，自2018年2月8日起施行，法释〔2018〕1号，以下简称为《适用行政诉讼法的解释》）第84条的规定，对于此类行政案件，人民法院认为法律关系明确、事实清楚的，在征得当事人双方同意后，可以迳行调解。]因而，依据该规定，在行政诉讼的代理过程中，代理律师通常不可能采用通过促成双方当事人达成调解协议的方式来完成代理职责。值得注意的是，在行政赔偿、补偿以及行政机关行使法律、法规规定的自由裁量权的案件中，律师代理不受此限制。事实上，在行政诉讼的实践中，不少案件是以庭外和解的方式结案的。

## 二、行政诉讼律师代理的种类

（一）以代理权取得方式的不同为标准，可以将行政诉讼中的律师代理分为指定律师代理和委托律师代理

根据《行政诉讼法》的规定，行政诉讼代理人包括法定代理人、委托代理人和指定代理人。但就行政诉讼的律师代理而言，根据代理权取得的方式不同，可以分为委托律师代理和指定律师代理。

委托律师代理，是指律师基于与委托人签订委托合同、取得代理权限，从而代理当事人进行诉讼行为的代理。行政诉讼法规定的委托代理人的范围广泛，《行政诉讼法》第31条第2款规定："下列人员可以被委托为诉讼代理人：（一）律师、基层法律服务工作者；（二）当事人的近亲属或者工作人员；（三）当事人所在社区、单位以及有关社会团体推荐的公民。"因此，委托律师代理虽然只是行政诉讼委托代理的一种，但属于委托代理中最常见的一种。委托律师代理的委托权来源主要有两类：一是来源于当事人的委托；二是来源于当事人的法定代理人的委托。当当事人为无诉讼行为能力人时，其监护人为法定代理人。"当事人、法定代理人，可以委托一至二人作为诉讼代理人"。（参见《行政诉讼法》第31条第1款的规定）

指定律师代理，是指律师基于人民法院的指定，作为无诉讼行为能力当事人的代理人而进行诉讼的代理。此类代理虽然代理权的取得是基于人民法院的指定，但同样需要根据委托人单方出具的授权文书而取得相应的代理权限。出现指定代理的情形是：当事人是无诉讼行为能力的公民，可能无法定代理人，或者法定代理人无代理能力，或者法定代理人互相推诿。因此，由法院指定律师代理当事人进行诉讼。法院为行政诉讼当事人指定律师代理时，仅限于指定执业律师。

（二）以代理对象的不同，可以将行政诉讼的律师代理分为行政诉讼原告（共同原告）的代理、行政诉讼被告（共同被告）的代理、行政诉讼第三人的代理

广义的行政诉讼当事人包括行政诉讼的原告、被告以及第三人，狭义的行政

诉讼当事人仅指行政诉讼的原告和被告。（相关概念的具体内容请参看本章第四节）在行政诉讼中，当事人的诉讼权利与义务是有一定差异的，因此，代理对象的不同会导致律师的代理权限有所差异。

（三）以代理行政诉讼程序的不同为标准，可以将行政诉讼中的律师代理分为行政案件审判程序的律师代理、行政赔偿诉讼程序的律师代理以及行政诉讼执行程序的律师代理

依据《行政诉讼法》的规定，我国行政诉讼的程序大致可以分为行政案件的第一审程序、第二审程序和审判监督程序。其中，完整的第一审程序又包括起诉、受理、应诉、庭审前的准备、开庭审理与判决等环节。由此，行政案件审判程序的律师代理又可分为行政诉讼第一审程序代理、行政诉讼第二审程序代理和行政诉讼审判监督程序代理，即行政诉讼再审程序代理。

行政赔偿是指行政主体及其工作人员违法行使职权，侵犯公民、法人或其他组织的合法权益并造成损害，由国家承担赔偿责任的制度。行政赔偿诉讼程序根据当事人是单独还是一并提出赔偿请求的不同，可以分为单独的行政赔偿诉讼程序和一并的行政赔偿诉讼程序。在这两类行政赔偿诉讼程序中，代理律师的代理重心、代理方法以及代理的经验和技巧均有一定的差异。（具体内容请参见本章第五节）

行政诉讼执行，是指行政案件的当事人逾期拒不履行人民法院已生效的行政诉讼裁判文书，人民法院或行政机关依法采取强制措施，从而使生效的法律文书内容得以实现的活动。执行制度是人民法院审理、裁判过程的延续与实现。① 即行政诉讼执行是行政诉讼程序的最后一个环节，但不是必经程序，如果当事人自觉履行人民法院的生效裁判，则无须进入此强制执行程序。

律师在行政诉讼执行程序中的代理，主要是代理当事人申请人民法院强制执行。对已发生法律效力的行政判决书、行政裁定书、行政赔偿调解书，负有义务的一方当事人拒绝履行的，对方当事人可以依法申请人民法院强制执行。此外，律师亦可进行非诉行政案件执行的代理。需要注意的是，行政诉讼执行不同于非诉行政案件的执行。所谓非诉行政案件的执行，是指在行政管理过程中，公民、法人或者其他组织，既不履行行政主体作出的行政行为，也不向人民法院提起行政诉讼，不享有行政强制执行权的行政主体因而提出执行申请，由人民法院依法采取强制措施，使行政主体的行政行为内容得以实现的制度。此类强制执行是以行政主体所作出的行政决定文书作为执行依据的，从本质上讲，其属于行政强制执行制度的范畴；而行政诉讼执行的依据则是人民法院已生效的行政判决书、行政裁定书、行政赔偿调解书，自然属于行政诉讼制度的范畴。

---

① 孟昭阳、高文英主编：《行政法与行政诉讼法学》，中国人民公安大学出版社 2017 年版，第 506 页。

## 三、行政诉讼代理律师的地位和作用

### （一）行政诉讼代理律师的地位

相比较而言，行政诉讼中代理律师的法律地位与民事诉讼中代理律师的法律地位较为接近，而与刑事诉讼中辩护律师或代理律师的法律地位差异较大。行政诉讼中代理律师的法律地位主要有以下特征：

1. 行政诉讼中的代理律师相对于被代理人具有从属性。这是因为：首先，无论代理律师是基于当事人的委托还是人民法院的指定，其代理活动都必须在被代理人授权范围内进行，其代理活动的法律后果才能由被代理人承担；一旦代理律师的代理行为超过了授权代理的范围，则该代理活动的法律效力不仅产生瑕疵，而且，代理律师可能需承担相应法律责任。其次，律师代理行政诉讼的首要目的是维护被代理人的合法权益，是以被代理人的名义进行相应诉讼活动的，在此过程中，代理律师应尊重被代理人的意愿，因而其代理权利相较于被代理人的权利而言具有从属性、派生性。

2. 行政诉讼中的代理律师具有相对的独立性。在行政诉讼中，代理律师虽然是接受委托而参加诉讼活动，其代理活动应在委托权限范围内进行，但这并不代表代理律师的行为完全受被代理人或委托人的意志左右。例如，代理律师可以根据案件的客观事实和国家法律提出有利于被代理人的代理意见；虽然以维护被代理人的合法权益为首要任务，但不能无原则地接受被代理人的非法、无理要求。此外，代理律师作为专业的法律工作者参加行政诉讼，除了享有被代理人授予的权利外，依法还享有《律师法》、《行政诉讼法》等法律赋予的权利。比如，作为律师有权按照规定查阅、复制本案有关材料，有权向有关组织和公民调查，收集证据；经人民法院许可，可以查阅、复制本案的庭审材料等。

### （二）行政诉讼代理律师的作用

随着我国法治进程的推进和公民权利意识的觉醒，律师的法律服务也逐渐渗透到社会生活的各个层面，并发挥越来越重要的作用。就行政诉讼而言，代理律师的作用主要体现在以下三个方面：

1. 有利于维护行政相对人的合法权益。在行政法律关系中，行政相对人往往处于弱势的法律地位，而行政行为往往又具有单方性、强制性的特征，所以，公民、法人或其他组织的合法权益很容易受到行政主体行政行为的影响。而一旦权益受到不利影响，受自身法律知识等的限制，行政相对人仅靠自己往往很难维护自身的合法权益。而律师作为专门的法律工作者、“可依赖的伸张正义者”，通过进行行政诉讼代理，能够利用其专业的知识和技能为处于弱势的行政相对人提供有力的支持和帮助，使其能够更好地维护自身的合法权益。

2. 有利于维护和监督行政主体依法行政。现代社会，行政机关不仅肩负着国防、外交、治安等传统职能，而且，随着科技的日新月异、国际交往交流的频繁，行政权力也逐渐扩张至社会的各个领域。对于公民而言，从出生到死亡、从摇篮到坟墓，更是不得不与行政机关打交道。对于行政机关而言，实现行政管理目标、提高行政效率是首要任务，在行使行政权力的过程中，行政权力与公民的权利必然会产生交集、发生碰撞。律师代理行政诉讼，一方面，有利于通过行政诉讼使得合法、合理的行政行为得到维护和实现；另一方面，律师通过代理诉讼能够及时发现行政行为的违法之处，从而有利于帮助行政主体及时纠正其违法、不当之处，督促其依法行政。

3. 有利于人民法院提高司法效率，尽快解决行政争议。由于律师具有专业的法律知识和技能，在通过代理诉讼维护被代理人合法权利的同时，其所从事的代理工作如帮助被代理人提供证据、提出法律适用的意见等行为，在一定程度上有利于人民法院查明案件事实、准确适用法律规范，以及遵守法定程序、依法作出公正裁判，从而在客观上有助于人民法院提高审判效率，节约司法资源，也使得行政争议能够尽快得到解决，有利于社会关系的稳定与和谐。

当然，现行法律虽然赋予了行政诉讼代理律师一定的权利，确立了其具有一定的法律地位，但对一些相关具体问题的规定还不详尽，一些诉讼制度尚需完善。另外，在司法实践中，不重视律师合法权利的现象依然存在，有些地方还相当严重。因为在行政诉讼中，被告通常是享有行政权力的行政主体，原告通常既要承担可能败诉的风险，又要考虑诉讼外种种可能产生的不利后果。这也在客观上加大了律师代理行政诉讼的难度，这些在一定程度上都会影响到律师在行政诉讼中作用的充分发挥。

## 第二节　行政诉讼代理律师的权利、义务与职责

我国行政诉讼代理律师所享有的权利，以及所应承担的义务与职责，目前主要是由《律师法》、《行政诉讼法》等法律加以规定的。

### 一、行政诉讼代理律师的权利

根据《律师法》第 3 条、第 32 条、第 35-37 条的规定，以及《行政诉讼法》第 32 条的规定，行政诉讼代理律师主要享有以下权利：

1. 律师依法执业受法律保护，任何组织和个人不得侵害律师的合法权益。
2. 律师在行政诉讼代理活动中人身权利不受侵犯。
3. 委托事项违法、委托人利用律师提供的服务从事违法活动或者委托人故意隐瞒与案件有关的重要事实的，律师有权拒绝代理。
4. 代理诉讼的律师，可以依照规定查阅、复制本案有关材料。律师自行调查取证的，凭律师执业证书和律师事务所证明，可以向有关组织或者公民调查与承办法律事务有关的情况（代理被告除外）。

5. 代理诉讼的律师自案件审查起诉之日起，有权查阅、摘抄和复制与案件有关的诉讼文书及案卷材料。

6. 经人民法院许可，代理诉讼的律师可以查阅、复制本案的庭审材料。

7. 根据案情的需要，可以申请人民检察院、人民法院收集、调取证据或者申请人民法院通知证人出庭作证。

8. 律师担任诉讼代理人的，有权参加庭审、参加法庭调查和法庭辩论，其辩论的权利依法受到保障。在庭审阶段，经审判长许可，律师有权向被告、证人、鉴定人直接发问，或者申请法庭通知新证人到庭，调取新证据申请重新进行鉴定或勘验。

9. 律师在参与诉讼活动中涉嫌犯罪的，侦查机关应当及时通知其所在的律师事务所或者所属的律师协会；被依法拘留、逮捕的，侦查机关应当依照《刑事诉讼法》的规定通知该律师的家属。

由于律师在行政诉讼中所代理的对象不同，受被代理人法定权利的影响，代理律师的权利有时会受到一定的限制。尤其是作为行政诉讼被告的代理律师，应注意：在诉讼权利方面，行政诉讼中被告不享有起诉权、反诉权，因而代理律师无权代为起诉或反诉；在收集证据方面，为防止行政主体“事后取证”以证明被诉行政行为的合法性，《行政诉讼法》明确规定被告及其代理人在诉讼过程中不得自行向原告、第三人和证人收集证据。(参见《行政诉讼法》第 35 条的规定)

## 二、行政诉讼代理律师的义务

根据《律师法》第 3 条、第 38-42 条的规定，以及《行政诉讼法》第 35 条的相关规定，行政诉讼代理律师主要应承担以下义务：

1. 行政诉讼的代理律师应当在受委托的权限内，维护委托人的合法权益，维护法律正确实施，维护社会公平和正义。

2. 律师在执业时必须遵守宪法和法律，以事实为根据，以法律为准绳。

3. 律师应当恪守律师职业道德和执业纪律，接受国家、社会和当事人的监督。

4. 律师在接受委托后，无正当理由的，不得拒绝代理。

5. 律师对在执业活动中知悉的委托人和其他人不愿泄露的有关情况和信息，应当予以保密。但是，委托人或者其他人准备或者正在实施危害国家安全、公共安全以及严重危害他人人身安全的犯罪事实和信息除外。

6. 律师不得在同一案件中为双方当事人担任代理人，不得代理与本人或者其近亲属有利益冲突的法律事务。

7. 律师在行政诉讼过程中，不得自行向原告、第三人和证人收集证据。

8. 法律规定的其他禁止律师在执业活动中进行的行为。比如，私自接受委托、收取费用，接受委托人的财物或者其他利益；利用提供法律服务的便利牟取当事人争议的权益；接受对方当事人的财物或者其他利益，与对方当事人或者第三人恶意串通，侵害委托人的权益；违反规定会见法官或其他有关工作人员；向法官或其他有关工作人员行贿，介绍贿赂或者指使、诱导当事人行贿，或者以其他不正当方式影响法官或其他有关工作人员依法办理案件；故意提供虚假证据或者威胁、利诱他人提供虚假证据，妨碍对方当事人合法取得证据；煽动、教唆当事人采取扰乱公共秩序、危害公共安全等非法手段解决争议；扰乱法庭秩序，干扰诉讼活动的正常进行，等等。

## 三、行政诉讼代理律师的职责

《律师法》第2条第2款规定："律师应当维护当事人合法权益，维护法律正确实施，维护社会公平和正义。"因而，行政诉讼代理律师主要应履行以下职责：

1. 依法维护被代理人的合法权益。受人之托，忠人之事，行政诉讼的代理律师当然应维护被代理人的合法权益，这是行政诉讼代理律师应尽的职责。但代理律师在履行这一职责时，首先，应注意"依法"而为之，即行政诉讼的代理律师首先有遵守宪法、法律的义务；其次，所维护的也应是被代理人的合法权益，不能因接受委托就完全迎合委托人的所有要求，必须在法律的框架内为其谋求正当的、合法的权益。这就要求代理律师恪尽职守，在尊重案件事实和法律规定的前提下，及时、充分地和当事人进行沟通，分析案情、提供法律分析，最大限度地维护被代理人的合法权益。

2. 维护法律正确实施。法律实施是指通过一定的方式使法律规范的要求和规定在社会生活中得以贯彻和实现的活动，包括法律的适用和法律的执行。美国著名法学家罗斯科·庞德曾说："法律的生命在于其实施。"律师作为专门的法律工作者，应与其他司法工作者一起承担维护法律正确实施的重任。这体现在律师在代理的过程中，不仅应依法维护当事人的合法权益，同时，还应指导当事人正确地行使法律所赋予的诉讼权利，引导当事人正确地认识和履行依法应承担的义务。由于所处立场相同的缘故，当事人往往更容易接受代理律师的指导与建议，从而正确地行使自己的权利、履行自己的义务；也由于同为法律工作者的缘故，对于代理律师所作的一些专业方面的建议，司法工作人员往往也会予以一定程度的考虑，这些都有利于维护法律的正确实施，从而实现立法者的目的、实现法律应有的价值。

3. 维护社会公平和正义。公平和正义，是法律永恒追求的价值。作为专门的法律工作者，应为维护社会的公平和正义承担应有的责任、作出应有的贡献。鉴于行政诉讼具有的"民告官"这一特性，对于行政诉讼原告的代理律师而言，格外需要树立维护法律的权威，伸张社会的公平正义这一信念。帮助当事人、协助人民法院，使违法的行政行为被撤销或被确认，使当事人的合法权益得到保护或补救，也正是代理律师切实维护社会公义的具体表现。而作为行政诉讼被告的代理律师，则不可完全被“拿人钱财、与人消灾”的思想所主导，对于合法合理的具体行政行为当然应予以维护，而对于被代理人的违法之处也应及时地予以指出并劝告，力争降低行政执法成本、取得良好的社会效果。这就需要行政诉讼被告的代理律师牢固树立对法律的信仰、对公平正义的追求。正如有律师所言，律师的价值就在于通过程序的正义去实现实体的正义，从而最终实现法对正义的追求。

## 第三节 律师代理行政诉讼的范围

收案，是律师代理工作的开始，对于律师而言，进行行政诉讼代理，仅仅判断委托人与行政主体之间的争议是否为行政争议是不够的。因为，行政诉讼区别于民事诉讼、刑事诉讼最重要的一个特征是：并不是所有的行政争议都可以提起行政诉讼，即行政诉讼有受案范围的规定，且是行政诉讼法重点规范的内容。在确定当事人所委托的事项是否为行政争议的基础上，还必须进一步仔细甄别引起该行政争议的行政行为是否属于行政诉讼的受案范围。因而，准确理解与掌握《行政诉讼法》以及相关司法解释关于行政诉讼受案范围的规定，判断当事人所委托的事项是否属于行政诉讼的受案范围，是律师进行行政诉讼代理活动的前提和首要问题。鉴于这一问题的重要性，本节作专门介绍。

律师在判断当事人所委托的事项是否属于行政诉讼的受案范围时，首先，应判断该委托事项是不是由行政行为所引起的行政争议；其次，判断引起争议的行政行为是否属于法律所明确列举的受案范围内的事项。如果不属于法律所明确列举的受案范围内的事项，则应进一步判断引起争议的行政行为是否属于法律所明确排除在受案范围外的事项。由此，基本能够作出判断该委托事项是否属于行政诉讼的受案范围了，进而决定是否可以进行行政诉讼代理。这一阶段应循序分析并解决以下三个主要问题：

### 一、所委托事项是否为行政争议

行政诉讼所要处理、解决的是行政争议，这是行政诉讼不同于民事诉讼、刑事诉讼的本质特征。律师在判断当事人委托的事项是否属于行政争议时，应考虑以下两个要素：一是主体要素。发生争议的双方是否一方为享有行政权力的行政主体，另一方是否为公民、法人或其他组织。如果发生争议的当事人均为平等的民事主体，则该争议的性质不可能为行政争议。二是权力要素。即引起争议的行为应是行政主体行使行政职权的行为，而且公民、法人或其他组织认为该行为对自己的合法权益造成了影响。行政机关或法律、法规授权的组织所作的行为并非都是行使职权所作的行政行为，其同样可以以民事主体的身份进行活动。因此，引起行政争议的行为必须是行政主体依职权作出的行政行为。

## 二、引起争议的行政行为是否属于法律所明确列举的受案范围内的事项

《行政诉讼法》第 12 条明确列举了属于行政诉讼受案范围内的行政行为类型，主要有以下几类：行政处罚行为；行政强制行为；行政许可行为；行政确权行为；行政征收、征用决定及其补偿决定；行政不作为；认为侵犯其经营自主权或村土地承包经营权、农村土地经营权的行为；认为行政机关滥用行政权力排除或限制竞争的行为；认为行政机关违法要求履行义务的行为；行政给付行为；认为行政机关不履行、不按约定履行或违法变更、解除行政协议（合同）的行为；认为行政机关侵犯其他人身权、财产权等合法权益的行为。

对于以上明确列举属于受案范围的行政行为，律师在对具体委托事项进行分析时还应注意以下问题：

1. 关于行政强制行为。代理律师应当注意，《行政诉讼法》第 12 条第 1 款第 2 项明确规定了对行政强制措施和行政强制行为不服均可提起行政诉讼。这与《行政强制法》① 的规定也是相一致的。根据《行政强制法》的规定，行政强制包括行政强制措施和行政强制执行。

2. 关于行政许可。在实践中，行政相对人根据自己的情况，认为自己符合法定条件而向行政主体申请许可证、执照、资质证、资格证等证书，或者申请行政机关审批、登记有关事项的，而行政主体拒绝办理、不予答复或者迟延答复的，均是实践中最常见的行政许可争议，也属于《行政诉讼法》所规定的行政不作为。

3. 关于行政不作为。代理律师在判断所委托事项是否构成行政不作为时，可参照以下标准：第一，行政相对人的人身权、财产权等已经或正在遭受不法侵害或正被不法侵害所威胁。第二，行政相对人已向行政主体提出保护申请。第三，行政主体负有保护行政相对人合法权益的法定职责，具有履行的客观可能。第四，该行政主体拒不履行、拖延履行或者不予答复。代理律师可根据以上四个要件判断行政主体的行为是否构成不作为。

4. 关于行政给付行为。行政相对人因生活发生困难有依法从国家获得物质帮助的权利，这里的行政给付应作广义的理解，即应包括抚恤金、社会保险金以及最低生活保障待遇。实践中，不依法发放行政救济包括应当发放而不发放、不按法定标准发放、不按时发放等。

5. 关于认为行政主体侵犯其他人身权、财产权等合法权益的行为。《行政诉讼法》第 12 条第 1 款第 12 项实际上属于概括性的规定，这一概括性规定表明：引起争议的行为即使不属于上述列举情形中的行政行为，但只要行政相对人认为该行为侵犯了其合法权益，都可以提起行政诉讼。

---

① 《中华人民共和国行政强制法》由第十一届全国人民代表大会常务委员会第二十一次会议于 2011 年 6 月 30 日通过，自 2012 年 1 月 1 日起施行。

6. 关于法律、法规规定可以提起诉讼的其他行政案件。《行政诉讼法》第 12 条第 2 款规定："除前款规定外，人民法院受理法律、法规规定可以提起诉讼的其他行政案件。"这是一项授权性规定，立法者的意图是：行政诉讼的受案范围不仅仅可以依据《行政诉讼法》的规定，其他法律、法规规定可以提起行政诉讼的行政争议也属于行政诉讼的受案范围。这一条款对于拓展我国行政诉讼的受案范围具有积极的作用，对于行政诉讼中代理律师的业务操作范围也具有重要的意义。①

## 三、引起该行政争议的行政行为是否属于行政诉讼受案范围的排除事项

如果律师根据上述规定认为，引起该行政争议的行政行为不属于《行政诉讼法》所明确列举的、属于行政诉讼受案范围的行为，则只能采用排除法，进一步分析引起该行政争议的行政行为是否属于行政诉讼受案范围的排除事项。

根据《行政诉讼法》第 13 条和《适用行政诉讼法的解释》第 1 条第 2 款的规定，以下 10 类事项属于行政诉讼受案范围的排除事项：公安、国家安全等机关依照刑事诉讼法的明确授权实施的行为；调解行为以及法律规定的仲裁行为（居间行为）；行政指导行为；驳回当事人对行政行为提起申诉的重复处理行为；行政机关作出的不产生外部法律效力的行为；行政机关为作出行政行为而实施的准备、论证、研究、层报、咨询等过程性行为（非成熟性行为）；行政机关根据人民法院的生效裁判、协助执行通知书作出的执行行为（行政机关扩大执行范围或者采取违法方式实施的除外）；上级行政机关基于内部层级监督关系对下级行政机关作出的听取报告、执法检查、督促履责等行为（内部监督行为）；行政机关针对信访事项作出的登记、受理、交办、转送、复查、复核意见等行为；其他对公民、法人或者其他组织权利义务不产生实际影响的行为。

在上诉被排除在行政诉讼受案范围之外的行为中，实践中比较复杂又容易引起纠纷的是"公安机关等依照刑事诉讼法的明确授权实施的行为"。在我国，公安机关具有"一体两面"的特点，从性质上看，公安机关无疑是国家的行政机关，但由于法律赋予其享有行政、司法的双重职权，使得其既是从事公安行政管理的行政机关，又是从事刑事案件侦查、预审等刑事司法活动的司法机关。因而在实践中，常常发生公安刑事司法行为与公安具体行政行为相互混淆的现象。

律师在行政诉讼代理时，应当准确理解和把握公安机关的具体行政行为与"依照刑事诉讼法的明确授权实施的行为"的区别。辨别这两类不同的行为可以参考以下标准：

---

① 遗憾的是，在行政诉讼法颁行的 30 多年来，该条款所起的作用可以忽略不计。在行政诉讼的司法实践中，就行政诉讼法本身的规定来看，受案范围基本上就是概括式与列举式的简单相加，一些"第三地带"行为基本上被摒弃于受案范围之外，更毋论依据其他单行法律、法规的规定而进入行政诉讼的受案范围。

1. 目的不同。公安行政行为的目的主要是维护社会治安秩序及其他行政管理秩序，消除和减少各种不安全因素，保障公共安全；而公安刑事司法行为的目的则是查明犯罪事实或犯罪嫌疑人，为检察机关提起公诉和人民法院审判案件奠定基础。

2. 行为的法律依据不同。公安行政行为所依据的主要是行政管理法律规范，如《人民警察法》、《治安管理处罚法》、《道路交通安全法》、《出入境管理法》等法律规范；而公安刑事司法行为主要依据《刑事诉讼法》的明确授权而作出。

3. 行为的表现形式不同。公安行政行为的主要表现形式有公安行政处罚、公安行政许可、公安行政强制等；而公安刑事司法行为主要包括讯问刑事犯罪嫌疑人、询问证人、检查、搜查、扣押物品（物证、书证）、冻结存款汇款、通缉、拘传、取保候审、保外就医、监视居住、刑事拘留、执行逮捕等。

4. 行为所处阶段不同。公安行政行为一旦作出，往往处于终局阶段，即公安机关代表国家对某具体事务所作的处理决定，是一个完整的行为；而公安刑事司法行为是刑事诉讼的起始阶段，是刑事诉讼这个动态发展过程中的一个阶段，其发展的最后阶段是人民法院对刑事案件的审判及执行。因此，公安刑事司法行为不是一个完整的、具有终局意义的行为，而是一个阶段性行为。

5. 救济途径不同。对公安行政行为不服，当事人往往可以通过行政复议或行政诉讼的途径寻求救济。对于合法权益因公安行政行为受到损害、符合国家赔偿条件的，还可通过行政赔偿获得救济；而对公安刑事司法行为不服，当事人只能向实施该行为的公安机关的上一级机关或者人民检察院进行申诉，但既不能申请行政复议也不能提起行政诉讼。此外，《国家赔偿法》也规定，因公安刑事司法行为存在该法规定的法定情形而导致公民、法人或其他组织合法权益受到损害的，受害人有权通过刑事司法赔偿制度获得法律救济。

综上所述，通过以上步骤，律师基本能够作出判断该委托事项是否属于行政诉讼的受案范围了，进而可以决定是否收案、进行行政诉讼代理。对于行政诉讼被告的代理律师而言，则往往无须考虑以上问题。因为法院在受理之后才能通知被告应诉，至此阶段，引发诉讼的行政争议通常属于行政诉讼的受案范围，但不妨碍作为被告的代理律师在答辩时因对受案范围持不同观点而提出质疑。

## 第四节 行政诉讼律师代理的经验与技巧

行政诉讼中律师代理的业务操作流程通常由四大环节构成：首先是收案阶段，即进行收案审查和接受委托；其次是收案后至起诉、应诉阶段，主要是查阅案卷、收集整理证据、拟写法律文书，以及代为起诉、应诉等工作；再次是开庭前准备至开庭审理阶段，主要是举证、交换证据，开庭前准备以及参加法庭调查与法庭辩论；最后是参与案件的执行阶段。在不同的阶段，行政诉讼的代理律师有不同的代理重点，因而应注意一些相应的经验与技巧。因篇幅所限，本节多从原告代理律师的角度介绍收案阶段，起诉、应诉阶段和第一审程序中律师代理的经验与技巧。

## 一、收案阶段行政诉讼律师代理的经验与技巧

收案阶段的工作重点就是收案审查与签订委托合同。所谓收案，是指当事人到律师事务所办理委托代理手续，聘请律师担任其诉讼代理人，与律师事务所签订书面委托代理协议的过程。律师事务所实行收案、结案审批登记制度，对规范律师办案程序，保证律师办案质量，杜绝私自收费，避免利益冲突均具有积极的作用。而委托合同则是委托人与律师事务所确定代理关系的法律依据。

行政诉讼中律师代理的委托与授权程序、方式、规则等与民事诉讼中的律师代理基本相同，在此阶段律师需接待当事人、评估案情、签订委托代理协议等。但作为行政诉讼的律师代理应特别注意以下问题：

### （一）收案审查应注意的问题

律师往往通过和委托人见面谈话、查阅有关材料等方式接待委托人，这一阶段的接待对委托关系能否建立，以及委托关系存续期间律师能否取得委托人的尊重、理解和配合至关重要。而使得委托关系成立、取得委托人的信任，了解案情，准确、实事求是地对案情作初步评估是问题的关键所在。行政诉讼中原告代理律师与被告代理律师的代理活动存在一定差异，由于原告是行政诉讼程序的启动者，所以下文重点从原告律师代理的角度分析此阶段应注意的事项。

会见委托人，是律师开展代理业务的起点。律师通过与委托人会谈，初步掌握欲委托案件的概况、委托人聘请律师所要达到的具体目标，以及和委托事项相关的其他情况，律师要在进行收案审查的基础上决定是否接受委托、进行代理。在此阶段，律师对委托事项作初步评估时必须仔细考量以下几个方面：

1. 委托人所委托事项是否为行政争议。在委托、授权协议达成前阶段，代理律师的首要问题是确定该委托事项是否属于行政争议。若非行政争议，则无法通过进行行政诉讼的途径予以解决。

2. 该行政争议是否属于行政诉讼的受案范围。在确认所委托事项为行政争议的基础上，进一步准确判断该行政争议是否属于行政诉讼的受案范围。相关具体内容可参见本章第三节，在此不赘述。

3. 确定委托人的诉讼主体资格。行政诉讼中律师代理的被代理人范围以当事人为限，根据《行政诉讼法》的规定，行政诉讼的当事人包括行政诉讼的原告（共同原告）、行政诉讼的被告（共同被告）以及行政诉讼第三人。如果当事人为无行为能力人或限制行为能力人，则其法定的诉讼代理人可代为委托律师进行诉讼。律师在委托、授权协议达成前阶段，应该判断委托人是不是适格的诉讼主体，进而决定是否接受委托。

就行政诉讼的原告而言，律师在判断委托人是否具有行政诉讼原告的资格时，可以参照以下标准：一是委托人应为公民、法人或其他组织。换言之，作为行政主体身份出现的机关或组织不能成为行政诉讼的原告。二是委托人与引起该争议的行政行为是否存在利害关系。被诉行政行为是否对委托人的合法权益造成了影响，这一点可以说是委托人是否具有行政诉讼原告资格实质上的判断标准。三是委托人对该行政行为不服，是否能以自己的名义依法向人民法院起诉。这是委托人成为行政诉讼原告的程序条件。

律师在确认委托人是否具有原告资格时，还应特别注意原告资格转移问题。当有权起诉的公民死亡时，其近亲属可以提起诉讼；有权提起诉讼的法人或者其他组织终止时，承受其权利的法人或者其他组织可以提起诉讼。此外，根据《行政诉讼法》第 25 条第 4 款的规定，在涉及生态环境和资源保护、食品药品安全、国有财产保护、国有土地使用权出让等领域的行政公益诉讼中，人民检察院具有原告的资格。

就行政诉讼的被告而言，律师在判断委托人是否具有行政诉讼被告的资格时，可以考虑以下三个条件：一是行政诉讼的被告应具备行政主体资格，即被告通常应是行政机关或法律、法规、规章授权的组织。二是该主体实施了原告认为侵犯其合法权益的行政行为。通常可依照“谁行为，谁被告”的规则确定被告，此时还需注意实施被诉行政行为的主体是否具备行政主体资格，即还需遵循“谁主体，谁被告”的规则；而在行政委托的情形下，则遵循“谁委托，谁被告”的规则。三是人民法院通知其应诉。这是成为行政诉讼被告的程序条件。同样，律师在确认委托人是否具有被告资格时，还应注意被告资格转移的问题。当被诉的行政机关被撤销时，发生行政诉讼被告资格的转移，在这种情形下，继续行使被撤销行政机关职权的行政机关为被告。

就行政诉讼的第三人而言，律师在判断委托人是不是行政诉讼第三人时，可以参照以下标准：一是委托人与被诉的行政行为是否具有利害关系。这是行政诉讼第三人的显著特征，也是确定个人或组织能否以第三人的身份参加诉讼的唯一依据。但行政诉讼的第三人不仅仅限于公民、法人或者其他组织，也包括与该被诉行政行为有利害关系的其他行政主体。二是委托人是不是该行政诉讼中除原、被告之外的个人或组织。但是，律师在确认行政诉讼第三人时应注意，应当追加的被告而原告不同意追加的，人民法院会通知其以第三人的身份参加诉讼。三是委托人是否是为了维护自己的合法权益而参加到他人的诉讼当中。即行政诉讼第三人原本可以作为原告起诉或作为被告应诉，但因为自身或他人的原因而未起诉或未被起诉，但为了维护自己的合法权益只能参加到他人之间已经开始的行政诉讼当中。所以，行政诉讼中的第三人参加诉讼是有时间限制的。

4. 审查判断行政诉讼与其他救济制度的关系。就我国行政救济制度而言，除申诉外，主要包括行政复议、行政诉讼以及行政赔偿。在收案审查阶段，律师尤其应注意分析该行政争议若提起行政诉讼是否遵循了法定的、与行政复议的衔接关系。作为两大重要的行政救济制度，按现行法律规定，行政复议与行政诉讼主要存在以下三种衔接关系：一是选择型。即公民、法人或者其他组织对行政主体作出的行政行为不服，可在行政复议与行政诉讼之间自由选择。（选择型是指行政相对人对行政行为不服，既可以直接向人民法院提起行政诉讼，也可以先向行政复议机关申请行政复议，对行政复议决定不服再向人民法院提起行政诉讼。选择型是行政复议与行政诉讼衔接关系中最为常见的形态，我国绝大多数法律、法规都规定了行政相对人对选择救济途径享有绝对的选择权）二是复议前置型。即行政复议是行政诉讼的必经程序，复议前置型主要集中在实行垂直管理的行政机关领域，一些单行的法律、法规在行政复议与行政诉讼的程序衔接关系上作了此类规定。三是复议终局型。对于此类行为，当事人即使不服也只能服从或依法申请行政复议，不能提起行政诉讼，如公安部对某违法的外国人所作出的驱逐出境决定。（可参见《中华人民共和国出境入境管理法》第 64 条、第 81 条第 2 款的规定）

5. 审查判断委托事项所涉行政争议的起诉期限。公民、法人和其他组织必须在法律规定的期限内提起行政诉讼。起诉超过法定期限的，人民法院可以决定不予受理，当事人也就因诉讼时效届满而丧失诉权。因此，审查起诉的期限也是律师在此阶段应当注意的问题。

行政诉讼法所规定的起诉期限，分为一般期限（即直接起诉的期限为 6 个月，经复议后起诉的期限为 15 日）和特殊期限。（参见《行政诉讼法》第 46 条的规定）在实践中，起诉期限是一个较为复杂的问题，除一般期限与特殊期限的规定外，《适用行政诉讼法的解释》对起诉期限的计算规则也作出了规定，代理律师应熟练掌握司法解释中关于起诉期限的相关规定。

6. 对案情作出初步评估，作出是否收案的决定。律师在对上述五个方面的问题进行审查判断的基础上，可以对案情作出初步的评估。在分析案情、评估委托人的诉讼请求时，一定要尊重案件的客观事实和法律的规定，既不能曲意迎合委托人的要求，或盲目乐观下结论，甚至直接向当事人承诺案件的结果，打保票、包赢官司，又不能过分夸大诉讼的难度。否则，既有可能误导了委托人，使其徒然耗费财力、精力，又有可能使自己陷入困境、得不偿失，甚至需承担相应的法律责任。同时，过分夸大诉讼的难度，往往使得委托人对律师的能力产生怀疑，也可能因此打消进行诉讼的想法，使得其应得到维护的合法权益得不到法律救济。因此，过分夸张既不利人又不利己，在此阶段律师应尽力避免出现此情形。

总之，律师在初步评估案情时应客观、中肯，为委托人分析案件的利弊得失，提起诉讼可能需承担的风险，以及可能支出的费用，建议委托人理性思考。同时，律师在案件初步评估的基础上理性作出是否收案的决定。当然，此阶段对案件不用作透彻、全面的法律分析，一方面，所了解的情况有限、所掌握的材料证据有限，对对方当事人的情形也不甚了解，难以作出精准的分析；另一方面，也是律师对自己所掌握法律知识的一种尊重、对自己合法权益的保护。

（二）签订委托代理合同应注意的问题

委托代理合同是当事人与律师事务所确定代理关系的法律依据，也是律师进行行政诉讼代理的依据。当事人委托诉讼代理人，应当向人民法院提交由委托人签名或者盖章的授权委托书。委托代理合同的签订，事实上是一个双向选择的过程，对于当事人来说，希望通过精通法律、能言善辩、经验丰富的专业法律人士的帮助，达到其诉讼的目的，出于信任才会决定聘请律师进行诉讼代理；对律师而言，当事人决定签订委托代理合同，是对律师接待当事人、审查受案阶段工作的肯定，同时，律师也可根据当事人的情况、自身的情况与业务安排等决定是否接受当事人的委托。

委托代理合同应当载明委托事项和具体权限。其主要内容应包括：委托人的姓名、性别、年龄、住址等基本情况及案由；律师事务所指派参加诉讼的律师；委托代理事项及权限；代理关系的有效期限；双方商定的委托代理费用与支付方式；双方的其他权利、义务等。委托代理合同的意义首先是使得律师和当事人之间委托代理的法律关系得以确立，其次通过合同确认了双方的权利与义务。为避免在以后的代理过程中产生一些不必要的误会和纠纷，在签署委托代理协议时，律师应将委托代理合同的具体内容及意义对委托人逐条进行说明。例如，关于代理的程序问题，由于委托人往往缺乏相应的法律知识，并不了解行政诉讼程序包括了第一审程序、第二审程序以及再审程序、强制执行程序等，因此，委托代理合同应写明律师代理的具体程序范围，由此产生的相应费用等。此外，还应注明约定代理费用的具体数额、计算方法、支付方式及时间，以及诉讼代理过程中产生的其他一些费用如交通费、住宿费等由哪一方负担、如何计算等。

当出现具有原告资格的委托人人身自由被限制或因具有其他特殊情况无法书面委托的，也可以由他人代书，并由该委托人以捺印等方式确认。对于此类情形人民法院应当核实并记录在卷，被诉行政机关或者其他有义务协助的机关拒绝人民法院向被限制人身自由的公民核实的，视为委托成立。

（三）签订委托代理合同后应注意的问题

律师签订委托代理合同后，应当迅速展开相关工作。这一阶段，作为原告的诉讼代理人，主要任务是进一步明确委托人的诉讼目的，为其拟定相应的诉讼请求；进行调查、收集有关证据材料；拟写起诉状，为案件能够顺利进入诉讼程序做好相应准备工作。

1. 明确诉讼目的，拟定具体的诉讼请求。签订委托代理合同后，律师应进一步与委托人进行详谈，准确掌握委托人进行行政诉讼所希冀达到的目的，根据其诉讼目的，结合案情和相关法律规定，初步拟定起诉应提出的具体诉讼请求，以及全盘考虑法院支持该诉讼请求的可能性或存在的一些障碍。并在此基础上，构思代理该案的思路。当律师认为委托人的诉讼目的有所偏差时，应及时提醒，通过就案析法，使得委托人理性接受律师的建议，从而提出合法、合理的诉讼请求。诉讼请求一旦确定，之后的代理工作均以此为中心展开、为之服务。因而，拟定诉讼请求应在与委托人充分交流、商榷与缜密思考之后再确定，除非有足够的理由或新情况的出现，否则委托人、律师不宜轻易变更诉讼请求。

2. 查证应适用的法律规范。在拟定具体诉讼请求的基础上，结合已知案情，代理律师应考虑本案所适用的法律规范，即提出诉讼请求的法律依据。案件所应适用的法律规范包括实体性规范和程序性规范。实体性规范，主要是指被诉行政行为作出所依据的相关法律、法规规定（包括行政行为作出所应遵循的程序规定)，对于被诉行政行为所依据的相关规章或者行政规范性文件，也应进行查证、分析；程序性规范，则是指诉讼所应符合的程序条件，主要是指收案审查时所考量的受案范围、诉讼主体资格、起诉期限、管辖法院、与行政复议的关系等问题所涉及的程序性的法律规范。

能否准确、全面地适用法律规范，是原告的诉讼请求能否得到法院裁判支持的根据。在查证推导法律规范适用的过程中，本案中原被告之间可能引起争议的焦点问题也初步显现，代理律师应尽可能准确地罗列、归纳出这些争议点，在之后的工作中重点调查、收集与这些争议点密切相关的证据，以达到支持本方诉求、反驳他方观点的目的。

3. 调查收集有关证据材料，准备证据清单。在行政诉讼中，由被告负举证责任，主要是指被告应对被诉具体行政行为的合法性负举证责任，但这不意味着原告不负任何举证责任。律师在本阶段首先要收集证明被诉具体行政行为存在，且委托人与该被诉行政行为存在利害关系的证据。如果行政复议为前置程序或经过行政复议程序的案件，还应收集申请行政复议、行政复议决定书等材料。其次按照法律规定的提供证据范围收集相关的证据材料。例如，在起诉被告不履行法定职责的案件中，应收集委托人向被告提出申请的证据。对于能够证明被告行政行为违法性的证据也应该加以收集。

本阶段证据材料收集的来源主要有向委托人收集和律师调查取证。主要先从委托人处收集，可以要求委托人提供其所知道的案件的一切事实和相关证据材料，也可以向相关的行政主体申请查阅一些材料、信息。律师还可以向与案件有关的组织或个人收集相应证据材料。律师调查、收集与本案有关的证据时，应当由律师事务所出具介绍信，并出示律师执业证。当律师向证人调查取证时，一般以两名以上律师共同进行为宜。

在收集相关证据材料的基础上，律师应对这些证据材料进行整理并编号，制作证据清单，以完成原告举证责任或证明被告具体行政行为违法为核心。注意证据应具有合法性、关联性和真实性，也应具备法定的形式。行政诉讼的证据主要有：书证，物证，视听资料，电子数据，证人证言，当事人的陈述，鉴定意见，勘验笔录、现场笔录这八种形式。对于电子数据这种较新的证据形式更应当注意收集与运用。证据清单的形式应包括序号、证据名称、证据来源、证明内容、页数等，标明的证据提供人应有签名或盖章，并注明具体日期。如果发现存在证据可能灭失或者以后难以取得的情形，律师应建议并帮助委托人及时向人民法院申请保全证据。（在行政诉讼中，一般申请证据保全是在案件已经受理之后，但特殊情况下，依据其他法律或司法解释的规定，也可以申请诉前证据保全）总之，律师应细致认真地做好证据材料的收集、整理工作，从而为起诉奠定良好的基础，增加胜诉的可能性。

4. 拟写起诉状。一份逻辑严密、有理有据、用词精准、语言流畅的起诉状是诉讼顺利进行的良好开端和重要条件。行政起诉状有固定的格式要求，由标题、首部、正文与结尾构成。包括：原被告双方、第三人的基本情况；具体的诉讼请求；主要事实与理由；具状人签名与日期；附件的内容，等等。在起诉状的撰写过程中，要注意以下问题：

一是应结合案件的具体情况确定适格的被告。虽然《行政诉讼法》所规定的法定起诉条件中只要求有明确的被告即可，但如果起诉状所确定的被告不是适格的被告，人民法院会告知原告变更被告，而原告不同意变更的，则人民法院会裁定驳回起诉。因此，为避免此类情形的发生，降低诉讼成本，律师应运用专业法律知识，尽量在撰写起诉状时确定适格的被告。被告的确定按照“谁行为，谁被告”、“谁主体，谁被告”和“谁委托，谁被告”的规则予以确认。例如，对高等学校等事业单位或律师协会、注册会计师协会等行业协会依法律、法规及规章作出的行政行为不服时，以上述授权主体为被告；但当对上述授权主体因受行政机关委托作出的行政行为不服提起诉讼时，则应将委托的行政机关确定为被告。此外，对于经过复议的案件，复议机关决定维持原行政行为的，作出原行政行为的行政机关和复议机关是共同被告；复议机关改变原行政行为的，复议机关是被告。这里的“改变原行政行为”，是指复议机关改变原行政行为的处理结果，包括确认原行政行为违法或无效，但不包括复议机关以违反法定程序为由确认原行政行为违法的情形。

二是应结合案件的具体情况，准确判断该行政案件的管辖状态，进而选择恰当的人民法院递交起诉状。行政诉讼的管辖，是指人民法院对行政案件进行第一审的权限与分工。行政诉讼的管辖包括法定管辖与裁定管辖。行政诉讼的代理律师首先应判断该行政争议的级别管辖，尽量避免选择级别较低的人民法院；在此基础上再根据地域管辖、专属管辖的相关规定确定具体由哪一级的哪一个人民法院管辖该案件，还应特别注意案件是否属于跨行政区域管辖。（如涉及以北京16城区人民政府为被告的第一审行政案件、天津环保行政案件的上诉案件等由北京市第四中级人民法院管辖）当出现共同管辖的情形时，应与委托人进行沟通，为委托人选择对其最有利的人民法院递交起诉状。

另外，起诉状拟写完成后，应当由委托人进行确认，核实起诉状中事实陈述部分是否准确，诉讼请求是否准确，有无其他需要补充的问题。委托人确认后，应当在起诉状上签字或盖章。

## 二、起诉、应诉阶段行政诉讼律师代理的经验与技巧

依据《行政诉讼法》的规定，完整的行政诉讼程序包括：起诉与受理、应诉程序；第一审程序；第二审程序；审判监督程序，以及行政诉讼执行程序。但第二审程序、审判监督程序、行政诉讼执行程序并非所有案件的必经程序，因此，下文主要介绍收案后律师在起诉与应诉阶段、开庭审理阶段，以及第一审程序中总体上应注意的事项，以及代理的一些经验与技巧。

（一）代理起诉阶段应注意的事项

行政诉讼原告代理律师在签订委托代理合同后所做的确定诉讼请求、调查收集证据材料制作证据清单、拟写起诉状等工作，为律师在起诉阶段的代理奠定了良好的基础。作为原告行政诉讼代理律师在此阶段主要应注意以下事项：

1. 尽量备齐办理立案手续的相关材料。起诉状及证据材料目录等准备好之后，代理律师应选择恰当的时机，在起诉期限内到预先确定的享有管辖权的人民法院办理立案手续。办理立案手续时，尽可能准备并携带齐全相关的材料，以使案件能够顺利立案。在递交起诉状正本的同时，应根据被告、第三人的人数提供相应充足份数的起诉状副本；同时，办理立案手续还应携带证明原告身份的材料、授权委托书、律师事务所至法院的信函、证明被诉行政行为或者不作为存在的材料、原告与被诉行政行为具有利害关系的材料，以及人民法院认为需要提交的其他材料。由法定代理人或者委托代理人代为起诉的，还应当在起诉状中写明或者在口头起诉时向人民法院说明法定代理人或者委托代理人的基本情况，并提交法定代理人或者委托代理人的身份证明和代理权限证明等材料。总之，在起诉阶段，应提供足以支持起诉符合立案条件的相关证据，以及与本案事实相关的其他证据。

2. 及时关注案件受理信息，随时拟定相应对策。通常情况下，递交起诉状、办理立案手续后，人民法院不会当场作出是否受理的决定，而是依法组成合议庭对原告的起诉进行审查，在7日内作出是否受理的决定。因而，代理律师应及时关注案件进展，针对不同情况拟定相应对策：如果案件予以受理，则代理律师应开始着手进行庭审前准备工作。特别需注意，在法律规定的举证期限内或人民法院指定的证据清单交换日，律师应协助原告应尽可能完整举证，不宜有所保留，以免因为保留或遗漏证据而造成不利局面，甚至承担败诉的风险。（《适用行政诉讼法的解释》第35条第2款规定："原告或者第三人在第一审程序中无正当事由未提供而在第二审程序中提供的证据，人民法院不予接纳。"）如果法院收到立案材料后，认为起诉材料需要补正的，律师应该协助被代理人补正相关材料并尽

快提交至法院；法院裁定不予受理的，代理律师应立即同被代理人沟通，分析法院不予受理的原因，决定是否针对该不予受理的裁定提起上诉；受诉人民法院在7日内既不立案，又不作出裁定的，起诉人律师应征询被代理人的意见，考虑是否向上一级人民法院进行申诉或者起诉。

（二）代理应诉阶段应注意的事项

行政诉讼中被告的代理律师由于当事人所享有的权利、义务不同，而导致其进行代理的任务与重心不同于行政诉讼原告的代理律师。被告往往在其被告的法律地位得以确立、由人民法院通知其应诉时，才委托律师代理诉讼。由于《行政诉讼法》规定的答辩期限较短，即被告应当在收到起诉状副本之日起15日内向人民法院提交作出具体行政行为的有关材料，并提出答辩状，（参见《行政诉讼法》第67条的规定）因此，在与被告签订委托代理合同后，代理律师应立即展开应诉的相关工作。在此阶段代理律师应注意以下事项：

1. 认真研究原告的起诉状及提交的相关证据材料。接受委托后，律师首先应认真研究原告的起诉状，初步了解案件的基本事实与原告的具体诉讼请求。在此期间，代理律师应与被代理人充分进行沟通，知悉案件的来龙去脉，了解被代理人作出具体行政行为的事实根据和法律依据，包括所依据的行政规范性文件。在此基础上，对案件作出初步的分析评估，核心在于被诉的具体行政行为是否合法、原告的诉讼请求是否成立等。

2. 调取、查阅被诉具体行政行为的案卷材料。在行政诉讼的代理过程中，律师不仅应知“彼”，更应该知“己”。由于行政行为在行政程序中应遵循“先取证，后裁决”的原则，因此，作出被诉具体行政行为的事实依据和法律依据，包括所依据的行政规范性文件，都应属于案卷材料的范围。又因为《行政诉讼法》明确规定，被告除经人民法院准许可以补充相关的证据外，案件进入诉讼程序后，被告及其代理律师都不得再自行收集与本案相关的证据。因此，为更好地做好答辩工作，代理律师必须调取、查阅被诉具体行政行为的案卷材料。

在基本掌握案件事实的基础上，代理律师还应进一步与被代理人沟通。这里进行沟通的主要对象是作出被诉具体行政行为的执法人员，即办理该案的行政主体的工作人员。除进一步核对案件事实外，还应就案卷中证据的来源、取得的方式等与具体办案人员核对。同时，还应了解案件的背景材料，以及此类案件的一般工作规则、执法习惯和惯例。在此过程中，律师应制作谈话笔录，并由陈述人签名。

3. 撰写答辩状。在做好上述准备工作后，律师应确定答辩思路，拟写答辩提纲，并就答辩提纲与被告的法定代表人或案件的主要负责人进行交流、征询意见。答辩状应包含相应的要素，比如，被诉的具体行政行为所认定的事实是否清楚、证据是否确凿；是否准确、全面地适用了相关法律规范；被诉具体行政行为的作出是否符合法定的程序、方式；原告的诉讼请求是否成立等。此外，答辩状还应关注一些重要的程序问题，如起诉的期限、管辖权、起诉人是否具有原告资格、是否遵循行政复议与行政诉讼的衔接关系等问题。

4. 高度重视举证工作。可以说，“打官司就是打证据”。尤其对行政诉讼而言，法律规定由被告负主要的举证责任，因此，作为被告的代理律师必须高度重视举证工作，积极协助被代理人在法定期限内递交相关证据材料，完成举证责任。首先，作为被告的代理律师，应当全面、谨慎地收集、整理被诉具体行政行为作出时（也仅限于作出时）所依据的事实证据与法律依据，依照《行政诉讼法》的规定，在诉讼过程中，被告及其诉讼代理人不得自行向原告、第三人和证人收集证据，除非经法院准许，被告才可以补充证据。收集证据应全面，不仅应收集整理被诉具体行政行为作出所依据的事实证据，还必须收集被诉具体行政行为作出的法律依据，包括行政规范性文件，以达到证明被诉具体行政行为事实清楚、证据确凿、实体及程序均合法的目的。如果原告因认为行政行为明显不当而起诉，还应收集能证明行使自由裁量权合理、合乎比例原则的证据。其次，在法定的期限内及时提交证据。被告应当在收到起诉状副本之日起 15 日内提交答辩状，并提供作出具体行政行为时的证据和所依据的规范性文件。因此，代理律师应按人民法院的要求填写证据清单，在法定的期限内及时将相关证据、依据随答辩状递交至人民法院。如果代理律师发现在法定期限内无法提交相关证据的，应代被代理人向法院提出延期申请，以免因此被诉具体行政行为被法院认定为无证据，从而承担败诉的不利法律后果。

## 三、第一审程序中行政诉讼律师代理的经验与技巧

作为行政诉讼的代理律师，在第一审程序中总体上应注意以下事项：

### （一）充分行使法律赋予代理律师的权利

行政诉讼的代理只有充分行使法律赋予其的代理权利，才能更好地发挥代理律师在诉讼中所起的作用。在第一审程序中代理律师尤其应注意阅卷权、调查取证权的行使。

1. 及时行使阅卷权，尽可能复制全部案卷材料。作为原告的代理律师，应该在被告提交证据的法定期限届满之日起及时到人民法院阅卷，并经过人民法院许可，复制、摘录被告提交的作出具体行政行为的全部证据、依据，以及其他有关案卷材料，这样才能做到知己知彼。通过阅卷，进一步掌握案件的所有相关信息，从而根据情况及时拟写或调整质证意见、法庭辩论提纲，为后期的法庭审理做好准备工作。在开庭审理后，经人民法院许可，代理律师可以查阅本案的庭审材料，但涉及国家秘密和个人隐私的除外。作为被告的代理律师，也应该在开庭前到人民法院阅卷，并依法复制或摘抄原告反驳具体行政行为的证据以及其他有关案卷材料，为反驳原告的主张做好材料准备工作。同样，在开庭审理后，经人民法院许可，被告的代理律师也可以查阅本案的庭审材料。

2. 重视申请调取证据等权限的行使。代理律师可以根据案情需要申请人民法院收集、调取证据或者申请人民法院通知证人出庭作证。(《律师法》第35条第1款规定：“受委托的律师根据案情的需要，可以申请人民检察院、人民法院收集、调取证据或者申请人民法院通知证人出庭作证。”）当然，在行政诉讼中，当事人也可提出调查收取证据的申请，对符合法定情形的，原告或者第三人还可以向人民法院提出要求相关行政执法人员出庭说明的申请。(参见《适用行政诉讼法的解释》第41条的规定）但由于被代理人不一定知晓其享有的这一权利，所以律师可告知并协助委托人充分利用这一法定权利。申请调取证据的范围包括：由国家有关部门保存而须由人民法院调取的证据材料；涉及国家秘密、商业秘密、个人隐私的证据材料；确因客观原因不能自行收集的其他证据材料。(参见《行政诉讼法》第41条的规定）律师申请人民法院调取证据，宜在举证期限内向人民法院递交书面申请，并向人民法院提供证据线索。申请书宜写明证据持有人的姓名或名称、住址等基本情况，拟调取证据的内容；申请调取证据的原因及其要证明的案件事实。(参见《上海市律师办理行政诉讼案件操作指引》第46条第2款的规定。该指引于2010年1月9日由上海市律协业务研究与职业培训委员会讨论通过）

一般情况下，人民法院只能根据原告或第三人的申请调取证据，而不能根据被告的申请调取证据。但被告的代理律师应注意，当被告应提供而无法提供证据原件或者原物的，也可以向人民法院申请调取证据。

此外，受委托的律师根据案情的需要，可以申请人民法院通知证人出庭作证。

(二) 注重对被代理人合法诉讼权利的维护

行政诉讼中的被代理人往往对自己享有的法定权利不一定都知晓，或不知该如何行使，这就需要借助律师专业的法律知识和丰富的代理经验的帮助，这也是委托人聘请律师代理的初衷。在第一审程序中，代理律师要切实维护被代理人的合法诉讼权益，应注重做好以下几个方面的工作：

1. 关于被诉具体行政行为的“停止的执行”。在申请行政复议或提起行政诉讼过程中，被诉的具体行政行为不停止执行，这是一项法定的基本原则，但是，《行政诉讼法》第56条也规定了一些例外情形。(《行政诉讼法》第56条规定：“诉讼期间，不停止行政行为的执行。但有下列情形之一的，裁定停止执行：(一）被告认为需要停止执行的；(二）原告或者利害关系人申请停止执行，人民法院认为该行政行为的执行会造成难以弥补的损失，并且停止执行不损害国家利益、社会公共利益的；(三）人民法院认为该行政行为的执行会给国家利益、社会公共利益造成重大损害的；(四）法律、法规规定停止执行的。”）作为代理律师，应结合法律规定和所代理案件的具体情况，为被代理人处理好这一问题。比如，作为原告的代理律师，如果诉讼中涉及当事人的人身权（如行政拘留）、财产权（如强制销毁）等正在受到被诉具体行政行为的影响，则应建议并代理当事人提出“停止具体行政行为的执行”申请。同时，依据《行政诉讼法》的新规定，对于停止执行的裁定不服的，当事人可以申请复议一次。尽管最终的决定权在法院，但如果代理律师忽视被代理人该权利的行使，可以说没有很好地履行自己的代理职责。对于被告的代理律师而言，如果代理律师认为被诉行政行为有违法或不当之处时，应积极劝告被代理人暂缓具体行政行为的执行，以避免侵犯行政相对人的合法权益，也由此减轻案件审理结束后被代理人应承担的法律责任。

2. 关于申请回避权的行使。回避的本意是因为避嫌而不参与其事。在诉讼过程中，有关司法人员如果和案件有特定的利害关系，应当回避。其目的是防止徇私舞弊或产生偏见，以利于诉讼的顺利进行和案件的公平审判。在行政诉讼的过程中，代理律师如果发现有法定的回避事由出现时，应建议被代理人提出回避申请，经被代理人同意后填写回避申请书。申请回避，当事人应当说明理由，在案件开始审理时提出；回避事由在案件开始审理后知道的，应当在法庭辩论终结前提出。

3. 关于证据保全。证据保全作为一项收集和保存证据的有效措施，对于保护当事人的合法权益、保证行政诉讼的顺利进行具有重要意义。因此，代理律师发现有适用证据保全的情形时，应及时告知被代理人并代为提出申请。申请证据保全宜在举证期限届满前书面提出，并说明证据的名称和地点、保全的内容和范围、申请保全的理由等事项。

4. 关于先予执行与财产保全。对于行政诉讼原告的代理律师而言，如果所代理的案件涉及被告没有依法发给抚恤金、社会保险金、最低生活保障费等内容，应告知被代理人其所享有的此项权利，并协助被代理人填写和提交先予执行申请，以免被代理人或权利相关人生活陷入困窘。先予执行申请书应写明申请人与被申请人的基本情况；申请的具体事项；申请先予执行的依据与理由，如紧急需求、生存难以维系等。

财产保全的作用是防止当事人在人民法院作出判决前处分有争议标的物或者处分判决生效后用以执行的财产，使得权利人的合法权益能够得到切实维护，人民法院的生效判决得到执行。行政诉讼的代理律师可以根据案件的具体情况，告知被代理人所享有的该项权利，以更好地维护被代理人的合法权益。同时，律师还应告知被代理人，如果对人民法院作出的财产保全或者先予执行的裁定不服，还享有申请复议的权利，但复议期间不停止裁定的执行。

### （三）庭审阶段行政诉讼律师代理的经验与技巧

1. 做好法庭调查工作。律师参加法庭审理是律师代理行政诉讼核心任务之一，律师通过参与法庭调查和法庭辩论，就案件的事实问题和法律问题提出代理意见，从而达到维护被代理人合法权益的目的。

对于代理律师而言，这一程序中的重中之重是进行举证、质证。律师在法庭上不仅要及时地举证，还要对证人、鉴定人适时发问，从而帮助法院查清待证明的事实。同时，法律规定，证据应当在法庭上出示，并经庭审质证。未经庭审质证的证据，不能作为定案的依据。因此，代理律师应紧紧围绕证据与本案的关联性，证据是否依法定程序取得、是否具备法定的形式，证据的真实性，证据有无证明效力以及证明效力大小等问题进行质证。在法庭调查及质证过程中才发现的证据疑问，律师可以申请重新鉴定、勘验，要求补充证据，必要时可以申请中止或延期审理。

除了质证外，律师还应重视对其他诉讼参与人进行发问。经法庭许可，律师可以向证人、鉴定人及其他诉讼参与人发问。发问应紧紧围绕被诉具体行政行为的事实依据、法律依据、是否侵犯原告或其他权利人的合法权利等问题进行。代理律师对涉及关键事实和问题的陈述、举证、质证、发问时，应注意态度平和、语速适中，不要进行威逼性、诱导性发问，更不要有过激性言行。

2. 切实发挥法庭辩论的功效。法庭审理的过程，其实就是合议庭听取各方面意见，核实证据、查明案情，从而作出公正判决的诉讼过程。在这个过程中，法庭调查和法庭辩论是与其紧密连接的两个重要环节。经过法庭调查、质证程序后，律师的核心任务就是准备和撰写代理词或答辩词。律师应紧密结合案情和相关法律规定，提出有利于被代理人、人民法院容易采纳的代理意见。律师的辩论发言，应围绕被诉行政行为是否合法、是否明显不当，(《行政诉讼法》第一修正案通过及实施的这几年，司法审判实务对行政行为进行审查不再秉承单一的合法性审查，而是趋向采用合法性审查标准加明显不当审查标准。换言之，行政诉讼的“合法性”原则，不仅追求形式正义，更有实质正义的追求。行政诉讼的代理律师应关注司法审判实务的这一趋向，更好地维护被代理人的合法权益）以及法庭调查中出现的争议焦点进行。当然，在法庭辩论过程中，律师发现案件某些事实未查清的，可以申请恢复法庭调查。

律师在法庭辩论阶段的作用是至关重要的，它既是律师业务才能和智慧的集中体现，又是代理意见能否得到法官的认同继而取得胜诉的关键。律师在进行辩论时应注意不卑不亢，有礼有节，逻辑严密，表达流畅，切忌使用刺激性、侮辱性的语言。尤其应该注意的是，律师应最大限度地利用终局辩论，当相互辩论接近尾声时，代理律师作为辩论的一方必须具有控制收场的能力。如果发现对方当事人或代理人出现纠缠不休、死缠烂打的情况，律师应当向法庭申请予以制止，避免作毫无意义的辩论。总之，诉讼代理最终能否达到预期的目标，与律师能否充分发挥法庭辩论的功效有着直接的关系。

作为行政诉讼的代理律师，在第一审程序中主要应注意以上事项。同时，由于行政诉讼的被告是享有行政职权的行政主体，原告、代理律师有可能会在其职权管辖范围内，因此，行政诉讼原告代理律师执业时往往会受到各种阻挠和干扰。作为专业法律工作者，代理律师应坚持对法律的信仰，敢于承担各种压力和责任；而作为被告的代理律师，绝不能一味逢迎被代理人、以强凌弱，而应站在客观、公正的立场上进行代理。总之，代理律师应充分运用自己所掌握的法律知识和代理经验，设身处地地为被代理人着想，受人之托、忠人之事，恪尽职守，履行好自己的代理职责。

## 第五节　行政赔偿诉讼中的律师代理

### 一、行政赔偿诉讼概述

行政赔偿诉讼，是指公民、法人或者其他组织认为行政机关及其人工作人员行政违法行为侵犯了自己的合法权益并造成了损害，向人民法院提起诉讼，人民法院依法裁判解决赔偿等行政纠纷的诉讼活动。

行政赔偿与行政诉讼都是行政相对人获得行政救济的重要制度，但两者不可相互取代，在行政救济制度上起着相互补充的作用。行政赔偿常常与行政诉讼共同构成对行政相对人的完整救济。当一个具体行政行为违法侵害到公民、法人或其他组织的合法权益并造成实际损害时，仅有行政诉讼是不够的，行政诉讼可以确认该具体行政行为违法并予以撤销，但公民、法人或其他组织受到的损害只有通过行政赔偿才能得到补救。当然，仅有行政赔偿而没有行政诉讼等制度对具体行政行为合法与否的评判，行政赔偿也就没有了依据。另外，行政赔偿诉讼同行政诉讼一样适用于行政诉讼法规定的程序，两者关系密切。

### 二、行政赔偿诉讼中律师代理的经验与技巧

如上所述，行政赔偿诉讼仍然属于行政诉讼的一种形式，其有关委托与授权程序、起诉与应诉程序以及审判程序中律师应注意的事项，基本上与行政诉讼中的相应内容没什么差异。下文仅就行政赔偿诉讼所具有的独特内容，介绍律师代理应注意的几个关键问题。（受篇幅所限，本节主要从行政赔偿诉讼原告代理律师的角度进行介绍）包括：全面了解行政赔偿诉讼与行政诉讼的差异、行政赔偿责任的构成要件、行政赔偿诉讼的受案范围、行政赔偿诉讼的程序等。

（一）全面了解行政赔偿诉讼与行政诉讼的差异

虽然行政赔偿诉讼与行政诉讼存在着极为密切的联系，但律师在进行代理时还是应全面把握两者的不同之处，从而明晰代理的目的，准确拟定相应的代理策略。行政赔偿诉讼与行政诉讼的区别主要体现在以下三个方面：

一是两者的目的不同。行政诉讼的标的是具体行政行为本身，诉讼是围绕着行政行为的合法性展开的。代理的目的是通过诉讼确认被诉的行政行为违法，从而使之被撤销或被确认违法或判决其履行相应的职责，从而达到维护被代理人合法权益的目的。从功能上说，行政诉讼是一种纠正行政违法行为之诉；合法的整

个行政诉讼是围绕着被诉的具体行政行为是否合法进行的；而行政赔偿诉讼的标的则是行政赔偿责任，整个诉讼是围绕着行政赔偿责任是否构成进行的，即通过诉讼解决被诉的行政机关是否应对行政赔偿诉讼原告所受到的损害承担赔偿责任，以及若需承担赔偿责任，解决以何种方式承担赔偿责任，赔偿的项目、数额等问题。因而，从功能上看，行政赔偿诉讼是一种损害救济途径，更注重使合法权益受到损害的行政相对人一方得到弥补或恢复。

二是两者的受案范围不同。《行政诉讼法》与《国家赔偿法》对行政诉讼和行政赔偿的范围分别作了规定。据此，行政赔偿诉讼的受案范围有别于行政诉讼的范围，行政诉讼的范围只限于具体的行政行为，而行政赔偿诉讼的范围既包括具体的行政行为，又包括行政事实行为。例如，公安机关以殴打、虐待等行为造成公民身体伤害或者死亡的情形。此类行为因不属于具体行政行为，因而不能进入行政诉讼的受案范围，但属于行政赔偿诉讼的范围，受害人或其近亲属可以提起行政赔偿诉讼。

三是两者适用的程序存在差异。虽然行政赔偿诉讼在总体上适用行政诉讼程序，但行政赔偿诉讼与行政诉讼在程序上仍存在一些差异。通常情形下，公民、法人或其他组织对行政主体所作出的行政行为不服，可自由选择是否直接向人民法院提起行政诉讼，法律另有规定除外。但依据《国家赔偿法》的规定，单独提起行政赔偿诉讼则实行行政处理前置原则。

（二）准确判断行政赔偿责任的构成要件

行政赔偿责任的构成要件是指国家承担行政赔偿责任所应具备的条件，即国家只有在符合一定条件的前提下才承担行政侵权赔偿责任。行政赔偿责任的确立，是提起行政赔偿诉讼的前提条件。因此，就单独的行政赔偿诉讼来说，律师进行代理的首要问题是判断行政赔偿是否成立，这就要求律师对行政赔偿责任的构成要件有深刻理解并能熟练掌握，从而能够作出准确判断。

行政赔偿责任构成要件主要包括侵权行为损害事实要件、主体要件、行为要件和因果关系要件，代理律师也主要应从这四个方面判断行政赔偿责任是否构成。

1. 损害事实要件。任何赔偿责任都是以损害事实的存在为前提条件的，因此，损害事实是构成行政赔偿责任的必要条件之一。所谓损害，是指违法行为对行政相对人的人身权、财产权等造成伤害、减少或失去的不利后果。

代理律师在对损害事实要件进行认定时要注意，该要件必须同时满足三个要求：首先，作为行政赔偿责任构成要件的损害事实必须是现实已经发生的、确定的损害，而不是主观臆想的或将来可能发生的损害；其次，该损害是作为行政行为所针对的特定行政相对人所遭受的，即必须是对特定的行政相对人造成的损害，而不是普遍的一般人所共有的损害；最后，必须是对行政相对人合法利益所造成的损害，违法的利益不受法律保护，国家对此不承担任何义务，因此也不会产生赔偿责任。

2. 侵权行为主体要件。我国国家赔偿责任构成要件之一的侵权行为主体主要包括国家机关和国家机关工作人员这两大类，即一类是侵权的组织，另一类是侵权的公务人员个人。就行政赔偿而言，能够成为侵权行为主体的主要是指行政机关、法律法规授权的组织及其工作人员。

3. 侵权行为要件。行政赔偿责任的行为要件是指引起赔偿的致害行为所应具备的条件。行政赔偿责任的行为要件实际上包含两个要求：一是引起行政赔偿的致害行为必须是执行职务的行为；二是该执行职务的行为违法。

代理律师在确定执行职务的行为违法之前，首先应判断引起赔偿争议的行为是否为执行职务的行为。由于公务员同时具有普通公民身份、国家机关工作人员的身份和行政主体代表这三重身份，因此判断其所作出的某个行为是职务行为还是个人行为，不仅关系着相应行为的效力，而且关系着行为责任的归属。在判断职务行为时，代理律师应掌握，按照职权相关说的观点，职务人员所作的行为是法律、法规授予其行使职权、履行职责的行为，或是与行使职权、履行职责紧密关联的行为，都应视为职务行为。这些与职权相关的行为虽不是法律规定的职权职责行为本身，甚至是法律所禁止的行为，但因其与职权的行使、职责的履行紧密相关，因而也属于职务行为。例如，某警察在询问行政违法行为人时，认为其没有如实陈述从而对其进行殴打的行为。该殴打行为就属于行使警察职权相关的行为。

4. 因果关系要件。因果关系是指原因与结果之间的事理逻辑。作为行政赔偿责任构成要件的因果关系要件，是指行政侵权行为和损害事实之间具有法律上所确认的因果关系，国家才承担行政赔偿责任。

在行政赔偿实践中，代理律师应充分认识到因果关系确认的复杂性。我国理论界及实务界均倾向于相当因果关系说，即当行政机关及其工作人员的违法职务行为通常会造成该损害时，则可判断损害的结果与该违法职务行为具有相当因果关系。

代理律师尤其应注意的是，在出现多因一果（多个原因造成同一损害后果）或迭因一果（依次叠加的原因最终导致了一个损害后果）的情况时，则应结合行政机关及其工作人员的法定责任进行分析。虽然有时该违法职务行为与损害事实不具有直接的关联性，但存在着间接的关联性，那么，结合其法定职责仍可认定两者间具备因果关系。当受害人不能从直接侵害人那里得到赔偿时，可请求行政赔偿。

综上，律师在接到当事人委托时，应先对委托事项根据上述四个要件进行判断，确定引起行政争议的行政行为是否构成行政赔偿责任，从而解决提起行政赔偿诉讼的前提问题。

### （三）准确把握行政赔偿诉讼的受案范围

行政赔偿诉讼的受案范围，是指人民法院受理行政赔偿诉讼案件的范围。行政赔偿诉讼的受案范围不同于行政诉讼的受案范围，但不可否认，行政赔偿诉讼的受案范围深受行政诉讼受案范围的影响。不仅如此，行政赔偿诉讼的受案范围自然也会以《国家赔偿法》关于行政赔偿范围的规定作为依据，因此，作为代理律师，应该对行政赔偿诉讼的受案范围进行全面的了解、把握。

1. 行政赔偿诉讼的可诉范围。根据《国家赔偿法》和相关司法解释的规定，我国行政赔偿诉讼的可诉范围主要包括三类：侵犯人身权的行政违法行为、侵犯财产权的行政违法行为以及造成精神损害的行政违法行为。

（1）侵犯人身权的行政违法行为，主要包括侵犯人身自由权的行政违法行为和侵犯生命、健康权的行政违法行为，以及造成公民身体伤害或者死亡的其他行政违法行为。

侵犯人身自由权的行政违法行为具体表现形式包括：违法拘留；违法采取限制公民人身自由的行政强制措施；非法拘禁或者以其他方法非法剥夺公民人身自由。

侵犯生命、健康权的行政违法行为在实践中则主要有以下具体表现形式：以殴打、虐待等行为造成公民身体伤害或者死亡的；唆使、放纵他人以殴打、虐待等行为造成公民身体伤害或者死亡的；违法使用武器、警械造成公民身体伤害或者死亡的。

代理律师应注意，“造成公民身体伤害或者死亡的其他行政违法行为”这一规定，是为了适应实践中的复杂情况所作的灵活规定，属于兜底性规定。对于凡是可能造成损害的行政违法行为，即使《国家赔偿法》没有明确列举，也应该属于行政赔偿的行为范围。

（2）侵犯财产权的行政违法行为则主要包括四类：一是侵犯财产权的行政处罚行为，如违法罚款；违法吊销许可证和执照；违法责令停产停业以及行政机关其他造成财产损失的违法行政处罚行为。二是侵犯财产权的行政强制措施。行政机关对财产所采取的强制措施主要有查封、扣押、收缴、追缴等。三是违法征收、征用的行政行为，主要表现为乱收费和违法摊派费用等形式。四是侵犯财产权的其他行政违法行为。

“侵犯财产权的其他行政违法行为”，是造成财产损害违法行为的兜底性规定。代理律师应注意，根据此项规定，行政机关只要违法行使行政职权并对财产造成了损害就应该由国家给予行政赔偿。如，认为行政机关侵犯法律规定的经营自主权的，如果查证属实，并给行政相对人造成财产损害的，受害人就有权要求取得行政赔偿。

（3）造成精神损害的行政违法行为。精神损害，是指对人身造成的精神痛苦，它包括精神上的悲伤、忧虑、气愤、失望等。精神损害多为侵犯人身权而产生，但也不排除侵犯财产权造成的精神损害。2010 年《国家赔偿法》第 35 条首次明确规定了精神损害也属于国家赔偿的范围。（该法第 35 条规定：“有本法第三条或者第十七条规定情形之一，致人精神损害的，应当在侵权行为影响的范围内，为受害人消除影响，恢复名誉，赔礼道歉；造成严重后果的，应当支付相应的精神损害抚慰金。”但是，关于精神损害赔偿，无论在理论还是实务上都存在不少争议，如是否包括间接精神损害；法人或其他组织能否成为精神损害赔偿请求人；是否应有全国统一精神损害赔偿标准；“严重后果”该如何认定等问题）这是尊重和保障人权原则在国家赔偿领域内的具体体现，也是我国民主、法治发展进步的具体体现。综上所述，造成精神损害的行政违法行为属于行政赔偿诉讼的可诉范围已毋庸置疑。

对行政赔偿诉讼可诉范围的理解，代理律师还应注意以下问题：

一是如果赔偿请求人认为行政机关及其工作人员实施了属于《国家赔偿法》第 3 条、第 4 条中所规定的非具体行政行为侵犯其人身权、财产权并造成了损害，而行政赔偿义务机关拒不确认致害行为违法，赔偿请求人可直接向人民法院提起行政赔偿诉讼。即赔偿请求人对因行政机关的违法事实行为所引起的损害提起行政赔偿诉讼时，不以该行政机关先行确认致害行为违法为必要条件，在赔偿请求人提出请求而行政赔偿义务机关拒绝确认时，赔偿请求人可直接向法院提起诉讼。

二是《国家赔偿法》第 3 条的第 5 项和第 4 条的第 4 项所规定的“其他违法行为”，不仅包括行政具体行政行为，还包括与行政管理职权相关的，给公民、法人或其他组织造成损害的、违反法定职责的事实行为；既可以是作为行政行为，也可以是行政不作为。

三是终局行政行为引起的行政赔偿。所谓终局行政行为，是指法律规定由行政机关作出最终裁决的行政行为，对于该终局行为，当事人即使不服也不能向法院提起诉讼。如果该终局行政行为被作出最终裁决的行政机关确认违法，赔偿请求人以赔偿义务机关应当赔偿而不予赔偿，或逾期不予赔偿或者对赔偿数额有异议提起诉讼的，属于行政赔偿诉讼的受案范围。

2. 行政赔偿诉讼的不可诉范围。人民法院关于行政赔偿诉讼不予受理的事项，具体包括以下两类：认为国家行为侵权并造成损害的；认为抽象行政行为侵权并造成损害的。

综上可知，行政赔偿诉讼的受案范围不同于行政诉讼的受案范围。就可诉行为的标准来看，行政法律行为或行政事实行为均属于行政赔偿诉讼的受案范围，但行政事实行为是不属于行政诉讼的受案范围的；就可诉权利类型的标准来看，在违法行政管理行为所造成的权利损害中，只有人身权、财产权损害以及精神损害属于行政赔偿诉讼的受案范围，其他权利损害如受教育权、劳动权等目前并未被明确列入赔偿受案范围。

行政赔偿诉讼的受案范围无疑是行政赔偿诉讼制度中最复杂也是非常重要的问题，当然也是代理律师能否顺利完成代理任务、达成委托人的目标的一个关键。因此，代理律师必须在熟知行政诉讼受案范围和行政赔偿范围的基础上，仔细分析、全面把握行政赔偿诉讼的受案范围。

（四）关注行政赔偿诉讼的前置程序

根据诉讼提起的方式、审查内容等方面的差别，行政赔偿诉讼可分为两种类型：一并提起的行政赔偿诉讼和单独提起的行政赔偿诉讼。一并提起的行政赔偿诉讼，是指公民、法人或者其他组织不服行政行为，向人民法院提起行政诉讼时一并提出赔偿请求的诉讼，也可称为“行政附带赔偿诉讼”。单独提起的行政赔偿诉讼，则是指公民、法人或者其他组织对行政赔偿义务机关的赔偿处理决定不服，仅就赔偿争议向人民法院提起的行政赔偿诉讼。

赔偿请求人要求赔偿，应当先向赔偿义务机关提出。因此，公民、法人或者其他组织如果单独提起行政赔偿诉讼，必须遵循行政赔偿先行处理程序，先向行政赔偿义务机关提出赔偿请求，然后才能向人民法院提起行政赔偿诉讼。（可参见《国家赔偿法》第9条第2款的规定）即单独请求行政赔偿诉讼时，行政相对人要先向赔偿义务机关提出，行政赔偿义务机关在2个月内逾期不予处理或拒绝赔偿，或受害人对其所作赔偿决定不服的，才能向人民法院提起行政赔偿诉讼。

因此，就单独的行政赔偿诉讼而言，律师在进行代理时，一定要先考察清楚，该行政赔偿争议是否已经行政赔偿先行处理程序，如果没有，应建议当事人先向赔偿义务机关提出赔偿请求。

（五）高度注意行政赔偿诉讼举证责任的分配

在行政赔偿诉讼代理的过程中，代理律师应特别注意：行政赔偿诉讼中举证责任的分配不同于行政诉讼中举证责任的分配。在行政诉讼中，法律规定由被告承担主要的举证责任，而在行政赔偿诉讼中，由于诉讼目的的不同，原告需承担更多的举证责任。依据《国家赔偿法》第15条的规定，赔偿请求人和赔偿义务机关各自对自己提出的主张提供证据。赔偿请求人对自己的主张承担举证责任，主要是指赔偿请求人应证明因受被诉行为侵害而造成损失的事实；而作为被告的赔偿义务机关有权提供不予赔偿或者减少赔偿数额方面的证据。行政赔偿案件争议的焦点就是损害事实是否存在，以及损害事实与行政侵权行为之间的因果关系。上述规定可解释为，若原告、被告在原告的损害事实是否存在、该损害是否由被诉行为所导致这两个问题上存在争议，那么原告要为此负举证责任。

但事实上，在行政赔偿诉讼的代理过程中，如何帮助被代理人完成举证责任，是最令代理律师头痛的问题，尤其是因果关系的证明，实践中往往无法完成举证。最常见的是受害人在人身自由受到限制期间所造成的人身损害。

2010年4月修正的《国家赔偿法》，关于行政赔偿诉讼举证责任的规定在一定程度上采纳了举证责任倒置的规则。其第15条第2款特别强调了当赔偿义务机关采取行政拘留或者限制人身自由的强制措施期间，被限制人身自由的人死亡或者丧失行为能力时，赔偿义务机关的行为与被限制人身自由的人的死亡或者丧失行为能力是否存在因果关系，应当由赔偿义务机关而非赔偿请求人提供证据。当然该条款规定了适用条件：一是只限于受害人人身自由受到限制的情形；二是只限于受害人死亡或丧失行为能力的情形。受害人人身自由受到限制造成身体伤害未达到死亡或丧失行为能力的其他情形以及财产受到限制而造成损害（如被扣押）的情形被排除在外，即仍由原告承担举证责任。修正后的《行政诉讼法》及司法解释也强调了在行政赔偿案件中，因被告的原因导致原告无法举证或无法就损害情况举证的，应当由被告承担举证责任或就该损害情况承担举证责任。（可参见《行政诉讼法》第 38 条第 2 款的规定，《适用行政诉讼法的解释》第 47 条第 1 款的规定）

即便立法关于行政赔偿诉讼中有关举证责任的分配有了一定的进步，但律师在代理过程中仍需高度注意举证的工作，对收集证据的难度有一定的心理准备，尽力协助被代理人完成自己的举证责任。

（六）注意行政赔偿诉讼的特别代理方式

依据《行政诉讼法》第 60 条的规定，人民法院在审理行政案件时，不得采用调解的方法处理行政案件，不得将调解作为处理行政案件的必需程序和行政案件结案的方式，因此，律师代理行政诉讼不能采取调解的代理方法。但行政赔偿诉讼可以适用调解，人民法院审理行政赔偿案件在坚持合法、自愿的前提下，可以就赔偿范围、赔偿方式和赔偿数额进行调解。所以，律师代理行政赔偿诉讼时可以采取调解的方式进行代理，这是不同于行政诉讼代理的独特的代理方式。

对于单独提起的行政赔偿诉讼，其裁判法律文书的名称为行政赔偿判决书、行政赔偿裁定书或者行政赔偿调解书。赔偿调解成立的，人民法院应当制作行政赔偿调解书。在行政赔偿调解书送达前当事人反悔的，可以要求人民法院予以判决；行政赔偿调解书生效以后，行政赔偿诉讼程序也就随之结束了，当事人之间有关赔偿的权利义务也就确定下来了，当事人必须履行，一方拒绝履行的，对方当事人可以向第一审人民法院申请执行。在实践中，行政赔偿调解书生效以后，如果调解书违反了自愿原则或者调解书有违法的内容，当事人仍可以申请再审。法院经审查认为行政赔偿调解书确有错误的，报院长批准，依照审判监督程序处理；如果没有错误，人民法院应说明驳回申诉申请的理由，当事人就必须按照行政赔偿调解书履行自己的义务。

如上所述，律师在进行行政赔偿诉讼代理时应把握好以上几个关键问题，注意与行政诉讼代理的不同之处。对于委托人而言，其往往更注重能否取得赔偿以弥补自己所受到的损害，因此，代理律师应围绕这一中心拟定恰当的代理策略，以最大限度地维护被代理人的合法权益。

# 第十二章　仲裁案件律师

## 第一节　仲裁案件律师概述

### 一、仲裁的概念、特点和意义

（一）仲裁的概念和特点

仲裁（Arbitration）又称“公断”，是指当事人双方根据达成的仲裁协议，自愿将在经济贸易、运输和海事活动发生的纠纷提交于民间性的第三方仲裁机构进行审理和裁决的制度。与解决民事纠纷的其他方式相比较，仲裁有如下特点：

第一，对象和范围的特定性，这表现在两个方面：一是依法律规定，涉及人身关系的民事纠纷不可适用仲裁的方式解决；二是仲裁只能就当事人约定的事项进行。

第二，程序的相对规范化，这主要表现为，在仲裁请求的提出，当事人就纠纷所涉及的有关事实和法律问题的陈述，证据的提出及调查，仲裁员对争议的审理及判断等方面，都有较严格的程序规范。仲裁的这一特点，主要是服务于保障仲裁庭查明纠纷的需要和体现仲裁的公正性。

第三，审理和裁决原则上不公开，即案件的审理和裁决的结果原则上不向社会和民众公开。这是仲裁与诉讼最大的区别之一，这一特点，主要是基于保护当事人的商业秘密的需要，从而也成为纠纷的当事人选择仲裁还是诉讼来解决纠纷所考虑的主要因素。

第四，仲裁既与当事人的意愿相联系，又与国家的司法制度密切相关。这主要表现在以下两个方面：一方面，当事人在仲裁过程中，可以比较自由地充分反映自己的意愿，参与性比较高；另一方面，当事人在仲裁中可以利用国家的司法制度，如在仲裁过程中可以申请财产保全，在仲裁裁决作出后，可以向有关法院申请执行仲裁裁决或申请撤销仲裁裁决。

第五，仲裁员一般都是具有专业知识的人士，从而使得仲裁在解决某些涉及较强的专业知识的纠纷时，较其他解决民事纠纷的方式具有相当的优势。

（二）仲裁的意义

律师办理和代理仲裁案件对律师业务的开拓和发展具有重要意义。第一，通过仲裁解决民商事纠纷，增加了当事人获得法律救济的渠道，尊重了当事人自主解决纠纷的权利。第二，通过仲裁解决民商事纠纷，还可以极大地缓解法院处理民商事纠纷的压力，反映了纠纷解决机制多元化的历史潮流。第三，仲裁作为市场经济内部的一种纠纷解决机制，具有保密性、便捷性、灵活性、专业性等特点，能够参照商业惯例，择优选择解决纠纷的方案，并有利于市场主体妥善地处理今后合作与纠纷解决的关系，便于经济稳定快速发展。

## 二、律师仲裁业务的范围、类型

### （一）律师仲裁业务的范围

仲裁业务的范围是指什么类型的纠纷可以由仲裁委员会来裁决，其类型主要如下：

1. 肯定类型。可以提交仲裁的纠纷是指财产纠纷，这主要是指平等主体之间的合同纠纷和其他财产权益纠纷。

2. 否定类型。不能仲裁的纠纷主要如下：（1）婚姻、收养、监护、扶养、继承纠纷；（2）依法应当由行政机关处理的行政争议。

值得注意的是，按照2007年《劳动争议调解仲裁法》、2017年《劳动人事争议仲裁组织规则》和2009年《农村土地承包经营纠纷调解仲裁法》的规定，劳动争议和农业集体经济组织内部的农业承包合同纠纷可以提出仲裁。但是其仲裁机构比较特殊，不属于《仲裁法》意义上的仲裁机构，其仲裁程序也具有特殊性，由相关法律另行规定。

### （二）律师仲裁业务的类型

律师涉及与仲裁有关的业务主要包括如下两种类型：

1. 律师受聘担任仲裁员参与仲裁活动。民商事纠纷仲裁工作专业性较强，需要由符合《仲裁法》规定条件的法律专业人士担任仲裁员。按照《仲裁法》的规定，从事律师工作满8年的较为资深的律师具备选聘为仲裁员的资格。

律师协会作为律师自治组织，应当在律师事务所中选拔和推荐业务精通、清正廉洁的律师作为仲裁员候选人。仲裁委员会应当为律师仲裁员提供良好的工作环境和服务。仲裁委员会还应当结合律师专业特点，分配案件，以充分利用律师的专业相关知识，提高案件办理的质量。

2. 律师仲裁代理业务。这是指律师担任仲裁申请人或被申请人的代理人参与仲裁活动，主要分为三类，即国内仲裁的代理、劳动争议仲裁的代理、涉外仲裁的代理。

（1）国内仲裁的代理。根据《仲裁法》的规定，国内仲裁是指我国公民、法人和其他组织之间发生民商事争议后，按照所达成的仲裁协议，自愿将争议提交我国仲裁机构裁决的一种争议解决方式。国内仲裁没有级别管辖和地域管辖，实行一裁终局制，仲裁裁决一经作出即发生法律效力，不允许对仲裁裁决的事项再行仲裁或提起诉讼。国内仲裁在我国仲裁体系中占主导地位。

（2）劳动争议仲裁的代理。劳动争议仲裁机构不同于国内其他仲裁机构，依据《劳动争议调解仲裁法》的规定，劳动争议仲裁委员会按照统筹规划、合理布局和适应实际需要的原则设立。省、自治区人民政府可以决定在市、县设立；直辖市人民政府可以决定在区、县设立。直辖市、设区的市也可以设立一个或者若干个劳动争议仲裁委员会。劳动争议仲裁委员会不按行政区划层层设立。

劳动争议仲裁委员会由劳动行政部门代表、工会代表和企业方面代表组成，组成人员应当是单数。在仲裁劳动争议时实行少数服从多数的原则。劳动争议仲裁委员会可以聘任前审判人员、专家学者、律师、人力资源管理工作者或工会工作者为仲裁员。

属于劳动争议仲裁委员会管辖的案件范围主要包括：企业、个体经济组织、民办非企业单位等组织与劳动者之间，以及机关、事业单位、社会团体与其建立劳动关系的劳动者之间，因确认劳动关系，订立、履行、变更、解除和终止劳动合同，工作时间、休息休假、社会保险、福利、培训以及劳动保护，劳动报酬、工伤医疗费、经济补偿或者赔偿金等发生的争议。

劳动争议由劳动合同履行地或者用人单位所在地的劳动争议仲裁委员会管辖。双方当事人分别向劳动合同履行地和用人单位所在地的劳动争议仲裁委员会申请仲裁的，由劳动合同履行地的劳动争议仲裁委员会管辖。

劳动争议仲裁与一般国内仲裁相比较，除了在案件的管辖范围、仲裁机构的设置方面具有一些特点外，两者还存在以下主要不同之处：①劳动争议仲裁不是以仲裁协议为前提的，劳动纠纷当事人一方即可提请仲裁。②劳动争议仲裁并不是一裁终局的，而是先裁后审制度。③劳动争议仲裁不收费，其经费由财政予以保障。

（3）涉外仲裁的代理。涉外仲裁，是指当事人双方根据达成的仲裁协议，自愿将在对外经济贸易、运输和海事中发生的纠纷提交我国仲裁机构进行审理和裁决的制度。

在我国，专门的涉外仲裁机构有两个：一是中国国际经济贸易仲裁委员会；二是中国海事仲裁委员会。它们都成立于 1954 年，现在都隶属于中国国际商会，其性质属于民间性的、常设的涉外仲裁机构。依据《仲裁法》及国务院的有关规定，我国普通的仲裁机构也有权受理涉外纠纷案件，但它们并非专门的涉外仲裁机构。近年来，有些地方仲裁委员会，如北京仲裁委员会也开始受理涉外案件，但是在机构权威性、案件数量和质量方面还远不如中国国际经济贸易仲裁委员会。

根据 2014 年《中国国际经济贸易仲裁委员会仲裁规则》第 3 条的规定，下列契约性或非契约性的经济贸易等争议案件均可向中国国际经济贸易仲裁委员会申请仲裁：第一，国际或涉外争议案件；第二，涉及香港特别行政区、澳门特别行政区或台湾地区的争议案件；第三，国内争议案件。

根据2014年《中国海事仲裁委员会仲裁规则》的规定，海事仲裁委员会受理产生于海事、海商、物流等方面的争议。

按照《仲裁法》及相关法律的规定，中国国际经济贸易仲裁委员会和中国海事仲裁委员会也不能受理下述三类争议，即婚姻、收养、监护、扶养、继承争议；依法应当由行政机关处理的行政争议；劳动争议和农业集体经济组织内部的农业承包合同争议。

涉外仲裁与国内仲裁相似之处在于：第一，争议各方已就争议解决方式达成书面仲裁协议，同时仲裁协议应当明确写明仲裁机构，并且明确表示服从其仲裁规则。第二，一如国内仲裁裁决，涉外仲裁裁决也是终局的。争议各方既不得向任何行政机关和机构要求复议，也不得向任何国家的法院提起仲裁。

与一般国内仲裁相比较，涉外仲裁具有以下主要特点：①具有涉外因素。涉外仲裁的对象是具有国际因素或涉外因素的经济贸易、海事纠纷。所谓“涉外因素”，是指争议满足下列三者之一：主体，外国自然人或法人或组织或无国籍人；客体，争议标的物位于境外；法律关系，产生、变更或消灭民事法律关系的行为或事件发生在境外。此外，涉及香港、澳门、台湾地区的争议，参照涉外争议案件办理。②涉外仲裁的仲裁机构是由民间团体（国际商会）设立的中国国际经济贸易仲裁委员会和中国海事仲裁委员会。而一般国内仲裁机构的仲裁委员会由设区的市的人民政府组织有关部门和商会统一组建。③在仲裁的程序上涉外仲裁与一般国内仲裁也存在不同之处。例如，不予执行国内仲裁裁决和涉外仲裁裁决的审查理由就不一致。

## 第二节　仲裁案件律师的权利

### 一、律师的人身权利

我国《律师法》第37条规定，律师在执业活动中人身权利不受侵犯。其内容应包括律师在仲裁时人身自由不受非法限制和剥夺；住宅和办公地点不受侵犯；律师的名誉权不受侵犯等。对于侵犯律师人身权利的行为，应依据我国《刑法》的规定追究其刑事责任。

律师的特殊职业特点和属性决定了法律对律师在仲裁活动中的人身权利应有有效的保护措施。只有律师的人身权利依法得到保障，律师才可能依法代理仲裁业务，维护当事人的合法权利，维护法律的正确实施。

### 二、律师执业权

律师的执业权是律师享有从事法定业务的权利。按照《仲裁法》的规定，律师可以接受委托，参加调解、仲裁活动。律师在仲裁业务中的诸项权利，如参与调解权、调查取证权、辩论权等均由其派生而来的。

（一）对己方委托人的权利

1. 接受委托及其相关权利。其一，律师在代理参加仲裁事务时，有权取得委托人的委托手续，委托人应当协助办理委托手续。其二，律师有权就自身提供的合格的代理服务，获得委托人提供的必要的工作条件和工作报酬。其三，拒绝代理、中止委托的权利。这是指律师在一定条件下可以拒绝担任犯罪嫌疑人、被告人或者仲裁案件以及其他法律事务的代理人的权利。律师在整个仲裁代理活动中可以随时行使拒绝权，只要满足一定条件，这些情形包括：委托事项违法；委托人利用律师提供的服务从事违法活动；委托人隐瞒事实；有其他正当理由的情形，如律师因生理和精神状况破坏了律师代理该委托人的能力的，委托人侮辱律师人格的，严重破坏二者之间诚信关系的。其四，在委托人违约时，依据委托合同，追究委托人的违约责任。

2. 知情权。这是指律师代理仲裁业务时，有权要求己方当事人提交与本仲裁案件有关的所有文书材料、数据，陈述与本案有关的情况。律师负有勤勉尽责代理的义务，要尽到此义务，就必须获知有关代理案件的所有信息，当事人应当对此给予必要的方便。律师可以对当事人及其证人的陈述作出记录，并摘录、复制当事人提交的材料，存入律师事务所的卷档。

3. 向当事人提出建议的权利。律师担任仲裁案件代理人时，应当按照约定为委托人就有关法律问题提供意见，草拟、审查法律文书，代理参加仲裁及其中的调解活动，办理委托的其他法律事务，维护委托人的合法权益。

（二）对对方当事人及仲裁庭的权利

1. 法律主张方面的权利。律师有权根据调查收集己方、对方、第三方的证据材料以及由此形成的事实主张，按照法律的相关规定，结合当事人的利益，提出仲裁申请或者反申请。律师在获得当事人授权或者同意后，有权对仲裁请求进行放弃、变更和认诺。律师经授权或者同意后，可以与对方进行和解或调解。律师应当在和解或调解前对案件进行调查研究，调解或和解时，既要最大限度维护委托人的合法权益，又要争取在合法合理的前提下，通过调解或和解的方式解决纠纷。

2. 事实、证据方面的权利。

（1）调查取证权。这是指律师在仲裁代理过程中所享有的调查案情、收集证据的权利。《律师法》第 35 条第 2 款规定，律师自行调查取证的，凭律师执业证书和律师事务所证明，可以向有关单位或者个人调查与承办法律事务有关的情况。《民事诉讼法》第 61 条规定，代理诉讼的律师和其他诉讼代理人有权调查收集证据，可以查阅本案有关材料。查阅本案有关材料的范围和办法由最高人民法院规定。

值得注意的是，律师办理仲裁业务时，双方当事人都是平等的民商事争议主体，不存在与国家专门机关的调查取证能力不平衡的问题，或者不存在需要借助国家强制力进行调查取证的必要性，因此，不得申请人民检察院、人民法院为其收集、调取证据。

（2）举证权。在仲裁庭审理阶段，律师可以提出支持仲裁请求相关的证据。在符合仲裁规则的条件下，律师有申请通知新的证人到庭、调取新的证据、申请重新鉴定或勘验的权利。

（3）质证权。即在仲裁庭审理过程中，律师有向证人、鉴定人、勘验人或者被告人发问的权利。对出示的物证和宣读的未到庭的证人笔录、鉴定人的鉴定结论、勘验笔录和其他作为证据的文书，有表示质疑及提出自己意见的权利。

3. 程序方面的权利。根据我国仲裁相关法律的规定，律师在仲裁中主要享有下列程序性权利。

（1）知悉出庭时间的权利。律师在仲裁中必须有充分的时间来进行准备工作，否则必然使律师的工作流于形式，影响对委托人合法权益的保护。根据仲裁相关法律的规定，律师出庭时间受保障的权利包括以下内容：①仲裁庭确定开庭日期，应当给律师留有准备出庭所需要的时间。②当事人有正当理由的，可以在仲裁规则规定的期限内请求延期开庭。是否延期，由仲裁庭决定。③仲裁委员会应当在仲裁规则规定的期限内将开庭日期通知双方当事人。④改期审理的案件，再次开庭也要为律师留出适当的出庭准备时间。

（2）代为提出仲裁协议异议和回避申请。当事人对仲裁协议的效力有异议的，律师应当在仲裁庭首次开庭前提出，并有权请求仲裁委员会对此作出决定或者请求人民法院作出裁定。

当仲裁员符合回避规定时，律师可以代为当事人提出回避申请。提出回避申请，应当说明理由，并在首次开庭前提出。回避事由在首次开庭后知道的，可以在最后一次开庭终结前提出。

（3）参加仲裁庭辩论的权利。律师的辩论权是指律师在仲裁进行过程中，在仲裁庭的主持下，就争议的证据问题、事实问题和法律适用问题，进行辩驳和论证的权利。律师通过行使辩论权，提出和证明自己的主张，反驳对方的主张，帮助仲裁庭核实证据，查明案情，从而作出正确的裁判。仲裁庭则通过仲裁中的辩论程序和活动进一步查明案件事实，分清是非，正确适用法律，及时解决纠纷。仲裁庭应当充分保障律师的辩论权，应当给律师充分行使辩论权的机会。

（4）获取本案仲裁文书副本的权利。指律师在仲裁过程中，有获得包括裁决书、调解书等仲裁文书副本的权利。凡有律师参加的仲裁案件，仲裁机构的裁决书副本也应转送承办律师。

## 第三节　仲裁案件律师的义务

### 一、符合律师执业条件的义务

此义务是指法律对有特定身份的律师所施加的一定程度限制其执业自由的义务。《律师法》第 11 条规定，公务员不得兼任执业律师。律师担任各级人民代表大会常务委员会组成人员期间，不得执业。因此，有上述情形的，不能以律师身份担任仲裁案件的代理人。

值得注意的是，《律师法》规定，曾经担任法官、检察官的律师，从人民法院、人民检察院离任后 2 年内，不得担任诉讼代理人或者辩护人。该条限制的业务领域仅系诉讼业务。对于曾担任法官、检察官的律师从事仲裁业务，则没有这一限制。

### 二、律师对委托人的义务

（一）无正当理由不得拒绝辩护或代理

律师接受委托后，无正当理由的，不得拒绝辩护或代理。但委托事项违法，委托人利用律师提供的服务从事违法活动或委托人隐瞒事实的，律师有权拒绝辩护或者代理。

之所以无正当理由不得拒绝辩护或代理，主要是因为如下理由：第一，律师与委托人的关系是一种契约关系，律师作为契约当事人一方，除非有法定事由的发生，否则律师不得随意解除委托合同。第二，随意拒绝辩护直接损害委托人的权益。如果律师随意拒绝辩护，迫使委托人更换辩护人，就会损失律师开庭前的工作时间，直接损害被告人及委托人的权益。

（二）律师不得在同一案件中为双方当事人担任代理人，不得代理与本人或者其近亲属有利益冲突的法律事务

该项规定所称的“近亲属”，一般包括配偶、父母、子女、祖父母、外祖父母、同胞兄弟姐妹。在上述两种情形下，不论当事人是否同意，律师都不得接受委托，进行代理。之所以如此规定，主要是因为如果允许律师代理与本人或者其近亲属有利益冲突的仲裁业务，将会导致律师执业独立性原则、追求社会正义原则与维护委托人合法权益原则发生冲突。

（三）律师不得利用提供法律服务的便利牟取当事人争议的权益，不得接受对方当事人的财物或者其他利益，与对方当事人或者第三人恶意串通，侵害委托人的权益

律师执业的首要义务是维护委托人的合法权益，也就是通过提供法律服务为委托人争取更大的合法利益。如果律师利用该便利为自己牟取利益，或与对方当

事人或者第三人恶意串通，侵害委托人的权益，必将失去委托人对律师的信任。这种情况如果出现过多，将会导致整个社会失去对律师队伍的信任。因此，从根本上来讲，这样做严重违反了律师执业的使命，是必须予以禁止的。

（四）律师应当保守在仲裁活动中知悉的国家秘密、当事人的商业秘密，不得泄露当事人的隐私；律师对在仲裁活动中知悉的委托人和其他人不愿泄露的情况和信息，应当予以保密

保守执业中知悉的委托人不愿泄露的秘密，是律师立信于当事人乃至社会的一个基本要求和条件。倘若不能保证律师职业的这种公信力，则有可能从根本上动摇律师制度存在的社会基础。因此，律师对其在仲裁活动中知悉的有关情况应当保密，即免除其举报作证的义务。

（五）律师代理当事人进行仲裁，必须在授权范围内，以委托人的名义进行活动

律师必须以委托人的名义进行诉讼活动。律师不论为谁代理诉讼，也不论其在诉讼中处于何种法律地位，都只能以委托人的名义进行。律师代理诉讼，必须有当事人出具的授权委托书，该委托书应当明确律师的代理权限，律师只有在授权范围内代理诉讼，其行为才能对委托人发生法律效力。

## 三、律师对仲裁机构的义务

（一）不得提供虚假证据，隐瞒事实或者威胁、利诱他人提供虚假证据，隐瞒事实以及妨碍对方当事人合法取得证据

律师在为当事人提供仲裁代理时，既要忠实于当事人，又要忠实于仲裁机构。应以事实为根据，以法律为准绳，提供真实的证据和事实。不得对仲裁机构有欺骗行为，包括不得自己制作、提交和陈述虚假的证据，或者隐瞒事实；不得采用威胁、利诱手段使他人提供虚假证据或隐瞒事实。

律师不得妨碍对方当事人行使取得证据，支持自己的仲裁请求的权利。律师可以在仲裁庭上与对方当事人就证据的真伪进行质证，但不得妨碍对方取得证据，包括威胁、利诱知情人不向对方当事人提供证据或者出庭作证。

《刑法》第 307 条规定了帮助毁灭证据、伪造证据罪和妨害作证罪。第 308 条规定了打击报复证人罪。律师在仲裁代理中，如果实施上述行为后果比较严重，可能被追究刑事责任。

（二）律师不得违反规定会见仲裁员；不得向仲裁员以及其他有关工作人员请客送礼或者行贿，或者指使、诱导当事人行贿，或者以其他不正当方式影响仲裁员以及其他有关工作人员依法办理案件

所谓“以其他不正当方式”影响有关工作人员依法办理案件，既包括物质上的不正当影响方式，也包括精神上的不正当影响方式。

仲裁员的职责是依法公正裁判案件，律师的使命则是通过提供法律服务维护

当事人合法权益、维护法律正确实施、维护社会公平和正义。律师违反规定会见有关办案人员、向其行贿或者介绍贿赂以及采取其他不正当行为，将严重影响有关办案人员依法公正办案，同时也与律师执业行为的廉洁性要求和维护社会公平正义的使命背道而驰，必须禁止。律师应当努力钻研和掌握执业所应具备的法律知识和服务技能，依靠自己的专业素质向当事人提供良好服务。

（三）律师不得扰乱仲裁庭秩序，干扰仲裁活动的正常进行

律师不仅应当遵守仲裁庭的秩序，而且应当注意维护仲裁庭的秩序，配合仲裁庭裁判案件。扰乱仲裁庭秩序，干扰仲裁活动的正常进行，不仅损害国家法律的尊严和权威，而且与律师的职业使命相背离，有损律师的职业形象，同时也是律师对委托人不负责任的表现。

### 四、律师在仲裁中的其他义务

《律师法》还规定了律师在仲裁中的其他义务。这主要包括：律师不得私自接受委托、私自向委托人收取费用，收受委托人的财物；律师不得以诋毁其他律师或者支付介绍费等不正当手段争揽仲裁业务。

## 第四节　仲裁案件律师的法律责任

在强化律师执业权利保障的同时，必须加强对其执业行为的规范和约束。《律师法》规定了八种律师执业的禁止性行为，在“法律责任”一章对违反这八项禁止性行为设置了相应的责任和处罚。具体而言，律师在代理仲裁业务时，就违法行为应当承担的法律责任如下：

### 一、较轻的违法代理责任

根据《律师法》第 47 条的规定，律师在仲裁代理中有下列行为之一的，由设区的市级或者直辖市的区人民政府司法行政部门给予警告，可以处 5000 元以下的罚款；有违法所得的，没收违法所得；情节严重的，给予停止执业 3 个月以下的处罚。一是以不正当手段承揽仲裁业务的；二是在同一仲裁案件中为双方当事人担任代理人，或者代理与本人及其近亲属有利益冲突的仲裁法律事务的。

### 二、较重的违法代理责任

根据《律师法》第 48 条的规定，律师在仲裁代理中有下列行为之一的，由设区的市级或者直辖市的区人民政府司法行政部门给予警告，可以处 1 万元以下的罚款；有违法所得的，没收违法所得；情节严重的，给予停止执业 3 个月以上 6 个月以下的处罚。一是私自接受委托、收取费用，接受委托人财物或者其他利益的；二是接受委托后，无正当理由，拒绝辩护或者代理，不按时出庭参加仲裁

或者仲裁的；三是利用提供法律服务的便利牟取当事人争议的权益的；四是泄露商业秘密或者个人隐私的。

### 三、最重的违法代理责任

根据《律师法》第49条的规定，律师在仲裁代理中有下列行为之一的，由设区的市级或者直辖市的区人民政府司法行政部门给予停止执业6个月以上1年以下的处罚，可以处5万元以下的罚款；有违法所得的，没收违法所得；情节严重的，由省、自治区、直辖市人民政府司法行政部门吊销其律师执业证书；构成犯罪的，依法追究刑事责任。一是违反规定会见仲裁员以及其他有关工作人员，或者以其他不正当方式影响依法办理案件的；二是向仲裁员以及其他有关工作人员行贿，介绍贿赂或者指使、诱导当事人行贿的；三是故意提供虚假证据或者威胁、利诱他人提供虚假证据，妨碍对方当事人合法取得证据的；四是接受对方当事人财物或者其他利益，与对方当事人或者第三人恶意串通，侵害委托人权益的；五是扰乱仲裁庭秩序，干扰仲裁活动的正常进行的；六是煽动、教唆当事人采取扰乱公共秩序、危害公共安全等非法手段解决争议的；七是发表危害国家安全、恶意诽谤他人、严重扰乱仲裁庭秩序的言论的；八是泄露国家秘密的。

## 第五节　仲裁案件律师的经验与技巧

### 一、律师代理国内仲裁的经验与技巧

律师代理国内仲裁业务时，应当熟悉、掌握仲裁规则；了解当事人之间有无仲裁协议。律师决定受理当事人的委托后，应当与当事人办理委托手续。律师应认真做好代理工作，在仲裁的各个环节注意以下问题：

（一）审查收案

审查收案主要应审查以下几个方面的内容：

1. 审查委托代理的案件是否符合《仲裁法》第2条、第3条等规定的关于提请仲裁的条件；

2. 审查案件是否超过法律规定的关于仲裁的时效；

3. 审查仲裁案件的双方当事人是否明确；

4. 审查委托人是否是本案仲裁协议的当事人；

5. 仲裁协议的内容是否合法、真实、有效。

仲裁协议的效力主要应注意如下事项：

《仲裁法》第17条规定，约定的仲裁事项超过法律规定的仲裁范围，无民事行为能力人或者限制民事行为能力人订立的仲裁协议，一方采取胁迫手段迫使对方订立的仲裁协议均系无效协议。此外，按照最高人民法院《关于适用〈中华人

民共和国仲裁法〉若干问题的解释》规定，下列情形仲裁协议无效：第一，仲裁协议约定两个以上仲裁机构的，当事人可以协议选择其中的一个仲裁机构申请仲裁；当事人不能就仲裁机构选择达成一致的，仲裁协议无效。第二，仲裁协议约定由某地的仲裁机构仲裁且该地仅有一个仲裁机构的，该仲裁机构视为约定的仲裁机构。该地有两个以上仲裁机构的，当事人可以协议选择其中的一个仲裁机构申请仲裁；当事人不能就仲裁机构选择达成一致的，仲裁协议无效。第三，当事人约定争议可以向仲裁机构申请仲裁也可以向人民法院起诉的，仲裁协议无效。但一方向仲裁机构申请仲裁，另一方未在《仲裁法》规定的期间内提出异议的除外。

6. 审查仲裁请求或反请求是否合法、明确、具体。

（二）代理申请仲裁或代理进行仲裁答辩

1. 代理申请人申请仲裁。当事人要通过仲裁解决争议，必须向仲裁委员会提交仲裁申请书。律师接受当事人的委托，签订委托代理合同后，即应对当事人提供的证据材料进行审查，并进行以下几项工作：

（1）制作仲裁申请书和证据目录。

（2）向仲裁委员会提交仲裁协议、仲裁申请书及副本（根据当事人人数提供仲裁申请书副本的件数）、证据和证据目录、授权委托书。

（3）在仲裁委员会决定受理仲裁申请，并向当事人送达仲裁规则及仲裁员名册后，代理律师应代理当事人及时选定或委托仲裁委员会主任指定 1 名仲裁员并及时与对方当事人约定的 3 名仲裁员担任首席仲裁员以组成仲裁庭。

（4）在仲裁委员会决定受理仲裁申请后，代理律师应根据案件具体情况和委托人的意愿，在因对方当事人的行为或者其他原因，可能使裁决不能执行或难以执行时，向仲裁委员会申请财产保全。

2. 代理被申请人进行仲裁答辩。如果律师代理被申请人一方，在接受被申请人的委托后，在答辩阶段，主要进行以下几项工作：

（1）被申请人收到仲裁委员会送达的仲裁申请书副本、仲裁规则和仲裁员名册后，律师应当阅读和分析申请书，了解申请人的要求和理由，然后向被申请人了解争议情况，写出答辩书。代理被申请人在仲裁规则规定的期限内向仲裁委员会提交答辩书及副本。

（2）代理律师应当按照仲裁规则规定的期限，及时选定或委托仲裁委员会主任指定 1 名仲裁员，并及时与对方当事人约定首席仲裁员组成仲裁庭。如双方当事人不能共同约定首席仲裁员，则由仲裁委员会主任指定首席仲裁员。

（3）在提出反请求的情况下，代理律师还应当根据委托人的意愿和案件情况，申请财产保全。

（三）调查、收集并提交证据

调查取证是贯穿整个仲裁程序的重要代理活动。律师代理仲裁，无论是代理申请人还是被申请人，都有责任向仲裁机构为其主张提供证据。

1. 自行调查取证。律师经了解案情后，如认为事实不清，证据不足，应在征得委托人同意后进行调查。调查内容和目的可告知委托人，调查时可请委托人提供线索和证人名单，委托人应积极配合并提供必要的帮助。

2. 申请仲裁庭调取证据。对于律师难以取得的证据，可以申请仲裁庭收集、调取证据。仲裁庭同意收集、调取证据时，经仲裁庭同意，律师可以参加。

3. 申请证据保全。对有可能灭失或以后难以取得的证据，在仲裁进行阶段，律师应向仲裁委员会提出申请，由人民法院进行证据保全。在仲裁的其他阶段，律师可向公证机关申请证据保全公证。

（四）代理参加仲裁庭审活动

仲裁庭审是仲裁活动的中心环节，也是仲裁的必经程序。在这一阶段，律师代理应认真做好以下几项工作：

1. 代理当事人做好庭审前的准备活动。第一，代理当事人选定仲裁员。第二，代理当事人行使申请回避权。第三，代理当事人确定仲裁庭审方式，决定是否开庭审理以及是否公开审理。

2. 代理当事人参加仲裁庭审调查。在这一活动中，代理律师应主要做好法律、事实、证据三个方面的工作：就证据、事实而言，代理律师应当代理委托人提出证据，以证明提出的主张；在仲裁庭上与对方当事人进行质证，帮助仲裁庭准确认定案件事实；代理当事人就仲裁所涉及的事实、证据问题进行辩论。

就法律方面而言，经过代理人同意或者授权，代理律师应当代为提出、舍弃、认诺仲裁申请，代理当事人还应当参加仲裁和解或调解。

律师应注意在辩论终结时委托人一方有发表最后意见的权利。律师对开庭记录应当认真阅读，发现有关自己陈述的记录有遗漏或差错的，应申请补正。

（五）代理仲裁裁决的执行

1. 代理律师依法申请执行已生效的仲裁裁决。根据2018年最高人民法院《关于人民法院办理仲裁裁决执行案件若干问题的规定》第2条的规定，代理律师必须向被执行人住所地或被执行人财产所在地的中级人民法院申请执行。按照《民事诉讼法》第239条的规定，申请执行的期间为2年。申请执行的期限，从裁决书规定的履行期间的最后1日起计算。此外，代理律师还应注意，申请执行时应当向人民法院提交执行申请书、仲裁裁决书以及有关被执行人财产状况的书面报告，并依照最高人民法院仲裁费收费办法的有关规定，预交申请执行费用等。

2. 律师代理履行已生效的仲裁裁决。代理律师应当提示当事人必须全面严格地履行仲裁裁决书规定的义务，不能借故拖延、推诿或者拒不履行；对于人民法院的强制执行活动，不能抗拒。如果人民法院的执行活动确有错误或违法之处，应依法向有关部门反映或请求司法赔偿。

3. 申请撤销或者不予执行仲裁裁决。律师作为被执行人的代理人，可以接受被执行人的委托代理申请撤销仲裁裁决或申请不予执行。代理申请撤销仲裁裁决，是指代理律师发现已生效的仲裁裁决确有错误，依法代理被执行人申请撤销该仲裁裁决书；代理申请不予执行，是指代理律师发现已生效的仲裁裁决确有错误，依法申请不予执行仲裁裁决。代理律师在提出撤销仲裁裁决或不予执行仲裁裁决申请时，必须向仲裁委员会所在地的中级人民法院提出，其期限为收到仲裁裁决书之日起6个月内。

律师依法申请撤销仲裁裁决时应注意：必须有证据证明已生效的裁决具有《仲裁法》第58条规定的七种情形之一，即①没有仲裁协议的；②裁决的事项不属于仲裁协议的范围或者仲裁委员会无权仲裁的；③仲裁庭的组成或者仲裁的程序违反法定程序的；④裁决所根据的证据是伪造的；⑤对方当事人隐瞒了足以影响公正裁决的证据的；⑥仲裁员在仲裁该案时有索贿受贿，徇私舞弊，枉法裁决行为的；⑦人民法院认定执行该裁决违背社会公共利益的。2018年最高人民法院《关于人民法院办理仲裁裁决执行案件若干问题的规定》第13条、第15条、第16条对上述情形又作了更为具体的规定。

代理律师认为仲裁裁决有上述七种情形之一的，应当向人民法院提出撤销已生效的仲裁裁决的申请，人民法院经组成合议庭审查核实裁决有上述七种情形之一的，应当裁定撤销仲裁裁决。

律师依法申请不予执行仲裁裁决时应注意：根据《仲裁法》第63条的规定，被申请人提出证据证明裁决有《民事诉讼法》第237条第2款规定的情形之一的，经人民法院组成合议庭审查核实，裁定不予执行。《民事诉讼法》经过修改，其第237条第2款规定的七种情形已经与《仲裁法》规定的撤销国内仲裁裁决的理由趋于一致。

代理律师认为仲裁裁决有上述情形之一的，可以向人民法院提出不予执行仲裁裁决的申请，人民法院经组成合议庭审查核实裁决有上述情形之一的，应当裁定不予执行仲裁裁决。不予执行仲裁裁决是人民法院对仲裁进行监督的措施之一。

## 二、律师代理劳动仲裁的经验与技巧

律师代理参加劳动争议仲裁活动，除应当依法向劳动争议仲裁委员会提交合法的委托书之外，在劳动争议仲裁程序的不同阶段上，还应当注意有关的基本要求。

### （一）申请仲裁阶段

律师接受当事人的委托前应当做到以下几点：第一，审查当事人委托的事项是否属于可以仲裁的劳动争议，即是否属于我国《劳动争议调解仲裁法》第2条规定的争议范围。不属于此范围的，就不能通过劳动争议仲裁程序处理。第二，审查案件是否超过仲裁时效。根据《劳动争议调解仲裁法》第27条的规定，劳动争议申请仲裁的时效期间为1年。仲裁时效期间从当事人知道或者应当知道其权利被侵害之日起计算。第三，审查仲裁申请人是否与劳动争议有直接利害关系。第四，审查是否有明确的被申请人和具体的仲裁请求和事实根据。经过审查，代理律师认为当事人的申诉请求符合法定条件的，即可代理当事人向仲裁委员会提交仲裁申诉书。

（二）仲裁审理阶段

劳动争议仲裁和一般国内仲裁不同，不存在当事人协商同意后不开庭审理的问题，即劳动争议的仲裁均应开庭审理。因此，代理律师应告知委托人在收到仲裁庭书面通知后，如果无特殊事由必须出庭，以免产生对己方不利的法律后果。

同时，劳动争议仲裁依法应当先行调解，也就是说，调解是劳动争议仲裁的必经程序。因此，劳动争议仲裁庭审阶段，代理律师应根据庭审查明的事实和委托人的意愿，在案件有调解可能时，制定出合理合法的调解方案，促使双方达成调解协议，以妥善解决双方的劳动争议。

劳动争议仲裁委员会受理申诉人的申诉后，代理律师应认真做好以下工作，认真行使法律规定和当事人授予的权利：第一，发现劳动争议仲裁委员会成员有应当回避情形的，律师应代为提出回避申请。第二，为查明争议事实，代理律师拥有调查取证权。对能证明案件事实的书证、物证等积极取证。对证人应安排其到庭作证。第三，参加仲裁庭开庭审理。律师应认真听取对方当事人的意见，与对方当事人及代理人进行辩论。第四，经当事人特别授权，可享有变更、放弃或承认仲裁请求的权利，并可与对方当事人和解或者在仲裁庭主持下进行调解，达成和解协议，然后撤回仲裁申请。

（三）仲裁裁决后的阶段

由于劳动争议仲裁裁决并不是终局裁决，因此，代理律师在接到仲裁裁决书后，应客观公正地对待裁决的内容。若裁决确有错误，可以收到裁决书之次日起15日内向人民法院起诉。应当注意的是，这里所指的向人民法院起诉，是依照民事仲裁法有关管辖的规定提起民事诉讼，而不是对仲裁委员会的裁决提起仲裁。向法院起诉的人可以是申诉人、被申诉人或者第三人。人民法院审理劳动争议案件实行两审终审制原则。

## 三、律师代理涉外仲裁的经验与技巧

律师在代理涉外仲裁时应特别注意以下几个问题：

（一）办理委托授权手续

委托人作为居住在国外的中国公民、外国人或国外企业及组织时应当提供合法的委托手续或证明。

律师接受委托时，应注意根据案件的不同情况向委托人说明：（1）仲裁裁决是终局裁决。裁决作出后，当事人不得就同一纠纷上诉，也不能再到法院起诉；（2）如果需要采取财产保全措施、证据保全或者仲裁裁决需要强制执行时，应向有管辖权的人民法院提出申请；（3）选定仲裁员的程序；（4）委托人作为仲裁案件的被申请人时有权提出反请求；(5) 委托的仲裁案件依照有关仲裁规则可能涉及的审理时间和费用种类。

(二) 注意审查仲裁协议的效力

应当注意审查仲裁协议是否包含如下内容：仲裁机构，仲裁地，仲裁规则，仲裁协议适用的法律，仲裁语言，开庭地，仲裁庭的组成，仲裁员的资格，指定仲裁员的方式，首席仲裁员的产生办法，仲裁费用和律师费用的承担，等等。对于较为复杂的商业交易，当事人也可以进一步约定仲裁庭开庭程序、证据规则、技术问题解决等细节事项。

按照《纽约公约》的规定，凡是满足以下六项要求的，缔约国就应当承认该份仲裁协议的效力：①以书面形式完成；②协议内容是为了处理当事人之间已经发生的或者可能发生的争议；③这种争议与一个确定的法律关系有关；④这种争议属于仲裁范围；⑤当事人双方具有行为能力；⑥根据特定的准据法，仲裁协议是有效的。

(三) 进行仲裁审理

1. 审理前的准备。

(1) 仲裁员的选择。选择仲裁员时要特别注意仲裁员的语言背景和审理涉外仲裁案件的经验。此外，根据《中国国际经济贸易仲裁委员会仲裁规则》第 27 条的规定，申请人和被申请人应各自在收到仲裁通知后 15 天内选定或委托仲裁委员会主任指定 1 名仲裁员。当事人未在上述期限内选定或委托仲裁委员会主任指定的，由仲裁委员会主任指定。第三名仲裁员由双方当事人在被申请人收到仲裁通知后 15 天内共同选定或共同委托仲裁委员会主任指定。第三名仲裁员为仲裁庭的首席仲裁员。

(2) 仲裁语言的确定。若争议方事先未约定仲裁语言，仲裁庭组成后，在参照上述规则的情况下，应迅速确定仲裁程序中将使用的一种或数种语言。此决定应适用于仲裁申请书、答辩书和任何进一步书面陈述、书面证据，进行开庭口头审理、证人证言和裁决书的撰写，等等。

(3) 提出回避申请。根据《中国国际经济贸易仲裁委员会仲裁规则》第 32 条的规定，当事人收到仲裁员的声明书及（或）书面披露后，如果以仲裁员披露的事实或情况为理由要求该仲裁员回避，则应于收到仲裁员的书面披露后 10 天内书面提出。逾期没有申请回避的，不得以仲裁员曾经披露的事项为由申请该仲裁员回避。

当事人对被选定或被指定的仲裁员的公正性和独立性产生具有正当理由的怀疑时，可以书面提出要求该仲裁员回避的请求，但应说明提出回避请求所依据的具体事实和理由，并举证。

2. 开庭审理。仲裁庭开庭审理前，承办律师应充分与委托人交换意见，熟悉案情，分析证据，说明举证责任，明确请求或反请求，以便庭审时律师与委托人相互配合。律师应熟悉有关法律法规、商业习惯和国际惯例与实践。律师应事先与委托人讨论调解的可能性及可能接受调解的方案。对于委托人非法和无理的主张，应耐心进行解释和说服工作。

律师应熟悉相关的仲裁规则和仲裁程序，特别是受理仲裁的仲裁机构的仲裁规则和仲裁员守则。为保证仲裁裁决的顺利执行，发现仲裁过程中任何不符合仲裁程序的做法应及时告知委托人，并及时向仲裁机构提出异议，充分维护委托人的权利。

在涉外仲裁案件中代理外方当事人的律师在开庭前应了解委托人的出庭人员是否需要翻译，并提前与仲裁委员会秘书处联系安排翻译事宜或自行安排翻译人员。

在庭审期间，承办律师应按时出庭，遵守仲裁庭纪律，认真作笔录，充分阐述，积极辩论，引用法条或证据准确，避免不必要的重复和人身攻击，对对方提供的证据的合法性、真实性、关联性、完整性和可信度进行分析和质证，依法适时地提出异议或请求。

（四）涉外仲裁裁决执行应当注意的问题

1. 撤销涉外仲裁裁决。按照《仲裁法》第 70 条规定的精神，当事人提出证据证明涉外仲裁裁决符合《民事诉讼法》第 274 条规定的，经人民法院组成合议庭审查核实，应当予以撤销。《民事诉讼法》第 274 条规定了可以撤销涉外仲裁裁决的事由：

（1）当事人在合同中没有订有仲裁条款或者事后没有达成书面仲裁协议的。

（2）被申请人没有得到指定仲裁员或者进行仲裁程序的通知，或者由于其他不属于被申请人负责的原因未能陈述意见的。

（3）仲裁庭的组成或者仲裁的程序与仲裁规则不符的。

（4）裁决的事项不属于仲裁协议的范围或者仲裁机构无权仲裁的。从国际通行的法律实践看，仲裁事项通常不包括涉及家庭关系和人身关系的争议。即使是商务纠纷，有些案件也通常不通过仲裁进行解决。这些案件通常包括：①涉及专利、商标权和著作权的纠纷；②涉及破产的纠纷；③涉及证券的纠纷；④反不正当竞争、反托拉斯案件。值得注意的是，上述事项都属于程序方面的违法。

（5）人民法院认定执行该裁决违背社会公共利益的。这里的“社会公共利益”并无通行的定义和标准，一般是指被普遍接受的善良风俗和道德准则，以及最根本的社会利益和法律准则。由于世界各国在文化宗教、政治制度、法律体系等方面存在分歧，各国法院在诠释“社会公共利益”时具有一定的裁量权。我国现行人民法院执行不予执行或者不予承认和执行涉外仲裁、外国仲裁裁决需要报告的制度，体现了人民法院对于适用公共政策或者公共利益条款的谨慎态度。

2. 不予执行涉外仲裁裁决。按照《仲裁法》第 70 条规定的精神，被申请人提出证据证明涉外仲裁裁决有《民事诉讼法》第 274 条规定情况的，经人民法院组成合议庭审查核实，裁定不予执行。由此可见，不予执行涉外仲裁裁决的理由与撤销涉外裁决的理由相同。

# 第十三章　律师参与调解

## 第一节　律师参与调解概述

### 一、调解的概念

调解是一种争议解决方式。它是指争议当事人以外的第三方组织或个人，以法律、合同、道德、社会风俗、行业习惯等为依据，对争议当事人通过说服、疏导等方法，促使当事人在平等协商的基础上自愿达成调解协议，解决民间纠纷的活动。

我国有着悠久的调解传统，行政机关、司法机构、人民调解组织、社团组织等都是调解活动中重要的主体。律师在调解中可以发挥重要所用。在司法实践中，律师不仅以代理人身份参与各种调解活动，在有些地方还出现了律师调解中心或律师调解工作室，由律师居中负责调解活动。

### 二、调解的特征

调解与其他纠纷解决方式相比，具有如下特征：

（一）第三者的中立性和民间性

与和解相比，调解中出现了中立的第三者。与诉讼相比，民间主体充当调解的第三者是传统形态。现代社会中的调解形式多种多样，存在国家机关与民间主体主持调解并存的状况。

（二）当事人的自愿与合意性

当事人在调解中始终处于主动地位，表现在对调解程序的启动、调解人的选择、适用的规则和程序、调解协议的形成以及履行方面，都取决于当事人共同的意愿，形成合意后调解方可进行和结束。

（三）程序与规则的灵活性

与仲裁和诉讼相比，调解的程序和规则均是双方协商后形成的合意的产物，具有灵活性。调解的启动、进行和结束随着当事人的意愿而随时调整变化。在谈判中，除去法律法规，当事人更多会借助地方惯例、行业标准、道德伦理、风土人情等加强主张的说服力。

（四）调解结果的非终局性

对于非诉讼的调解协议主要依靠当事人自愿按照协议书中的承诺自觉履行。如果当事人一方或者双方反悔，任何一方或者双方都无权强制对方当事人完成协议的履行，当事人有权向法院提出诉讼，通过诉讼解决纠纷。当然，对于由法院法官主持的调解，由当事人达成的协议送达签收后，即具有与判决书同等的法律效力，具有强制执行力，当事人必须执行。

## 三、调解的种类

在我国，调解种类多样。按照是否由法院主持，我国调解分为两类：第一类是诉讼调解，又称法院调解，即在人民法院调解员或审判人员主持下，当事人通过自愿协商，达成调解协议的一种诉讼活动。《民事诉讼法》第 93 条明确规定，人民法院审理民事案件，根据当事人自愿的原则，在事实清楚的基础上，分清是非，进行调解。第二类是非诉讼调解，即指由人民法院之外的主体主持下的调解，具体有行政调解、仲裁调解、人民调解委员会调解、仲裁调解、行政调解、律师调解等。

（一）法院调解

司法实践中，法院调解分为诉前调解和诉讼内调解。诉前调解是指案件在法院决定受理立案前，由在法院立案庭设立的人民调解工作室的调解员或法院立案庭的法官来组织调解。诉讼内调解是指案件在法院决定受理立案后，在诉讼过程中由受诉人民法院案件承办法官主持下进行的调解。诉讼内调解案件可以在庭审中进行，当事人应当出庭，如果当事人因故不能出庭，可以由经过特别授权的委托代理人到庭协商；也可以在庭审前、庭审后组织调解；调解可以由审判员一人主持也可以由合议庭主持，并尽可能就地进行。

在法院主持下，双方当事人平等协商、自愿达成调解协议，协议内容符合法律规定的，应予准许。调解达成协议，除法律规定不需要制作调解书情形外，人民法院应当制作调解书，送达双方当事人签收后，即具有法律效力。

（二）人民调解委员会调解

人民调解委员会调解即人民调解，是一种诉讼外调解，是指在人民调解委员会调解员主持下进行的调解。

《人民调解法》第 2 条规定："本法所称人民调解，是指人民调解委员会通过说服、疏导等方法，促使当事人在平等协商基础上自愿达成调解协议，解决民间纠纷的活动。"

人民调解委员会是村民委员会、居民委员会下设的调解民间纠纷的群众性自治组织，在基层人民政府和基层人民法院指导下进行工作。经人民调解委员会调解达成的调解协议，具有法律约束力，当事人应当按照约定履行。争议双方当事人认为有必要的，可以自调解协议生效之日起30日内共同向人民法院申请司法确认，人民法院应当及时对调解协议进行审查，依法确认调解协议的效力。经过司法确认的调解协议具有强制执行力。

（三）仲裁调解

仲裁调解是在仲裁过程中，由仲裁机构承办案件的仲裁员主持下进行的调解。《仲裁法》第51条规定："仲裁庭在作出裁决前，可以先行调解。当事人自愿调解的，仲裁庭应当调解。调解不成的，应当及时作出裁决。调解达成协议的，仲裁庭应当制作调解书或者根据协议的结果制作裁决书。调解书与裁决书具有同等法律效力。"

（四）行政调解①

行政调解是国家行政机关处理行政纠纷的一种方法，是指在基层人民政府或者其他国家行政机关承办相关事务的公务员主持下，依据相关法律、法规、规章以及政策，处理行政纠纷的方式。行政调解达成的协议，除了法律法规明确规定行政机关有权强制执行的情形，一般不具有强制执行力，当事人或者行政机关可以依法申请人民法院强制执行。

## 四、律师参与调解

（一）律师参与调解的类型

律师作为法律共同体的一员，在法律生活中扮演着多重角色。在调解过程中，律师站在不同的立场，扮演不同的角色，实施不同的行为与策略，将会带来不同的纠纷解决结果。根据《律师法》第28条的规定，律师可以接受委托，参加调解活动。律师可以接受委托，提供非诉讼法律活动。因此，律师可以接受当事人委托，代表当事人参与上述所有类型的调解活动，也可以由律师主持，居间调解当事人的争端，最终达成纠纷解决的合意。因此，律师的调解业务根据律师身份的不同可分为两类，即律师作为一方代理人参与调解和律师主持调解。

1. 律师作为一方代理人参与调解。律师作为一方代理人参与调解是律师根据委托人的授权，以委托人的代理人身份，与对方当事人进行协商，或者参与有关机构组织的调解活动。当事人纠纷发生后，或者将纠纷提交给有关机构但尚未达成调解协议时，律师代理委托人与对方当事人进行谈判，达成和解协议，以解决纠纷。当事人纠纷已经提交给有关机构处理，如人民法院、行政机关、人民调解委员会等，律师在有关机构的组织下，根据委托人授权代理委托人参加调解，促使纠纷各方达成调解协议，维护委托人合法利益。

2. 律师主持调解。律师主持调解是利用律师的专业知识和技能，以中间人身份居间协调当事人各方利益，促使当事人相互理解和妥协，从而达成各方都能接

① 深圳市律师协会民事法律业务委员会：《律师参与调解的技巧与艺术》，法律出版社2012年版，第5页。

受的解决办法。

2017年9月以来，按照最高人民法院、司法部《关于开展律师调解试点工作的意见》要求，北京、黑龙江、上海、浙江、安徽、福建、山东、湖北、湖南、广东和四川11个省（直辖市）积极开展试点工作，建立律师调解工作模式，分别在人民法院、公共法律服务中心（站）、律师协会、律师事务所设立律师调解工作室，由律师作为调解员接受当事人申请主持调解，或承接人民法院、行政机关移送的调解案件。律师主持矛盾化解和纠纷调解，取得了明显成效。为进一步推动律师调解试点工作的深入开展，2018年12月26日，最高人民法院、司法部决定将试点工作扩大至全国范围。相对于律师作为一方代理人参与调解，律师主持调解尚属新兴业务，理论和实践上都存在不少问题需要解决。

（二）律师参与调解案件的权利和义务

律师从事调解活动享有一定的权利，应当履行一定的义务，这是律师参与调解能否依法顺利进行的重要保障。我国《律师法》以及其他相关法律规范中明确规定了律师的权利和义务。

1. 调解案件律师的权利。调解案件律师的权利是法律赋予或者当事人授予律师享有的一定的权能。其主要体现在如下方面：

（1）依法执业受法律保护的权利。《律师法》第3条规定，律师依法执业受法律保护，任何组织和个人都不得侵犯律师的合法权益。因此，律师在参与调解过程中，自身权益受到侵害，可以请求有关机关予以保护。

（2）拒绝代理的权利。根据《律师法》第32条的规定，律师接受委托后，有正当理由的，律师有权拒绝代理。因此，律师可以拒绝代理，但是需要在有“正当理由”的情况下。具体而言，首先，指委托事项违法，即委托人委托律师进行的代理活动内容违反法律规定。比如，要求律师调解属于违法的争端事项。其次，指委托人利用律师提供的服务从事非法活动。比如，委托人利用律师提供的法律知识是为了逃避法律的责任。最后，指委托人隐瞒事实。律师提供有效法律服务的前提是对纠纷事实的全面了解，如果委托人隐瞒事实可能会导致律师代理或者主持调解的工作陷入僵局，因此律师可依法拒绝代理。

（3）免于对有关事项的作证义务的权利。《律师法》第38条规定，律师对在执业活动中知悉的委托人和其他人不愿泄露的有关情况和信息，应当予以保密。因此，律师可以就在调解过程中获悉的有关当事人秘密享有免证的权利，相应的机构不得要求律师在调解中获悉的当事人秘密进行作证。当然，委托人或者其他人准备或者正在实施危害国家安全、公共安全以及严重危害他人人身安全的犯罪事实和信息除外。

2. 调解案件律师的义务。律师在参与调解过程中，享有一定的权利，同时也必须承担一定的义务。主要体现在以下方面：

（1）维护委托人的合法权益。《律师法》第30条规定，调解律师应当在授权范围内维护委托人的合法权益。依法维护委托人权益是调解律师的根本义务。依照法律规定和律师职业道德与执业纪律的规定，律师在开展业务活动过程中应当诚实守信、尽职尽责地为委托人提供法律帮助，努力满足委托人的合法、正当要求，维护委托人的合法权益。

（2）保守执业秘密的义务。《律师法》第 38 条规定，律师对在执业活动中知悉的委托人和其他人不愿泄露的有关情况和信息，应当予以保密。但是，委托人或者其他人准备或者正在实施危害国家安全、公共安全以及严重危害他人人身安全的犯罪事实和信息除外。律师保守职业秘密是由律师的执业性质决定的。律师和委托人之间的关系是一种委托关系，这种委托关系建立在双方之间相互信任的基础上。如果律师将其在执业过程中获知的委托人不愿为外界所知的秘密泄露出去，势必对委托人产生不好的影响，损害双方的信任基础，进而影响整个委托代理以及律师制度存在的根基。

（3）不得在参与调解中担任双方当事人的代理人。《律师法》第 39 条规定，律师不得在同一案件中为双方当事人担任代理人，不得代理与本人或者其近亲属有利益冲突的法律事务。在律师参与调解的活动中，由于纠纷各方存在利益冲突，因此如果律师接受双方委托势必存在矛盾，无法有效完成工作。当然，如果当事人各方同意委托律师主持其争端的除外。

（4）不得私自接受委托、收取钱物。根据《律师法》第 40 条的规定，律师不得在调解活动中私自接受委托、收取费用，以及接受委托人的财务或者其他利益。按照法律规定，律师承办业务，由律师事务所统一收取费用并如实入账。因此，律师如果私自接受委托并收取费用，会导致乱收案和乱收费，从而出现不正当竞争行为。

（5）不得利用提供法律服务的便利牟取当事人争议的权益，或者接受对方当事人财务。纠纷当事人委托律师代理或者主持调解，是基于对律师的信任，因此当事人依法向律师事务所支付律师费用，与律师签订委托合同。律师应当尽可能在法律范围内维护委托人的合法权益，绝不应当出现与对方当事人联合损害委托人利益的行为。

此外，在诉讼调解中，律师参与调解还须承担两项特别义务。一是不得违反规定会见法官，不得向法官以及其他工作人员请客送礼或者行贿，或者指使、诱导当事人行贿。律师参与任何法律服务工作都应当依靠自身具有的法律知识和技能来维护当事人权益，而不应当采取不正当甚至违法犯罪手段争取利益，这样不仅损害律师集体形象，也损害我国司法制度，同时最终也对当事人不利。二是不得提供虚假证据，隐瞒事实或者威胁、利诱他人提供虚假证据，隐瞒事实以及妨碍对方当事人合法取得证据。证据和事实决定了案件胜诉与败诉的结果。律师应当为当事人合法权益尽职尽责，但是必须使用合法、正当的手段。利用虚假证据、隐瞒事实、威胁或利诱证人等手段不仅是不当的，情节严重还将构成违法，通过这类手段获取的材料也将不得当作认定案件事实的根据。

（三）律师参与调解案件的职责

1. 调解案件律师职责概述。调解案件律师的职责主要是指参与调解的律师的主要任务和责任。明确律师职责是维护律师正常执业秩序的需要，同时也是为了更好地维护当事人权益的需要，从而促进社会公平和国家法制的完善。

《律师法》第 30 条规定，律师担任诉讼法律事务代理人或者非诉讼法律事务代理人的，应当在受委托的权限内，维护委托人的合法权益。因此，对于律师代理的调解案件中，在受委托权限内维护委托人的合法权益是律师的核心任务。而对于律师经当事人同意而主持的调解案件中，律师的核心任务是居间调解，公平公正维护各方合法权益。调解案件律师所享有的权利以及承担的义务都是围绕律师的任务而展开的。

《律师法》第 3 条规定，律师执业必须遵守宪法和法律，恪守律师执业道德和执业纪律。因此，调解案件律师在参与调解过程中，如果违反国家法律和律师职业纪律规范，就应当承担相应责任。

2. 调解案件律师的刑事责任。《律师法》第 56 条规定，司法行政部门工作人员违反本法规定，滥用职权、玩忽职守，构成犯罪的，依法追究刑事责任。调解案件律师如果在执业内实施了违反刑事法律的行为，则应当根据刑事法律的规定依法承担刑事责任。在律师所承担的责任体系中，刑事责任在性质上是最为严重的，而且在大多数情况下还会引发律师承担其他的责任。比如，《律师法》第 49 条规定，律师因犯罪被追究刑事责任的，同时存在罚款或者吊销执业证书等行政责任。虽然律师在执业行为中是以律师事务所的名义进行，但在我国，律师在执业中犯罪行为的刑事责任承担主体只是执业律师本人。律师在调解执业中可能触犯的常见罪名包括泄露国家秘密罪、侵犯商业秘密罪、行贿罪、伪证罪以及侵占罪等。

3. 调解案件律师的民事责任。《律师法》第 54 条规定，律师违法执业或者因过错给当事人造成损失的，由其所在的律师事务所承担赔偿责任。律师事务所赔偿后，可以向有故意或者重大过失行为的律师追偿。这是律师以及律师事务所承担相应民事责任的主要法律依据。根据我国法律规定，律师不能以自己的名义单独执业，而必须隶属于一家律师事务所，因此虽然律师应当对自己执业中的违法或过错行为承担民事责任，但其履行责任的对象是律师事务所。律师在执业过程中所做的任何行为都应当被视为律师事务所的行为。律师事务所在向受损害的当事人支付赔偿费用后，即享有向致害律师的追偿权。

4. 调解案件律师的行政责任。调解案件律师的行政责任是指律师违反《律师法》等法律、法规以及行政规章，实施有关行政违法行为所应承担的法律责任。

调解案件律师所承担的行政责任方式有警告、没收违法所得、停止执业、吊销执业证书。司法行政机关认定调解律师违法事实以及作出行政处罚决定。

根据相关法律法规规定，调解案件律师行政处罚适用情形包括：（1）同一案件中，同时为委托人及与委托人有利益冲突的第三人代理；（2）在两个或两个以上有利害关系的案件中，分别为有利益冲突的委托人代理的；（3）为争揽业务，向委托人作虚假承诺的；（4）接受委托后，不认真履行职责，给委托人造成损失的；（5）接受委托后，无正当理由不向委托人提供约定的法律服务的；（6）超越委托权限，从事与委托代理的法律事务无关的活动的；（7）接受委托后，故意损害委托人利益，或者与对方委托人、第三人恶意串通侵害委托人利益的；（8）为阻挠委托人解除委托关系，威胁、恐吓委托人，或者无正当理由扣留委托人提供的材料的；（9）违反律师服务收费管理规定或者收费合同约定，向委托人索要规定或者约定之外的费用或者财物的；（10）承办案件期间，在非工作时间、非工作场所，会见承办案件的法官、仲裁员或者其他有关工作人员的；（11）在受到停止职业处罚期间继续执业的；（12）其他违法或者有悖律师职业道德、公民道德规范的行为，严重损害律师职业形象的。

5. 调解案件律师的行业纪律责任。对律师执业进行规范还包括行业内部的执业纪律、执业道德或行业协会章程等，通常这些规范都是由行业内部的成员经过协商讨论后制定的，由制定这些规范的行业自律组织来认定，并且只适用于本行业内部。具体来说，调解律师的行业纪律责任的主要依据是2004年全国律师协会修订的《律师协会会员违规行为处分规则（试行）》，由全国律师协会和地方各律师协会来认定律师行为是否违反本规定，对违纪律师的处分包括训诫、通报批评、公开谴责、取消会员资格四种形式。可适用行业纪律处分的情形包括所有可适用行政责任情形，《律师协会会员违规行为处分规则（试行）》对此进一步细化，同时还包括一些违纪但是又不够行政处罚的行为。

## 第二节 律师参与调解的规范要求

### 一、律师参与调解工作的原则

#### （一）坚持依法调解

律师参与调解应当依法进行，不得违反法律法规的禁止性规定，不得损害国家利益、社会公共利益和当事人及其他利害关系人的合法权益。

#### （二）坚持平等自愿

律师参与调解工作，应当充分尊重各方当事人的意愿，尊重当事人对解决纠纷程序的选择权，保障其诉讼权利。

#### （三）坚持调解中立

律师参与调解应当保持中立，不得有偏向任何一方当事人的言行，维护调解结果的客观性、公正性和可接受性。

（四）坚持调解保密

律师参与调节过程中，除当事人一致同意或法律另有规定的以外，调解事项、调解过程、调解协议内容等一律不公开，不得泄露当事人的个人隐私或商业秘密。

## 二、律师参与调解的工作规范

（一）律师作为一方代理人参与调解

《律师法》第25条规定，律师可以接受当事人的委托，参加调解活动。这为律师作为代理人参与纠纷的调解提供了法律依据。

《民事诉讼法》第59条规定，当事人委托他人进行诉讼的授权委托书必须记明委托事项和权限。“诉讼代理人代为承认、放弃、变更诉讼请求，进行和解，提起反诉或者上诉，必须有委托人的特别授权。”从法律规定的本义来看，涉及当事人根本利益的事项特别在事关实体利益的处分时，一定要当事人本人亲自处分，最起码也要有明确的书面授权使代理人处分。因此，律师接受委托参与调解，一定要在当事人明确的授权范围内进行调解活动，要依据当事人真实的调解意向开展相关调解工作。

（二）律师主持调解

最高人民法院、司法部联合颁发的《关于开展律师调解试点工作的意见》（以下简称《意见》），要求积极推进开展律师调解工作，充分发挥律师调解的价值，利用律师所拥有的优势来促进和谐社会的构建。《意见》对律师调解工作的展开虽然有了指导性意见，但制度的构建与推广仍面临诸多实际问题。面对复杂局面下律师调解制度可能存在的问题，律师调解工作如何做到规范化，尚需要在实践过程中总结经验并进行理论探索。

律师作为调解员，应该努力去完成调解任务。在主持调解过程中，律师可以宣传自己在调解方面的经验与能力，但不得主动向特定当事人就具体争议案件招揽调解业务。

律师运用专业知识开展调解工作，应当注重工作效率，根据纠纷的实际情况，灵活确定调解方式、方法和程序，建立便捷高效的工作机制。律师应当忠于事实、法律、政策以及道德。除了以法律的正当性作为其正当性依据外，如果是符合社会正当性的，为了拿出既合乎道理又符合实际情况的解决方案，可以采取实体法以外的道德的解决标准。这些都是法律所允许的，以此来保障通过调停解决纠纷的正当性。

## 第三节　律师参与调解重点与难点

如何最大程度化解争议双方的纠纷，这是律师参与调解的重点与难点。律师参与调解，根据不同的具体案件会有不同的重点和难点，但综合来看，律师参与调解应注意以下重点与难点。

### 一、律师作为一方代理人参与调解的重点与难点

（一）充分了解案情，厘清法律关系

律师接受委托时应当充分了解案情事实，厘清双方争议的焦点及法律关系。律师应当根据案件事实和法律规定充分向委托人阐述其主张的合法性及合理性，帮助委托人确定既合法又合理的主张，最大程度维护委托人的合法权益。

（二）保持充分沟通，兼顾情理与法理

律师在参与调解过程中，不仅仅是要与委托人保持充分的沟通，更要学会和对方当事人及主持调解人员进行充分的沟通，充分表达自己的主张和诉求，了解对方及主持调解人员的看法和意向。很多争议纠纷双方当事人都是比较好的朋友甚至是亲人，律师要站在客观公正的角度与对方当事人保持沟通，寻找解决双方矛盾的切入点，在确保合法合理的前提下，兼顾法理与情理，化解双方矛盾和争议。

（三）规范调解协议，规避法律风险

调解协议是在双方当事人互谅互惠基础上形成的，调解协议要对履行方式、时间等进行明确的约定，在制作调解协议时律师要对协议履行过程中可能发生的情况进行充分的预测，要规避协议履行过程中可能发生的法律风险，避免“案了事不了”的情况发生。

### 二、律师主持调解的重点与难点

（一）全面了解各方权责关系，寻找争议双方利益平衡点

律师在接受主持调解委托后，应对所调解事项的起因、经过和各方的要求进行全面了解，掌握各方争执的焦点和各自的立场、态度，分析各方认识和主张的差距。注意平衡各方利益，做到客观公正，一碗水端平。在主持调解过程中，律师要能够运用自己的法律知识，结合社会习惯、道德规范来调解双方矛盾，促成当事人达成共识，对当事人双方的合法权益进行保护。

（二）注意调解过程中的虚假诉讼

律师主持的调解可以快速地解决争议纠纷，而且律师调解的专业性，也可以向法院申请调解协议具有法律效力。因此，有可能会被人利用进行虚假诉讼，以获得具有法律效力的文书来达到损害其他当事人合法权益的目的，获得本不应属

于自己的利益。这就需要律师在调解过程中，有能力识别可能存在的虚假诉讼以及当事人的不正当目的。

（三）对调解协议进行司法确认

律师主持调解结束后，调解协议所确定的给付义务当时结清的，则不涉及后期是否需要强制履行的问题，但是通过律师调解的案件，不能保证当事人都会自动履行。如果律师调解协议得不到具有强制执行的效力，则还是会影响律师调解的效果。因此，律师主持争议双方当事人达成调解后，应当向当事人释明调解协议的法律效力，并尽可能到法院进行司法确认，使协议具有强制执行力。

## 第四节　律师参与调解经验与技巧

不同的律师业务需要有不同的经验和技巧。根据律师参与调解的类型不同，调解案件中律师的具体工作也有所不同。经验和技巧都是为了更好地完成律师调解任务而服务的。

### 一、律师作为一方代理人参与调解的经验与技巧

具体来说，律师作为一方代理人参与的调解，当事人的纠纷是由有关机构或组织主持调解，律师是接受当事人委托而参加调解过程，促使双方当事人达成调解协议，从而解决纠纷。在律师作为一方代理人参与调解中，律师通常需要注意如下事项：

（一）与委托人签订委托代理合同，明确代理权限

律师在代理诉讼或者仲裁时，须向有关部门提交授权委托书。在代理非诉讼调解时，有关法律虽未规定律师应提交授权委托书，但是作为代理活动的根据，律师应与委托人订立书面的委托代理合同，从而明确律师的代理事务与范围。

（二）在深入了解纠纷事实、厘清当事人责任基础上积极参与调解

无论是诉讼调解协议还是非诉讼调解协议，对当事人来说都具有实体性意义，都能够引起当事人权益关系的设立、变更或终止。因此，律师在接受委托后，首先应全面深入了解纠纷的事实以及当事人之间的责任界限，然后根据委托人授权，在授权范围内积极参与谈判协商，促使纠纷的解决。

（三）在代理权限范围内，尽力维护委托人的合法权益

律师接受当事人委托，即对当事人形成了承诺，因此应在代理权限内尽力维护委托人的合法权益，既不能随意超越权限，也不得推卸责任。同时，代理律师需要明确调解维护的当事人权益也是在合法的界限内，不得迁就当事人不合法的委托事项和主张。

（四）协助委托人处理好执行调解协议的相关事宜

调解终结后，如果形成调解协议，代理律师应当告知委托人严格履行调解协

议的内容。若当事人未能达成调解协议或者调解协议生效前当事人反悔，代理律师应当即时告知委托人另行通过其他方式解决争议，并适时提出妥善意见，供委托人参考，以维护委托人权益。

## 二、律师主持调解的经验与技巧

在律师主持调解的实务操作过程中，可能存在诸多的调解方法，但这些方法基本上可以归结为教育、协商和疏导三种。这三种一般方法适用的具体情形各有侧重，具体如下文论述。①

### （一）教育方法

所谓教育方法，指的是调解律师对当事人进行说理教诲，让当事人认识到过错或诉讼的破坏力，从而自愿接受以调解的方式解决争执。

教育方法所囊括的内容，主要是对当事人进行法律、政策、道德、乡规民俗、责任义务等教育。有些当事人不懂法律，确实是自己的过错，不但不承认错误，还将责任转嫁给别人或者直接推脱，对其进行法律教育，一方面有利于普法宣传，另一方面也是对其思考和处理问题方式的矫正。也有些当事人无视党和国家的政策，甚至践踏道德，破坏乡规民约等，对其进行教育不仅仅是解决纠纷的需要，更重要的是传承文明和构建有序社会的要求。

教育方法主要适用以下两种情形：一是明显由当事人一方承担义务的情形。在这种情形下，为达到好的效果，律师要对承担义务方进行教育，告知其法律的规定和将要承担的法律后果；对无过错的一方当事人，则从执行方面和诉讼效率方面进行教育。二是损害后果轻微的民商事纠纷。对于这种纠纷，律师对双方当事人进行教育，要告知双方将投入的精力和金钱等代价，可能远远超过胜诉本身的收益，劝告他们最好小事化了。

### （二）协商方法

所谓协商方法，指的是律师帮助双方当事人，使他们能够心平气和地谈判，在平衡双方关系的前提下，协议商讨纠纷解决方案的方法。律师在双方当事人无法“面对面”进行谈判时，可以采用一方缺席的沟通方式；在双方争议不大时，则可采用面对面交流的方式。

协商的内容主要包括以下几个方面：（1）当事人各自承担的责任义务及享有的权利，即明确承担义务的主体和享有权利的主体以及各自的范围。（2）履行的方式及期限。（3）保证条款等。协议内容若具有法定无效、效力待定、可撤销等情形，当事人根据实体法的规定享有相应的权利。协商一致达成共识的最终形式表现为调解协议或者调解书的制成。在一方当事人拒不履行的情形下，调解协议在后诉中可以作为证据使用，调解书则具有强制执行的效力。

---

① 孙伟峰：《论调解的一般方法》，载《天中学刊》2015 年第 1 期。

协商方法主要适用两种案件。第一种案件是，当事人在争议中均有过错，而双方互相指责对方，推卸己方的责任。第二种案件是，双方均无过错，但由于发生了情势变更而引发的纠纷。

（三）疏导方法

所谓疏导方法，即疏通开导的方法，指的是当事人固执己见或想不通纠纷为何产生，律师出于对社会公共利益或双方的长远利益考虑，对当事人进行开导，以促使双方和平解决纠纷。

疏导方法主要适用以下几种情形：一是家庭关系或邻里关系纠纷。由于家庭关系带有浓厚的亲情及血缘关系，邻里关系属于“抬头不见低头见”的熟人关系，且在中国有着“远亲不如近邻”的观念基础，因一时冲动所造成的家庭关系纠纷和邻里纠纷，如婚姻继承纠纷、抚养费纠纷、相邻权纠纷等，当事人并无太大的矛盾冲突，很多情况下只是赌一时之气。这种纠纷的化解，就需要调解律师采用疏导方法开导当事人，促成当事人化争为和。二是有关社会公德的案件。例如，公司企业与退休人员之间的退休金纠纷，退休人员作为社会上的一个重要群体，他们在付出自己青春后，年老时应当获得单位的退休金，单位无视规定不予或减少发放其退休金，调解人员应当对单位有关人员进行开导。三是商业伙伴之间的纠纷。在市场经济中，商业伙伴之间有着共同的经济利益，双方应立足长远考虑，将纠纷解决建立在今后可能合作的共识上，找到纠纷产生的原因，调解律师应从双方的共同利益着手，疏通当事人思想上的障碍，使其回到经济利益的轨道上来。

# 第十四章　律师参与和解

## 第一节　律师参与和解概述

### 一、律师和解业务概念与依据

律师和解业务是指律师接受一方当事人的委托，在代理权限范围内，与对方当事人及其代理人交涉、协商，在合法、自愿的基础上促使双方达成和解协议，从而解决纠纷的律师业务活动。根据《律师法》第28条、第29条的规定，律师可以担任诉讼法律事务代理人或者非诉讼法律事务代理人的，他们在从事这些法律事务中都可以代表被代理人参与调解活动。本章内容仅指律师在从事诉讼法律事务而不包括非诉讼法律事务中所进行的和解业务（如不包括代理仲裁业务中的和解）。诉讼中当事人双方进行和解，为达成和解协议，就需要谈判，律师在和解中可以运用自己的专业知识和诉讼技巧提出解决问题的方案，维护当事人的合法权益。

随着我国社会、经济的发展，各种纠纷迅速增多，这些纠纷很多通过诉讼形式解决。在纠纷进入诉讼之后，该纠纷可以通过法院判决予以解决，也可以通过双方的合意（如调解、和解）予以化解。判决和合意是解决诉讼的两种解决方法。在依据诉讼法规定的合意解决纠纷中，律师可以协助当事人就自己的实体权利和诉讼权利的处分与对方进行交涉、磋商，促使双方达成和解协议。

### 二、律师从事诉讼和解业务的作用

律师从事诉讼和解业务的作用很多，现主要讲解以下几点：

（一）律师更容易找准和解的切入点和时机，从而促成和解

律师作为诉讼代理人或辩护人通过阅卷、调查取证、了解了当事人的诉讼目的和诉求底线后，能够在和解工作中找准切入点，提出的和解协议更容易得到当事人的认可。此外，律师在与当事人的交往中，能够及时把握当事人的思想动向，便于抓住和解的有利时机。这些有利条件便于促成和解。

（二）发挥桥梁作用，成为和解成功的中间人

在各类诉讼案件中，当事人之间情绪对立，很难直接进行沟通、磋商。法官

作为裁判者必须保持中立地位，其所提调解条件（如赔偿数额）不能对某一方过于有利，因此，其调解条件不容易被接受。律师在代理诉讼中正好可以破解这两个难题。一是相对于案外人来讲，律师就是代表当事人进行诉讼的，做和解工作是律师的职责所在，能够被当事人、法官认可。二是律师可以在当事人之间架起桥梁，即充当中间人，使当事人之间有个牵线人，从中传话、说和；律师熟悉法律，能得到当事人的信任，在诉讼和解中可以起到积极的引导、推进作用。三是原告一方的律师可以提一些对对方当事人非常有利的和解条件，如提出比较高的赔偿数额（当然，从公正的角度出发，赔偿数额不能太高），打动对方当事人，使其愿意和解。四是被告一方的律师基于对案件判决结果的合理预见做当事人的工作，让被告一方放弃一些不合理或者过分的要求，使其愿意接受和解，从而促使和解成功。

（三）律师从事和解业务，有利于节约司法资源

律师从事和解业务有利于节约司法资源。其主要体现在以下几点：一是省却了司法机关从事调解、判决的人力财力的投入。例如，目前一些法院对民事案件专门出台了“律师庭外和解制度”，由律师在案件审理前主持和解，一旦和解成功，纠纷解决了，法院就节省了调解、判决的投入。律师主持庭外和解成功率高了，和解的案件数量就很可观，就能节约大量的司法资源。二是在刑事诉讼中，律师做和解工作，促成刑事案件和解后，整体上可以减少羁押、审判、执行等方面人、财、物的大量投入。三是律师促成案件和解后可减少因上诉、申诉等带来的司法资源的投入。

## 三、律师从事诉讼和解业务类型

（一）律师从事的刑事诉讼和解业务

根据《刑事诉讼法》的规定，在刑事诉讼中，律师可以从事以下三种类型的和解业务：

1. 律师从事公诉案件和解业务。2012 年修正的《刑事诉讼法》增加了“当事人和解的公诉案件诉讼程序”，2018 年修正的《刑事诉讼法》延续了该程序，该法第 288 条至第 290 条规定了公诉案件和解的范围、方式、阶段、程序等内容。这样一来，律师就增加了公诉案件中的和解业务。

2. 律师从事自诉案件和解业务。2018 年修正的《刑事诉讼法》第 212 条的规定延续了 1979 年、1996 年《刑事诉讼法》规定的内容，允许自诉人和被告人进行和解。

3. 律师从事附带民事诉讼案件和解业务。根据 2018 年修正的《刑事诉讼法》第 101 条的规定，附带民事诉讼原告人和被告人可以和解。因此，律师在附带民事诉讼中可以从事和解业务。

（二）律师从事的民事诉讼和解业务

2017 年修正的《民事诉讼法》第 50 条规定，双方当事人可以自行和解。因

此，律师在代理民事诉讼案件中的一项重要业务是协助当事人进行和解。

（三）律师从事的行政诉讼和解业务

《行政诉讼法》第60条规定，人民法院审理行政案件，不适用调解。其立法精神是，由于行政诉讼是指审查行政机关和行政机关工作人员的具体行政行为合法性的诉讼，国家行为的合法性只能由法院通过审理加以认定，不允许任何人通过协商认定；调解的前提是，当事人对于权利享有实体处分权，而作为诉讼当事人的行政机关行使的权力是法律规定的，行政机关无权对该权力加以处分。因此，人民法院审查行政机关和行政机关工作人员的具体行政行为要么是合法的，要么是违法的，不能进行调解。

同时《行政诉讼法》第60条也规定，行政赔偿、补偿以及行政机关行使法律、法规规定的自由裁量权的案件可以调解。调解应当遵循自愿、合法原则，不得损害国家利益、社会公共利益和他人合法权益。因此，律师可以参与部分行政诉讼的调解、和解工作。

## 四、律师在和解中的地位

（一）律师在刑事案件和解中的地位

在刑事诉讼中，担任犯罪嫌疑人、被告人（包括公诉案件和自诉案件）的辩护律师具有独立的诉讼地位。刑事诉讼的最后结果关乎犯罪嫌疑人、被告人的重大利益，即是否负刑事责任、是否应受刑罚制裁的问题。所以，《刑事诉讼法》赋予辩护律师独立地位，以便他们不受约束地为犯罪嫌疑人、被告人进行辩护，维护犯罪嫌疑人、被告人的合法权益。在刑事和解中，辩护律师基于其独立地位，可以独立提出和解建议。当然，辩护律师提出的和解建议需要得到犯罪嫌疑人、被告人的认可，他们一般都会与犯罪嫌疑人、被告人商议后提出和解建议。

在刑事诉讼中，担任公诉案件被害人、自诉案件自诉人的代理人的律师，则应从属于委托人，被害人、自诉人不具有独立的诉讼地位。因为在刑事诉讼中，公诉案件被害人在追究犯罪嫌疑人、被告人刑事责任方面的权利不多，如没有起诉权、上诉权（这些权力由人民检察院代表国家行使），被害人与犯罪嫌疑人、被告人和解的内容主要是民事赔偿，所以民事赔偿的数额由被害人提出、认可，代理的律师只能协助和解，不能自作主张。在自诉案件中，《刑事诉讼法》将提起自诉的权利赋予了自诉人，自诉人是否愿意提起自诉案件，是否愿意将自诉案件进行到底，都由他自己决定，所以受委托的律师应尊重自诉人的意见，按照自诉人的意见从事诉讼活动。在刑事附带民事诉讼中，附带民事诉讼原告人要求赔偿多少、附带民事诉讼被告人愿意赔偿多少，法律不予干预，由附带民事诉讼的原告人、被告人自己决定，担任附带民事诉讼的原告人、被告人代理人的律师没有独立的诉讼地位，须按照附带民事诉讼的原告人、被告人的授权进行诉讼。因此，担任自诉人、附带民事诉讼的当事人的代理人的律师，应在委托人授权范围内从事和解工作。

（二）律师在民事、行政案件和解中的地位

民事、行政诉讼涉及的是民众的民事等权利，民众在诉讼中应由其决定对诉讼请求的承认、放弃、变更。因此，代理诉讼的律师只是代理诉讼，其代理一定要获得授权，而不能擅自承认、放弃、变更诉讼请求，以及与对方和解。

2017年修正的《民事诉讼法》第59条规定："委托他人代为诉讼，必须向人民法院提交由委托人签名或者盖章的授权委托书。授权委托书必须记明委托事项和权限。诉讼代理人代为承认、放弃、变更诉讼请求，进行和解，提起反诉或者上诉，必须有委托人的特别授权。"从该条使用的"代为诉讼"一词可以看出，在民事诉讼中代理诉讼的律师不具有独立的诉讼地位。因此，代理诉讼的律师代为进行和解，必须有委托人的特别授权。

《行政诉讼法》第31条规定："当事人、法定代理人，可以委托一至二人作为诉讼代理人。下列人员可以被委托为诉讼代理人：（一）律师、基层法律服务工作者；（二）当事人的近亲属或者工作人员；（三）当事人所在社区、单位以及有关社会团体推荐的公民。"该条使用的"代为诉讼"一词说明，代理诉讼的律师不具有独立的诉讼地位。那么，代理诉讼的律师在行政赔偿诉讼中必须按照委托人的意志进行和解。

需要说明一点，在刑事诉讼中担任公诉案件被害人、自诉案件自诉人、附带民事诉讼当事人代理人的律师，代理民事、行政诉讼的律师在诉讼中虽然不具有独立的诉讼地位，但是具有相对的独立性。这是因为其与一般的代理人不同，《律师法》为律师设置了特殊的诉讼身份（律师是为委托人提供法律服务的专业人员），规定了取得律师身份的相应条件，还赋予了律师为完成代理任务的基本权利。这种相对独立性使得律师在和解中可以依据法律和事实向当事人提出和解建议，而不仅仅是个传话筒、代言人。

## 第二节　律师参与和解规范要求

"和解"通常被大众理解为"私了"，和解方案通常可以不拘泥于法律，只要双方达成一致即可。但是不拘泥于法律不等于不参照法律，也不等于不认真分析具体的权责，在司法实践中往往通过律师给当事人进行透彻的案件分析之后，更容易高效地达成和解。因此，对参与和解的律师是有要求的，律师应当充分利用自己的法定权利分清权责，也应当积极履行自己的义务提出调解方案并促成和解。

### 一、和解律师的权利

"三大诉讼法"、《律师法》赋予律师在刑事、民事和行政诉讼中享有广泛的权利，包括在执业活动中享有的人身权（如辩护豁免权、拒绝作证权），在履行职务中享有的执业保障权（如调查取证权、阅卷权、会见权和通信权）。在和解案件中律师通过这些权利的保障，能够更好地维护委托人的合法权益。下面重点阐述在律师从事和解业务中起到重要作用的一些权利。

（一）调查取证权

律师在刑事、民事和行政诉讼中只有通过调查取证，全面掌握了案情，才能分清责任，协助当事人提出合情合理的和解方案。

在刑事诉讼中，根据《刑事诉讼法》的规定，公诉案件的辩护律师、自诉案件的辩护律师、自诉人的代理律师、附带民事诉讼原告人的代理律师、附带民事诉讼被告人的代理律师经证人或者其他有关单位和个人同意，可以向他们收集与本案有关的材料。辩护律师、代理律师收集证据的权利是非强制性的，向证人或者其他有关单位和个人收集证据必须征得他们的同意。尤其是辩护律师向被害人或者其近亲属、被害人提供的证人收集证据时，一是须经人民检察院或者人民法院许可，二是须经被害人或者其近亲属、被害人提供的证人的同意。如果辩护律师、代理律师向证人或者其他有关单位和个人收集与本案有关的材料时他们不提供，也可以申请人民检察院、人民法院收集、调取证据，或者申请人民法院通知证人出庭作证。

辩护律师在侦查阶段是否享有取证权，在 2018 年修正的《刑事诉讼法》出台后成为一个有争议的问题。笔者赞同辩护律师在侦查阶段享有取证权的观点。原因一，《刑事诉讼法》第 43 条规定："辩护律师经证人或者其他有关单位和个人同意，可以向他们收集与本案有关的材料……"侦查阶段的辩护律师已经被赋予辩护人身份，应享有第 43 条规定的调查取证权。原因二，《刑事诉讼法》第 42 条规定："辩护人收集的有关犯罪嫌疑人不在犯罪现场、未达到刑事责任年龄、属于依法不负刑事责任的精神病人的证据，应当及时告知公安机关、人民检察院。"该条规定表明，侦查阶段的辩护律师作为辩护人，可以收集"犯罪嫌疑人不在犯罪现场、未达到刑事责任年龄、属于依法不负刑事责任的精神病人的证据"。但是，鉴于侦查工作的特殊性，笔者也赞同一些学者的观点，即辩护律师在侦查阶段的取证权应受到一些限制。这是因为，侦查阶段辩护律师的取证行为有时会打草惊蛇，会干扰办案工作。笔者认为，律师在侦查阶段的调查取证在现阶段应集中在以下两个方面：首先，根据《刑事诉讼法》第 43 条规定的精神，侦查阶段的辩护律师主要应当收集犯罪嫌疑人不在犯罪现场、未达到刑事责任年龄、属于依法不负刑事责任的精神病人的证据。其次，律师有权对侦查中存在的程序问题进行调查取证，如对刑讯逼供的调查等。综上，在侦查阶段赋予辩护律师取证权是必要的，但应当有所限制。

在民事、行政诉讼中，代理诉讼的律师有权调查收集证据，其法律依据是 2017 年修正的《民事诉讼法》第 61 条、《行政诉讼法》第 32 条的规定。律师在代理民事、行政诉讼中，为从事和解业务，应当做好调查收集证据工作。

根据《律师法》第35条的规定，受委托的律师根据案情的需要，可以申请人民检察院、人民法院收集、调取证据或者申请人民法院通知证人出庭作证。律师自行调查取证的，凭律师执业证书和律师事务所证明，可以向有关单位或者个人调查与承办法律事务有关的情况。

（二）阅卷权

在刑事诉讼中，根据《刑事诉讼法》第40条、《律师法》第34条的规定，受委托的律师自人民检察院对案件审查起诉之日起，可以查阅、摘抄、复制本案的案卷材料。这就意味着，受委托的律师在侦查阶段没有阅卷权，在审查起诉、审判阶段享有阅卷权。受委托的律师只有通过阅卷，全面、细致地了解了案件情况，才能更好地做好和解工作。例如，通过阅卷，被告人的律师如果了解到被害人对自身被害有过错（如被害人首先挑起事端），那么在提出赔偿和解协议时应强调适当减少赔偿数额。

《民事诉讼法》第61条规定，代理诉讼的律师可以查阅、复制本案有关材料，《行政诉讼法》第32条规定，代理诉讼的律师可以依照规定查阅、复制本案有关材料，因此，在民事、行政诉讼中代理诉讼的律师享有阅卷权。律师通过阅卷，吃透案情后，可以提出更合情理的和解方案，防止当事人漫天要价、提出不切实际的诉讼请求。

（三）会见、通信权

该权利是指辩护律师同被羁押或者被采取监视居住的犯罪嫌疑人、被告人会见和通信的诉讼权利。它只是在刑事诉讼中由辩护律师享有，在民事、行政诉讼中代理诉讼的律师与委托人之间不存在授予会见、通信权的问题。被羁押或者被采取监视居住的犯罪嫌疑人、被告人如果符合和解案件的条件，愿意与对方和解，但他自己无法去做工作，其亲属也不能与其会见、通信，也无法做和解工作。《刑事诉讼法》赋予辩护律师与被羁押或者被采取监视居住的犯罪嫌疑人、被告人有会见、通信的权利，该权利除其他功能外，在和解中有重要作用。辩护律师可以到看守所、监视居住的处所与犯罪嫌疑人、被告人见面，协商和解的内容，以促成和解。

## 二、和解律师的义务

“三大诉讼法”、《律师法》对律师在刑事、民事和行政诉讼中应履行的义务作出了明确规定。在律师从事和解业务中必须履行这些义务，以免损害委托人的合法权益。下面对和解案件中律师应履行的一些重要的法定义务和执业道德上的义务作讲解。

（一）无正当理由不得拒绝辩护或者代理

律师接受委托后，应尽心为委托人提供法律服务，包括设法促成当事人之间的和解。律师无故拒绝辩护或者代理，将会给委托人带来经济损失和为寻找新的律师付出时间成本等许多问题。因此，根据《律师法》第 32 条的规定，律师接受委托后，无正当理由的，不得拒绝辩护或者代理。这一义务是法定义务。

《律师法》第 32 条规定，律师有权拒绝辩护或者代理的正当理由有以下几点：一是委托事项违法；二是委托人利用律师提供的服务从事违法活动；三是委托人故意隐瞒与案件有关的重要事实的。只有在这几种情况下，律师才有权拒绝辩护或者代理。

（二）诚实守信、勤勉尽责

代理诉讼的律师在从事诉讼代理业务中能进行和解的，应积极做好和解工作。在和解工作中，一要做到“诚实”，代理诉讼的律师要基于案情做和解工作，不弄虚作假，不欺瞒当事人。二要做到“守信”，代理律师要讲信用，如答应今天去与对方协商的就一定要去做。三要做到“勤勉”，做和解工作会增加代理律师的很多工作量，代理律师要尽力，不要偷懒。四要做到“尽责”，把和解工作看作分内的事倾力而为，不能只把出庭、向法庭提供证据、与对方争辩看作律师的任务，而把和解不当回事。“诚实守信、勤勉尽责”是中华全国律师协会《律师执业行为规范》第 7 条的规定，属于行业职业规范要求和道德义务。

（三）保守国家秘密、商业秘密和不得泄露隐私

律师在代理案件从事和解活动中，容易接触到国家秘密、商业秘密、当事人的隐私和被代理人的秘密等，根据《律师法》第 38 条的规定，律师应当保守在执业活动中知悉的国家秘密、商业秘密，不得泄露当事人的隐私。律师对在执业活动中知悉的委托人和其他人不愿泄露的情况和信息，应当予以保密。但是，委托人或者其他人准备或者正在实施的危害国家安全、公共安全以及其他严重危害他人人身、财产安全的犯罪事实和信息的除外。这一义务是法定义务。

（四）不得限制当事人和解

有的律师基于多收代理费的目的（如律师与原告约定按照胜诉赔偿款的一定比例收取代理费），通过与当事人签订风险代理合同，其中有条款限制当事人接受和解。因为如果原告希望尽快拿到赔偿款而选择和解，往往要向对方让步，这样他拿到的赔偿款少了，律师收取的代理费也相应减少了。从程序上讲，这是对当事人诉讼权利的侵犯，使当事人无法自主选择纠纷解决方式；从实体上讲，这是对当事人意思自治的干涉，使当事人难以对自身利益进行有效的取舍，可能会加重当事人的诉讼风险。

（五）不得使当事人违背真实意愿予以和解

律师在和解中不得诱导或者蒙骗当事人作出与其真实意愿相悖的错误意思表示。有些当事人由于缺乏法律知识，容易被律师利用专业优势诱导，或者被蒙骗达成违背其真实意愿的和解协议。

（六）告知和解方案引起的法律后果

有些当事人由于不懂法律规定，对和解后将引起的法律后果不是很清楚，因

此，律师应向当事人详尽、客观、准确地讲解和解方案，并明确告知接受该和解方案可能引起的法律后果。这样一来，才能使当事人仔细考虑接受和解后的利弊，决定是否同意和解。

（七）不得使当事人达成不当的和解协议

有些律师出于尽快结案、多收代理费等目的，串通当事人作出规避法律、损害他人利益、社会公共利益的和解协议。这是律师执业道德所不允许的。因此，律师不得串通当事人或其他律师达成规避法律、损害他人利益、社会公共利益等违反法律、法规的和解协议。

## 第三节　律师参与和解重点与难点

司法实践中，通过和解解决和处理的案件所占的比重相当大，因此，和解技能是律师职业的必备技能。

### 一、律师参与和解的主要目的是化解社会矛盾而不是争取客户利益的绝对最大化

律师参与和解工作的主旨是化解社会矛盾，同时和解也有助于当事人减少诉累，尽快解决纠纷，及时获取赔偿款，帮助犯罪嫌疑人获得从轻情节，争取不予起诉，节约司法资源。

厘清主旨有助于律师在具体和解工作中明确目的及方向，抓大放小，从而最大限度维护当事人的权益。切忌在和解工作中鼓励当事人不切实际地漫天要价，切忌给当事人就诉讼结果进行错误引导。和解的过程就是一个双方做让步的过程，通过让步而换取程序上的利益。有些案件，通过判决可能会得到比和解金额略高的结果，但是真正执行到位还需要漫长的诉讼过程，耗时耗力，最终的各项投入反而更多，还不如在最初及时和解，获取和解款项。因此，参与和解的律师一定要有一定的大局观，时刻把化解矛盾作为主要目的，从而很多和解过程中的难题也会迎刃而解。

### 二、律师参与刑事和解工作的重点和难点

很多家属在被告知亲人被刑事拘留之后，第一反应就是去找受害人“私了”，他们认为只要受害人撤回控告就没事了。这其实是公众对刑事案件与民事案件的混淆，民事案件可以因原告的撤诉而终结，而刑事案件一旦立案，能否“私了”不是受害人可以决定的。嫌疑人被刑事拘留证明该案已经正式立案，立案之后由公安机关、检察机关、审判机关决定该案以何种方式终结。但并不是说所有刑事案件一旦立案就不存在和解的机会，《刑事诉讼法》第288条规定：“下列公诉案件，犯罪嫌疑人、被告人真诚悔罪，通过向被害人赔偿损失、赔礼道歉等方式获

得被害人谅解，被害人自愿和解的，双方当事人可以和解：（一）因民间纠纷引起，涉嫌刑法分则第四章、第五章规定的犯罪案件，可能判处三年有期徒刑以下刑罚的；（二）除渎职犯罪以外的可能判处七年有期徒刑以下刑罚的过失犯罪案件。犯罪嫌疑人、被告人在五年以内曾经故意犯罪的，不适用本章规定的程序。”

《刑事诉讼法》第 290 条规定：“对于达成和解协议的案件，公安机关可以向人民检察院提出从宽处理的建议。人民检察院可以向人民法院提出从宽处罚的建议；对于犯罪情节轻微，不需要判处刑罚的，可以作出不起诉的决定。人民法院可以依法对被告人从宽处罚。”

最高人民法院《关于适用〈中华人民共和国刑事诉讼法〉的解释》第 596 条第 1 款规定：“对达成和解协议的案件，人民法院应当对被告人从轻处罚；符合非监禁刑适用条件的，应当适用非监禁刑；判处法定最低刑仍然过重的，可以减轻处罚；综合全案认为犯罪情节轻微不需要判处刑罚的，可以免予刑事处罚。”

需要注意的是：

第一，刑事和解不是适用于所有刑事案件，只适用于可能判处 3 年以下有期徒刑的由于民间纠纷引起的《刑法》第四章、第五章侵犯公民人身权利、民主权利犯罪以及侵犯财产犯罪，以及可能判处 7 年以下有期徒刑的过失犯罪。只有以上案件可以通过“私了”（赔偿受害人，并得到受害人的谅解）争取不起诉到人民法院的结果。

第二，刑事案件中的和解，只有发生在侦查阶段和人民检察院审查起诉阶段，才可能争取不起诉，达到理想的不起诉的效果。如果发生在人民法院审判阶段，只能作为从宽处罚的情节。笔者曾经遇到过当事人由于不了解刑事案件中的和解不起诉规定，而错过了争取不起诉的机会，到人民法院阶段委托律师之后，才知道本来可以争取不起诉的，追悔莫及。

第三，对于《刑法》第 277 条规定范围以外的重罪案件虽然和解不能达到不起诉的效果，但也可以争取和解作为从轻处罚的情节。

第四，如果碰到受害人漫天要价怎么办？有些受害人比较得理不饶人，在得知犯罪嫌疑人想争取和解的情况下漫天要价，提出的赔偿金远远超出合理范围。遇到这种情况建议：一是不能因为对方漫天要价、态度强硬而与对方再次发生冲突；二是不能由于对方提出不靠谱的理由而对对方置之不理，这样会更加激化矛盾；三是律师可以组织调解工作，律师作为专业人士，可以阐释法律，缓解双方当事人之间的对立情绪，如果受害方也聘请了律师，那么律师与律师之间的沟通和调解工作会更有效率；四是如果实在不能与对方达成和解，那么律师可以先计算出合理赔偿及补偿金，并且将该赔偿金交到办案单位（公安机关、检察院、法院），以表明当事人积极赔偿争取和解的态度。有些案件，正是因为当事人向办案单位表明了和解的诚意，办案单位才主动从中调解，做受害人的工作，最终让受害人打消高价索赔的念头，促成调解。

第五，律师在刑事和解中能做什么？一是律师可以判断哪些案件可以和解，和解之后能够达到什么效果，可以不起诉还是可以作为从轻情节。二是律师可以判断以什么样的条件达成和解是最为合理的。三是律师可以做居中调解工作，避免当事人本人见面的尴尬及对立情绪，全面阐释法律，做有效的沟通。四是律师可以准备和解协议等文书，让当事人的赔偿行为，以法律认可的方式存在。五是审查起诉阶段达成和解的刑事案件，律师可以要求人民检察院主持制作和解协议书。六是审查起诉阶段，律师可以在人民检察院阅卷，并向检察机关提出建议不予起诉的律师意见，并附相应的和解协议、谅解书，以及出席人民检察院组织的听证会等，最大限度争取人民检察院的不起诉决定。七是审判阶段，律师可以申请人民法院主持双方当事人协商以达成和解。八是审判阶段，律师可以组织双方当事人达成庭外和解，并且主持制作签订和解协议书。九是律师可以监督和解协议的及时履行，在被告人不能及时履行时，应申请人民法院制作附带民事调解书。十是对于达成和解的案件，律师可以根据案件情况向人民法院提出从轻、减轻处罚、适用缓刑或者免予刑事处罚的量刑建议。

总之，刑事和解其实是被害人和加害人之间利益最大化的双赢解决方案，被害人可以及时获得比判决略多的赔偿，而加害人则可以通过赔偿受害人而赢得被害人的谅解，改过自新，尽快回归社会。作为办案机关通过刑事和解可以尽快定纷止争，化解社会矛盾，使得案件快速解决，节约司法资源，促进和谐社会。因此，我们在司法实践中，要最大限度地促成和应用该制度。

### 三、附带民事诉讼案件中律师所承担的和解工作范围

在附带民事诉讼的和解业务中，律师既可以代表附带民事诉讼原告人与附带民事诉讼被告人进行和解，也可以代表附带民事诉讼被告人与附带民事诉讼原告人进行和解。

最高人民法院《关于适用〈中华人民共和国刑事诉讼法〉的解释》第175条第1款规定："被害人因人身权利受到犯罪侵犯或者财物被犯罪分子毁坏而遭受物质损失的，有权在刑事诉讼过程中提起附带民事诉讼；被害人死亡或者丧失行为能力的，其法定代理人、近亲属有权提起附带民事诉讼。"

最高人民法院《关于适用〈中华人民共和国刑事诉讼法〉的解释》第587条第1款规定："对符合刑事诉讼法第二百八十八条规定的公诉案件，事实清楚，证据充分的，人民法院应当告知当事人可以自行和解；当事人提出申请的，人民法院可以主持双方当事人协商以达成和解。"据此，被害人及其法定代理人、近亲属都可以成为附带民事诉讼的原告人。律师受委托后有义务代理他们进行和解。

附带民事诉讼的被告人多数情况下是刑事被告人，但不限于刑事被告人。因为根据最高人民法院《关于适用〈中华人民共和国刑事诉讼法〉的解释》第180

条的规定，附带民事诉讼中依法负有赔偿责任的人包括：（1）刑事被告人以及未被追究刑事责任的其他共同致害人；（2）刑事被告人的监护人；（3）死刑罪犯的遗产继承人；（4）共同犯罪案件中，案件审结前死亡的被告人的遗产继承人；（5）对被害人的物质损失依法应当承担赔偿责任的其他单位和个人。附带民事诉讼被告人的亲友自愿代为赔偿的，应当准许。这就是说，“未被追究刑事责任的其他共同致害人”、“刑事被告人的监护人”、“死刑罪犯的遗产继承人”、“对被害人的物质损失依法应当承担赔偿责任的其他单位和个人”应当成为附带民事诉讼的被告人，如果“附带民事诉讼被告人的亲友自愿代为赔偿的”，“附带民事诉讼被告人的亲友”也可以成为附带民事诉讼的被告人。那么，律师受委托后就要代表这些人进行和解。

根据《刑事诉讼法》第 101 条的规定，附带民事诉讼可以在“刑事诉讼过程中”提起，这样，律师在附带民事诉讼的和解任务就贯穿于侦查、起诉、审判的全过程。也就是说，律师从事附带民事诉讼的和解任务不限于审判阶段。在审判阶段，律师在一审、二审程序中都需要进行和解。

### 四、协助做好终结诉讼的工作

我国立法并未赋予和解具有终结诉讼的效力，在民事、行政诉讼、刑事自诉、刑事附带民事诉讼中只有原告撤诉，或者当事人申请人民法院依法确认和解协议并制作调解书后才能终结诉讼。在刑事诉讼中，须由人民检察院作出不起诉决定、人民法院对被告人作出从宽判决才能终结诉讼。因此，律师应协助当事人、人民法院做好撤诉、申请不起诉等相关工作。

### 五、律师完成和解工作任务所需承担的相应责任

“责任”有两层含义，第一层是指分内应该做好的工作，如履行职责、尽到责任、完成任务等；第二层是指如果没有做好分内工作，而应承担的不利后果或强制性义务，如担负责任、承担后果等。笔者认为，“律师完成和解工作任务所需承担的相应责任”是在第一层意义上使用的，而不是指第二层意义，即律师违法应承担的民事责任、刑事责任和违纪应受到的惩戒。

《律师法》第 30 条规定：“律师担任诉讼法律事务代理人或者非诉讼法律事务代理人的，应当在受委托的权限内，维护委托人的合法权益。”据此可以说，律师在和解中所承担的责任是维护委托人的合法权益。

在刑事诉讼中，根据《刑事诉讼法》第 37 条的规定，犯罪嫌疑人、被告人的律师根据事实和法律，在提出犯罪嫌疑人、被告人无罪、罪轻或者减轻、免除其刑事责任的材料和意见，维护犯罪嫌疑人、被告人的诉讼权利和其他合法权益。

在自诉、刑事附带民事诉讼、民事诉讼、行政诉讼中，律师与委托人之间是一种委托代理关系，根据我国相关法律的规定，如《民法通则》、《合同法》，委

托代理关系要求代理人应该基于被代理人的利益实施代理行为。因此，在和解案件中代理诉讼的律师应该从维护被代理人的利益出发，提出对被代理人最为有利的和解方案，与对方进行交涉、协商。

在和解中律师应该向当事人提示、说明同意和解或者不同意和解的风险。“提示风险”可以作为律师在完成和解工作任务中所需承担的相应责任的一个具体体现。比如，在民事诉讼中，法庭上证据情况发生变化，律师应该告知当事人原先预计的诉讼风险增大，建议当事人作出妥协，与对方当事人和解。再如，在行政诉讼中，被告行政机关想以变更具体行政行为为条件换取原告撤诉而与原告进行沟通（实质上的和解）时，律师应告知原告撤诉的风险。即一旦人民法院裁定准许原告撤诉后，原告以同一事实和理由重新起诉的，人民法院将不予受理。

## 第四节　律师参与和解的经验与技巧

代理诉讼的律师进行和解，由于没有固定的模式和程序，就要求律师不断积累和解的经验与技巧，以提高和解的成功率。下面，根据诉讼中的和解实践，对律师在诉讼中参与的各类和解案件的经验与技巧进行归纳、总结。

### 一、律师从事公诉案件和解业务的经验与技巧

#### （一）律师应当劝解加害人真诚悔罪

加害人的律师应当打消加害人“一赔了之”的思想，劝解加害人真诚悔罪，向受害人道歉，使受害人的心灵得到抚慰，以便受害人谅解加害人。这样才能促成和解。

#### （二）律师应尽可能促成加害人和受害人面对面进行协商

刑事和解的成功有赖于加害人和受害人面对面的协商，在公诉案件中加害人大多被羁押，加害人和受害人面对面进行协商存在障碍。加害人的辩护律师应当及时向司法机关提出变更强制措施的建议。如果加害人能被取保候审，加害人和受害人就有了面对面协商的机会，这样可以增加和解的成功率。在加害人不能取保候审的情况下，辩护律师可以代表加害人与受害人进行协商，促成和解后有助于加害人尽快取保候审及从轻处理。

#### （三）律师应利用会见权从中斡旋

对被羁押的加害人的和解，律师应充分利用其会见权，通过会见加害人，听取其对和解的想法，确定赔偿数额，对此要制作笔录并由其确认。在加害人和受害人无法面对面协商的情况下，律师可劝解加害人书写道歉信，转达给受害人，经过律师的积极斡旋，能在最大程度上促成和解。

#### （四）律师应该及时促成和解，在审查起诉阶段争取不予起诉的处理结果

很多轻微刑事案件，在与受害人和解后可以在检察院审查起诉阶段申请不予

起诉，如在轻伤害案件及金额不大的盗窃案件中，和解不起诉的运用都很常见。和解时机一定要及时，如果有些案件在法院审判阶段才达成和解，那么就错过了在检察院争取不予起诉的机会。

## 二、律师从事自诉案件和解业务的经验与技巧

### （一）首先应分析案件的起因和当事人的过错

刑事自诉案件是轻微的刑事案件，它的发生往往有一定的起因。律师在做和解工作时首先应分析案件的起因和一方当事人有无过错、过错的大小，然后针对起因和过错情况提出赔偿数额等和解方案。这样才能使当事人心服口服，接受和解方案。

### （二）向当事人晓以利害和相关法律规定

律师应当向当事人讲明，一个人一旦被追究刑事责任将遭受牢狱之苦，并且对其人生和家庭产生重大影响。同时，告知其《刑事诉讼法》第 212 条的规定，即被告人如果同自诉人达成了和解协议，人民法院就不再追究被告人的刑事责任。律师应劝说当事人本着对自己、对家庭负责的态度，充分利用立法规定，积极配合律师进行和解，力争达成和解协议，免受刑事惩罚。

### （三）交替运用“背靠背”、“面对面”的方法

很多自诉案件的双方当事人都涉及亲友、邻居，有些当事人死要面子，面对面时不肯退让。律师在做和解工作中，有时私下进行斡旋、沟通，有时把双方叫到一起面对面交流、协商，交替运用“背靠背”、“面对面”的和解方法，这样和解的成功率较高。

## 三、律师从事附带民事诉讼案件和解业务的经验与技巧

### （一）劝解附带民事诉讼原告人提出对方可接受的赔偿要求

律师在从事附带民事诉讼案件和解中应了解附带民事诉讼原告人要求赔偿的最低赔偿请求，劝解原告人放弃不切实际的赔偿数额或者降低其过高的赔偿要求，以利于对方接受赔偿方案。

### （二）及时收集损害情况的证据

律师应及时收集证据核定附带民事诉讼原告人的损害情况，提出确实可信的损害数额，使被追诉人对自己的犯罪行为给被害人造成的损害数额无可辩驳，进而为和解打下基础。

### （三）了解附带民事诉讼被告人的家庭经济状况

律师应充分了解附带民事诉讼被告人的家庭经济状况，确定其最高能够赔偿的数额，以便在其能够承受的经济能力范围内提出赔偿数额，这样才可能促成和解。

### （四）监督和解协议的及时履行

在不能及时履行的情况下，申请人民法院制作附带民事诉讼调解书。和解协

议的履行最好是即时的，这样可以确保被害人及时获得赔偿，如果被告人受经济条件限制，不能及时履行和解协议，那么在诉讼阶段律师应当要求人民法院制作附带民事调解书，以确保和解金额日后的实际履行。

## 四、律师从事民事诉讼案件和解业务的经验与技巧

### （一）准备多种和解方案

律师在民事诉讼案件和解过程中应准备多个和解方案，尤其要准备一个中间方案。中间方案应对双方当事人都相对公正合理。这样在和解谈判中才能根据谈判情况，不断改变和解方案。

### （二）帮助当事人区分纠纷性质

有些纠纷并非当事人恶意所为，律师应当帮助当事人分析案情，区分纠纷性质，缓和当事人受害心理，从而促成和解。

### （三）分析诉讼风险

在民事诉讼案件和解过程中，律师应为当事人分析不妥协的诉讼风险，使当事人权衡利弊，在自愿的基础上作出妥协，促成和解。

### （四）展示不接受和解方案就要求判决的决心

律师在耐心细致做和解工作中，如果发现对方态度强硬、不讲道理或者要求过高，就要向对方展示己方在不能达成和解协议的情况下坚持判决解决纠纷的决心。

### （五）只给出赔偿金的幅度

律师在和解中最好不要给出具体赔偿金的数额，而是给出赔偿的最高额和最低限额，如提出“可以赔偿 20 万到 25 万”之类的条件，给谈判提供机动的空间。如果直接提出“要求赔偿 23 万”的要求，则可能达不到这个效果。

### （六）将当事人作为挡箭牌

当讨论和解条件时，将当事人作为挡箭牌，如向对方说：“我不能确定原告是否愿意接受 23 万元的赔偿金，但我可以劝劝他。”这就为增加赔偿金提供了一个缓冲的机会。

### （七）运用先前法院判决进行对比

律师在和解中应收集一些法院先前的判决，对类似情况进行对比，以说服当事人接受和解方案。例如，向被告人举例说明对类似伤害案件，以前法院判决赔偿的数额是多少，现在和解要求的赔偿数额已低于法院判决，从而说服被告人接受赔偿数额。

## 五、律师从事行政诉讼案件和解业务的经验与技巧

### （一）向当事人释明法律，消除当事人认识上的误区

由于行政诉讼中适用的行政法律规范繁杂，因此，律师在参与行政诉讼案件

和解工作中，应向当事人解释法律规定，阐明其行为性质，消除当事人认识上的误区。只有在当事人理解了相关法律规定，对案件的判决结果产生了合理预期后，才有接受和解方案的可能。

（二）找出可以和解的要素

由于人民法院对行政行为是合法性审查，因此，律师对行政行为的合法性问题是不能和解的。而有些行政行为虽然合法，但有不合理的地方，关于不合理之处就可以成为和解的要素，因此，律师应能够找出行政案件可和解的要素，积极促成和解。例如，行政机关按照法律规定对举报当事人作出了奖励决定，但当事人认为奖励数额偏低，对此决定提起了行政诉讼。行政机关的奖励决定是合乎法律规定的，如果人民法院判决，只能是维持行政机关的决定。但是奖励数额少是存在不合理之处的，这样律师可就合理性问题与行政机关进行交涉、磋商，以当事人撤诉换取提高奖励数额的有利结果。

（三）就行政机关解决的民事争议做和解工作

当事人提起的一些行政诉讼是为了解决与第三人之间的民事争议，如拆迁行政裁决案件的原告是为了解决其拆迁补偿问题，对此类案件，律师首先可以就原告与他人之间的民事争议做和解工作，民事争议解决了，行政诉讼就迎刃而解了。比如，在拆迁裁决合法但难以解决被拆迁人实际困难的情况下，律师为最大限度保障被拆迁人的合法权益，可以向拆迁人提出新的拆迁补偿方案，促成双方和解。

# 第十五章　律师参与涉外案件

## 第一节　涉外案件律师业务概述

### 一、涉外案件或律师涉外业务的概念

提起涉外案件律师业务，首先要对涉外案件或者律师涉外业务的内涵和外延作出明确界定。涉外业务用英语表述为“InternationalBusiness”，因此有观点认为，所谓涉外业务就是涉及国际当事人的业务。概括地说，自己的当事人是外国当事人，或对方当事人是外国当事人，或有关法律事务与外国的当事人、法律法规或部门机构有较紧密的联系。因此，涉外业务是一个较为广义的概念。该观点将律师常见的涉外业务分为国际贸易、外商投资、跨国并购、海外上市、一般国际民刑事法律事务、新型业务六类。这种分类标准不是严格按照某种理论或学术上的标准，而是从实践出发、从实践中来再到实践中去。这种划分对于律师开展国际业务工作、开拓国际市场具有一定的指导意义。①

由资深律师编著的律师培训教程对涉外案件或涉外法律业务的概念从两个角度来界定和理解，即“走进来”和“走出去”。所谓“走进来”的涉外业务，即中国律师在境内，向外国客户介绍中国法律，或者代表外国客户在中国境内从事主要适用中国法律的业务。所谓“走出去”的涉外业务，即代表中国客户到境外发展业务、股票上市、处理纠纷、进行仲裁和诉讼，主要适用外国法律或者国际条约。在涉外案件的外延上，从性质的角度进行分类则包括仲裁、诉讼和非诉业务，其所涉及的具体案件种类更加广泛，所适用的部门法几乎可以涵盖所有的现有法律部门。②

还有教材专门对律师代理涉外业务的概念进行阐释。所谓律师代理涉外业务，是指律师通过法律咨询、代书及担任代理人、辩护人、法律顾问等途径，向国家机关、企事业单位、社会团体和公民个人提供涉外法律服务，维护法律正确实施，维护当事人合法权益的全部业务活动及规范技巧的总称。这种观点的实质

---

① 赵忠林：《对律师发展涉外业务的思考》，载《发展》2010 年第 1 期。

② 徐家力、宋玉博：《律师实务》（第八版），法律出版社 2015 年版。

在于强调“涉外法律服务”中的“涉外因素”。究竟何为“涉外因素”，该观点也有具体的解释，主要包括三个方面的内容：第一，业务的主体方面具有涉外因素，即律师提供法律服务的主体在国籍上属外国籍或是境外的当事人。具体而言，委托律师提供法律帮助的当事人是外国人、无国籍人、外国企业和组织，或者是港、澳、台地区的自然人、法人、非法人团体等。第二，业务的客体方面具有涉外因素，即需要律师提供法律帮助或服务所涉及的标的物在国外或境外。第三，业务的内容方面具有涉外因素，即当事人之间法律关系的发生、变更或消灭的事实存在于国外或境外。该观点还强调，律师业务含有涉外因素，但并不是指涉外案件必须同时具有以上三个涉外因素，而是指只要具有一个涉外因素即为涉外业务。同时，该观点也承认从严格意义上理解，涉港、澳、台的业务并不是涉外案件或涉外法律业务；但由于实践中涉港、澳、台的业务一般都参照涉外业务办理，因此，该观点所界定的涉外业务涵盖了涉及港、澳、台的业务。①

笔者认为，“涉外因素说”从本质上概括了涉外案件或者律师涉外业务的含义乃至特性。对此概念，应当理解为执业律师依照法律规定办理的具有涉外因素的法律业务。关于涉港、澳、台的业务是否属于这里的涉外业务的问题，笔者认为，不仅实践操作中将其视为涉外业务办理，而且我国的诉讼法律及学理上一般也将“涉外”理解为包括涉港、澳、台的“境外”。所以，下列阐述律师涉外业务时将包括涉港、澳、台地区的有关法律业务。

## 二、涉外案件律师业务发展的背景、现状及趋势

进入21世纪，我国正式加入世界贸易组织（WTO），成为世界贸易组织的一员。该组织成立于1995年1月1日。在其框架下，各个条约所涉及的WTO成员之间的法律关系可能产生大量的法律方面的业务。客观上讲，WTO内部成员之间的协议作为国际经济贸易的发展规则将会促进成员国对外贸易的发展和本国经济的进步。但是，也必然会使我国在内的成员国将面临更多更复杂的新问题。其中，通过法律方式，如诉讼和非诉讼等途径解决的占绝大多数。这在涉外民事诉讼领域体现得比较明显。“入世”在这方面带来的问题包括：含有涉外民商事纠纷因素的仲裁、诉讼案件的数量大幅增加；国家间的民事司法协助活动在范围上扩张、数量上增长等。对于律师业显著的影响是以下两个方面业务的律师需求上涨：一是为中国公司进入国际市场提供法律服务的律师业务；二是为外国企业和个人在中国投资经营提供法律服务的律师业务。随着中国加入WTO，在“走出去”和“引进来”的过程中不可避免地面临大量的法律问题。而上述法律问题中的大多数都属于涉外律师的业务范围，如涉外民商事领域的知识产权纠纷、国际贸易争端解决中的诉讼和非诉讼法律服务等。

---

① 陈光中主编：《律师学》（修订版），中国法制出版社2008年版，第430-431页。

涉外法律服务的市场需求是巨大的。在这千载难逢的背景下，我国涉外律师人才的供给和分布现状却难称乐观。其现状有些窘迫甚至成为我国整个律师行业中较为薄弱的一环。据有关资料整理分析，呈现如下主要特点：①

第一，涉外律师分布不均衡。该资料显示，目前我国涉外律师人才主要集中在北京和上海、广州等东部沿海城市，而在中西部地区，涉外律师服务几乎是空白，这严重影响了当地对外经济贸易的发展，也难以满足不同地区涉外法律服务的需要。

第二，专业高质的涉外律师数量较少。目前国内律师主要还是从事传统业务，专业的涉外律师数量较少。截至 2019 年，北京的涉外律师数量居全国前列，涉外律师人数达到 2200 余人，但是也仅占北京市律师总人数的 6.5%。北京市开展涉外业务的律师事务所约 423 家，占律所总数的 15.6%。② 同时，这些律所中专门办理专业的涉外案件的较少，甚至有的只表示提供涉外法律咨询，而且其中有的律师对涉外法律并不精通，难以满足北京及周边涉外业务对专业高质律师的需求。

第三，涉外高、精、尖的诉讼法律服务人才匮乏。涉外诉讼对律师的综合素质要求相对较高且程序烦琐复杂，国内的律师个人往往难以胜任。这类技术含量较高的业务一般需要法律、对外经贸、外语等方面的专业人才形成团队。我国的涉外律师服务队伍参差不齐，不能形成强大的合力并在国际市场中发挥优势。

总之，涉外法律人才需要精通外语、国内外法律、贸易、财务等多方面的专业知识与技能。当前，涉外法律人才由于数量上不足、质量上相对不够过硬，导致我国许多企业在面对国际贸易中的知识产权纠纷、反倾销调查等问题时不能有效求助本国的涉外法律人才，结果要么聘用他国律师，要么接受不利的败诉局面。

虽然我们应该直面国内涉外律师现状不佳的问题，但也应当看到其发展前景一片大好。我国的涉外律师职业未来发展空间非常之大。正因为涉外律师人才紧缺才使其薪资报酬十分丰厚。有关资料显示，如果在著名外资律师事务所，有美国律师执业资格的起薪 30 万元，没有外国律师执业资格的起薪只有 10 万元。而对涉外非诉律师来说，一般收入在几十万元到 100 万元，更甚者达几百万元，因此一位具备涉外业务能力的中国律师，再考取美国律师资格，即可兼顾国内外业务，收入可想而知（后附该资料对比图表）。③ 由于经济规律，这将吸引大量法律人才涌入该项"金领"行业。同时也催生了培养涉外法律人才的产业。目前，

---

① 王学英：《中国涉外律师稀缺行业发展前景广》，载谋思网 2012 年 4 月 1 日。

② 参见人民网：《我国涉外法律服务展现地域特色北京律师人才数量全国领先》，http://legal.people.com.cn/n1/2019/1202/c42510-31485639.html，访问日期：2020 年 4 月 1 日。

③ 郭耀伟等：《宏景国际深度剖析我国涉外律师发展前景》，载中国律师网 2013 年 5 月 17。

法律专业的赴美留学热潮及越来越多的人考取美国律师执业资格的现象也表明，同时拥有国内外法学教育背景、取得国内外多重律师执业资格将是未来涉外法律人才培养和发展的途径之一。

<table>
<tr><th colspan="4">涉外律师与中国律师职业对比</th></tr>
<tr><td colspan="2">细节对比</td><td>涉外律师</td><td>中国律师</td></tr>
<tr><td rowspan="2">薪资</td><td>外所</td><td>30 万元起薪/年</td><td>10 万元起薪/年</td></tr>
<tr><td>内所</td><td>12 万元起薪/年</td><td>4.5 万元起薪/年</td></tr>
<tr><td colspan="2">择业面</td><td>宽广（国际诉讼、外企法律顾问、WTO 争议解决等）</td><td>狭窄（主要接国内业务）</td></tr>
<tr><td colspan="2">发展空间</td><td>大（内外资所，外企顾问，投资经理等）</td><td>小（国内企业争端）</td></tr>
<tr><td colspan="2">经验累积速度</td><td>快（国际、国内法律业务均有积累）</td><td>慢（涉外业务接触少，有瓶颈）</td></tr>
<tr><td colspan="2">国际地位</td><td>较高（具有外国出庭资格）</td><td>较低（不能做涉外诉讼）</td></tr>
<tr><td colspan="2">能力要求</td><td>较高（熟练掌握国际法律，有创新思维、反应快）</td><td>较低</td></tr>
</table>

## 三、涉外律师业务的分类

涉外律师业务从不同的角度可以做出不同的分类，以下选取一些比较常见的分类标准进行划分并简述。

### （一）法律关系的性质

在法律关系的性质上，传统的分类有民事、刑事、行政；提到涉外法律关系还可能涉及国际条约的问题。所以，除民事、刑事、行政的法律关系之外，涉及国际条约的法律关系也应当引起重视。

我国在加入世界贸易组织之后，国际化程度逐步提升。随着对外贸易发展的进程，产生的法律纠纷很多都需要依靠国际条约等世界贸易组织的“游戏规则”来解决。由国际条约而引发的法律关系也越发增加，如对外投资、外贸等领域。

### （二）法律关系主体之间的地位

涉外法律业务尽管涉及中外或其他外国当事人之间的法律关系，绝大多数民商事法律关系的主体都是平等的，但这并不意味着涉外法律关系主体之间都是平等的地位。比如，涉及行政诉讼法律关系中的双方、涉及管理组织与被管理个人、企业、组织之间就是非平等的地位。需要指出的是，在世界贸易组织的体系下，相互间的业务关系可以依据法律关系主体之间的地位分为：国家和国家之间的；成员和成员之间的，成员内部的经济主体之间的；成员内部主体与成员的政府之间的。可想而知，这些地位不同的主体一旦发生法律方面的纠纷就会产生不同类型的涉外法律业务或诉讼案件。

（三）法律业务本身的性质

从法律业务本身的性质出发，最明显的分类是诉讼与非诉讼的不同类别。有办理涉外业务及案件的资深律师从法律业务本身的角度，将涉外业务分为诉讼类、非诉讼类和准诉讼类。其认为，虽然非诉讼类业务比较多，但准诉讼类业务在最近出现得越来越多。其所称的“准诉讼”，最具代表性的就是仲裁。仲裁实际上不是权力机构作出的，而是按照约定即民间组织对一个案件进行的裁决。但在该律师看来，其和诉讼没有什么区别。在世界贸易组织体系下，平时涉及的法律业务如反倾销、反补贴等是诉讼还是非诉讼？该律师认为这些也是准诉讼。传统上的法律业务只有诉讼、非诉讼两类，非此即彼。现在情况发生改变，还有第三方的存在。该律师还举例说明：国外开听证会，如美国 ITC、DOC 就处理这些问题，欧盟委员会也不是法院，但是照样可以处理这些案子。这些可以把它纳入准诉讼的领域。①

## 四、律师办理涉外业务的原则

律师办理涉外业务的原则，是根据国家法律规定和我国缔结或者参加的国际条约，在我国司法实践中指导律师办理涉外业务的基本准则。这些原则在广义上都属于国家主权原则的具体表现，在狭义上可以细化为国家主权原则、平等互惠与对等原则、信守国际条约原则、使用本国通用的语言及文字原则、委托中国律师代理诉讼原则。

（一）国家主权原则

主权是一个国家在国际法上所固有的、独立处理本国对内和对外事务的最高权力。律师在办理涉外案件及相关业务时必须坚守这一底线。在司法活动中，国家主权着重体现在司法管辖权上。这一原则对律师涉外法律业务的具体要求是，在开展非诉讼业务的项目谈判或进行签订合同等法律事务时，都要坚定不移地维护国家主权、独立自主地从事法律业务，不受任何外界压力影响。同时，外国企业、组织和个人，在中国境内从事经济活动，应当遵守中华人民共和国的法律，有关法律纠纷的解决应当适用中华人民共和国的法律。其中，坚持我国的司法管辖权和适用我国的法律规定是律师必须时刻牢记的。具体而言，包括以下两点：

第一，在涉外法律业务或案件办理过程中，律师不能规避我国法院的管辖，而应当坚决维护我国的司法管辖权。对于我国法律明确规定属于我国法院管辖的涉外案件，都应当由我国有管辖权的法院行使管辖权；对于双重管辖的涉外案

① 李圣敬：《涉外律师业务基本技能》，载李圣敬律师网 2011 年 1 月 13 日。

件，凡我国法院依法对其有管辖权的，外国法院对其受理或者判决，而当事人不接受外国法院管辖并向我国法院起诉的，我国有管辖权的法院应予受理；对于我国法院根据我国法律规定已经受理的案件，当事人又向外国法院起诉的，并不影响我国法院对该案的审判；对于我国法院专属管辖的案件，外国法院无权管辖，当事人不能通过协议选择外国法院管辖。

第二，在涉外法律业务或案件办理过程中，律师不能帮助当事人规避我国法律，而必须适用我国的法律。按照国际条约、国际惯例以及我国的法律规定，应当适用我国法律的，任何人都不得规避，而应当按照我国法律规定的有关法律原则和制度进行诉讼或非诉讼活动。

当然，需要注意司法豁免权的特殊情况。司法豁免权是指一个国家或者国际组织派驻他国的外交代表享有的免除驻在国司法管辖的权利。它可以被视为外交特权的一种，是国家主权的延伸，也是建立在国与国对等基础上的。司法豁免权包括刑事司法豁免权和民事司法豁免权。刑事司法豁免权是完全的豁免权，而民事司法豁免权则是不完全的，是有限制的。对于前者，我国《刑事诉讼法》第17条规定，对于外国人犯罪应当追究刑事责任的，适用本法的规定，但该条款则是对于享有外交特权和豁免权的外国人犯罪应当追究刑事责任的，通过外交途径解决。对于后者，根据我国《民事诉讼法》第261条的规定，对享有外交特权与豁免的外国人、外国组织或者国际组织提起的民事诉讼，应当依照中华人民共和国有关法律和中华人民共和国缔结或者参加的国际条约的规定办理。另外，根据我国《民事诉讼法》第4条及第259条的规定，凡在我国领域内进行民事诉讼的，必须遵守我国民事诉讼法。进行涉外民事诉讼，适用涉外民事诉讼程序编的规定，该编没有规定的，适用民事诉讼法的其他有关规定。

（二）平等互惠与对等原则

平等原则是指涉外法律关系中的中外双方主体在法律地位上是平等的。不能因为当事人所属国籍不同、种族民族不同、宗教信仰不同、贫富差异等原因而在法律业务办理中受到不平等的待遇。律师在办理涉外案件、提供法律服务时一定要牢记这一要求。

互惠原则是指涉外法律关系中的中外双方主体在经济利益上是互惠的。中外双方在商业贸易往来活动中彼此都应当受到法律互惠互利的保护，法律不能偏袒一方、损害另一方的经济利益。否则，长此以往不利于建立友好合作、共促发展的关系，彼此的经济利益也不能共同得到满足、达到双赢的局面。律师在办理涉外法律业务时也应当坚持这一原则。比如，律师在为外国企业在我国投资等经济活动提供法律咨询或其他服务时，就要注意既要维护外商的利益又不能损害我国企业的合法利益，否则有违互惠原则。

对等原则是指外国法院对我国公民、组织的诉讼权利加以限制的，我国人民法院对该国公民、组织的诉讼权利也采取相应的限制措施，使该国公民、组织在我国的诉讼权利与我国公民、组织在该国的诉讼权利相对等。这一原则对律师代理涉外诉讼案件的具体要求之一是律师应当认识到该原则优先于当事人的授权；律师应当查明我国法院是否限制该外国当事人的诉讼权利，对于被限制的诉讼权利，当事人私下授权时律师也不能行使。

（三）信守国际条约原则

国际条约属于国际法范畴，是国际法主体之间以国际法为准则，在各方自愿平等基础上为确立其相互权利和义务而缔结的书面协议或参加的条约。我国《民事诉讼法》第260条规定，中华人民共和国缔结或者参加的国际条约同本法有不同规定的，适用该国际条约的规定，但中华人民共和国声明保留的条款除外。也就是说，当我国的国内法同我国所加入或缔结的国际条约的规定不一致时，应当适用国际条约的有关规定，但我国声明保留的条款除外。律师办理涉外案件或法律业务时，应当注意我国法院在审理涉外诉讼案件时适用的是信守国际条约的原则，所以律师也必须服从该原则。值得注意的是，我国有权对缔结或者参加的国际条约声明保留，声明保留的这些条款在我国领域内不发生效力，仍依照我国的有关法律规定办理。这就提醒涉外业务律师应当注意我国对参加或缔结的国际条约是否作出了保留声明、具体保留的内容是什么、应当适用我国的法律规定又是什么等问题。另外，律师还应当注意我国适用国际条约是通过在国内法中明确规定承认和适用国际条约的方式实现的，并没有将国际条约直接转化为国内法。我国在民事司法协助领域签订了一系列条约，这些条约都是我国应当遵守、涉外案件律师应当掌握的，如《中华人民共和国和法兰西共和国关于民事、商事司法协助的协定》、《中华人民共和国和西班牙王国关于民事、商事司法协助的条约》；我国参加的《关于向国外送达民事或商事司法文书和司法外文书公约》、《关于从国外调取民事或商事证据的公约》等。

（四）使用本国通用的语言及文字原则

语言及文字是诉讼书面和口头表达的工具，是诉讼进行的外化方式。要求使用本国通用的语言及文字进行涉外诉讼的原则是维护国家主权的又一体现。我国法院在审理涉外诉讼案件时必须使用我国通用的语言，诉讼文书也应当使用我国通用的文字。我国《民事诉讼法》第262条规定，人民法院审理涉外民事案件，应当使用中华人民共和国通用的语言、文字。当事人要求提供翻译的，可以提供，费用由当事人承担。所以，律师在为外国当事人提供法律代理等诉讼服务时，有必要告知当事人这一规定；当事人要求提供翻译的，律师可以向人民法院提出，人民法院可以为其提供翻译，但翻译的费用应当由当事人承担。

（五）委托中国律师代理诉讼原则

律师制度是国家司法制度的有机组成部分，在我国的诉讼活动应当适用我国的司法制度，自然也包括律师制度。其实，这也是国家主权原则要求适用的范围。

我国《民事诉讼法》第263条规定，外国人、无国籍人、外国企业和组织在人民法院起诉、应诉，需要委托律师代理诉讼的，必须委托中华人民共和国的律师。外国当事人在我国进行民事诉讼，有权委托诉讼代理人，但如果需要委托律师代理诉讼的，不能委托外国律师在我国起诉、应诉。当然，外国人、无国籍人、外国企业和组织作为当事人可以亲自进行诉讼活动，还可以委托其他公民代理其参加诉讼活动。但是，当其想要委托律师时就必须按照我国的法律规定，委托中华人民共和国的律师。所谓中华人民共和国的律师，包括在中华人民共和国的律师工作机构执业的专职律师、兼职律师和特邀律师。如果外国当事人委托了外国律师，他就只能作为中国律师的助手，而且不能以律师身份出庭和参与诉讼。我国最高人民法院《关于适用〈中华人民共和国民事诉讼法〉若干问题的意见》第308条、第309条规定，涉外民事诉讼中的外籍当事人，可以委托本国人为诉讼代理人，也可以委托本国律师以非律师身份担任诉讼代理人；外国驻华使、领馆官员，受本国公民的委托，可以以个人名义担任诉讼代理人，但在诉讼中不享有外交特权和豁免权。值得注意的是，该规定还特别指出，涉外民事诉讼中，外国驻华使、领馆授权其本馆官员，在作为当事人的本国国民不在我国领域内的情况下，可以以外交代表身份为其本国国民在我国聘请中国律师或中国公民代理民事诉讼。

但是，我国相关法律也承认外国律师或组织在我国进行除代理诉讼之外的部分法律业务，同时也作出相应的限制性规定。例如，2002年的《外国律师事务所驻华代表机构管理条例》第6条、第15条、第16条规定，外国律师事务所在华设立代表机构、派驻代表，应当经国务院司法行政部门许可；外国律师事务所、外国其他组织和个人不得以咨询公司或者其他名义在中国境内从事法律服务活动。根据代表机构及其代表，只能从事不包括中国法律事务的下列活动：第一，向当事人提供该外国律师事务所律师已获准从事律师执业业务的国家法律的咨询，以及有关国际条约、国际惯例的咨询；第二，接受当事人或者中国律师事务所的委托，办理在该外国律师事务所律师已获准从事律师执业业务的国家的法律事务；第三，代表外国当事人，委托中国律师事务所办理中国法律事务；第四，通过订立合同与中国律师事务所保持长期的委托关系办理法律事务；第五，提供有关中国法律环境影响的信息。而且其聘用的辅助人员不得为当事人提供法律服务。

## 第二节　律师参与涉外案件规范要求

律师的涉外诉讼业务，是指在诉讼活动中包含涉外因素时，律师参与其中、发挥作用所进行的诉讼活动。按照诉讼的性质不同，律师的涉外诉讼业务可以相应地分为律师的涉外刑事诉讼辩护与代理业务、涉外民事诉讼代理业务、涉外行政诉讼代理业务等。

## 一、律师参与涉外刑事诉讼业务规范要求

律师参与的涉外刑事诉讼业务主要分为刑事诉讼辩护和刑事诉讼代理。

律师的涉外刑事诉讼辩护是指律师根据事实和法律，提出涉外刑事案件中的犯罪嫌疑人、被告人无罪、罪轻或者减轻、免除其刑事责任的材料和意见，维护涉外刑事案件中的犯罪嫌疑人、被告人的诉讼权利和其他合法权益。因当事人的涉外因素不同，它包括律师为涉外刑事案件中辩护的刑事犯罪嫌疑人、被告人是外国人、无国籍人或者是港、澳、台公民的情况；公诉案件被害人或自诉案件当事人中至少有一方是外国人、无国籍人或者是港、澳、台公民的情况；在中华人民共和国领域外犯罪，依照我国法律应当受到追究的情况等。

律师涉外刑事诉讼代理，则是指自诉案件中的自诉人、公诉案件中的被害人以及附带民事诉讼中的一方或者双方当事人是外国人、无国籍人或者是港、澳、台公民的情况时，其委托律师担任诉讼代理人的业务。

律师在参与涉外刑事诉讼业务时应当注意涉外刑事案件的特殊程序要求，虽然我国目前还没有专门的涉外刑事诉讼程序法，但是《刑事诉讼法》中包含涉外刑事诉讼的一些原则性规定。同时，在其他部门法及相关法律规范中存在涉外刑事诉讼程序的某些具体规定。这些规定，为律师办理涉外刑事诉讼案件提供比较系统、规范的法律根据。①

1.《刑法》第6条至第11条和《刑事诉讼法》第17条、第18条对涉外刑事案件的管辖以及法律适用原则等作了规定。

2. 公安部、外交部、最高人民法院、最高人民检察院联合发布《关于处理会见在押外国籍案犯以及外国籍案犯与外界通信问题的通知》（1981年6月19日），对会见的原则、会见的范围、会见的规则以及通信的规则等问题作了具体规定。

3. 第六届全国人民代表大会常务委员会第十七次会议通过《中华人民共和国外交特权与豁免条例》（1986年9月5日），明确规定外交代表和使馆其他人员享有刑事管辖的豁免权。

4. 第六届全国人民代表大会常务委员会第二十一次会议通过《关于对中华人民共和国缔结或者参加的国际条约所规定的罪行行使刑事管辖权的决定》（1987年6月23日），决定对于中华人民共和国缔结或者参加的国际条约所规定的罪行，中华人民共和国在所承担条约义务的范围内，行使刑事管辖权。这些国际条约主要有：《关于防止和惩处侵害应受国际保护人员包括外交代表的罪行的公约》、《关于在航空器内的犯罪和其他某些行为的公约》、《关于制止非法劫持航空器的公约》、《关于制止危害民用航空安全的非法行为的公约》、《核材料实物保护

---

① 陈光中主编：《刑事诉讼法》（第六版），北京大学出版社、高等教育出版社2016年版，第482页。

公约》、《反对劫持人质国际公约》、《联合国禁止非法贩运麻醉药品和精神药物公约》、《联合国打击跨国有组织犯罪公约》、《联合国反腐败公约》等。

5. 外交部、最高人民法院、最高人民检察院、公安部、国家安全部、司法部联合发布《关于处理涉外案件若干问题的规定》（1995年6月20日），对办理涉外案件的原则，涉外案件的内部通报问题，涉外案件通知外国驻华使、领馆以及通知的时限，驻华使、领馆要求探视被拘留、逮捕的本国公民等以及与其通信问题作了具体规定。

6. 第九届全国人民代表大会常务委员会第十九次会议通过《中华人民共和国引渡法》（2000年12月28日），对外国向我国请求引渡的条件和程序、我国向外国请求引渡的条件和程序作了具体规定。

7. 第十三届全国人民代表大会常务委员会第二十次会议通过《中华人民共和国香港特别行政区维护国家安全法》（2020年6月30日），根据本法第55条规定，管辖案件的立案侦查、审查起诉、审判和刑罚的执行等诉讼程序事宜，适用《中华人民共和国刑事诉讼法》等相关法律的规定。

8. 最高人民法院《关于适用〈中华人民共和国刑事诉讼法〉的解释》、最高人民检察院《人民检察院刑事诉讼规则》和公安部《公安机关办理刑事案件程序规定》对办理涉外刑事案件的原则和程序作了具体的规定。

律师在办理涉外刑事案件时，应该注意这些特殊程序要求。同时，还应该关注以后最高人民法院、最高人民检察院的司法解释和公安部的规章对办理涉外刑事案件的原则和具体程序可能进行的更新。

## 二、律师参与涉外民事诉讼业务规范要求

律师的涉外民事诉讼代理业务，是指律师依法代理的各种涉外民事诉讼案件。所谓涉外民事诉讼案件，是指人民法院在双方当事人和其他诉讼参与人的参加下，审理和解决具有涉外因素的民事纠纷。争议法律关系的主体、客体、法律事实只要有其中一种涉外即为涉外民事诉讼。

律师办理涉外民事诉讼案件业务时，需要注意其与一般民事诉讼案件的不同之处。至少要明确掌握以下特殊的规定：

1. 涉外民事诉讼的特殊原则。除一般性的原则，如信守国际条约原则、使用我国通用语言与文字原则、委托中国律师代理诉讼原则之外，适用我国民事诉讼法原则及司法豁免原则，尤其是两者的关系、民事司法豁免的有限性等问题需要特别关注。

2. 涉外民事诉讼管辖的新规定。根据修改后的《民事诉讼法》，律师需要注意涉外民事诉讼管辖方面的新内容。新法在涉外诉讼特别规定中删除了原《民事诉讼法》中关于协议管辖和应诉管辖的专门规定，而统一规定在《民事诉讼法》的一般规定中，使上述两制度与国内的原管辖规定“合并”。这主要包括：我国

《民事诉讼法》第 34 条对原民事诉讼法涉外协议管辖的适用范围方面增加了“其他财产权益纠纷”的规定；在选择管辖法院的联结点上增加了“与争议有实际联系的地点”的规定。这实际上是扩大了当事人可以协议选择管辖法院的范围。另外，我国《民事诉讼法》第 127 条管辖异议程序中增加规定，如果当事人在答辩期间未提出管辖异议并应诉答辩的，视为受诉人民法院有管辖权。

3. 涉外民事诉讼有特殊的送达方式和诉讼期间。根据《民事诉讼法》的规定，涉外民事诉讼特殊的送达方式包括：依照有关国际条约规定的方式；通过外交途径；委托我国受送达人所在国的使领馆代为的方式；向受送达人委托的有权代其接受送达的诉讼代理人送达；向受送达人在我国境内设立的代表机构、业务机构或业务代办人送达。

关于特殊的诉讼期限，根据《民事诉讼法》的规定，涉外民事诉讼特殊的诉讼期限包括：被告或被上诉人提出答辩的期限为 30 日；当事人提起上诉的期限为 30 日；公告送达的期限是 6 个月；人民法院审理涉外民事案件，第一审和第二审的期间不受该法审判期限的限制。

需要注意，以上特殊的送达方式及诉讼期间，只适用于不在我国境内的当事人。无论当事人是中国籍还是外国籍抑或是无国籍，如果其在我国境内则不适用于上述特殊规定。

1. 涉外民事诉讼的司法协助。我国《民事诉讼法》规定的司法协助一般包括我国与外国法院之间相互需要对方的协助，诸如代为送达文书、调查取证、执行生效判决以及进行其他诉讼行为。

2. 涉外民事诉讼适用法律选择。国内一般民事诉讼只能适用我国《民事诉讼法》及我国实体法，但涉外民事诉讼却不同。涉外民事诉讼在适用法律方面比较复杂，专业术语称之为“准据法”，即存在适用法律的选择问题。《中华人民共和国涉外民事关系法律适用法》对涉外民事诉讼适用法律作出了较为全面具体的规定。涉外民事诉讼在程序法的适用选择上，原则是适用我国民事诉讼法，但如果我国缔结或者参加的国际条约同我国的民事法律有不同规定的，适用国际条约的规定，但我国声明保留的条款除外。涉外民事诉讼在实体法的适用选择上，根据我国法律选择适用实体法的规定，可能会涉及适用外国法律的问题。

## 三、律师参与涉外行政诉讼业务规范要求

所谓涉外行政诉讼，是指外国人、无国籍人或者外国组织不服我国行政机关作出的具体行政行为，按照我国《行政诉讼法》的规定，作为原告向人民法院提起行政诉讼，人民法院依法进行审理的活动。律师的涉外行政诉讼代理业务就是指律师在涉外行政诉讼中依照法律规定为委托人代理进行诉讼、开展相关业务活动。

值得注意的是，行政诉讼与民事诉讼业务的办理在适用法律上具有一定的相通性。例如，最高人民法院《关于执行〈中华人民共和国行政诉讼法〉若干问题的解释》第 97 条就规定，人民法院审理行政案件，依照行政诉讼法和本解释外，可以参照《民事诉讼法》的有关规定。涉外行政诉讼虽然优先适用《行政诉讼法》，但还可适用《民事诉讼法》的有关规定。

特别需要澄清的是，涉外行政诉讼与涉外民事诉讼的主要区别。明确了区别，更有利于律师把握相同问题的法律适用。对两者区别的主要内容，总结如下：①

1. 涉外行政诉讼的涉外性，仅仅表现在诉讼当事人具有涉外性的因素，比较单一。而涉外民事诉讼的涉外性则表现为多样性，包括当事人的涉外、当事人之间的民事法律关系的设立、变更和有关的法律事实至少有一项发生在国外，或者民事诉讼的标的物在国外。

2. 涉外行政诉讼中的行政争议，必须发生在我国领域内，因为我国的行政权只能在我国的主权范围内行使，所以涉外行政争议不可能发生在国外。而涉外民事诉讼中的民事纠纷，则既可能发生在国内，也可能发生在国外，因为民事权益是可以随着人身和财产的变动而产生、变更和消灭的。

3. 涉外行政诉讼的当事人中，只有原告或者第三人可以是外国人，至于被告具有特定性，只能是我国的国家行政机关和法律、法规授权的组织。而涉外民事诉讼的当事人中，原告、被告或者第三人任何一方都可以是外国人，有时甚至所有的当事人都是外国人。

除以上特殊性外，涉外行政诉讼的很多规定与涉外民事诉讼的制度或程序规定大致相同。例如，根据 1989 年《行政诉讼法》第 73 条的规定：“外国人、无国籍人、外国组织在中华人民共和国进行行政诉讼，委托律师代理诉讼的，应当委托中华人民共和国律师机构的律师。”该规定与我国民事诉讼中的规定相同，也作为办理涉外诉讼的一般原则同样指导涉外行政诉讼。即《民事诉讼法》第 263 条规定：“外国人、无国籍人、外国企业和组织在人民法院起诉、应诉，需要委托律师代理诉讼的，必须委托中华人民共和国的律师。”当然，当事人可以不委托律师，外国律师也可以参加中国的各项诉讼活动。但外国律师只能以普通公民的身份而不能以律师的身份参加中国的各项诉讼活动。至于其他具体程序问题，涉外行政诉讼在行政诉讼法中无明确、特殊规定的情况下，参照前述涉外民事诉讼的有关程序规定。

---

① 《涉外行政诉讼与涉外民事诉讼的关系》，载纵横法律网 2014 年 6 月 8 日。

## 第三节　律师参与涉外案件重点与难点

在司法实践中，由于涉外案件本身具有的特殊性，中国律师在提供法律服务时经常要与不同法律制度和文化背景下的当事人、关系人、律师、政府及各种机构组织打交道，分歧和误解在所难免。因此，律师参与涉外案件要注意以下重点与难点：

### 一、特别的法律规定

准确把握和适用法律是确保律师正确处理涉外法律事务的前提，由于涉外法律事务的特殊性，以及各种法律不同的立法历史背景，在很多问题上，外国人和投资者在中国享受着与中国人和内资企业不同的待遇。此外，我们在运用一些法律概念时要特别注意它在涉外法律事务中的特别含义。律师在参与涉外案件适用外国法律时，也同样应认真研究当地法律对于外国人和外国公司的特殊规定，并且应当获得当地法律专家的确认，以免犯下闭门造车或者想当然的错误。

### 二、不同法律制度和文化背景下的观念冲突

受中国特色社会主义法律体系教育的中国律师在参与涉外案件时，往往会与受过大陆法系教育和受过英美法系教育的法律专业人士在很多法律概念上有着深刻的分歧，这种分歧又有可能因为我国特定的社会制度和历史，以及一方的无知、傲慢和偏见被强化。因此，律师在参与涉外案件时要善于学习不同法律制度和文化之间的差异。

### 三、谨慎使用外语

中国的律师“走出去”面临很多障碍和问题，其中最重要的一条就是欠缺法律英语应用能力。英语是全球通用语，法律英语理所当然就成为经济全球化背景下涉外法律服务的工作语言。中国律师不仅要具备丰富的涉外法律知识，而且要具有法律英语的应用能力。对于绝大多数的中国律师而言，无论对外语运用得多么流利，毕竟不能像驾驭中文一样使用外文。律师参与涉外案件时在不妨碍意思表示准确的前提下，尽量使用常用的词汇，同时一定要慎用比喻。

### 四、与外国同行的配合

中国律师与外国同行之间如何进行协调配合是每一个涉外律师都要特别小心对待的问题。一般而言，在适用中国法律的大多数案件和在由中国国际经济贸易仲裁委员会进行仲裁的案件中，中国律师担任主要角色，外国同行只起间接的辅助作用。同时，在适用外国法律或需要在外国完成法律事务时，则通常要发挥当

地律师的作用。由于文化背景和社会制度方面的差异，在与外国律师进行协作的时候，尤其是在配合外国律师完成有关工作时要特别注意。

## 第四节　律师参与涉外案件经验与技巧

不同的涉外案件有不同的处理方法，凡事应当具体情况具体分析。律师在参与涉外案件过程中要注意多向有经验的同行学习，同时也要不断积累经验，本节借鉴并总结以下涉外案件律师的代理方法：①

### 一、初步接触

律师在与潜在客户初步接触谈及有关涉外案件或者业务时，都应当仔细听取当事人对案件的描述，以及当事人对案件的总体意见。通过交谈，律师应当迅速把握案件的基本性质和最显著的特征，包括涉案主体之间的关系、事件发展的基本过程以及基本的法律关系。在此基础上，律师要迅速搞清该案件可能适用的主要法律，解决问题的基本思路和方案。在初次交谈中，不必（除非必须）深入案件的细节，也不必和盘托出相关方案细节。

初次接触也可能会谈及费用问题，律师要十分小心，因为，报价太高会吓走潜在客户，而报价太低则会被认为不够专业，或者包含着水分。通常的做法是，律师既要把所在律师事务所一般的收费标准报告给客户，又要为自己留有余地。律师可以告诉客户具体的代理费用要等到对案件有了全面了解以后，根据案件复杂程度及工作量并且在确定好代理方案之后再通报给客户。

### 二、正式会谈

对于大部分比较复杂的涉外案件来说，在确定委托关系之前，律师总有机会与客户见面并举行正式会谈。有相当一部分外国客户是出差来华与律师会面，时间观念非常强。还有些客户甚至要面谈几家律师事务所进行比较。因此，律师在与客户正式会谈前一定要做好充分准备。

具体的准备工作包括：通过网络等各种媒体和资料了解客户的背景；对有关的法律问题做好深入细致的法律研究；确定一套或者几套解决方案供客户选择等。还有一些技术问题也要十分留心，包括认真布置会谈场所，安排律师事务所高级人员及资深律师参加会谈，准备好要交给客户的资料等。

谈及案情时，大多数外国客户在介绍完案情后，愿意仔细听取律师的分析和建议，并对某些具体问题提出自己的意见，双方的探讨可以比较深入地进行。但是，也有些外国客户比较愿意控制会谈的议题和节奏，有时会先入为主，忽略一

---

① 徐家力、宋玉博：《律师实务》（第八版），法律出版社 2015 年版，第 233-236 页。

些你认为重要的内容，甚至对你的意见表示保留或者怀疑。遇到这种情况，律师通常要避免与客户发生直接冲突，不妨改换表达的方式，或者换一个角度探讨问题。

会谈过程中，律师要养成作会谈记录的习惯，将双方讨论过的问题、得出的结论和下一步的工作内容记录在案。

### 三、独立的调查

由于各种原因，客户的介绍以及所提供的资料往往并不足以令律师对案件作出全面准确的判断。一方面，客户看待问题的角度往往不同于职业律师，所提供的信息，尤其是关于对立面的信息难免缺乏针对性和准确性；另一方面，有些客户会有意无意地隐瞒一些对自己不利的信息。因此，独立的调查对于律师作出全面、正确的分析判断就十分必要。

### 四、分析报告

根据客户的初步介绍，与客户之间的会谈，对有关资料的阅读和分析，以及律师独立进行的调查，客户很可能会要求律师制作一份内容详细的综合分析报告。这份分析报告一般要包括如下内容：

1. 案件的总体情况；
2. 所要完成的任务或所要解决的问题；
3. 案件的基本进展情况；
4. 涉及的法律问题，包括实体问题和程序问题，所适用的法律条款以及相关的法律分析；
5. 解决问题的工作方案和可能的结果，如有可能应包括时间进度表；
6. 可能发生的费用；
7. 其他需要包含的内容。

分析报告撰写完毕后，在不泄露客户商业秘密及个人隐私的前提下，尽可能提交给更为资深的律师或者同事审阅，并且加入他们的修改意见。同时如果是用外文撰写，则在条件许可的情况下，请母语是该种语言的人士校对语言。

### 五、建立委托关系

不论与客户在开始建立了怎样融洽的关系，在实际开始工作之前，一定要与客户签订书面的委托代理协议，建立正式的委托关系。如果没有签订书面的委托协议，一旦在收费时及后期代理过程中发生争议，律师权利很容易受到损害。尤其注意，在涉外案件中，委托协议正本最好用中文撰写，并且附带外文副本，而且要加入仲裁条款。

## 六、善于沟通和工作汇报

律师接受委托开始工作以后，对于将要进行的工作、工作的进展情况、所遇到的问题、处理问题的结果，以及可能发生的费用等要及时与客户进行沟通和汇报。往往外国客户因为在海外，不熟悉国内事务，有时会用自己国家的办事程序和时间进度来要求中国律师，遇到这种情况，律师需要进行耐心解释，并且作出及时反应。

## 七、工作记录

律师在参与涉外案件办理过程中，务必要详细记录进行的每一项工作及具体日期和所花费的时间，包括审阅资料、法律研究、与各种有关人士的会面、撰写各种文件和电子邮件、出差、打电话出庭，甚至包括整理文档资料、发送文件、整理出差报销等，既有利于梳理案件进度，又便于客户了解律师工作情况。

# 第十六章　法律顾问律师

## 第一节　法律顾问律师概述

### 一、法律顾问律师的概念

法律顾问的概念至今尚未有权威文件定义，从文义上看，“顾问”就是指有某方面的专门知识、备以咨询的人员，那么所谓“法律顾问”，就是指在法律方面具有专门知识并给他人提供相关咨询和法律帮助的人员。

因担任法律顾问的主体身份不同，法律顾问概念有广义和狭义之分。广义法律顾问，是指为聘用单位或个人解答法律问题，处理各项法律事务，提供法律帮助的法律专业人员，既包括执业律师，也包括有一定法律知识的其他人员。狭义法律顾问，仅指律师事务所与聘用单位或个人签订法律顾问协议后，被指派为聘用单位或个人解答法律问题、处理各项法律事务、提供法律帮助的专业律师。本文所述“法律顾问律师”，特指狭义法律顾问，即以律师身份担任法律顾问的情形。

随着市场经济发展和法治建设的日臻完善，律师担任自然人、法人和其他组织的法律顾问已经成为律师执业活动的重要组成部分，法律顾问律师在参与处理各种法律纠纷方面的作用也越来越重要，并已获得我国社会各界的普遍认可。

根据《律师法》第 28 条的规定，“律师可以从事下列业务：（一）接受自然人、法人或者其他组织的委托，担任法律顾问；……”根据聘方性质不同，法律顾问律师可以分为政府法律顾问律师、企业法律顾问律师、事业单位法律顾问律师、社会团体法律顾问律师和公民个人法律顾问律师。

（一）政府法律顾问律师的概念

在我国，政府法律顾问已有较长历史。早在 1982 年 1 月 1 日起施行的《中华人民共和国律师暂行条例》就规定律师可以接受国家机关聘请，担任其法律顾问。1989 年 12 月公布的司法部《关于律师担任政府法律顾问的若干规定》进一步明确了律师担任政府法律顾问的各项细则。而现行《律师法》虽然没有直接规定律师担任政府法律顾问的情形，但依然规定了律师可以担任法人组织的法律顾问，结合《民法总则》及2021年1月1日施行的《民法典》关于机关法人的规定，显然政府机关应作为机关法人属于法人组织，可以聘请律师担任政府法律顾问，从而在立法层面上为律师担任政府法律顾问提供了直接的法律依据。

根据中共中央办公厅、国务院办公厅《关于推行法律顾问制度和公职律师公司律师制度的意见》规定，“（四）积极推行党政机关法律顾问制度，建立以党内法规工作机构、政府法制机构人员为主体，吸收法学专家和律师参加的法律顾问队伍。党政机关内部专门从事法律事务的工作人员和机关外聘的法学专家、律师，可以担任法律顾问。党内法规工作机构、政府法制机构以集体名义发挥法律顾问作用”。因此，政府法律顾问人员根据来源不同可以分为党政机关系统内人员与外聘律师，前者主要是在党政机关系统内专门从事法律事务工作或者担任法律顾问的人员，符合一定条件可以成为公职律师，但仍属于党政机关在职人员，属于公务员序列；后者除了法学专家，主要是指接受党政机关委托的专职或兼职律师，属于外聘人员，非公务员序列。笔者在此所阐述的政府法律顾问律师特指后者。

（二）公司法律顾问律师的概念

世界范围内最早在企业内部设置专职法律工作人员的，是美国的美孚石油公司。在经济发达国家，法律顾问律师通常是企业必备职能部门，大型企业和金融保险机构等更是设置庞大的法律事务部门，聘请法律专家处理法律事务，这些企业法律顾问律师通常被称为“公司法律顾问律师”或“法律顾问律师”。

随着经济全球化发展，法律顾问律师制度在全球日益普及。1982年成立了全球企业法律顾问律师协会（ACC），该协会是全球企业法律顾问律师的自律性组织，总部设在美国华盛顿。社会律师不能参加该协会。ACC的主要工作是向企业法律顾问律师提供教育培训服务，为企业法律顾问律师提供法律资源库，创造国际交流平台，促进企业法律顾问律师之间的横向交流，维护企业法律顾问律师及本企业的合法权益。ACC由企业法律顾问律师组成的董事会管理，董事会对组织的战略发展方向负责。它主要由五个部门组成：教育部、资源部、维权部、会员部、网络部。ACC每年举办一次年会，2004年年会是历史上规模最大的一次年会，国务院国资委组织中国石油化工集团公司等企业赴会参加。企业法律顾问律师已经成为现代企业制度中不可或缺的组织机构之一。

目前在我国，担任企业法律顾问的律师从来源上看，主要分为两大类：一类是从事本企业法律事务工作的公司律师，是该企业内部专业人员；另一类是企业外聘的专职或兼职律师。本书所讨论的企业法律顾问律师主要是指后者，即担任企业法律顾问的外聘专职或兼职律师。

## 二、法律顾问律师的分类

法律顾问律师依照不同的标准划分，可以有多种分类：

1. 依聘方的性质不同，可以分为政府法律顾问律师、企业法律顾问律师、事业单位法律顾问律师、社会团体法律顾问律师和公民个人法律顾问律师。

2. 依聘任的期限不同，可以分为常年法律顾问律师和专项（或临时）法律顾问律师。常年法律顾问律师是指律师事务所与聘方签订 1 年或 1 年以上的聘请协议，在协议期限内，受律师事务所指派的律师，以法律顾问律师的身份为聘方提供协议范围内的法律服务。协议期满，法律顾问委托关系即自动终止。继续聘请的，须重新签订协议。这是一种较通行的法律顾问律师形式。专项法律顾问律师以办理某一特定法律事项为目的。为此，律师事务所可以与聘方签订办理某一法律事项的委托协议，该法律事项办结，委托法律关系即告终止。

3. 依工作范围的不同，可以分为有特定范围的法律顾问律师和无特定范围的法律顾问律师。有特定范围的法律顾问律师，是指依据聘请合同或协议的规定，顾问律师只为聘请单位就业务上的某项或某几项工作提供法律服务，如只草拟、审查某一种或某几种经济合同等。无特定范围的法律顾问律师，是指聘请合同或协议对顾问律师的服务范围不作具体规定，而要求顾问律师为聘方提供全方位的法律服务。

4. 依是否代理参加诉讼，可以分为包含代理诉讼的法律顾问律师和不包含代理诉讼的法律顾问律师。包含代理诉讼的法律顾问律师，是指在聘请合同或协议中规定，顾问律师在聘方起诉、应诉时，应代理参加诉讼，不再另行签订委托代理合同，也不再另行收费。不包含代理诉讼的法律顾问律师，是指在聘请合同或协议中规定，顾问律师的服务不包含代理参加诉讼。如果聘方需要顾问律师代理参加诉讼，则须另行签订委托代理合同，并另行收取费用。

## 三、法律顾问律师的特征

### （一）独立的法律地位

律师应聘担任法律顾问律师，以自己的法律知识独立依法执行职务，受国家法律保护，任何单位和个人不得非法干涉。法律顾问律师进行业务活动，应坚持以事实为根据、以法律为准绳的原则，依法保护聘方的合法权益，不轻易受聘方的意志所左右，独立发表法律意见，对于聘方的无理要求和违法行为，应予说服、劝阻或纠正，以维护国家利益和社会公序良俗。

### （二）平等的法律关系

律师应聘担任聘方的法律顾问律师，从法律上讲，双方是一种法律地位平等、权利义务对等的委托服务关系，双方都享有各自的权利和义务。顾问律师不是聘方的成员，与聘方没有行政隶属关系，只受其所属的律师事务所的指派、管理和监督。因此，作为受聘方与聘方发生法律关系的不是顾问律师个人，而是律师所属的律师事务所。

### （三）广泛的服务范围

律师应聘担任聘方法律顾问律师，是一种服务性工作，其服务范围是广泛的，其职责范围是全方位的。他不仅可以为政府机关的行政管理活动提供法律服务，还可以为企业、事业单位、社会团体和公民个人的生产、经营管理和对外活动等提供法律服务。作为聘方代理人，既可以在授权范围内参加诉讼活动，也可以办理各种非诉讼法律事务。

## 四、律师担任法律顾问律师的工作范围

根据《律师法》的规定，律师担任法律顾问律师的责任，是为委托人就有关法律问题提供意见，草拟、审查法律文书，代理参加诉讼、调解或仲裁活动，办理委托的其他法律事务，维护委托人合法权益。因此，律师担任法律顾问律师的工作范围，尽管因服务对象不同而有所不同，但一般都包括以下几项内容：(1) 为聘方就有关的法律问题提供口头或书面的意见，特别是为聘方的重大决策提供法律咨询，使其依法办事，避免发生法律风险；(2) 为聘方草拟、审查法律事务文书，如合同、协议、起诉状、答辩状等，使之符合法律、法规的规定；(3) 代理参加诉讼、调解、仲裁活动，帮助聘方运用法律手段解决民事纠纷或行政争议；(4) 参与聘方解决在洽商、谈判中的法律问题；(5) 接受聘方委托，代理非诉讼法律事务，如办理工商登记、税务登记、商标注册和申请鉴定、公证、专利等；(6) 协助聘方建立、健全各项规章制度，使其工作纳入规范运行的轨道；(7) 协助聘方对职工进行法治宣传教育；(8) 为聘方培训法律人才等。

## 五、法律顾问律师的工作方法

法律顾问律师在执业过程中，必须掌握一套行之有效的工作方式、方法。从服务时间、地点上看，法律顾问律师一般采用以下四种工作方式：

### （一）全职式

采用这种方式一般是聘方法律事务繁多，需要顾问律师常驻聘方单位提供法律服务。

### （二）定时式

由顾问律师每周定时到聘方处理日常法律事务，这一方式对于法律事务较多的大中型企业、事业单位比较合适。

### （三）会晤式

由顾问律师定期或不定期与聘方领导人会晤，交流情况，沟通信息，及时为聘方提供法律帮助。这一方式对于聘方与律师居住地较远，交通不便，法律事务又较少的单位比较合适。

### （四）临时约请式

顾问律师不定时上岗，聘方有法律事务需要处理时临时约请，随请随到，随时提供法律服务。这一方式对于法律事务较少的小型企业及一般事业单位、社会团体和公民个人比较适合。不仅聘方可随时约定顾问律师提供法律帮助，而且顾问律师也不受固定时间约束。这种方式在实践中经常被采用。

## 第二节　法律顾问律师的职责

### 一、法律顾问律师的工作原则

律师担任法律顾问律师，要正确履行职务，切实完成作为法律顾问律师应尽的义务和责任，除了应遵守法律工作者普遍遵循的法律原则外，还应坚持下列原则：

（一）维护聘方合法权益原则

维护聘方合法权益，是聘方聘请法律顾问律师的根本目的，也是顾问律师的职责所在、职业道德的必然要求，一切工作的依归。为此，律师要提供优质法律服务：首先，律师要有高度责任心、敬业奉献精神、全心全意的服务态度；其次，工作要积极主动有效，任何工作的疏忽懈怠，“顾而不问”或者实施有损于聘方利益的行为都是不被允许的；最后，律师要致力于提高自己的业务素质，充分发挥其专业法律知识和技能的优势，寻求最适合聘方实际的服务方法和内容，高效率开展工作，以期获得最有利于聘方的成果。

（二）预防和指导为主、平等协商原则

法律顾问律师区别于聘方专为解决纠纷而聘请的律师的根本点，就在于顾问律师工作须坚持预防为主原则。随着法治社会建设进程，国家法治环境进一步完善，法治理念更加深入人心，聘方特别是企业在诸多领域的风险更多地归结为法律风险。企业行为如治理结构、行政管理、合同管理、投融资、知识产权、劳动用工和开拓市场等方面均面临各种类型法律问题，存在着潜在法律风险。聘方聘请法律顾问律师首要目的不是为了解决处理纠纷，而是为了防范法律风险。这就要求顾问律师要处理好“预防与消防”、“治标与治本”问题。坚持预防为主、治本为上，把立足点放在平时基础工作上，协助聘方定期排查可能产生的法律层面上的风险，及时采取预防措施，防止不必要的纠纷和问题的出现。纠纷发生后，无论如何解决弥补都会给聘方造成损失。根据笔者多年从业经验，随着法律顾问律师业务深入发展，为了强化企业法律风险管理，完善各项规章制度，健全法律风险识别、监控和防范机制，提高聘方特别是企业应对法律风险的能力，为此，法律顾问律师应更多向聘方提供科学、全面的法律风险服务产品。例如，笔者所在律师事务所依凭多年为企业提供法律顾问服务的实务经验，针对不同行业企业在经营过程中遇到的法律问题，特别是对其中突出的共性问题进行了有效整合，从大量数据中反复进行筛选，在国内率先开发了“企业法律风险评估软件”产品。该产品可以根据企业所面临不同类型法律风险，提供整体或分项法律风险内控方案，帮助企业识别在决策、经营、管理等环节的法律风险，可对聘方特别是企业所面临的整体或分项法律风险提供全程法律监控服务，能够真正维护好聘方的合法权益。

律师从事顾问工作，要把指导放在主要地位，多做面上指导工作，重点承办主要任务。律师不可能包办聘方所有的法律事务，一般的事务，顾问律师应做好指导，具体承办应由聘方相关工作人员承办，只有对某些重大、复杂、棘手的法律事务，顾问律师应当亲自承办。聘、应双方法律地位是平等的，双方应互相尊重信任。对具体问题有分歧的时候，双方应通过充分协商予以解决。

（三）保守秘密的原则

这一原则是律师执业的基本原则，在律师担任法律顾问律师工作中更应突出强调。律师在工作中与聘方密切联系，深入到聘方内部，并参与聘方的重大决策，很容易也有很多机会获悉聘方的大量秘密。所以，保守秘密不仅是顾问律师的工作原则，而且是一种义务和责任。

（四）避免利益冲突的原则

1. 签订法律顾问合同前必须进行利益冲突审查和排除。《律师法》第 39 条规定了律师在办理法律事务时应遵循避免利益冲突的原则，该原则当然适用法律顾问服务。根据《律师法》第 14 条和第 25 条的规定，律师提供法律顾问服务，必须通过其所属律师事务所进行，即须以律师事务所的名义与委托人签订书面委托合同，并按照约定收取费用并如实入账。因此，这里所说的避免利益冲突，是指拟委托律师担任法律顾问的当事人，与该律师所属律师事务所的其他当事人之间是否存在利益冲突情形。

2. 在提供法律顾问服务过程中出现利益冲突情况的处理。即使在签订法律顾问服务合同后并在提供法律顾问服务过程中，也有可能存在发生利益冲突的情况。

例如，A 律师是甲公司的常年法律顾问，该公司的经营业务合同在正式签订前都会交给 A 律师审核，在得到法律顾问对合同文本的确认后才会跟客户签订正式合同。某一天，当 A 律师依惯例审核某合同时，发现该合同的相对方正好是 A 律师的另一家法律顾问客户乙公司。在这种情况下，如果 A 律师继续以维护甲公司利益的角度审核该合同，则显然不利于乙公司，但要兼顾双方利益实际上也不现实，而且当甲公司与乙公司发现 A 律师在存在利益冲突的情况下仍然出具法律意见，难免也对 A 律师能否真正维护己方利益心存怀疑与不安。在这种情况下，首先 A 律师应立即将情况告知甲公司，让甲公司知悉 A 律师不能提供该合同的审核意见。同时 A 律师也告诉甲公司，造成利益冲突的原因是律师事务所，不在客户（甲公司），所以律师事务所可以承担相关费用，请独立的有资质和充分经验的第三方律师事务所就该合同从维护甲公司利益的角度上，提供审核意见。甲公司对 A 律师专业负责的服务工作很满意，同意 A 律师聘请第三方律师事务所提供相关合同审核意见。

由此可见，避免利益冲突是律师依法提供法律顾问服务的前提和必经程序。这不仅是律师执业道德和纪律的要求，也是法律底线。

## 二、法律顾问律师在工作内容上的职责

本书按照法律顾问律师传统的分类方法，将其分为企业、政府、社会团体组织及个人的法律顾问律师，并按照这一分类标准分别介绍法律顾问律师的不同职责。由于社会团体及个人的法律顾问律师职责可以参考前两种内容，故本节着重介绍企业及政府法律顾问律师的职责。

### （一）企业法律顾问律师的工作职责

根据司法部1992年6月15日发布的《关于律师担任企业法律顾问的若干规定》，律师担任企业法律顾问律师的任务是：为企业依法治厂，按照《企业法》和其他有关的法律、法规为生产、经营、管理或其他活动提供法律服务，受企业委托办理有关法律事务，维护企业的合法权益，促进企业深化改革、扩大开放，转换企业经营机制，提高企业经济效益，推进企业生产、经营的发展。

律师担任企业法律顾问律师，为完成上述任务，具体应办理以下法律事务：

1. 就企业生产、经营、管理方面的重大决策提出法律意见，从法律上进行论证，提供法律依据。我国经济体制改革面临新形势、新任务，我国企业，特别是国有企业要转换经营机制，建立现代企业制度，在生产、经营、管理方面将有重大改革举措。作为企业法律顾问律师，应从法律上论证上述方面重大决策的可行性、提供风险预测、对策和法律依据，为企业改革和发展提出法律意见。

2. 草拟、修改、审查企业在生产、经营、管理及对外经济活动中的合同、协议以及其他有关法律事务文书和规章制度。随着企业经营自主权的扩大和企业活力的增强，企业在生产、经营、管理及对外方面的活动范围越来越广泛。为了保证这些活动规范有序，明确相互间权利义务关系，都应以合同、协议等形式加以固定。作为企业法律顾问律师，应积极参与草拟、修改、审查这些合同、协议以及其他有关法律事务文书和规章制度。对于重要的法律文书，则应亲自草拟，严格审查，使之符合有关法律、法规的要求。

3. 办理企业非诉讼法律事务。律师担任企业法律顾问律师，办理非诉讼法律事务，是指接受企业委托或者请求，通过非诉讼方式办理法律事务的一种活动，以维护企业合法权益。例如，办理工商登记、商标、专利注册和进行尽职调查、股权激励、辅导上市等。再如，当前许多新兴产业正在迅速兴起，相关企业为加快发展，都在开发新产品，扩大市场规模效应，因此急需大量资金和人才。作为企业法律顾问律师，可就企业上市融资进行辅导，在此过程中提供政策、法律咨询服务，就公司架构、经营方式、收益分配、股权激励、风险防控等所涉及的法律问题提出切实可行方案。

4. 代理企业参加民事、行政诉讼和仲裁、行政复议。随着市场经济的发展，企业间经济交往日益频繁，各层次矛盾相互交织，各种纠纷不断发生。作为企业法律顾问律师，应提供法律风险防控方案，防患于未然，协助企业采取措施预防

纠纷发生，防止矛盾激化。如果企业发生纠纷，则应代理企业积极运用调解、仲裁、诉讼等手段，维护其合法权益。

5. 参加项目谈判，审查或准备谈判所需的各类法律文件。企业的经济项目直接关系企业的生存和发展。因此，作为企业法律顾问律师，应积极参加项目谈判，对项目设立提供法律帮助，对谈判中所涉法律问题提供解决方案。同时也可以就经济、技术方面的问题提出自己的意见，以供企业决策层参考。在一般情况下，进行商务谈判应首先组织一个商务谈判团队，确定主谈人，一般由企业内部人员担任，法律顾问律师在谈判中充当主谈人的参谋和助手，而不能在谈判中占主导地位（企业法人特别授权的除外）。在谈判过程中，顾问律师应做好以下工作：谈判前，应掌握与谈判项目有关的法律、法规和政策，从法律角度分析谈判项目的可行性，并对项目内容的真实性、合法性进行审查；谈判中，应与委托方密切配合，为其提供法律意见，并根据双方洽谈内容草拟意向书，当双方意见趋于一致时，应草拟合同或协议文本，见证双方签约。特别是在涉外经济活动中，一般都要求顾问律师见证。

6. 提供与企业活动有关的法律信息。现代企业制度的建立和完善，需要有一系列企业法律法规来调整，并且还要有与之相适应的其他法律制度来规范，这些法律和制度都是企业健康发展的基本保障。顾问律师应及时向企业决策者提供这些法律信息，使企业经营活动沿着法治轨道进行。

7. 就企业治理层面特别是国有企业改革中的有关问题，提出法律意见。2020年8月，中央全面深化改革委员会第十四次会议审议通过了《国企改革三年行动方案（2020—2022年）》，指出今后3年是国企改革关键阶段。在坚持和加强党对国有企业的全面领导，坚持和完善基本经济制度，坚持社会主义市场经济改革方向的前提下，抓重点、补短板、强弱项，推进国有经济布局优化和结构调整，增强国有经济竞争力、创新力、控制力、影响力、抗风险能力。在这个过程中，作为企业法律顾问律师可以充分发挥自身专业优势，为企业改革提供法律支撑。

8. 协助企业对干部职工进行法治宣传教育和法律培训。按照现代企业制度要求，企业干部职工应具有较高思想政治素质、业务素质和文化素质，特别是应具有较强法律意识和法治理念。因此，律师作为企业法律顾问律师，应协助企业进行法治宣传教育和法律培训，提高干部职工法治观念和法律素质，使企业生产、经营、管理和对外经济活动都依法进行。

9. 对企业内部法律工作人员工作进行专业指导。企业内部的法律工作人员，主要是指企业法务人员，当然也可能是公司律师。随着企业法律意识的提高，许多企业都建立了法律事务部门，并配备了企业法律事务专门人员，他们是企业决策人员处理日常法律事务的助手，其主要任务是运用法律手段指导企业搞好生产、经营和管理，并负责办理企业内部的法律事务。他们法律专业素养的高低决定了企业日常经营行为合法合规的程度。

10. 其他法律事务。在我国，建立社会主义市场经济体制是一项开创性事业，需要解决许多极其复杂的问题。作为企业法律顾问律师，除上述法律事务以外，还有许多其他法律事务需要办理。例如，为小型国有企业改制提供法律服务等。

（二）政府法律顾问律师的工作职责

根据司法部1989年12月23日发布的《关于律师担任政府法律顾问的若干规定》，律师担任政府法律顾问的任务是：为政府在法律规定的权限内行使管理职能提供法律服务，促进政府工作的法律化、制度化。因此，律师担任政府法律顾问的职责是受政府委托具体办理下列法律事务：

1. 就政府重大决策提供法律意见，或者应政府要求对决策进行法律论证。政府法律顾问律师参与政府决策，就是为政府重大决策提供法律依据，提出法律意见和建议，以避免政府决策在法律上出现依据不足或缺乏法律依据的失误，促进政府决策的民主化、科学化和规范化，保证政府决策合法性、可行性。政府法律顾问律师参与政府决策，也是协助政府对行政管理重大问题作出决定并参与决策的主要过程，即参与确定决策目标，进行决策分析，选择决策方案等。政府法律顾问律师参与决策的范围十分广泛，如政治决策、经济决策、文化教育决策、能源决策、人口决策等。

2. 对政府起草或者拟发布的规范性文件进行审查，从法律方面提出修改和补充建议。政府为规范自身行政行为，经常要根据国家宪法和法律制定法规、条例、规章、规范性文件等。为了保证政府规范性文件合法有效，政府法律顾问律师应在立法内容、立法技术等方面提出修改和补充建议。

3. 参与处理涉及政府的尚未形成诉讼的民事纠纷、经济纠纷、行政纠纷和其他重大纠纷。鉴于政府日常的行政管理工作涉及面广，而社会事实又复杂多变，政府机关难免与行政相对人发生矛盾和纠纷。为了及时、有效地把这些纠纷解决在萌芽和初期阶段，防止矛盾激化，保证行政活动正常运行，政府法律顾问律师应积极参与上述纠纷的处理，尽量将纠纷在矛盾爆发前或爆发初期解决掉，避免矛盾激化，造成不良社会影响。

4. 代理政府参加诉讼，维护政府依法行使行政职权和维护政府机关合法权益。当公民、法人或其他组织认为政府或其有关部门的行为侵犯其合法权益，依法向人民法院提起行政诉讼或民事诉讼时，政府法律顾问律师可以接受委托并代理政府参加诉讼，以维护行政机关依法行政的合法权益。

5. 协助政府审查重大合同、项目建设以及重要法律文书。这主要是指在当前社会实践中，政府仍然参与某些重大经济建设、社会项目以及重大技术引进、外资引进、对外贸易项目的部分或整个过程。在这期间政府法律顾问律师应为政府提供法律服务，以保障该项目的合法性和可行性。

6. 协助政府进行法治宣传教育。进行法治宣传教育，是政府一项艰巨而极为重要的工作。作为政府法律顾问律师，应积极协助政府进行法治宣传教育，以增强政府机关内部工作人员法治观念，提高他们依法行政的自觉性，保证政府工作依法进行。

7. 向政府提供国家有关法律信息，就政府行政管理中的法律问题提出建议。随着社会主义市场经济体制的建立和完善，必须有一套完备的法律制度来规范和保障，使改革开放与法治建设统一起来。当前和今后一个时期，一方面要适时修改和废止与建立社会主义市场经济体制不相适应的法律法规；另一方面要加快立法步伐，进一步完善民商事法律、刑事法律以及行政法律，逐步建立起社会主义市场经济法律体系。作为政府法律顾问律师，应及时将这些法律信息提供给政府机关及其领导人，使其能运用这些法律法规进行管理活动。同时，为了保证政府机关行政管理活动合法有效，政府法律顾问律师应更多地对其涉及的法律问题提出建议。

8. 办理政府委托办理其他法律事务。政府法律顾问律师应适应形势发展需要，为政府机关提供全方位法律服务。随着政府职能转变和法治政府建设的推进，政府法律顾问律师接受政府委托办理的法律事务也随之增多。对此，律师均应认真办理。

## 三、法律顾问律师在工作形式上的职责

律师担任常年法律顾问，从工作上具有以下特点：被指派的律师，经常要深入聘请单位，独立进行工作。律师所遇到的问题，往往是没有经历过的，有的问题又是较复杂的，如果处理不好，不仅会影响聘请单位的工作，甚至还会给聘方带来不必要的损失。因此，为了提高法律顾问律师工作服务质量，建立法律顾问律师工作制度，是非常必要的。根据目前各地律师担任法律顾问律师工作实践，这些工作制度应包括以下几个方面：

### （一）建立工作日志制度

法律顾问律师开始工作时，要准备一个专门记事本。就哪些问题提供了咨询服务，问题是什么，如何答复的，审查了什么样的合同，提出了哪些问题，作了哪些补充或修改，参加了哪些项目的谈判，双方的分歧点、统一点，最后达成谈判的结论等，要做到一日一记、一次一记、一事一记，形成制度，便于总结。

### （二）建立请示汇报制度

聘方日常法律事务由法律顾问律师负责处理。对于重大决策，涉及面广、影响较大或性质比较严重的问题，法律顾问律师在提出具体法律意见之前，不要擅自做主，应及时向律师事务所请示汇报，取得领导帮助和支持，避免出现差错。

### （三）建立集体讨论制度

法律顾问律师建立集体讨论制度，可采取两种形式：一种是在所内部进行集体讨论；另一种是与聘请单位有关人员进行集体讨论。采取哪种形式，取决于问题大小、难易程度。通过集体讨论，集思广益，尤其是涉及专业问题，律师应向聘请单位的专家进行请教，听取专家意见，达成统一认识，求得正确解决。

（四）建立与聘方业务联系制度

法律顾问律师应定期向聘请单位法定代表人报告工作情况，在工作中发现问题，提出改进工作的措施和建议。通过业务联系制度，达到互通情况、密切协作，为聘方提供优质法律服务。同时，双方还应该指定具体联系人，约定联系具体时间，只有这样才能将这一制度坚持下去。

（五）建立资料汇集、整理制度

资料汇集，包括对有关法律、法规、政策、司法解释和主管机关规范性文件，以及与本单位业务有关的技术资料、文献和年鉴，外国有关资料的汇集。资料整理，是指进行综合性专题分析研究，借以总结工作，以方便后来者在工作中参考借鉴。

（六）建立档案制度

法律顾问律师对每个聘方都要建立一份档案，档案资料的内容，是自签订合同时起的全部活动材料、资料和记录。特别是法律顾问律师为聘方提供法律意见书和成文的其他诉讼或非诉讼文书，都应及时归档。

（七）建立总结制度

担任法律顾问律师的律师，应当在本年度内，对法律顾问律师工作，进行一次比较系统的工作总结。总结存在问题，分析今后开展工作设想。对发生的重大问题，应作专题总结。分别交聘方和所内各一份，以存档备查。

## 第三节　法律顾问律师的权利

法律顾问律师的权利，是指法律顾问律师在业务活动中，或者在与律师职业有关活动中依法所享有的权利。关于法律顾问律师权利的类型，一般将其划分为法定权利、继受权利和约定权利三种。笔者认为，继受权利也属于法定权利范畴，因而本节从法定权利和约定权利两个方面介绍法律顾问律师的权利。

### 一、企业法律顾问律师的法定权利

企业法律顾问律师是在企业中从事法律事务工作的法律专业人员，其履行职责必须严格按照法律规定，在法律范围内行使权利。原国家经贸委发布的《企业法律顾问管理办法》和国资委发布的《国有企业法律顾问管理办法》中，都明确规定了企业法律顾问律师的权利，根据上述相关规定，可以将企业法律顾问律师的权利归纳为以下几项：

（一）法律保障权

企业法律顾问律师作为本企业内部法律事务工作者，保证国家法律在本企业贯彻实施是其重要职责。为保证其正常履行职务，特别是当本企业出现违法行为时，法律保障企业法律顾问律师依法执行职务，不受任何非法干涉，保障其人身权益不受侵犯。对于非法干预企业法律顾问律师工作、妨碍企业法律顾问律师执行职务及其他侵犯企业法律顾问律师权益的行为，应当承担法律责任。法律保障权是企业法律顾问律师执行职务的前提条件，是行使各项权利的基础。

（二）重大经营决策和重大经济活动的参与权

企业法律顾问律师作为企业领导人在法律方面的参谋和助手，在参与决策方面的主要任务是确保决策合法性，为本企业经济活动提供可靠法律依据和切实法律保障，为法律风险提出有效防范措施。为保证企业法律顾问律师顺利履行此职责，规章赋予企业法律顾问律师参与企业重大经营决策和经济活动相应职权，如有权参加各种形式的会议、有权就决策方案提出自己的建议和意见、有权要求本企业相关部门通报决策情况等。

（三）提出法律意见和建议权

企业法律顾问律师对企业的经营管理行为，具有根据国家法律以及企业内部的规章制度，提出意见或建议的权利。值得注意的是，该权利不仅仅包含对企业经营决策从法律角度提出解决办法和手段，也包含对企业可能或正在进行的，违反国家法律、法规或企业规章制度的行为提出纠正意见的权利。

（四）重要信息知情权

企业法律顾问律师在履行职责时，具有可以根据工作需要查阅本企业有关文件和资料的权利。企业法律顾问律师是专门处理企业法律事务的管理人员，而法律事务完全融合贯穿于企业的各项经营管理活动中，而非独立于业务之外，这就要求企业法律顾问律师必须全面、准确、及时了解企业各种经济活动信息，以保证企业法律顾问律师能及时发现问题、及时提出法律意见。赋予企业法律顾问律师知情权，是企业法律顾问律师工作的本质要求和必然选择。

（五）处理争议纠纷的代理权

企业法律顾问律师根据本企业授权，有权对诉讼、非诉讼争议中所涉及的事实进行调查并要求有关部门和人员提供证据材料；有权对所代理的法律事务在授权范围内作出认定。为保证企业法律顾问律师代理权的有效行使，企业法律顾问律师享有一定范围的社会调查取证权，即企业法律顾问律师在代理本企业诉讼和非诉讼案件过程中，为搞清案件基本事实，有向有关单位和个人调查取证的权利。企业法律顾问律师在代理民事、经济案件过程中，还有查阅人民法院有关卷宗材料的权利。

（六）其他的权利

除了上述几项权利外，企业还可根据自身需要和实际情况，授予本企业法律顾问律师相应权利。

企业法律顾问律师只有在履行职责中享有相应权利，才能排除不必要障碍，顺利完成法律赋予的使命，更好地履行法律规定的职责。保障企业法律顾问律师合法权利，是企业经营管理的必然要求，也是企业长远健康发展所不可或缺的。

## 二、政府法律顾问律师的法定权利

政府法律顾问律师的法定权利，一般由各地市政府颁布的地方性政府规章调整，各个地方的规定不尽相同，概括起来大致包括以下几点：

1. 就政府重大决策提供法律方面意见，或者应政府要求，对决策进行法律论证；对政府起草或拟发布的规范性文件，从法律方面提出修改意见和补充建议。

2. 参与处理涉及政府尚未形成诉讼的民事纠纷、经济纠纷、行政纠纷和其他重大纠纷。

3. 代理政府参加诉讼，维护政府依法行使行政职权和维护政府机关的合法权益。

4. 协助政府审查重大经济合同、经济项目以及重要法律文书。

5. 协助政府进行法治宣传教育。

6. 向政府提供国家有关法律信息，就政府行政管理中的法律问题提出建议。

7. 有权获得其他必要的工作条件。

## 三、企业、政府法律顾问律师的约定权利

关于企业、政府法律顾问律师的约定权利，各地区政府法律顾问律师规定和企业法律顾问律师规章中均明确要求政府、企业在聘请律师担任法律顾问律师时，由政府、企业与律师事务所签订聘请合同、协议。其主要内容包括：双方法定名称、指派律师姓名；法律顾问律师具体工作范围、工作方式；双方权利、义务；双方共同遵守的原则；法律顾问律师费数额、支付方法；合同、协议中止、变更和解除；合同、协议有效期限；双方约定的其他事项。为便于政府法律顾问律师开展工作，担任政府法律顾问律师的律师应当享有如下权利：查阅有关文件及资料；参加政府召开的有关会议；获得履行政府法律顾问律师职责所必需的其他工作条件和便利。为保障企业法律顾问律师正常开展工作，律师事务所和企业之间签订聘请合同、协议应载明律师享有如下权利：查阅与承办法律事务有关的企业文件和资料；了解企业生产、经营、管理和对外联系活动中的有关情况；列席企业领导人召集的生产、经营、管理和对外活动中的有关会议；获得履行企业法律顾问律师职责所必需的办公、交通及其他工作条件和便利。

## 四、社会团体、事业单位及公民个人法律顾问律师的权利

事业单位是指由国家核准经费的学校、医院和科研院所等单位，它们除了运用行政手段进行管理，也需要采用经济和法律手段加以管理。

社会团体是指工会、妇联、共青团等组织。随着社会发展和人们法律意识的提高，这些社会团体也将遇到越来越多的法律问题。

律师担任事业单位和社会团体的法律顾问律师，有利于这些单位和团体依法

加强管理和开展对外活动。法律顾问律师帮助聘方将日常管理工作制度化，并逐步纳入法治轨道，可以帮助其提高管理效率。在聘方的对外活动中，法律顾问律师则可以依法保护其合法权益。

律师担任事业单位和社会团体法律顾问律师的工作职责和权利义务与担任政府、企业法律顾问的工作职责和权利义务基本相同，在此不再赘述。

公民个人，包括个体工商户、农村承包经营户、文艺工作者和其他公民。随着社会主义市场经济发展和全社会法律意识增强，公民日益重视运用法律手段解决纠纷，保护自己的合法权益。律师应聘担任公民的法律顾问律师，可以为他们提供法律服务，帮助他们依法维护自己的合法权益和排除各种非法干扰，使他们能够正常地从事各项经济与社会活动。

律师担任公民个人法律顾问律师的工作方法，可以参照律师担任企业法律顾问律师做法。

## 第四节　法律顾问律师的义务

### 一、法律顾问律师的法定义务

全国律协于 2000 年通过的《法律顾问律师工作规则》中，第 17 条和第 19 条就概括性地规定了法律顾问律师在执业中应当履行的义务。《律师法》第 38 条规定，律师应当保守在执业活动中知悉的国家秘密、商业秘密，不得泄露当事人的隐私。律师对在执业活动中知悉的委托人和其他人不愿泄露的有关情况和信息，应当予以保密。

### 二、法律顾问律师的约定义务

（一）企业法律顾问律师的约定义务

律师担任企业法律顾问律师，在享有权利的同时，也应当自觉履行以下义务：

1. 及时承办顾问律师单位委托办理的有关法律事务，认真履行职责；

2. 对在工作中接触、了解到的有关企业生产、经营、管理和对外联系活动的商业秘密，应当予以保密；

3. 应当坚持以事实为根据、以法律为准绳的原则，发现顾问律师单位有违法行为的，应当予以劝阻、纠正；

4. 应根据合同、协议规定和企业的委托授权进行工作，不得超越委托代理权限；

5. 不得从事有损于顾问律师单位合法权益的活动，不得在民事、行政诉讼或仲裁活动中担任对方当事人的代理人；

6. 在其受聘的两个（或两个以上）企业之间发生争议时，应当进行调解，但律师不得代表任何一方参加诉讼和仲裁。

同时，司法行政机关应当加强律师担任企业法律顾问律师工作的指导、管理和监督。对担任企业法律顾问律师的律师，成绩突出的，应予表彰和奖励；不称职的，应责成律师事务所予以调整；严重不称职，给顾问律师单位造成损失，或违反有关规定的，应当作出处理。

（二）政府法律顾问律师的约定义务

1. 严格遵守以事实为依据，以法律为准绳的基本准则；

2. 认真履行法律顾问律师职责，按时承办政府委托的法律事务；

3. 在代理法律事务过程中，如发现有可能引发群体性事件而影响社会稳定的，应及时提出法律建议；

4. 履行政府委托事项时，不得超越委托权限和范围；

5. 依法办事，不徇私情，不得以政府法律顾问律师的名义办理他人事务；

6. 严格保守国家秘密；

7. 不得损害国家、集体和公民的合法权益。

（三）社会团体、事业单位及公民个人法律顾问律师的义务

在担任社会团体、事业单位及公民个人法律顾问律师过程中，律师所承担的约定义务可以比照上文法律顾问律师在企业或政府中约定的义务，在此不再赘述。

## 第五节　法律顾问律师的经验与技巧

作为律师业务工作的一个重要组成部分，为党政机关、企事业单位提供法律顾问律师服务无疑将成为律师、律师事务所未来发展非诉讼业务的主要方向，其重要性不容忽视。而在此项业务中，律师必须注意一些工作技巧并遵循一定原则，才能为聘请单位提供高质、高效的法律服务。但这恰恰是许多律师，特别是年轻律师所忽视的重要问题。只有做到准确把握这些技巧和原则，律师才能在法律服务过程中充分展现自身业务功底，从而赢得聘请单位认可和信任，更好地拓展自己的非诉讼业务。

### 一、律师作为法律顾问律师必须讲究的工作方式和方法

要在法律服务工作中讲究工作技巧，在具体法律事务中应做到如下几点：

（一）积极调研，了解实际情况

做好法律顾问律师工作的基础就是调查研究、掌握实际情况。这一点包括以下几个方面：

1. 了解聘方实际情况，如固定资产状况、债务状况、商业运作模式等。

2. 了解聘方日常业务来往及其客户情况和过去在生产经营中的纠纷情况。首先要做的就是审查聘方过去签订的合同，并深入了解其纠纷情况。通过这些手段就能从本质上领会聘方的服务要求，同时也找到了聘方平时运作的症结所在，这样有利于律师全面开展自己的工作，尽最大可能维护聘方利益。

3. 制定一个与聘方要求相匹配的知识结构图，再根据知识结构图要求，制订相关学习计划，了解相应生产、经营、销售等方面知识。如果涉及专业知识，如有必要，律师可以在征得聘方同意的情况下，聘请相关专业机构和人员。此外，对外语、计算机、经济学、管理学、社会学和心理学相关知识的掌握也是必需的。

4. 了解聘方对法律顾问律师工作的认识。通常来说，一个人法律素质越高，对顾问律师工作就越有认同感。如果聘方对自己工作有所误解，除了要耐心解释，还要尽量考虑聘方感受，注意方式方法。当然，顾问律师也有必要向聘方宣传自己和自己所属的律师事务所，让他们能对顾问律师工作的原则、方法、范围等有一个初步认识，以寻求聘方对顾问律师工作的配合和支持，建立起律师与聘方正常合作关系。

（二）第一件案子要做好

为了能够树立自己良好的业务形象，得到聘方重视，并能在顾问律师工作中有所作为，律师必须十分出色地完成聘方所交办的第一个任务，因为第一印象很重要。而要想办好这第一件案子，最重要的就是选择好办理的内容和角度。适当指出聘方客观存在的法律风险并给出专业解决方案，给聘方留下专业精确的好印象。

在工作初始阶段，能为聘方解决几个关键问题，不仅给自己增强了信心，展现了自己专业细致的业务形象，还能获得聘方信任。这对于顾问律师开创顾问工作新局面不无裨益。

（三）明确自己角色，摆正自己位置

顾问律师之所以要明确自己角色、摆正自己位置，是因为顾问律师有时会遇到相当复杂的法律关系。为了正确处理好各方面关系，就必须做到这一点，否则就很难完成任务。关于这方面要注意以下几点：第一，不要越俎代庖，只去做顾问律师分内之事。顾问律师不能擅自干涉企事业单位正常运作，避免无端卷入企业内部矛盾，也不能自作主张代替企业作出重大决策，更不能实施“伪造证据”等犯罪行为；第二，不能强求聘方接受自己见解；第三，有了聘方要求后，再参与其法律事务。“不请自来”干涉反而容易为聘方所误会，给将来的合作带来不稳定因素。

当然，律师需要摆正自己位置和明确自己角色，并不是被动、消极地应付工作，反而要以饱满的热情、积极主动的态度去完成聘方所提出的任务要求。

（四）加强沟通，时常联系

要在法律顾问律师工作方面取得大收获、获得大成就，仅凭一两件出色案子，终究不是长远之计。要使自己的顾问律师工作发挥长期效应，律师必须在平时加强与聘方沟通，及时解除聘方困惑。首先要加强联系，建立通常联系机制。不能等到聘方状况已经乱作一团时，才主动与其联系，而是要时刻关注顾问单位动向，掌握第一手信息，及时向聘方反馈情况。其次要制定联系制度。联系制度要包含联系的内容、职责、权利、义务等，以使这种联系富有成效，落到实处。

## 二、企业法律顾问律师的经验与技巧

如何做好公司法律顾问律师，在担任法律顾问律师角色时应注意哪些事项，因每个律师执业习惯与风格不同，亦“仁者见仁，智者见智”。

### （一）将企业法律管理制度化

企业法律顾问律师是为企业服务的，所以一定要先搞清楚，企业聘请法律顾问律师的目的是什么。不同类型、不同规模大小的公司聘请法律顾问律师的目的是不同的，如果能搞清楚具体公司的聘请目的，工作起来就会游刃有余、得心应手、事半功倍。

应当明确企业法律顾问律师的意义绝不在于打官司，而在于日常法律风险管理。大到国家机关，小到企业作坊，都是同样道理。一个企业作为一个小系统健康运行同样也有一定程序控制，比如一定的管理程序。其中，法律风险预防机制就是企业管理程序中的一个重要环节。预防法律风险的成本实际上是一个企业长期发展所必须付出的，如若不然，它在将来某一天会以损失的形式数百倍、数千倍地付出。一个企业如果到了出大问题时才想到律师，往往请了律师也无力回天。这实际不是耸人听闻，因为从长远来看，在市场化、竞争化愈演愈烈的今天，没有法律预防机制的企业出问题是必然的，不出问题才奇怪。

企业利用法律顾问律师的最佳效果是：将其对法律风险管理纳入企业经营管理中，而且要将其制度化、程序化。制度化程序化的好处在于：随时按程序运转，不因其他经营而被忽视和停止。在法律风险管理中，日常合同管理很重要，法律风险大都是从这里生根、发芽、滋长的。合同管理好了，法律风险基本可以做到预防和控制。

### （二）做好法律文本工作

许多律师认为，做企业法律顾问律师，只要能帮企业在实质上将法律风险控制好就能抓住企业老板长期聘用自己的心。于是帮企业亲自草拟合同、审查各种合同、参与法律事项的谈判、接受大大小小的法律咨询等做了大量工作，却因为某些原因而没有将这些工作形成工作底稿，有的甚至是因为根本不知道怎样规范制作工作底稿。笔者建议，担任企业法律顾问律师做好法律文本工作，要制定《律师提供法律服务文书管理细则》、《律师审查文件实施细则》、《律师参与谈判事宜法律服务细则》和《律师参加公司项目会议实施细则》等规章制度，让企业充分认识到律师作用。

（三）及时掌握企业发展动态，法律服务要与企业发展同步

1. 应非常知悉所服务顾问单位的法律性质，是有限公司还是股份公司，是私营还是国有控股等，这是了解公司基本股权及法人治理结构所必需的基础。

2. 应非常了解所服务顾问单位的经营范围及主要业务发展方向，以熟练掌握与公司企业经营相关法律法规，如《公司法》、《证券法》、《民法典》、《产品质量法》、《反不正当竞争法》及其他法律法规等。

3. 应经常了解所服务顾问单位经营发展动态及行业发展趋势，拟订有利于公司发展的法律建议书及风险防范方案。

4. 应与公司管理决策层及具体法务部门保持随时性联系，为公司在经营发展中遇到的问题提供咨询，并及时提出自己的建议。

5. 及时关注与所服务单位相关法律及政策的出台，为公司提供最及时、最有效的法律及政策依据。

6. 对于公司委托需处理的法律事务，应在保证质量前提下，以最高效率完成，并向公司提供详细工作报告。

7. 经常性地听取公司对律师的建议与要求。

法律及合同管理制度的意义最终不在于制度本身，而在于有一个懂其真义的人来监督执行。要把“法律服务融入企业管理”，也需要理解，需要沟通，需要合作。

笔者根据担任过多家企业常年法律顾问律师的技巧经验，总结了一套行之有效的工作程序，取得了较好的成效，具体如下：

1. 全面掌握企业情况。比如，了解企事业单位性质、经营方式、业务范围、企业简史，了解企业在本行业、本系统中所处地位、作用、服务对象和竞争对手，了解企业业务情况和可能涉及的法律问题，掌握有关法律规定，以便使用起来得心应手。

2. 对企业急需解决的问题区别情况，采取不同措施予以处理。

（1）对企业正在违约的合同，要在对方接受的前提下，明确责任，签订补充协议，以消除违约后果，尽可能减少财产损失。

（2）对于口头合同，要尽快采取措施，用书面形式固定下来，除书面签字盖章的原始合同外，传真、电子邮件等形式也是证据，万不得已时，也可以采取录音方式，以防后期产生纠纷时因无证据而败诉。

（3）对于已超过诉讼时效期的债权，尽量调解结案，或者与对方签订新的还款协议，以获取有效诉权。

（4）对于快要超过诉讼时效期的债权，要尽快起诉，对于不能起诉的关系客户，要用书面形式要求还款，使诉讼时效中断。

（5）对于其他纠纷，要区别轻重缓急，选择最佳方式，一个一个地解决，尽最大努力维护企业合法权益，避免财产损失。

3. 由点及面，开展法律顾问律师工作。在完成上述工作基础上，按照常年法律顾问律师明确的范围内，开展下列工作：

（1）解答法律咨询。就企业在经营方面遇到的有关法律或法律事务问题提供具体意见，方式有口头和书面两种。对于问题简单、法律关系明确的一般性咨询，使用口头形式；对于涉及事关重大的法律事务则以提供法律意见书的形式，为企业提供具体法律意见。

（2）草拟、审查、修改各类法律事务文书，参与重大合同谈判。上述法律事务文书以合同为主，目的是防患于未然，在签订合同时明确双方权利、义务，力争减少或不发生争议，这其中涉及许多技巧问题。比如，如果己方不会违约，定金数额和违约金比例可以适当提高；如果己方也可能违约，定金和违约金比例不要定得太高，以防自己一方违约后承担的违约责任过重。

（3）有针对性地举办培训班，提高业务人员法律意识和风险防范意识。企业在经营活动中，时时刻刻都需要签订各类合同，法律顾问律师不可能事必躬亲草拟、审查、修改每一份合同，尤其是那些临时商议的补充条款、补充合同。帮助顾问单位提高业务人员法律意识，也是法律顾问律师的一项重要工作。

（4）企业发生纠纷时参与诉讼。担任顾问单位代理人，参与诉讼也是法律顾问律师一项经常性工作，但并非所有纠纷均选择诉讼方式，尤其与企业关系较好，又与企业有直接利害关系的关系户发生矛盾，有经验的律师往往建议企业选择非诉讼方式解决矛盾。实践也证明，从长远角度看，这对企业发展是有利的。但对于调解无望、案情复杂或者争议对方在外地的案件，要尽早起诉，争取管辖权。

（5）协助企业人事主管部门开展工作。近些年来，劳资关系矛盾愈演愈烈，法律顾问律师的职责也应包含企业劳动合同、保密协议草拟、审查，辞退员工方案设计，以及员工提起劳动仲裁、诉讼的出庭应诉工作。一个谙熟劳动法律规章的法律顾问律师，对维护企业合法权益，保持企业团队精神和士气起着相当重要作用。

## 三、担任政府法律顾问律师的经验与技巧

### （一）要当好政府法律顾问律师必须正确认识政府目前的地位和作用

经过四十年来的改革和建设，公民的法律意识和参政议政能力不断增强，政府行政管理体制已经向有限政府、服务政府、责任政府、阳光政府和法治政府转变，政府角色定位也从全能政府直接干预向间接干预、事后监督和提供公共服务转变，“放管服”的职能转变大有成效。但是，这一转变需要一个过程，就目前而言，政府在社会经济建设中仍然处于主导地位，特别是在本地区重大项目的投资建设以及城市建设和城市运营过程中仍然充当主导者和参与者的角色，甚至有时候以民商事合同一方主体当事人的身份出现，这说明政府目前仍然离不开直接

参与经济建设、社会建设，甚至充当一方当事人的角色。但从总体上看，政府已朝着服务大局、追求法治、建设民主和构建和谐社会为主业的方向迈进。政府今后的日常工作，将要集中更多时间和精力来处理行政法律事务，而政府工作要高效运行并减少失误，关键就是要做到科学决策、民主决策和依法决策。为此，充分听取法律专家的意见和建议，特别是在一些涉法问题上善于运用法律顾问律师来保障政府工作依法开展，不仅非常必要，而且尤为迫切。

（二）要当好政府法律顾问律师，就要不断提升顾问律师为政府提供法律服务的质量

1. 要从思想上充分认识律师担任政府法律顾问律师的意义和作用。律师作为提供法律服务的专业人士，具有良好专业优势，在推动政府科学理政、依法行政等方面具有不可替代的作用。因此，明确律师在为政府提供法律服务中所起的重要作用，推动律师更好地服务政府具有极为重要的意义。首先，应当认识到律师受聘政府法律顾问律师是一项既光荣又艰辛的任务，是律师参与政府依法行政、推进民主法制建设的最好桥梁，是真正意义上的参政议政。其次，律师担任政府法律顾问律师实际上也是参与政府分享参政议政的过程，还要有政治意识、大局意识、忧患意识，始终把维护人民群众利益作为根本出发点，始终把维护社会公平正义作为价值追求。最后，我们也应当看到，担任政府法律顾问律师，意味着政府对其专家性律师地位的认同，为提高律师自身社会知名度、提升社会形象提供了有益帮助。律师应当抱有最大的热情参与服务，顾问律师要带着强烈的社会使命感，积极发挥协助政府实现依法决策、民主决策、科学决策以及传递民意、监督政府依法行政的参政议政作用。

2. 不断地夯实法学功底、提高法学素养和提升法律服务技能是律师担任政府法律顾问律师的保障。随着政府参与社会建设和提供公共服务力度和广度的加大、加深，以及市场经济进一步发育与成熟，政府在依法行政、参与经济社会和文化建设中面临的新问题新挑战越来越多，特别是与境外投资者直接谈判或合作，都将是今后政府行为中涉法事务的新课题。要求政府法律顾问律师不断地夯实法学功底、提高法学素养和提升法律服务技巧为政府服务。因此，目前最重要的是按照市场经济客观要求，不断强化律师队伍，优化律师知识结构、业务结构，律师事务所应当在提高律师整体素质、整体战斗力上狠下功夫，尽快培养出一批懂法律、懂经济、懂外语、懂商务的中坚律师，以满足政府多层次、高质量、全方位、超前的法律服务客观需求。

3. 通过提供优质高效的法律服务赢得政府官员认同和信任。当前，在政府和政府官员中不信任律师甚至排斥律师的现象大量存在，这就要求作为政府法律顾问律师要不断地通过自身表现赢得政府及官员的认同和信任，所谓“有为才有位”。因此，律师应当出色地完成政府交给的合同起草、审查、谈判等各项工作任务。同时，主动参与涉及社会稳定的群体案件论证工作，参与处理包括信访在

内的维稳案件；参与政府规章和规范性文件的调研和起草工作，从源头上规范政府行为，为政府分忧解难。

4. 开展对当地政府和社会发生的热点难点问题的调研，适时地宣传法治理念和思维，为政府提供处理各类涉法事务的最佳方案。政府法律顾问律师的工作不同于作为执业个体的普通律师，应当有更高、更强的全局观，应当关注当地社会发展过程中发生的热点难点问题，并能够以职业敏感和高度发现问题，并提出解决相应问题的思路和方法。在问题得以解决后，应当协助政府总结经验和教训，大力宣讲和宣传当地政府在处理社会热点难点问题时的良好形象，维护政府权威，从而促进当地社会稳定和谐，推进民主与法治建设。

# 第十七章　特定领域律师业务

## 第一节　企业合规与并购律师法律服务

### 一、企业合规律师法律服务

(一) 企业合规的概念和内容

1. 企业合规的概念。

合规 (compliance)，是指遵循、遵守或满足特定的要求。“特定的要求”通常来自法律法规的规定、法院的判决、行政执法机关的决定、私人组织内部的规章制度、行为守则和社会公德。企业合规 (corporatecompliance)，是指企业行为符合法律法规及其内部规章制度和商业道德的要求。企业合规关注的焦点在于现行规则对企业经营活动产生的影响，即如何确保法律法规和企业规章制度在企业内部得以遵守以及如何识别和减少合规风险。狭义的企业合规，仅指反贿赂或反腐败合规。广义的企业合规不仅包括反贿赂、反腐败合规，还包括反垄断合规、公司法合规、劳动法合规、知识产权和商业秘密合规、企业税法合规、金融机构合规、企业刑事合规等。

合规风险，是指企业以及员工因不合规行为，引发法律责任、受到相关处罚、造成经济或声誉损失以及其他负面影响的可能性。企业合规的目的是有效预防和处理企业违规的行为。企业违规对企业管理者和员工产生负面的影响。企业违规经营的不利后果，主要体现在企业承担民事责任（损害赔偿和合同无效等）、行政处罚责任（违反市场监管法律法规，行政罚款、没收违法所得、责令停产停业、吊销营业执照等）、刑事责任（行贿罪、违法经营罪、虚报注册资本罪、生产销售伪劣商品罪等单位犯罪）以及遭受商业信誉的损失。企业违规给企业管理者带来包括民事赔偿、解除职务和刑事责任等不利后果。①

2. 企业内部组成部门的合规管理职责。

企业合规管理，是指以有效防控合规风险为目的，以企业和员工经营管理行

---

① 华东师范大学企业合规研究中心编：《企业合规讲义》，中国法制出版社 2018 年版，第 2-8 页。

为为对象，开展包括制度制定、风险识别、合规审查、风险应对、责任追究、考核评价、合规培训等有组织、有计划的管理活动。

（1）董事会的合规管理职责。董事会的合规管理职责主要包括：①批准企业合规管理战略规划、基本制度和年度报告。②推动完善合规管理体系。③决定合规管理负责人的任免。④决定合规管理牵头部门的设置和职能。⑤研究决定合规管理有关重大事项。⑥按照权限决定有关违规人员的处理事项。

（2）监事会的合规管理职责。监事会的合规管理职责主要包括：①监督董事会的决策与流程是否合规。②监督董事和高级管理人员合规管理职责履行情况。③对引发重大合规风险负有主要责任的董事、高级管理人员提出罢免建议。④向董事会提出撤换公司合规管理负责人的建议。

（3）经理层的合规管理职责。经理层的合规管理职责主要包括：①根据董事会决定，建立健全合规管理组织架构。②批准合规管理具体制度规定。③批准合规管理计划，采取措施确保合规制度得到有效执行。④明确合规管理流程，确保合规要求融入业务领域。⑤及时制止并纠正不合规的经营行为，按照权限对违规人员进行责任追究或提出处理建议。⑥经董事会授权的其他事项。

（4）企业相关负责人或总法律顾问作为合规管理负责人的职责。其具体包括：①组织制定合规管理战略规划。②参与企业重大决策并提出合规意见。③领导合规管理牵头部门开展工作。④向董事会和总经理汇报合规管理重大事项。⑤组织起草合规管理年度报告。

（5）法律事务机构作为合规管理牵头部门，组织、协调和监督合规管理工作，为其他部门提供合规支持，主要职责包括：①研究起草合规管理计划、基本制度和具体制度规定。②持续关注法律法规等规则变化，组织开展合规风险识别和预警，参与企业重大事项合规审查和风险应对。③组织开展合规检查与考核，对制度和流程进行合规性评价，督促违规整改和持续改进。④指导所属单位合规管理工作。⑤受理职责范围内的违规举报，组织或参与对违规事件的调查，并提出处理建议。⑥组织或协助业务部门、人事部门开展合规培训。

（6）业务部门的合规管理职责。业务部门负责本领域的日常合规管理工作，按照合规要求完善业务管理制度和流程，主动开展合规风险识别和隐患排查，发布合规预警，组织合规审查，及时向合规管理牵头部门通报风险事项，妥善应对合规风险事件，做好本领域合规培训和商业伙伴合规调查等工作，组织或配合进行违规问题调查并及时整改。此外，监察、审计、法律、内控、风险管理、安全生产、质量环保等相关部门，在职权范围内履行合规管理职责。

3. 企业合规管理的重点内容。

（1）企业合规管理的重点领域。具体包括：①市场交易。完善交易管理制度，严格履行决策批准程序，建立健全自律诚信体系，突出反商业贿赂、反垄断、反不正当竞争，规范资产交易、招投标等活动。②安全环保。严格执行国家安全生产、环境保护法律法规，完善企业生产规范和安全环保制度，加强监督检查，及时发现并整改违规问题。③产品质量。完善质量体系，加强过程控制，严把各环节质量关，提供优质产品和服务。④劳动用工。严格遵守劳动法律法规，健全完善劳动合同管理制度，规范劳动合同签订、履行、变更和解除，切实维护劳动者合法权益。⑤财务税收。健全完善财务内部控制体系，严格执行财务事项操作和审批流程，严守财经纪律，强化依法纳税意识，严格遵守税收法律政策。⑥知识产权。及时申请注册知识产权成果，规范实施许可和转让，加强对商业秘密和商标的保护，依法规范使用他人知识产权，防止侵权行为。⑦商业伙伴。对重要商业伙伴开展合规调查，通过签订合规协议、要求作出合规承诺等方式促进商业伙伴行为合规。⑧其他需要重点关注的领域。

（2）企业合规管理的重点环节。具体包括：①制度制定环节。强化对规章制度、改革方案等重要文件的合规审查，确保符合法律法规、监管规定等要求。②经营决策环节。严格落实“三重一大”决策制度，细化各层级决策事项和权限，加强对决策事项的合规论证把关，保障决策依法合规。③生产运营环节。严格执行合规制度，加强对重点流程的监督检查，确保生产经营过程中照章办事、按章操作。④其他需要重点关注的环节。

（3）企业合规管理的重点人员范围。具体包括：①管理人员。促进管理人员切实提高合规意识，带头依法依规开展经营管理活动，认真履行承担的合规管理职责，强化考核与监督问责。②重要风险岗位人员。根据合规风险评估情况明确界定重要风险岗位，有针对性地加大培训力度，使重要风险岗位人员熟悉并严格遵守业务涉及的各项规定，加强监督检查和违规行为追责。③海外人员。将合规培训作为海外人员任职、上岗的必备条件，确保遵守我国和所在国法律法规等相关规定。④其他需要重点关注的人员。

（4）海外投资经营行为的合规管理。具体内容包括：①深入研究投资所在国法律法规及相关国际规则，全面掌握禁止性规定，明确海外投资经营行为的红线、底线。②健全海外合规经营的制度、体系、流程，重视开展项目的合规论证和尽职调查，依法加强对境外机构的管控，规范经营管理行为。③定期排查梳理海外投资经营业务的风险状况，重点关注重大决策、重大合同、大额资金管控和境外子企业公司治理等方面存在的合规风险，妥善处理、及时报告，防止扩大蔓延。

（二）企业合规律师法律服务

1. 企业合规律师法律服务的内容。

（1）合规咨询。针对企业提出的有关经营决策、服务模式、服务产品、经营项目、经营合同、销售政策、规章制度及危机事件、合规工作体系构建等方面提供全面法律意见。帮助企业建立健全合规管理制度，制定企业全员遵守的合规行为规范，对企业重点领域制定有针对性的合规管理制度，并根据法律法规变化和监管动态，及时将外部有关合规要求转化为内部规章制度。

（2）合规培训。对企业就合规形势、政策、事件及最新法律规定进行综合及专项的教育培训，以期帮助企业增强合规意识，提高合规管理水平。

（3）合规审查和调查。帮助企业建立健全合规审查机制，将合规审查作为规章制度制定、重大事项决策、重要合同签订、重大项目运营等经营管理行为的必经程序，及时对不合规的内容提出修改建议，未经合规审查不得实施。针对企业内部发生的各种员工舞弊行为启动的调查和责任追究程序；针对企业面临的各种行政机关、公安司法机关的外部调查而启动的应对措施和程序。

（4）合规风险识别与应对。帮助企业建立合规风险识别预警机制，全面系统梳理经营管理活动中存在的合规风险，对风险发生的可能性、影响程度、潜在后果等进行系统分析，对于典型性、普遍性和可能产生较严重后果的风险及时发布预警。协助企业加强合规风险应对，针对发现的风险制定预案，采取有效措施，及时应对处置。对于重大合规风险事件，合规委员会统筹领导，合规管理负责人牵头，相关部门协同配合，最大限度化解风险、降低损失。

（5）合规管理评估。帮助企业开展合规管理评估，定期对合规管理体系的有效性进行分析，对重大或反复出现的合规风险和违规问题，深入查找根源，完善相关制度，堵塞管理漏洞，强化过程管控，持续改进提升。

2. 律师开展企业合规法律服务的原则和技巧。

（1）企业合规业务的开展需要综合性的法律服务，应充分利用综合性律所具有的各方面专业人才优势。只有以企业经营发展各方面合规需求为导向，以客户企业个性化需求为准绳，组建包括公司企业法律服务各方面的专业人才形成团队，才能提供全方位的法律服务。

（2）企业合规业务具有极强的涉外法律服务因素，应充分利用国内律所海外办公室或者涉外法律服务联盟等机构，拓展和挖掘法律服务需求，面向海外打造我国自己的合规法律业务和专业人才。但同时也应重点关注国内法律规范的规定要求，特别是刑事法律政策和法律制度环境的转变，比如《监察法》等的颁布、监察体制的建立可能给刑事司法环境带来的变化，会让涉外法律服务接地气、有实效。

（3）应在严格守法、程序合法的前提下，开展合规法律服务，尤其是其中的刑事合规业务，如果稍微不慎，可能会造成律师的执业风险。律师为他人预防法律风险、化解法律责任的前提是自身守法、不犯法，若突破这一底线，则对个人、对律所、对客户都是极大的不负责。①

---

① 参见罗丹：《企业合规与法律服务》，载国浩律师事务所官网微信公众号 2018 年 2 月 23 日，https：//mp. weixin. qq. com/s/o3VORUzMlruReiRoLy7KYg。

## 二、企业并购律师法律服务

### （一）企业并购法律服务概述

1. 企业并购。

企业并购，是指具有独立法人资格的企业进行的对外合并与收购。企业合并，是指一个企业购买其他企业的产权，使其他企业失去法人资格或改变法人实体的一种行为。根据不同的分类标准，企业并购有不同的类型。根据并购资金来源不同，即收购方是以现金支付收购价款还是通过未来收益融资来完成并购，可以分为杠杆并购和非杠杆并购；根据并购双方所属行业是否为相同领域或是否存在生产经营链条的上下游关系或是其他联系进行划分，企业并购分为横向并购、纵向并购和混合并购。

2. 企业收购。

企业收购，是指收购人处于资源整合、财物税收、提高奇特市场竞争力等方面的考虑，通过购买公司股东的股权或以其他合法途径控制该出资，进而取得该公司的控制权或管理权以及购买该公司的资产并得以自主运营该资产的行为。根据收购的内容不同，即收购的客体是卖方企业资产还是卖方的股份，可以分为股权收购和资产收购。

3. 尽职调查。

尽职调查，是指并购方对目标公司的设立和合法存续情况、资产和负债情况、经营和财物情况、法律关系以及目标公司面临的机会和潜在的风险进行的一系列调查。律师在企业并购过程中提供尽职调查服务是公司并购活动中最重要的职责之一。律师开展尽职调查的意义在发现风险，判断风险的性质、程度以及对并购活动产生的影响和后果，从而防范和规避风险。

### （二）企业并购律师法律服务的内容

1. 律师在企业并购项目中的法律服务流程。

律师在企业并购项目中的法律服务流程，具体包括如下内容：（1）并购方向目标公司发出非正式的并购意向。（2）并购方与律师事务所签订“专项法律顾问合同”或“法律顾问合同”，同时签署“尽职调查保密协议书”。（3）并购方与目标公司就尽职调查签署保密协议。（4）并购方指定由自身或其聘请的法律、财物、会计等方面的专家组成尽职调查小组。（5）律师根据受托的法律业务起草“尽职调查清单”。（6）由目标公司根据律师的要求收集相关资料，并指定专人配合尽职调查。（7）律师在限定期限内对目标公司提供的资料进行审查，并就有关事实自行查证和进行补充调查，询问目标公司有关负责人员。（8）律师根据调查结果出具初步尽职调查报告，反映尽职调查中发现的实质性法律事项和风险，以作为并购方考虑交易方案及购买价格等因素的基础。（9）根据初步尽职调查报告，律师协助委托方设计并购方案、起草并购意向书。（10）根据交易双方签署的并购意向书，进一步确认需要继续核实和调查的事项，由律师出具“补充尽职调查清单”，直至情况查明。(11) 起草并向委托方提交准确、完整、翔实的尽职调查报告。(12) 律师协助委托方起草或修改并购合同。(13) 律师根据并购方谈判结果制作相关法律文件。

2. 企业并购过程中法律风险的发现与防范。

(1) 企业并购初期的风险分析和风险防范。在并购初期，律师需要协助并购方在与交易对方初步接触所获取的有限信息基础上，判断并购在法律上的可行性和风险。律师应当根据了解的概况，向客户呈交并购可行性的法律分析意见，包括并购的法律方式、行业准入、外商投资的产业限制、审批风险等。在该等法律风险的分析和披露基础上，进一步向客户推荐解决、降低风险的办法和方案。在交易双方达成初步的并购意向之后，为确立谈判各方的法律地位、谈判要点等，律师应当协助并购方与目标公司签署框架协议。针对不同类型的并购项目，律师应当协助并购方在并购方案中一并考虑技术转让和使用、设备使用、品牌使用以及市场划分等各项关联问题，并根据所涉及的问题和并购项目的整体框架将并购合同分类细化，签署主协议及相关附件，形成全面的合同架构，清楚界定项目所涉相关法律问题。

(2) 付款风险的防范和共管账户的运用。

第一，付款风险的防范。律师在参与项目的谈判以及起草合同过程中，应当就有关并购方支付对价款或者投资款事宜，尽量设计分期或者附条件的付款方式，以降低并购方的资金风险。比较常见的方式为，根据交易的进程和各阶段时间标志进行分期付款或者根据政府审批完成、尽职调查报告完成、框架协议的签署、主协议的签署、双方权力机构批准等作为划付投资款的前置条件。

第二，共管账户的运用。在整个并购项目谈判过程中，为表达双方谈判和交易的诚意，并购方往往应对方要求需要先行支付一笔诚意金（earnestmoney）作为谈判担保，但要求对方不得擅自动用该笔资金；同时，卖方又存在买方在政府审批且标的过户手续完成后违约不支付对价的风险，而买方也存在如先行支付对价但最终交易因政府审批等因素不能完成的风险。在此情况下，律师可建议客户在协议中设置共管账户条款，由交易双方同监管银行签署三方账户监管协议，约定在协议条件成就的情况下方可划付相应款项。

(3) 过渡期目标公司资产、财务、业务状况稳定性的风险防范。对于并购方而言，在并购交易最终完成且并购方取得对目标公司的实际控制前，存在在该过渡期间（transitionperiod）卖方或者目标公司管理层损毁公司的资产、财务状况、业务等风险。为此，并购协议中应当作出相应安排，约定过渡期间卖方以及目标公司禁止、限制从事的行为，并且卖方须对前述禁止、限制行为提供担保，一旦发生将承担赔偿的违约责任；同时，在并购方支付首期款后，即派出人员加入目标公司的董事会和管理层，监控目标公司的经营行为。

（4）未经披露的债务风险的防范。律师应当在并购协议的承诺与保证条款以及违约责任条款中，明确约定如果出现未经披露的其他负债，卖方将承担全部损失，以有效预见可能发生的或现有负债，并明确责任承担，有效降低并购方承担未经披露债务的风险。

（5）员工安置和社会保险缴纳。在并购项目的前期尽职调查程序中，律师应当审查劳动合同以及社会保险缴纳的合法性问题，以避免发生或有的劳动争议纠纷及索赔。同时，应当在并购项目谈判过程中，提示并购方关于员工劳动合同履行的相关风险，确定劳动关系的接收或解除，并相应做好安置补偿工作。

（6）税负负担的筹划。税务策划在整个并购项目的方案构架、法律文件安排等方面已经成为重要的考虑因素之一。律师应当配合会计师或专业的税务筹划机构，协助设计税务筹划方案并论证其合法性。

3. 企业收购兼并过程中的法律文件的制作及履行。

（1）企业收购兼并过程中法律文件的制作。

第一，尽职调查报告。律师在整个尽职调查中提供的法律服务主要包括：帮助制订尽职调查计划；提供尽职调查的审查清单；协助并购方与目标公司、卖方签署保密协议；对必要的调查事项至相关行政或主管部门进行查证核实；确定尽职调查时间表；出具尽职调查报告。具体而言，尽职调查报告的主要内容包括：审查目标公司主体资格；调查目标公司的主要财产价值及其产权；调查目标公司的重大债权债务；调查目标公司的税务、环境保护、原材料资源、产品质量、生产技术、销售网络、市场前景等因素；调查目标公司的人力资源；调查并购的外部法律环境等。律师开展尽职调查的途径包括：目标公司为上市公司时法定公开披露的信息；其他公开出版物；登记机构；政府主管部门；目标公司的供应商、客户和协议另一方；目标公司的专业顾问等。

第二，并购意向书。并购意向书一般约定双方初步达成的商业性条款以及继续磋商的条件和基础。并购意向书一般包括并购标的条款、并购的初步商业条款、尽职调查条款、排他性商谈条款、前期谈判费用的分摊条款、保密条款、终止条款、意向效力条款、争议解决条款、锁定条款等。就其效力而言，可以明确约定部分条款具有法律约束力，而部分条款不具有法律约束力。其中，保密条款、排他性协商条款、谈判费用分摊条款、提供资料与信息条款、争议解决条款以及终止条款一般应约定具有约束力。

第三，并购协议书。根据企业并购交易方式的不同，并购协议的内容和形式也有所不同。以资产收购协议、股权收购协议作为企业并购的主要协议，一般来说，共同包括以下主要条款：陈述与保证条款、并购协议生效的先决条件、过渡期间安排、履行并购协议（交割的条件及程序安排）、交割后目标公司的经营管理、违约责任和损害赔偿责任条款、争议解决和法律适用条款以及其他通用条款。

（2）企业收购过程中有关法律文件的履行。在收购履约阶段，律师工作主要包括：①为收购各方拟定“履约备忘录”，载明履约所需各项文件，并于文件齐备时进行验证以确定是否可以开始履行合同；②协助委托人举行验证会议；③按相关法律法规的规定办理报批手续；④协助办理收购涉及的各项变更登记、重新登记、注销登记手续。

律师协助收购方或目标公司起草或调取的，需要向相关政府主管部门报送的材料包括：①股东变更申请书；②收购前各方的原合同、章程及其修改协议；③收购各方的批准证书和营业执照复印件；④目标公司董事会、股东会关于股权转让的决议；⑤股权变更后的董事会成员名单；⑥收购各方签订的并经其他股东签字或以其他书面方式认可的股权转让协议；⑦审批机关要求报送的其他文件。

在履行过程中，律师应向委托人提示股权转让与股权转让合同生效即收购合同生效的区别。股权转让合同除法律法规明文规定需经主管部门批准生效的以外，或者当事人约定了生效条件之外，一般自合同主体签订盖章之日起生效；而股权转让的生效以合同的生效为前提，但股权转让合同的生效并不意味着股权自合同生效时起转让，其生效根据公司性质有可能还需满足法律规定的条件或当事人约定的条件。

## 第二节　证券、基金与期货市场律师法律服务

### 一、证券领域律师法律服务

证券是多种经济权益凭证的统称。这里的证券是从狭义上理解，仅指有价证券。律师在证券领域的服务，是指律师在证券市场的服务。证券市场是构成金融市场重要部分的进行证券发行和交易的场所。由于我国目前的证券市场并不完备，参与者的风险意识不足，我国通过立法和主管机构强行规定，要求部分证券发行与交易必须有律师参加。律师从事证券业务应具有高度的专业性。

（一）我国证券律师服务的产生和发展

我国证券律师业务的产生和发展大致分为两个阶段。

1. 证券律师业务的产生。随着 1990 年 12 月上海证券交易所和 1991 年 7 月深圳证券交易所的先后开张，律师开始介入证券领域。

2. 证券律师业务的发展。2002 年 12 月 23 日，中国证监会会同司法部联合下发《关于取消律师及律师事务所从事证券法律业务资格审批的通告》（以下简称《通告》）。《通告》正式取消已实行 10 年之久的证券律师资格制度，此后中国律师从事证券业务将不再受资格限制，即意味着所有的执业律师都可以进入证券业务领域。律师在证券领域的发展进入了一个新的阶段。2007 年 3 月 9 日，《律师事务所从事证券法律业务管理办法》经中国证券监督管理委员会主席办公会议和

司法部部务会议审议通过，自2007年5月1日起正式施行。2010年10月20日，《律师事务所证券法律业务执业规则（试行）》颁布，自2011年1月1日正式施行。这两个法律规范为律师从事证券业务提供了新的法律依据。2015年10月，中华全国律师协会发布了《律师从事证券法律业务尽职调查操作指引》，规定了律师开展证券业务尽职调查的基本方法和基本内容。

### （二）证券领域律师服务的主要内容

证券法律业务，是指律师事务所接受当事人委托，为其证券发行、上市和交易等证券业务活动，提供的制作、出具法律意见书等文件的法律服务。证券领域律师服务的主要内容包括为下列事项出具法律意见、作出见证或承诺等：（1）首次公开发行股票及上市；（2）上市公司发行证券及上市；（3）上市公司的收购、重大资产重组及股份回购；（4）上市公司实行股权激励计划；（5）上市公司召开股东大会；（6）境内企业直接或者间接到境外发行证券、将其证券在境外上市交易；（7）证券公司、证券投资基金管理公司及其分支机构的设立、变更、解散、终止；（8）证券投资基金的募集、证券公司集合资产管理计划的设立；（9）证券衍生品种的发行及上市；（10）中国证监会规定的其他事项。

### （三）律师在证券领域服务的规范

1. 证券律师的工作原则和工作目标。

（1）证券律师的工作原则。根据相关法律规定，证券律师不仅要履行法定义务，也要忠实履行合同义务，遵从独立、合法、勤勉尽责的原则，以律师行业公认的业务水平和道德标准，根据现行法律和政策的规定判断企业改制、重组设立或者新设立以及依法变更行为，股票发行上市所涉及的各方面在程序上和实质条件方面的合法性、合规性，保证有关信息披露文件无虚假记载、无重大遗漏和误导性陈述，对广大投资者负责。

（2）证券律师的工作目标。证券律师的工作目标是配合改制企业通过新设股份公司或者对拟改制公司（企业）进行规范化的公司制改造，通过资产重组、股权重组、债务重组，使之成为具备辅导条件的股份公司，经过辅导并验收合格后进行股票发行上市工作，或者为符合条件的上市公司提供法律支持，把后续融资机会通过配股、增发、发行可转换债券变为现实。证券律师应严肃、认真地参与改制方案的确定和申报材料的制作，确保申请文件的真实性、准确性和完整性，保证改制方案和申报材料的合法性、规范性，确认不存在对发行和上市有重大影响的法律障碍。保证有关信息披露文件无虚假记载、无重大遗漏和误导性陈述，为客户提供优质、高效的法律服务。

2. 证券律师的监督管理和法律责任。

（1）监督管理。对律师从事证券服务的监督管理机构，根据法律规定，是中国证监会及其派出机构、司法行政机关及律师协会。中国证监会及其派出机构、司法行政机关及律师协会应当建立律师从事证券法律业务的资料库和诚信档案，记载律师、律师事务所从事证券法律业务所受处理、处罚等情况，并按照规定予以公开。这些监管机构主要通过以下方式对律师的证券服务进行监管：

第一，中国证监会及其派出机构在审核律师出具的法律意见时，对其真实性、准确性、完整性有疑义的，可以要求律师作出解释、补充，或者调阅其工作底稿。律师和律师事务所应当配合。

第二，律师、律师事务所从事证券法律业务有下列情形之一的，中国证监会及其派出机构可以采取责令改正、监管谈话、出具警示函等措施：①未按照法律规定勤勉尽责，对所依据的文件资料内容的真实性、准确性、完整性进行核查和验证；②未按照法律规定编制核查和验证计划；③未按照法律规定要求委托人予以纠正、补充，或者履行报告义务；④未按照法律规定在法律意见中作出说明；⑤未按照法律规定讨论复核法律意见；⑥未按照法律规定履行告知义务；⑦法律意见的依据不适当或者不充分，法律分析有明显失误；⑧法律意见的结论不明确或者与核查和验证的结果不对应；⑨未按照法律规定制作工作底稿；⑩未按照法律规定保存工作底稿；⑪法律意见书不符合规定内容或者格式；⑫法律意见书等文件存在严重文字错误等文书质量问题；⑬违反业务规则的其他情形。

第三，律师、律师事务所负责人未按照规定接受监管谈话，或者未按照要求改正所存在问题的，中国证监会及其派出机构或者司法行政机关可以责令其限期整改。

第四，律师、律师事务所被中国证监会及其派出机构、司法行政机关立案调查或者责令整改的，在调查、整改期间，中国证监会及其派出机构暂不受理和审核该律师、律师事务所出具的法律意见书等文件。

（2）法律责任。律师和律师事务所在从事证券服务的时候，如果违反《证券法》和有关证券管理的行政法规，就应当承担相应的法律责任。律师和律师事务所可能承担的法律责任主要有以下几种情形：①律师事务所及其指派的律师从事证券法律业务，违反《证券法》和有关证券管理的行政法规，应当给予行政处罚的，由中国证监会依据《证券法》和有关证券管理的行政法规实施处罚；需要对律师事务所给予停业整顿处罚、对律师给予停止执业或者吊销律师执业证书处罚的，由司法行政机关依法实施处罚。②律师事务所从事证券法律业务，未勤勉尽责，所制作、出具的文件有虚假记载、误导性陈述或者重大遗漏的，由中国证监会责令改正，没收业务收入，暂停或者撤销证券服务业务许可，并处以业务收入1倍以上5倍以下的罚款。对直接负责的主管人员和其他直接责任人员给予警告，撤销证券从业资格，并处以3万元以上10万元以下的罚款。③律师事务所从事证券法律业务，未按照法律规定保存工作底稿的，由中国证监会责令改正，给予警告，并处以3万元以上30万元以下的罚款。④律师从事证券法律业务，违反《证券法》和有关法律规定，情节严重的，中国证监会可以依照《证券法》的相关规定，对其采取证券市场禁入的措施。⑤律师事务所及其指派的律师从事证券法律业务，违反《律师法》和有关律师执业管理规定的，由司法行政机关给予相应的行政处罚。律师事务所及其指派的律师从事证券法律业务，违反律师行业规范的，由律师协会给予相应的行业惩戒。⑥律师事务所及其指派的律师违反规定从事证券法律业务，涉嫌犯罪的，依法移送司法机关处理。

（四）律师从事证券法律业务尽职调查的要求和方法

1. 律师从事证券法律业务尽职调查的要求。

律师从事证券法律业务尽职调查的要求主要包括：（1）律师在尽职调查时，应当遵守法律、行政法规及相关规定，遵循诚实、守信、独立、勤勉、尽责的原则，恪守律师职业道德和执业纪律，严格履行法定职责，以保证律师在从事证券法律业务中，在合理尽职调查基础上出具文件的真实性、准确性和完整性。（2）基于专业分工及归位尽责的原则，律师对尽职调查过程中的法律事项应尽到证券法律专业人士的特别注意义务；就财务、会计、税务、评估、行业有关事项仅负有一般注意义务，可出于合理信赖直接援引其他证券服务专业机构的工作成果，除非明知涉及争议或纠纷，律师可不再对该等事项重复核查验证。（3）律师在开展尽职调查前应制订查验计划，并在完成尽职调查后对查验计划的落实情况进行评估和总结。（4）律师应在尽职调查过程中制作并保存完整的工作底稿，作为勤勉尽责的重要依据。

2. 律师从事证券法律业务尽职调查的方法。

律师应当依据不同的查验事项及核查对象选择合理的查验方法，包括但不限于面谈、书面审查、实地调查、查询和函证、计算、复核等方法，并根据存疑则追加核查方法的原则，确保所披露文件真实、准确、完整。具体而言，律师从事证券法律业务尽职调查的常见方法包括：

（1）要求委托人及委托人控制或有关联的主体提供书面凭证，这是尽职调查最基本的方法。委托人及提供书面凭证的主体，应以书面方式说明其提供的资料真实、准确、完整。但证明的事实需其他资料作为支持或者印证的，不能以委托人及委托人控制的或有关联的主体提供的书面凭证作为认定事实的唯一依据。

（2）就委托人及相关主体经营情况是否真实而言，律师必须亲自赴委托人及委托人下属公司、企业的主要经营场地进行现场核查。必要时，可赴委托人的重要供应商、客户的经营场地进行现场核查。

（3）就确认公司、企业的主体信息以及历史沿革资料而言，律师应向相关工商行政管理部门调取全套工商登记资料，并加盖工商登记资料查询证明章。工商登记资料与委托人自行提供的资料有冲突的，以工商登记资料为准。因特殊情况无法亲自调阅工商登记资料的，应寻求其他替代方式，但不得仅依靠委托人提供的工商登记资料作为认定事实的唯一依据。

（4）就需要其他第三方进行确认的事项，律师应通过访谈、函证的方式进行。访谈、函证可与其他中介机构的尽职调查共同进行，但必须作独立调查及判断。第三方接受访谈但不愿出具书面确认文件的，或第三方不接受访谈的，律师应制作笔录并可通过摄影等方式进行佐证。

（5）就某些无法以书面文件作出支持的事实进行访谈，尤其是对委托人及委托人的工作人员进行访谈时，访谈内容必须明确、具体，并能够反映律师得出结论的经过，而非仅仅就是否存在事实作出询问。

（6）网络检索、公开媒体的查询、政府部门、行业协会官方网站的查询是其他核查方式的有效佐证和补充，律师在对委托人整体背景资料、无独立第三方证据证明的事实以及存疑事项进行核查时，应利用该等方式进行核查。

#### （五）律师编制或审核证券服务法律文件及法律意见的要求

律师应当按照有关法律法规和委托人的要求编制或审核与受托证券法律业务有关的法律文件，并就受托证券法律业务所涉及的重要法律问题或法律事项出具法律意见。法律意见是律师事务所及其指派的律师针对委托人委托事项的合法性，出具的明确结论性意见，是委托人、投资者和中国证监会及其派出机构确认相关事项是否合法的重要依据。法律意见应当由律师在核查和验证所依据的文件资料内容的真实性、准确性、完整性的基础上，依据法律、行政法规及相关规定作出。

（1）律师在编制或审核有关证券法律文件及出具法律意见的过程中，应当始终明确证券法律文件和法律意见是投资者进行投资决策的重要依据、委托人持续信息披露的基础以及有关机构进行行业监管和业务监管的重要依据。

（2）律师编制或审核证券法律文件以及出具法律意见，应当以尽职调查的结果为依据，严格遵守国家现行有效的法律法规，证券监管机构公布实施的办法、规定、准则和规则。

（3）律师不应当就证券法律文件和法律意见书中应由委托人、保荐人和其他相关方负责的专业性内容发表意见，也不因此承担相应的法律责任。

（4）对现有法律法规没有明确规定的事项或者律师已经勤勉尽责仍不能对其法律性质或其合法性作出准确判断的事项，律师应当出具保留意见。律师出具法律意见，应当尽力核实相关传真件、复印件、副本和节录本等是否与原件一致；如果经过合理努力仍不能核实的，应当明确予以说明。

（5）证券监管机构就有关证券法律文件和法律意见的内容和格式有特别要求的，律师编制、审核相关证券法律文件或出具法律意见应当符合有关要求。律师出具法律意见书或准备其他证券法律文件，应当简洁、准确、条理清晰。

### 二、证券投资基金领域律师法律服务

#### （一）证券投资基金律师法律服务概述

证券投资基金法律业务，是指律师事务所接受证券投资基金管理公司、证券投资基金销售机构、其他从事或者拟从事基金相关业务机构的委托，指派本所律师对基金管理公司、基金、基金销售机构相关事项进行核查和验证，制作并出具

法律意见书的法律服务业务。律师事务所及其指派的律师从事基金法律业务，应当按照《律师事务所从事证券法律业务管理办法》和《律师事务所证券法律业务职业规则（试行）》的规定，对基金管理公司、基金、基金销售机构等相关行政许可事项是否符合法律、行政法规和中国证监会的规定进行查验，确认其真实性、准确性和完整性，在确保获得适当、有效证据并对证据进行综合分析的基础上，作出独立判断。

（二）证券投资基金律师法律服务的内容与要求

2010 年 10 月，中国证券监督管理委员会与司法部联合制定了《律师事务所证券投资基金法律业务职业细则（试行）》，对律师事务所及其律师开展证券投资基金法律业务内容的要求进行了详细规定。证券投资基金律师法律业务的主要内容包括：

1. 审查核验拟设立基金管理公司的相关事项。

设立基金管理公司的查验内容包括：（1）拟设立基金管理公司的主要股东、其他股东和境外股东资格；（2）股东之间的关联情况；（3）拟设立基金管理公司的章程草案；（4）拟设立公司的注册资本情况；（5）拟任公司高级管理人员和业务人员的资格条件；（6）拟设立基金管理公司的内部稽核监控和风险控制制度是否符合中国证监会规定等。

2. 审查核验基金管理公司设立分支机构的相关事项。

律师审查核验基金管理公司设立分支机构的相关事项包括：（1）公司的治理内控以及经营财务状况；（2）公司受处罚记录情况；（3）公司被监管机构调查或者正处于整改期间的情况；（4）拟设立的分支机构的名称、场所、人员和设施等情况；（5）拟设立的分支机构的职责和管理制度情况；（6）拟设立分支机构的事宜是否已经获得公司内部有权机构的批准等。

3. 审查核验基金管理公司修改章程、变更股东、名称、住所和注册资本事项。

律师审查核验基金管理公司修改章程、变更股东、名称、住所和注册资本等事项包括：（1）公司章程修改的内容和程序是否符合法律法规的规定；（2）对变更股东后新增股东的资格、出资情况以及与其他股东之间的关联关系进行审查核验；（3）审查核验公司名称、住所和注册资本的变更是否符合法律、法规和章程的规定等。

4. 审查核验基金管理公司高级管理人员任职资格事项。

律师审查基金管理公司高级管理人员任职资格的内容包括：（1）审查核验公司高级管理人员的基金从业资格；（2）审查核验公司高级管理人员是否通过证券投资法律知识考试；（3）审查核验公司高级管理人员是否具备相关的工作经历和管理经历；（4）审查核验拟任公司高级管理人员是否有《公司法》、《证券投资基金法》等法律法规和中国证监会规定的不得担任高级管理人员的情形；（5）审查核验拟任高级管理人员受处罚的记录等情况。

5. 审查核验公司募集基金的相关事项。

律师审查核验公司募集基金的内容包括：（1）审查核验基金管理人的主体资格，具体包括义务资格、人员配备、合规情况以及前只基金的募集情况等；（2）审查核验拟任基金管理人申请募集基金是否依法按照公司章程履行了必要的程序；（3）审查基金管理人和基金托管人的关系；（4）对合格境内机构投资者的基金的募集设立，律师应当根据中国证监会的规定对拟任境外投资顾问、拟任境外资产托管人的主体资格进行查验。

6. 审查核验基金销售业务资格和基金份额持有人大会决议等事项。

律师审查核验基金销售业务资格和基金份额持有人大会决议的内容包括：（1）审查核验商业银行申请基金销售业务资格的事项有内设机构、合规情况、制度建设情况、销售适用性情况以及人员情况等；（2）审查核验证券公司申请基金销售业务资格，即查验公司是否因违法违规行为正在被监管机构立案调查，或者正处于整改期间；是否发生已经影响或者可能影响公司正常运行的诉讼、仲裁等重大事项；（3）审查核验证券投资咨询机构申请基金销售业务资格是否符合法律法规的规定；（4）审查核验专业基金销售机构申请基金销售业务资格是否符合法律法规的规定；（5）审查核验基金份额持有人大会审议事项、召集人主体资格、召集程序、参会人员情况、会议形式和议事程序以及会议表决情况是否符合公司章程和法律法规的规定。

## 三、期货市场律师法律服务

### （一）期货市场律师法律服务概述

1990年，原商业部和河南省人民政府联合组建了中国第一家引进部分期货交易机制并以期货市场为发展目标现货批发市场——郑州粮食批发市场，作为我国期货市场的尝试和准备。随后，深圳有色金属交易所、上海金融交易所等远期合同市场相继开业。1992年，党的十四大确立社会主义市场经济体制后，上述交易所或批发市场先后推出了标准化合同交易，开始由远期合同市场向现代期货市场转变。自此，期货交易所和期货经济公司得到迅速发展，制定了一系列的法律法规。例如，2007年制定并于2012年、2017年两次修改的《期货交易管理条例》；中国证券监督管理委员会于2016年制定、2020年修改的《证券期货投资者适当性管理办法》，2018年制定的《证券期货经营机构私募资产管理业务管理办法》、《证券期货经营机构及其工作人员廉洁从业规定》、《外商投资期货公司管理办法》，2019年制定的《期货公司监督管理办法》以及2020年制定的《证券期货投资者适当性管理办法》等。

### （二）期货市场律师法律服务的内容与要求

2010年制定的《律师事务所证券法律业务执业规则（试行）》第42条规

定，律师事务所及其指派的律师从事期货法律业务，参照适用该执业规则。

1. 律师开展期货法律业务应遵循的基本要求。

（1）律师事务所及其指派的律师从事期货法律业务，应当运用自己的专业知识和能力，依据自己的查验行为，独立作出查验结论，出具法律意见。对于收集证据材料等事项，应当亲自办理，不得交由委托人代为办理；使用委托人提供材料的，应当对其内容、性质和效力等进行必要的查验、分析和判断。

（2）律师事务所及其指派的律师对有关事实、法律问题作出认定和判断，应当有适当的证据和理由。

（3）律师从事期货法律业务，应当就业务事项是否与法律相关、是否应当履行法律专业人士特别注意义务作出分析、判断。需要履行法律专业人士特别注意义务的，应当拟定履行特别注意义务的具体方式、手段、措施，并予以落实。

（4）律师事务所从事期货法律业务，应当建立、健全内部业务质量和执业风险控制机制，确保出具的法律意见书内容真实、准确、完整，逻辑严密、论证充分。

2. 律师开展期货法律服务的主要内容。

（1）律师事务所及其指派的律师对受托事项进行查验，并应按照《律师事务所从事证券法律业务管理办法》编制查验计划，可采取面谈、书面审查、实地调查、查询、函证等方式开展工作。

（2）制作法律意见书，即律师应当依据法律、行政法规和中国证监会的规定，在查验相关材料和事实的基础上，以书面形式对受托事项的合法性发表明确、审慎的结论性意见。法律意见书正文应当载明相关事实材料、查验原则、查验方式、查验内容、查验过程、查验结果、国家有关规定、结论性意见以及所涉及的必要文件资料等。

（3）制作工作底稿，即律师事务所应当完整保存在出具法律意见书过程中形成的工作记录，以及在工作中获取的所有文件、资料，及时制作工作底稿。工作底稿是判断律师是否勤勉尽责的重要证据。中国证监会及其派出机构可根据监管工作需要调阅、检查工作底稿。工作底稿的内容包括：①律师接受委托事项的基本情况，包括委托人名称、事项的名称；②与委托人签订的委托协议；③查验计划及其操作程序的记录；④与查验相关的文件，如设立批准证书、营业执照、合同、章程等文件、变更文件或者上述文件的复印件；⑤与查验相关的重大合同、协议及其他重要文件和会议记录的摘要或者副本；⑥与政府有关部门、司法机关、中介机构、委托人等单位及相关人员相互沟通情况的记录，对委托人提供资料进行调查的访问记录、往来函件、现场查验记录、查阅文件清单等相关的资料及详细说明；⑦委托人及相关人员的书面保证或者声明书的复印件；⑧法律意见书草稿；⑨内部讨论、复核的记录；⑩其他与出具法律意见书相关的重要资料。

## 第三节　房地产领域律师服务

房地产业是关系到国计民生的行业，在国民经济中占有重要地位。我国自20世纪90年代末启动住房制度改革以来，房地产业作为拉动经济增长的重要支点，发展势头异常迅猛。房地产业的发展不仅可以增加政府的财政收入，提高人民的居住条件，改善民生，还可以扩大就业，带动上下游产业的发展。总之，房地产关系到千家万户的居住问题，历来为社会公众所关注。自改革开放以来，我国的房地产法律制度逐步建立、发展并不断完善，为我国房地产行业的快速、规范发展及城市的开发建设等提供了相应的法律依据。但随着我国房地产行业的快速发展，房地产领域的相关纠纷也大量涌现，律师队伍中出现了专业从事房地产法律服务的律师团队，从另一个层面也反映了房地产领域的律师法律服务市场的广度和深度。下面就房地产领域中的以下主要环节，律师所提供的法律服务内容作以简要介绍。

### 一、征收国有土地上的房屋的律师服务

2011年1月21日实施的《国有土地上房屋征收与补偿条例》（以下简称《征补条例》）是为了规范国有土地上房屋征收与补偿活动，维护公共利益，保障被征收房屋所有权人的合法权益而制定。

第一，《征补条例》规定，市、县级人民政府负责本行政区域的房屋征收与补偿工作，市、县级人民政府的房屋征收部门系组织、实施主体，虽然房屋征收部门还可以委托具体的房屋征收实施单位，但房屋征收实施单位的行为后果由房屋征收部门负责。作为房屋征收部门的律师，要谙熟《征补条例》的规定，对整个征收、补偿工作流程的规范化、合法化严格核查把关，并负责相关法律文书的起草、修订和审查等，具体有以下法律事务：

1. 是否确属《征补条例》所规定的可征收情形。

2. 是否符合国民经济和社会发展规划、土地利用总体规划、城乡规划和专项规划。

3. 拟订或参与拟订征收补偿方案，征收补偿方案应经有关部门进行论证，并予以公布，征求公众意见，征求意见期限不少于30日。

4. 征收主体对于征求意见情况和根据公众意见修改的情况应当及时公布；因旧城区改建需要征收房屋，多数被征收人认为征收补偿方案不符合《征补条例》规定的，应当组织由被征收人和公众代表参加听证会，并根据听证会情况修改方案。

5. 政府在作出房屋征收决定前要进行社会稳定风险评估，如果房屋征收决定涉及被征收人数量较多的，应当经政府常务会议讨论决定。

6. 市、县级人民政府作出房屋征收决定前，征收补偿费用要足额到位、专户存储、专款专用。

7. 房地产价格评估机构要由被征收人协商选定；协商不成的，通过多数决定、随机选定等方式确定。

8. 房屋征收部门应当将房屋征收范围内房屋的权属、区位、用途、建筑面积等情况进行组织调查登记，调查结果应当在房屋征收范围内向被征收人公布。

9. 房屋征收范围确定后，不得在房屋征收范围内实施新建、扩建、改建房屋和改变房屋用途等不当增加补偿费用的行为。房屋征收部门应当将上述所列事项书面通知有关部门暂停办理相关手续。暂停办理相关手续的书面通知应当载明暂停期限。暂停期限最长不得超过1年。

10. 市、县级人民政府作出房屋征收决定后应当及时公告，公告应当载明征收补偿方案和行政复议、行政诉讼权利等事项。

11. 拟定或参与拟定补偿协议。

12. 补偿协议签订后，被征收人不履行补偿协议约定的义务的，征收人可以依法提起诉讼。

13. 房屋征收部门与被征收人在征收补偿方案确定的签约期限内达不成补偿协议，或者被征收房屋所有权人不明确的，由房屋征收部门报请作出房屋征收决定的市、县级人民政府依照《征补条例》的规定，按照征收补偿方案作出补偿决定，补偿决定应当公平，并在房屋征收范围内予以公告。

实践中，现场征收办公室会安排法律服务处，由驻场律师负责房屋征收与补偿的法律宣传和解答，并负责处理征收过程中涉及的其他相关法律事务。另外，如果征收人对于上述征收环节未落实到位，可能存在被征收人要求确认征收人行政行为违法的法律风险，因此律师的风险防控作用尤为重要。

第二，作为被征收人的律师，需要提醒被征收人或代理被征收人的以下法律事务：

1. 征收补偿方案在征求公众意见期间以及组织听证会期间，被征收人要及时提出其合理意见，促成征收补偿方案的合理修改。

2. 对被征收房屋价值的补偿，要不低于房屋征收决定公告之日被征收房屋类似房地产的市场价格；如被征收人对评估确定的被征收房屋价值有异议的，应当及时向房地产价格评估机构申请复核评估，对复核结果有异议的，可以向房地产价格评估专家委员会申请鉴定。

3. 被征收人对市、县级人民政府作出的房屋征收决定不服的，可以依法申请行政复议，也可以依法提起行政诉讼。

4. 审查补偿协议中的补偿项目、内容、金额等是否符合征收补偿方案中所确定的补偿标准，补偿结果是否公平、合理。

5. 审查补偿协议中的条款是否对被征收人存在重大不利法律风险。

6. 对于征收过程中征收人拆除违法建筑和超过批准期限的临时建筑的行为的合法性进行法律分析，必要时提起行政复议、行政诉讼等。

7. 补偿协议签订后，如征收人不履行补偿协议约定的义务，代理被征收人依法提起诉讼。

8. 征收人与被征收人在征收补偿方案确定的签约期限内达不成补偿协议的，市、县级人民政府作出补偿决定，如被征收人对补偿决定不服的，律师可以代为申请行政复议，也可以依法提起行政诉讼。

## 二、征收集体土地的律师服务

《土地管理法》对基于公共利益需要确需征收农民集体所有的土地，可以依法实施征收的情形作出了规定，并且规定了国家征收集体土地需要履行的相关的法定程序。与征收国有土地上的房屋的律师服务内容相同，在征收集体土地的过程中，律师也要审查征收程序的合法性和合规性，以确保征收行政行为合法，保证征收补偿、安置等合法，保障农村村民居住的权利和合法的住房财产权益。

但实践中，很多的征迁行为并非属于严格意义上的国家征收集体土地的行为，虽然相关的地方政府也向村镇进行公告、通知，对农村村民的房屋、土地进行丈量、评估，有拆迁（腾退）办公室现场办公，也有补偿实施方案和补偿实施细则，但实质上并不属于国家征收行为。所签署的补偿协议的拆迁（腾退）人可能是镇级政府、可能是村委会、可能是某公司等，如此达成的补偿协议完全是拆迁（腾退）人与被拆迁（腾退）人协商的结果，如双方达不成一致，拆迁（腾退）人无法强制拆迁（腾退）人搬离。

另外，无论是征收国有土地上房屋，还是征收集体土地，在达成补偿协议后，如任何一方不履行补偿协议内容，都可能产生纠纷甚至发生诉讼。除此之外，实践中存在大量的被征迁人的家庭内部、外部纠纷，比如家庭成员间的补偿利益析产纠纷、家庭成员与他人之间的合建纠纷、农村房屋买卖合同纠纷、与征迁房屋或者征迁利益相关的继承纠纷、离婚后财产分割纠纷，等等。房产是大宗财产，征迁利益往往大为可观。此类案件在基层人民法院的数量和比例不容忽视。

## 三、房地产开发领域中的律师服务

### （一）房地产开发中的规划许可

我国的城市建设活动要遵守《城乡规划法》的规定，土地开发利用必须服从城市规划管理。房地产开发用地过程中会涉及一系列的规划许可的行政管理内容，必须符合土地利用总体规划、城乡规划和年度建设用地计划。房地产开发需要取得两证：《建设用地规划许可证》和《建设工程规划许可证》。《城乡规划法》第 38 条第 1 款规定：“在城市、镇规划区内以出让方式提供国有土地使用权的，在国有土地使用权出让前，城市、县人民政府城乡规划主管部门应当依据控制性详细规划，提出出让地块的位置、使用性质、开发强度等规划条件，作为国有土地使用权出让合同的组成部分。未确定规划条件的地块，不得出让国有土地使用权。”第42条规定：“城乡规划主管部门不得在城乡规划确定的建设用地范围以外作出规划许可。”第40条第1款规定：“在城市、镇规划区内进行建筑物、构筑物、道路、管线和其他工程建设的，建设单位或者个人应当向城市、县人民政府城乡规划主管部门或者省、自治区、直辖市人民政府确定的镇人民政府申请办理建设工程规划许可证。”第64条规定：“未取得建设工程规划许可证或者未按照建设工程规划许可证的规定进行建设的，由县级以上地方人民政府城乡规划主管部门责令停止建设；尚可采取改正措施消除对规划实施的影响的，限期改正，处建设工程造价百分之五以上百分之十以下的罚款；无法采取改正措施消除影响的，限期拆除，不能拆除的，没收实物或者违法收入，可以并处建设工程造价百分之十以下的罚款。”

我们知道，城乡规划是政府对一定时期内城市、镇、乡、村庄的建设布局、土地利用以及经济和社会发展有关事项的总体安排和实施措施，是政府指导和调控城乡建设和发展的基本手段之一。其根本目的在于以人为本，实现城乡空间协调布局，为人民群众创造良好的工作和生活环境，促进经济社会全面协调可持续发展。因此，无论是新建还是改建、扩建，其建设行为必须符合《建设用地规划许可证》、《建设工程规划许可证》确定的土地使用性质、范围、建筑密度、容积率、建筑高度等各项规划技术指标，任何擅自变更许可证的规定进行建设或违背规划批准的图纸施工的行为，都将面临很大的法律风险。实践中，存在着很多违反规划进行建设，而最终被认定为违章建筑，承担巨额赔偿、造成重大损失的情形。因此，律师在此过程中，除了协助审查申请《建设用地规划许可证》及《建设工程规划许可证》的资料，参与开发商与政府有关部门的协调、谈判等，还要提示开发商在开发建设的过程中一定要符合规划，不能有任何超越规划要求之行为。如果在《选址意见书》、《建设用地规划许可证》、《建设工程规划许可证》或者《乡村建设规划许可证》发放后，因依法修改城乡规划给开发商合法权益造成损失的，律师可依法代理开发商提起相关补偿请求。经依法审定的修建性详细规划、建设工程设计方案的总平面图不得随意修改，确需修改的，城乡规划主管部门应当采取听证会等形式，听取利害关系人的意见，因修改给利害关系人合法权益造成损失的，应当依法给予补偿。

（二）建设用地使用权的原始取得

房地产开发的前提是合法取得建设用地使用权。建设用地使用权的原始取得方式有两种：

第一种是划拨方式取得，是指县级以上人民政府依法批准，在土地使用者缴纳补偿、安置等费用后将该幅土地交付其使用，或者将土地使用权无偿交付给土地使用者使用的行为。由此概念可以看出，划拨不一定等于无偿，两者不能完全画等号。也正是因为划拨取得可能是无偿取得或者相对无偿取得，对国家利益影响甚大，故而要严格限制划拨方式的采用，《土地管理法》第 54 条限定了国家机关用地和军事用地，城市基础设施用地和公益事业用地，国家重点扶持的能源、交通、水利等基础设施用地，法律、行政法规规定的其他用地可以通过划拨方式取得。

第二种是出让方式取得，是指国家将国有土地使用权在一定年限内出让给土地使用者，由土地使用者向国家支付土地使用权出让金的行为。建设用地使用权出让的形式有：协议出让；招标、拍卖、挂牌等公开竞价方式出让。协议出让国有建设用地使用权，是指市、县人民政府国土资源行政主管部门代表国家作为出让方，与土地使用人按照平等、自愿、有偿的原则协商一致后，签订建设用地使用权出让合同的行为。因协议出让方式没有引入竞争机制，相对缺乏公开性，其适用范围已经越来越窄，程序也更趋严格。招标分为公开招标和邀请招标，公开招标，是指招标人以招标公告的方式邀请不特定的法人或者其他组织投标；邀请招标，是指招标人以投标邀请书的方式邀请特定的法人或者其他组织投标。拍卖出让国有建设用地使用权，是指出让人发布拍卖公告，由竞买人在指定时间、地点进行公开竞价，根据出价结果确定国有建设用地使用权人的行为。挂牌出让国有建设用地使用权，是指出让人发布挂牌公告，按公告规定的期限将拟出让宗地的交易条件在指定的土地交易场所挂牌公布，接受竞买人的报价申请并更新挂牌价格，根据挂牌期限截止时的出价结果或者现场竞价结果确定国有土地使用权人的行为。《物权法》第 137 条以及《民法典》第 347 条均规定，工业、商业、旅游、娱乐和商品住宅等经营性用地以及同一土地有两个以上意向用地者的，应当采取招标、拍卖等公开竞价的方式出让。限制协议出让方式的适用，扩大采取公开竞价出让建设用地使用权的适用范围，符合我国利用土地的政策。

作为出让方的律师，至少提供以下法律服务：

1. 审查所出让的国有建设用地使用权是否已列入国有建设用地使用权出让计划并已经审批，确保出让方出让的合法性。

2. 审查出让方主体是否合法，是否具有出让方主体资格。具有出让方主体资格的是市、县人民政府土地管理部门，实践中有经济开发区管理委员会等主体作为出让方的情形，那么即便签署了建设用地使用权出让协议，出让协议也无效，法律风险不可估量。

3. 拟定或协助拟定招标、拍卖、挂牌文件，对投标人、竞拍人、摘牌人的主体资格进行审查，同时要确保招、拍、挂整个程序的合法性。

4. 拟定或协助拟定出让合同，在出让方、受让方对出让合同条款内容进行谈判、修订时，律师可全程参与。

如果作为受让方的律师，律师可为受让方提供尽职调查法律服务，在签署出让合同时对于合同中的重要条款尽到相应的法律风险提示义务，并参与受让方与出让方的谈判、协商等。

在此阶段易发生受让方中标后毁约的纠纷以及受让方未在规定期限内支付土地出让金的纠纷，律师可代为参加诉讼。另外，还有因土地交付时间、交付条件等产生争议的纠纷，因受让方逾期动工开发而可能导致的支付土地闲置费或导致建设用地使用权被收回等纠纷。因这部分纠纷标的均较大，律师的作用显得尤为重要。

（三）建设用地使用权的继受取得

除原始取得建设用地使用权外，房地产开发企业还可以以其他方式取得建设用地使用权。比如，采取建设用地使用权转让、项目转让、项目公司股权转让以及房地产合作开发等方式取得建设用地使用权，达到房地产开发的目的。无论作为哪一方的律师，因所涉标的的经济利益巨大，律师尽职调查是重要的律师服务内容之一。律师不仅要对转让或合作的相对方进行尽调，还要对转让标的、项目公司进行尽调。律师进行尽职调查的目的主要是通过对相关资料的真实性、准确性和完整性的审核，了解被调查对象的组织结构、资产、债权债务等状况，发现和分析被调查对象的法律风险和存在的问题，以及风险的程度和问题的性质，使委托方尽可能掌握被调查对象及交易事项的全部情况，补救转让或合作双方在信息获知上的不平衡。律师对于调查及核查的结果进行法律分析后，作出相应的专业判断，形成法律意见书，提供给委托方参考和了解，从而使委托方能够有效作出判断并规避相关风险作出决策。

以项目公司股权转让为例，作为受让方的律师，尽职调查内容应至少包括如下内容：除了要审查股权转让方的资信，更要审查目标公司的情况。比如，注册资本是认缴还是实缴，资产是否存在抵押、质押、查封等情形，是否存在正在进行的诉讼或可能进行的诉讼，是否存在债权债务、项目用地情况，与项目用地地块相关的合同、补充协议及履行情况，是否为第三方债务进行了担保，等等。

在此过程中存在着很多的法律风险，需要律师层层予以把关。尤其对于建设用地使用权转让、项目转让、项目公司股权转让以及房地产合作开发相关协议的谈判、协商、起草、修改、签订过程也最好是律师全程参与、把关，将法律风险降到最低。因此过程中的律师的工作量大且较为复杂，一般都是由律师团队协作完成。

（四）建设工程施工

建设施工阶段是建设单位委托施工方进行项目建设的阶段。该阶段是房地产开发的重要阶段，开发商在这个阶段委托有资质的公司进行项目设计、项目施工、项目监理，并组织项目的交接验收。在这个阶段，律师主要的法律服务内容包括：

1. 协助招投标工作。

2. 律师参与总包合同、分包合同（土方、机电、幕墙、弱电、消防、室外、市政、空调、电梯等)、材料供应合同、设备采购和安装合同、勘查合同、工程设计合同、技术咨询合同、造价咨询合同、监理合同、工程管理合同、委托测绘合同等的洽谈、草拟、审查与修改。

3. 审查工程款项的给付，如预付款是否按约定支付，进度款是否及时支付。对于进度款，要提示施工方必须及时上报工程量报告，提示建设单位一定要按约定根据工程量报告支付。对于结算款，审查施工方是否按照约定及时提交完整的竣工资料、竣工验收报告、竣工结算报告及完整的结算资料。如建设单位不支付工程款，则律师建议施工方按照合同约定的期间和程序及时行使权利。

4. 建设工程施工合同中虽然对建设工期有约定，但在施工合同履行过程中，因诸如设计变更、延期付款、返工、暂停施工、图纸提交不及时、材料供应不及时、自然灾害、政府行为、社会因素等，可能导致工期延误，律师应注意收集工期延误的相关材料、证据，区分造成工期延误的责任主体，为将来可能出现的工期索赔和反索赔做好准备。

5. 提示施工方注意按照图纸进行施工，保证工程质量合法合规。建设单位和施工方应及时进行检验、验收，并注意收集和保管相关质量签字确认内容。出现质量问题及时妥处，明确责任后应及时书面确认。

6. 重视工程建设中发生的变更和洽商，协助建立工程变更、索赔处理、设备材料价格确认、洽商价款确认、文件资料归档、文件接收与处理等各方面的管理制度。并注意提醒和审查在合同履行过程中要严格执行前述流程。

7. 负责审核、修改关于造价、措施、变更洽商、定期工程量、各类资金收支等的报告和批复等。

8. 定期或不定期的合同履行情况检查，发现合同履行中出现的偏差及时予以纠正。

9. 协助依约全面履行工程承包合同、设备采购安装合同等，累积和保管履约资料及索赔或反索赔资料，协助处理相关纠纷。

10 参加竣工工程的验收、交接工作，对验收、交接工作提出法律意见。

11. 代表委托方参加建设工程施工过程中的各种洽商、协调等工程会议。

12. 就建设工程项目相关法律问题，起草函件或发出律师函。

13. 就建设工程施工过程中引发的质量、安全等生产事故或其他民事侵权纠纷等提供法律建议或意见，并协助妥善处理。

14. 协助处理工程建设中与周边单位或个人所发生的相邻关系纠纷等。

### (五) 新建商品房买卖

房地产开发建设项目通过竣工验收并备案后，“房地产”这一商品生产过程即告结束。要想获得预期回报，即房地产开发的预期收益要通过房地产开发项目的销售环节来实现。《商品房销售管理办法》规定了商品房现售和商品房预售两种形式。商品房现售，是指房地产开发企业将竣工验收合格的商品房出售给买受人，并由买受人支付房价款的行为。商品房预售，是指房地产开发企业将正在建设中的商品房预先出售给买受人，并由买受人支付定金或者房价款的行为。商品房预售作为房地产开发企业融资的一种手段，在实践中广为存在。在此过程中，律师的法律服务主要包括：

1. 律师应当审查待售商品房是否具备法律、法规规定的可以预售、销售的条件。

2. 协助房地产开发商获得预售、销售的批准。

3. 协助房地产开发商提交申请预售、销售的文件，并办理相关预售、销售手续。

4. 审查商品房销售的广告。审查商品房销售广告，要注意以下两点：（1）广告合法性的审查。发布预售广告和销售广告的条件、内容等要求都是不同的。律师要特别提请开发商或销售商注意规范的商品房销售广告，一般应标注忠告性用语，如“本广告仅作参考”“广告中具体确定的内容，可作为购房合同附件”等。（2）审查广告内容。审查商品房销售广告，律师要提示开发商或销售商特别要注意要约邀请与要约的区别。商品房的销售广告和宣传资料一般均为要约邀请，如果未写入合同，对开发商不具有约束力。但是，开发商就商品房开发规划范围内的房屋及相关设施所作的说明和允诺具体确定，并对商品房买卖合同的订立以及房屋价格的确定有重大影响的，应当视为要约。该说明和允诺即使未载入商品房买卖合同，也应当视为合同内容，如违反，应当承担违约责任。

5. 协助房地产开发商起草、修改《购房须知》、《订购书》、《预售合同》、《现房买卖合同》、《房屋管理、使用、维修公约》、《租赁合同》等相关法律文件。

6. 参与房地产开发商与银行有关商品房抵押贷款的谈判，草拟、审查有关商品房抵押贷款的法律文件，如《购房抵押贷款合同》。出具相关法律意见书，以配合开发商落实抵押贷款银行。

7. 协助房地产开发商与买受人签订相关购房合同，解决购房纠纷等。

### 四、为物业管理提供的律师服务

《物业管理条例》第2条规定：“本条例所称物业管理，是指业主通过选聘物业服务企业，由业主和物业服务企业按照物业服务合同约定，对房屋及配套的设施设备和相关场地进行维修、养护、管理，维护物业管理区域内的环境卫生和相关秩序的活动。”前期物业管理是开发商在业主、业主大会选聘物业服务企业之前，开发商所选聘的物业服务企业对小区物业进行物业管理服务。开发商与前期物业服务公司签署的《前期物业服务合同》对全体业主具有约束力。《物业管理条例》、《物权法》及《民法典》赋予业主“选聘、解聘物业服务企业”的权利，如前期物业服务企业服务不到位，业主可以解聘前期物业服务企业，选聘新的物业服务企业对小区进行物业服务。

律师可以为物业服务公司拟定、审查、修改物业服务合同、租赁合同等合同文本，对于欠费业主发出律师函或代理其诉讼。

律师可以为业主委员会拟定、审查管理规约、业主大会议事规则。另外，《民法典》第286条第2款规定："业主大会或者业主委员会，对任意弃置垃圾、排放污染物或者噪声、违反规定饲养动物、违章搭建、侵占通道、拒付物业费等损害他人合法权益的行为，有权依照法律、法规以及管理规约，请求行为人停止侵害、排除妨碍、消除危险、恢复原状、赔偿损失。"故而，律师可代业主大会或业主委员会提起相关诉讼。

当业主权利受到侵害时，律师可代理其诉讼。例如，业主大会或者业主委员会作出的决定侵害业主合法权益的，受侵害的业主可以请求人民法院予以撤销。业主对建设单位、物业服务企业或者其他管理人以及其他业主侵害自己合法权益的行为，有权请求其承担民事责任。

## 五、二手房买卖中的律师服务

二手房并不是一个严格的法律概念，它一般是指已经取得房地产行政管理部门颁发的不动产权证明，可在住房二级市场上进行交易及流通，出卖人拥有完全处置权利的各类型房产。律师在协助委托人办理二手房买卖过程中需要提供的服务与新建商品房买卖过程中提供的服务并无实质性差异，也主要包括：签订合同前对房屋权属与交易对象的审查、对买卖合同内容的审查、协助办理抵押贷款事宜、协助办理房屋权属转移登记等。比较特殊的问题是，二手房（存量房）交易过程往往涉及各类型的中介服务机构，如房地产咨询、房地产价格评估、房地产经纪机构等。在目前二手房买卖中介服务中，问题最多的是房地产经纪业务。常见的居间纠纷多发于：房产中介公司合理审查义务的认定、居间服务存在瑕疵时报酬是否应酌减、"跳单"行为的认定及处理、中介公司报酬请求权的成就条件，等等。

在处理二手房交易的过程中，律师要注意审查可能存在的以下问题：

1. 出卖房屋已被查封。对于买受人而言，查封房不能购买，如购买，将会面临房屋不能过户的法律风险，而且如果出卖人已出现严重债务危机，那么买受人可能面临其已经支付的购房款恐也难收回的法律风险。对于房屋是否被查封，中介公司具有审查的义务，如因中介公司未履行职责，导致买受人损失的，中介公司应当承担赔偿责任。

2. 出卖房屋已被租赁。根据"买卖不破租赁"的原则，房屋即使转移了所有权，原租赁合同仍然有效。如果买受人买房需要和出卖人协商租金的收取，一般而言是由买受人在房屋产权变更后开始收取租金。买受人如果需要自行居住，应和承租人协商解除租赁合同。

3. 出卖房屋有贷款的，必须在还清贷款后才能变更产权，买受人才能重新贷款。对买受人而言，需要注意首付款的风险。有不少买受人在交完首付款后，因出卖人无钱还清房屋贷款，导致房屋产权无法变更。在这种情况下，首付款最好交由第三方保存。

4. 出卖房屋的户口问题。有很多房屋买受人买房是为了落户，解决子女上学问题，而买受人却不将户口迁走，甚至存在前房主未迁户口的问题。如此时买受人起诉出卖人要求其将户口迁出，但要求出卖人迁出户口问题不属于人民法院受案范围，出现纠纷后买受人很是被动。因此，律师在陪同买受人进行房屋买卖时，需要查询房屋户口问题，并且建议买受人一定要在房屋买卖合同中约定出卖人的户口迁出义务，且约定相对高额违约金。发生纠纷时，人民法院虽不能判决出卖人迁出户口，但可判决出卖人承担逾期迁出户口的违约金。目前，运用金钱罚则来促使出卖人尽快迁移户口也不失为一个好的解决方案。

另外，还要注意限售期内房屋买卖合同的效力问题，如为避税做低房价的买卖合同的效力问题，一房二卖问题，无权处分情形下买卖合同的效力问题，违约金过高的认定标准及调整规则，善意取得问题，房屋质量瑕疵担保责任的认定及处理、借名买房合同的认定，等等。

### 六、房屋租赁中的律师服务

我国经济高速发展，房屋租赁经营方式日益普遍，无论是居住型房屋还是经营性房屋，房屋租赁业迅猛发展，伴随而生的大量房屋租赁纠纷在人民法院审理的房地产案件中占有相当比重。律师的服务内容不外乎对于房屋权属、相关审批文件的审查，对于房屋租赁协议、相关补充协议的起草、修订、审查，以及发生纠纷后的律师代理协商、诉讼等。房屋租赁纠纷较多地发生在以下方面：关于出租违法建筑的房屋租赁合同无效，房屋租赁合同无效后的法律后果，“买卖不破租赁”的适用，承租人行使优先承租权，优先购买权的限制，一方根本违约另一方要求解除租赁合同，出租人、承租人、次承租人之间的法律关系，政府行为是否构成不可抗力，房屋遇到征收后的补偿款的分割，房屋占有使用费的支付，等等。

## 第四节　知识产权保护律师法律服务

知识产权是指人们对智力创造成果和工商业标记依法享有的权利，包括著作权、专利权、商标权等权利。知识产权从本质上说是一种无形财产权，它的客体是智力成果或者知识产品，是一种无形财产或者一种没有形体的精神财富，是创造性的智力劳动所创造的劳动成果。随着知识时代的来临，知识产权保护的范围不断扩大，用于保护知识产权的立法越来越多，更加需要律师为知识产权人提供专业的各种法律保护。

## 一、著作权领域律师法律服务

著作权是指支配特定作品并享受其利益的人格以及财产权的合成。其客体为特定作品。律师在著作权领域提供的法律服务主要包括以下内容：

### （一）为当事人起草、审查、修改各类著作权合同，参与有关合同内容的协商谈判

根据现行《著作权法》的规定，著作权合同包括著作权许可合同、著作权转让合同、著作权质押合同。不同类型的著作权合同当事人的权利义务不同。律师作为一方当事人的代理人，必须明确各类合同的不同特点，双方的权利义务，以便为双方签订合同提供充分的法律意见，维护委托人的利益。

1. 著作权许可合同。著作权许可使用是指著作权人许可他人以一定方式使用其作品并收取使用费。律师在为当事人起草有关著作权许可合同时，应当明确以下几点：（1）许可使用作品的方式；（2）许可使用的权利是专有使用权还是非专有使用权；（3）许可使用的地域范围和期限；（4）付酬办法；（5）违约责任和其他内容，如纠纷的解决办法，等等。

2. 著作权转让合同。著作权转让，是指著作财产权，包括复制权、发行权、播放权、翻译权等，从著作权人转移到另一个民事主体。著作财产权中的一项或数项一经转让，出让人就丧失了该权利。著作权转让合同的内容必须明确以下几点：（1）作品名称；（2）著作权转让的权利种类；（3）地域范围；（4）转让价金；（5）交付转让金的时间和方式。

3. 著作权质押合同。所谓著作权质押，就是为担保特定债权的履行，著作权人将其著作财产权中的一项或数项或全部作为质物，如果债务人不履行债务，债权人有权将作为质权客体的著作财产权折价、变卖或者拍卖，并以所得款项优先受偿。著作权质押合同一般应该包括以下内容：（1）被担保的主债权的种类和数额；（2）债务人履行债务的期限；（3）出质著作权的种类、范围、保护期；（4）质押担保的范围。

### （二）受当事人委托解决著作权民事纠纷

1. 进行侵权调查。在出现著作权纠纷时，对于被侵权人而言，律师在受到委托后，首先要对其著作权是否受到侵犯、侵犯的事实、侵权的后果、侵权的责任人等进行调查。律师在进行这项调查时，应当着眼于能够证明侵权事实已经发生的相关证据。具体而言，应当注意如下事项：（1）著作权人、邻接权人、相关权利人、作品完成时间、发表时间、有无证明作品由谁完成的证明文件；（2）涉嫌侵权人的姓名、名称、地址、联系方式等自然情况；（3）涉嫌侵权的作品名称、侵权的方式；（4）权利人受到侵犯的是什么具体权利；（5）侵权行为的发生地、侵权作品的发行量、侵权人的获利情况；（6）由于被侵权，著作权人所受到的物质损失是什么，有多少。

2. 为当事人提出纠纷解决意见。在著作权发生纠纷后，律师应当听取当事人对案情的陈述，认真审查当事人提供的与争议事实或纠纷相关的证据，弄清案件事实，必要时还需要进行调查，在弄清事实的基础上，依据有关法律规定提出法律分析意见和解决纠纷的方案。受当事人委托可以向对方当事人出具律师函、法律意见书，向对方提出交涉，表达与对方如何解决的意愿及方案等。律师出具律师函既要尊重当事人或受托人的意思表示，又要以客观事实为依据，以有关的法律为准则，做到有理、有据。在发出律师函后，如果仍然无法解决纠纷，可根据当事人的意愿，向法院提起诉讼。

（三）受当事人委托参与著作权刑事案件辩护

1. 著作权刑事案件的构成要件分析。根据《刑法》第 217 条的规定，侵犯著作权罪的构成要件包括：

（1）客体要件。本罪侵犯的客体是国家的著作权管理制度以及他人的著作权和与著作权有关的权益；本罪的犯罪对象是他人的作品、图书、录音、录像制品和假冒他人署名的美术作品。

（2）客观方面。本罪在客观方面表现为侵犯著作权和与著作权有关权益，情节严重的行为。具体包括以下几个方面的行为：①未经著作权人许可，复制发行其文字、音乐、电影、电视、录像作品、计算机软件及其他作品的行为；②出版他人享有专有出版权的图书行为；③未经录音录像制作者许可，复制发行其制作的录音录像的行为；④制作、出售假冒他人署名的美术作品的行为等。

（3）主体要件。本罪的主体为一般主体，既包括达到刑事责任年龄，并具有刑事责任能力的自然人，也包括经国家批准和未经国家批准从事出版、发行活动的单位。

（4）主观方面。本罪在主观方面表现为故意，并且具有营利的目的。

2. 侵犯著作权罪的认定分析。

（1）侵犯著作权罪与非罪的界限。复制、出版或制作行为有无合法根据是区分侵犯著作权罪与非罪的重要标准。合法的复制、出版或制作行为包括经著作权人许可的行为和虽未经著作权人许可，但在法律规定的合理使用范围内使用其作品的行为。此外，还需要注意把握数额标准，正确区别侵犯著作权罪与民事侵权行为。违法所得数额较大或者有其他严重情节，是区别侵犯著作权罪和民事侵权行为的重要标准。

（2）侵犯著作权罪与生产伪劣产品罪的界限。两罪在犯罪对象上存在显著不同，侵犯著作权罪的犯罪对象是受著作权法保护的精神文化产品，而生产伪劣产品罪的犯罪对象是掺杂、掺假，以假充真，以次充好或者以不合格冒充合格产品，这些产品通常为生产、生活资料。

（3）侵犯著作权罪的处罚。根据《刑法》第 217 条的规定，自然人犯本罪的，违法所得数额较大或者有其他严重情节的，处 3 年以下有期徒刑，并处或者单处罚金；违法所得数额巨大或者有其他特别严重情节的，处 3 年以上 10 年以下有期徒刑，并处罚金。单位犯本罪的，对单位判处罚金，对其直接负责的主管人员和其他直接责任人员依法追究相应的刑事责任。

## 二、商标领域律师法律服务

商标是为使消费者或者卖方识别商品而使用，是用于区别商品和服务不同来源的商业性标志。任何能够将自然人、法人或者其他组织的商品与他人的商品区别开的标志，包括文字、图形、字母、数字、三维标志、颜色组合和声音等，以及上述要素的组合，均可以作为商标申请注册。

### （一）商标注册的律师服务

商标注册是一项专业性很强的工作，涉及的法律问题较多，需要法律专业人员帮助注册。律师在注册商标时，要注意以下专业问题：

1. 商标注册申请的原则。

（1）一件商标一份申请。一份申请只能请求注册一件商标，不能在一份申请中提出注册两件或两件以上商标的请求。

（2）注册在先原则。两个或者两个以上的商标注册申请人，在同一种商品或者类似商品上，以相同或者近似的商标申请注册的，初步审定并公告申请在先的商标。申请的先后，根据《商标法实施条例》的规定，商标注册的申请日期，以商标局收到申请文件的日期为准。

（3）同日申请的，使用在先原则。两个或两个以上的申请人，在同一商品或者类似商品上以相同的或者近似的商标申请注册，并在同一日提出申请，最先使用者取得注册商标。我国《商标法》第 31 条规定，同一天申请的，初步审定并公告使用在先的商标，驳回其他人的申请，不予公告。

2. 注册商标的条件。律师为当事人申请商标注册，应当按照公布的商品和服务分类表按类申请。每一件商标注册申请都应当向商标局提交《商标注册申请书》1 份、商标图样 5 份、黑白稿 1 份。商标图样必须清晰、便于粘贴，用光洁耐用的纸张印刷或者用照片代替，长或者宽应当不大于 10 厘米，不小于 5 厘米。以三维标志申请注册商标的，应当在申请书中予以声明，并提交能够确定三维形状的图样。以颜色组合申请注册商标的，应当在申请书中予以声明，并提交文字说明。申请注册集体商标、证明商标的，应当在申请书中予以声明，并提交主体资格证明文件和使用管理规则。商标为外文或者包含外文，应当说明含义。

特殊商品申请注册商标，还应该提交批准文件。申请药品商标注册的，应该提交由卫生部或者省、自治区、直辖市卫生厅批准生产药品的证明文件。申请卷烟注册商标的，也应该提交批准生产的文件。

在申请注册商标过程中，代理人在与委托人的合作协调过程中可能会了解、知悉委托人的与注册商标申请无关但是需要保密的信息，作为受托人的律师依法承担保密义务，需要适用合同法或商业秘密的有关规定处理。

（二）为当事人起草、审查、修改注册商标许可使用合同、商标转让合同

1. 注册商标许可使用合同。对于许可使用中发生的当事人双方的权利义务，应该注意以下问题：(1) 被许可使用的商标，必须与核准的商标一致；(2) 许可期限，不得超过注册商标的专用权期限；(3) 被许可人无权擅自转让、注销或者变更注册商标，也不得许可第三人使用，除非取得许可人的同意；(4) 被许可人应该保证商品质量，维护商标信誉，并在商品或者包装上注明产地和被许可人的名称。

商标使用许可合同应当报商标局备案。自当事人签订合同之日起 3 个月内，当事人应该填写许可使用合同的备案表，附上商标注册证复印件，由许可人报商标局备案。

2. 注册商标转让合同。律师在代理商标转让过程中应特别注意，防止出现不必要的纠纷。(1) 我国《商标法》允许在同一种商品或服务上注册数个相似的商标，也允许在数种类似的商品或服务上注册同一个商标。如果在此情况下不采用整体转让，就容易产生混淆，因此必须整体转让；(2) 受让人必须保证使用该注册商标的商品的质量；(3) 集体商标不能转让或许可给非集体成员使用，因为集体商标的性质决定了集体商标只能由集体商标注册人的所属成员使用。

（三）代理当事人处理商标权争议及商标侵权案件

商标权争议是指不同的主体对商标权的注册、取得提出权利主张因而发生的争议。商标权侵权案件是指他人侵犯商标权而与商标权人发生的纠纷。律师在处理这两类常见的商标权法律事务中的主要工作是：

1. 为当事人提供法律咨询、出具法律意见，主要是回答当事人提出的法律问题对其所涉及的业已发生的争议或纠纷从法律上作出分析，提出解决方案或建议。

2. 受当事人委托进行有关商标权争议或商标侵权事实的调查，收集相关的证据。

3. 受当事人委托向商标权争议或商标权侵权的对方当事人出具律师函，提出交涉，表明立场，或者直接代表委托人与对方进行协商、交涉，解决争议或纠纷。

4. 受当事人委托，到法院提起诉讼，解决商标权争议或侵权纠纷。

5. 受当事人委托，到商标权主管部门办理有关撤销商标的事宜。

## 三、专利领域律师法律服务

专利权，简称“专利”，是发明创造人或其权利受让人对特定的发明创造在一定期限内依法享有的独占实施权。律师为当事人提供的专利权法律服务主要包括以下内容：

(一) 代理当事人办理专利权申请

根据我国现行法律的规定，专利代理人须通过考核，获得《专利代理人资格证书》方能从事专利代理业务。因此，律师要办理专利权申请，必须先通过该项考核，获得相关证书后，方能代理专利权的申请。律师在申请专利权的过程中，要注意以下事项：

1. 专利申请的原则。

(1) 书面原则。专利申请的书面原则要求专利申请人及其代理人在办理专利申请的过程中，各种手续都应该采用书面形式，不得以口头、电话、电传等形式进行专利申请。申请人及其代理人必须以规定的格式提交书面文字，并签名或盖章。同时，在我国申请专利，必须使用中文。

(2) 先申请原则。专利权作为知识产权的一种，具有排他性，在同一法域内，同样主题的发明创造上只能存在一项专利权。如果某一发明创造已经被授予专利权，他人就不能再度申请专利。两个以上的申请人分别就同样的发明创造申请专利的，专利权授予最先申请的人。

(3) 单一原则。单一原则要求一份专利申请文件只能提出一项发明创造的专利申请，即“一申请一发明”。这既有利于专利申请的分类、检索和审查，也在于防止申请人以一份申请要求保护多项发明创造，从而达到少交申请费、审查费和维护费的目的。

2. 确定申请人的资格。一项发明创造的完成，往往不是一个人的努力，而是多人参与的结果。在一些情况下，参与发明创造过程的人，是共同发明人或共同设计人，有提出申请的权利。而在另一些情况之下，仅仅参与该过程，并不具有共同发明人或共同设计人的身份，因此，没有申请的权利。在提出申请之前，这是需要首先明确的问题。决定是否具有申请人的关键是对发明创造的实质性特点作出创造性贡献。

3. 授予专利的条件。授予专利权的发明和实用新型，应当具备新颖性、创造性和实用性。

专利技术具有公开性，一般不涉及保密义务。但发明专利申请可能涉及国防方面的国家秘密是需要保密的，此时申请专利就与一般的专利申请有所不同。另外，在专利申请过程中，代理人在与委托人的合作协调过程中可能会了解、知悉委托人的与专利申请无关但是需要保密的信息，此时需要适用合同法或商业秘密的有关规定处理。

(二) 起草、审查、修改专利实施许可合同、专利转让合同或受委托与他人进行相关的协商、谈判

1. 专利许可合同。专利许可合同也称专利实施许可合同。作为一方当事人代理人的律师，应该明确双方就实施专利的方式、期限、地域范围的具体约定，明确合同的主要条款和当事人的权利义务。根据被许可方所获得的权利的效力范围

和作用对象，专利许可可以分为独占许可、独家许可、普通许可和分许可。不同的许可授予被许可方的权利是不同的，而被许可方支付给专利权人的许可费用也是不同的。

2. 专利权转让合同。专利权转让合同属技术转让合同的一种，是指当事人（让与方）将其发明创造专利权转让受让方，受让方支付相应价款而订立的合同。律师不论是作为转让方的代理人还是作为受让方的代理人，都必须明确双方的权利义务，从而更好地维护委托人的利益。

（三）受托办理有关专利权争议或者专利权纠纷

专利权争议是指不同的人对于专利权的归属或专利的内容提出权利主张或无效主张。专利侵权是指他人侵犯专利权的行为。当发生这两种情形时，当事人往往会委托律师进行调查并收集有关证据。对专利权争议的调查主要围绕争议的事实展开，包括争议的主体、内容、理由和根据等。对专利侵权的调查主要涉及以下事项：

1. 收集被侵权的专利名称、专利权人、专利申请日、授权日、专利权有效期限等所涉专利的相关基础信息。

2. 查证侵权行为的方式，涉嫌侵权人的名称、地址、财产、财务情况等。

3. 对比涉嫌侵权的产权、侵权物、侵权技术与被侵权专利的异同情况。

4. 因侵权所遭受的损失和侵权人因此所获得的利益。

5. 调查侵权行为发生地、行为实施地、结果发生地、侵权产品的销售渠道、销售数额、非法获利情况等。针对专利权争议或者专利侵权纠纷，为当事人提供法律咨询、出具法律意见书或受委托出具律师函或与对方协商、谈判。在纠纷无法协商解决的情况下，受当事人委托向法院提起诉讼以解决纠纷。

## 第五节　互联网金融风险防范律师法律服务

### 一、互联网金融法律风险概述

（一）互联网金融的概念和特征

互联网金融（Internet of Finance），是指参与主体凭借互联网平台、互联网工具、互联网技术手段等实现资金融通的经济活动。目前，互联网金融主要由传统金融机构和非金融机构组成。传统金融机构主要是传统金融业务的互联网创新及电商化创新等；而非金融机构则主要是指利用互联网技术进行金融运作的电商企业、P2P 网络借贷平台、众筹平台以及第三方支付平台等。

互联网金融的特征主要包括：（1）互联网金融主体进入门槛低。与传统金融主体严格的设立条件相比，互联网金融往往无特殊要求，设立条件相对宽松。（2）互联网金融运营成本低。互联网金融业务主要是计算机进行后台处理，操作流程标准化，成本较低。(3) 互联网金融交易效率高且具有即时性。(4) 互联网金融大众化。互联网金融覆盖了传统金融服务的盲区，已渗透到每一个金融格局中。(5) 互联网金融风险高。互联网金融虽得到快速发展，但相关的监管和行业规范不完善，加之违法成本低，非法集资、集资诈骗、恶意骗贷等违法犯罪活动比较猖獗。①

### (二) 互联网金融法律风险基本概念

互联网金融法律风险，是指在互联网法律规范体系范围内，法律规范对相关主体的各种行为有着具体的禁止、允许和授权自行约定等规定，当相关主体的作为或不作为与这些规定或基于这些规定的约定存在差异时，行为主体就存在因违反法律禁止性规定或违反基于法律规范相关规定的约定，或者因未能充分利用法律所赋予的权利，从而承受不利后果的可能性。

互联网金融法律风险的类型具体包括：(1) 刑事责任风险。刑事责任风险的表现形式是被处以刑事处罚。我国现行《刑法》涉及规制互联网金融犯罪的罪名具体包括：擅自设立金融机构罪，非法经营罪，非法吸收公众存款罪，擅自发行股票、公司、企业债券罪，集资诈骗罪，洗钱罪，出售、非法提供公民信息罪等。(2) 行政责任风险。互联网金融企业行政责任风险的发生概率远远高于刑事责任风险。行政责任风险的种类有警告、罚款、没收违法所得、没收非法财物、责令停产停业、暂扣或吊销许可证、暂扣或吊销营业执照、行政拘留以及法律行政法规规定的其他行政处罚形式。(3) 民事责任风险。互联网金融行业的民事责任风险，主要表现为合同方面的民事责任风险、公司股权方面的民事责任风险(股权众筹交易、股权纠纷等)、知识产权方面的民事责任风险（侵犯著作权、商标权等)、不正当竞争方面的民事责任风险（侵犯商业秘密、垄断经营等）和人格权方面的民事责任风险（侵犯公民隐私、肖像、个人信息）等。②

## 二、互联网金融风险防范律师法律服务领域

### (一) P2P 网贷法律风险防范律师实务

律师事务所及其在受托从事 P2P 网贷法律服务时，应当注意以下法律风险，切实做好法律风险防范预案：(1) 投资人的投资行为引发的法律风险，包括借款人违约的风险、债权的合法性风险、电子合同合规性风险以及投资人借助平台进行非法公开发行证券的风险等。(2) P2P 网贷平台自身的法律风险，包括涉嫌非法集资、非法吸收公众存款、集资诈骗罪等罪名的风险，涉嫌洗钱罪的风险，涉嫌非法公开发行证券的风险，被认定承担担保责任的风险等。(3) 借款人通过网贷平台进行融资，同样存在非法集资、非法吸收公众存款、集资诈骗、非法公开

---

① 刘永斌：《互联网金融法律风险防范实务指导》，中国法制出版社 2015 年版，第 1-3 页。

② 刘飞宇主编：《互联网金融法律风险防范与监管》，中国人民大学出版社 2016 年版，第 5-9 页。

发行证券、电子合同合规性等风险。(4) P2P 网贷平台其他运营过程中的法律风险，包括信贷技术风险、资金流动风险、贷后管理风险、与机构合作风险、不良债权的追索和处置的风险等。

(二) 众筹法律风险防范律师实务

众筹是指项目发起者通过利用互联网和 SNS 传播的特性，借助众筹平台向投资人公开发行的融资申请，并承诺项目成功后向投资人提供产品或服务、股权、债权等回报的一种新型互联网融资模式。① 根据众筹运营模式各自的侧重点和特点，主要形成了捐赠式众筹、奖励式众筹、债权式众筹、股权式众筹等几种类型。不同类型的众筹具有不同的法律风险。律师事务所及律师在接受当事人的委托从事众筹法律风险防范时，应当充分认识众筹的法律风险，制订合理有效的风险防范方案和计划。在律师实务中，捐赠式众筹的法律风险主要包括：项目信息虚假和募集资金使用不透明的风险；奖励式众筹是法律风险最小的众筹模式；回报众筹的最大的法律风险在于融资人不能或不能完全履约。股权式众筹中投资人的法律风险主要包括：涉及合同欺诈的风险、难以退出项目的风险、股份代持的风险；股权式众筹中融资人的法律风险包括：涉嫌非法吸收公众存款罪、涉嫌擅自发行股票罪、涉嫌非法发行证券罪、涉嫌洗钱罪等风险；众筹平台在股权式众筹中的法律风险包括涉嫌非法吸收公众存款罪、涉嫌擅自发行股票犯罪、涉嫌非法发行证券犯罪、涉嫌洗钱罪以及涉嫌欺诈等法律风险。

(三) 第三方支付法律风险防范律师实务

2010 年，中国人民银行颁布的《非金融机构支付管理办法》将第三方支付平台明确为非金融机构，并对其准入资格及业务领域予以了明确。第三方支付是指非金融机构在收付款人之间作为中介机构提供货币资金转移服务。第三方支付包括在线第三方支付与线下第三方支付。在线第三方支付是指非金融机构作为中介机构依托公共网络或专用网络在收付款人之间转移货币资金的行为，包括货币汇兑、互联网支付、移动电话支付、固定电话支付、数字电视支付等。

在当前我国的法律框架体系下，第三方支付存在的法律风险包括：(1) 违反市场准入制度的风险。实践中部分提供第三方支付平台服务的公司，在未得到经营许可的情况下，为他人的交易活动提供服务，存在违反市场准入制度的风险。(2) 沉淀资金违规占有的风险。部分第三方支付平台的账户上存在巨量的沉淀资金。第三方支付平台并不能取得沉淀资金的所有权，只是暂时代为保管沉淀资金。对于那些未将沉淀资金存放于专门银行账户的第三方支付平台来说，其对沉淀资金的直接占有涉嫌侵占罪或非法吸收公众存款罪，存在被追究刑事责任的风险。(3) 洗钱风险。由于第三方支付平台本身不介入消费者与经营者之间的交易活动，无法规避消费者与经营者之间的非法交易活动。部分第三方支付平台为了

① 参见罗明雄、唐颖、刘勇：《互联网金融》，中国财政经济出版社 2013 年版，第 179 页。

谋取经济利益，在主观上放任甚至促成他人的非法交易，就有可能涉嫌构成违禁品犯罪、洗钱罪、信用卡诈骗罪等，从而面临受到刑事处罚的风险。(4) 信息安全风险。第三方支付平台面临的信息安全法律风险主要包括未经允许自行收集客户信息和违法运用客户信息两大方面的内容。

(四) 虚拟货币法律风险防范律师实务

虚拟货币，也称为数字货币、互联网货币，是指在互联网虚拟环境中产生，以互联网为基础，通过电子信息技术以二进制数据形式存储在计算机系统中并通过电子信息技术以数据传递的形式实现支付与流通功能的一般等价物。虚拟货币的一个显著特征就是具有风险性，主要体现为虚拟货币的保管流通所执行的安全标准程度较低，虚拟货币的发行量难以掌控，贬值的可能性较大。

律师事务所及其律师在接受当事人委托开展虚拟货币法律风险防范业务时，应当准确分析虚拟货币法律关系，全面把握虚拟货币存在的法律风险类型。具体而言，虚拟货币的法律风险主要包括以下几个方面：(1) 洗钱风险。从事毒品犯罪、黑社会性质的组织犯罪、恐怖活动犯罪、走私犯罪、贪污贿赂犯罪、破坏金融管理秩序犯罪、金融诈骗犯罪7种上游犯罪后，通过特定形式掩饰、隐瞒犯罪所得的，可能涉嫌洗钱罪。虚拟货币的兴起为洗钱提供了新的犯罪形式。(2) 虚拟货币为网络赌博提供了隐蔽的交易支付方式。虚拟货币发行方发行虚拟货币是为了便捷消费者进行小微额度的支付，在设计虚拟商品与服务的过程中，网络服务商应当注意规避非法经营甚至开设赌场的法律风险。(3) 税收风险。国家税务总局在《关于个人通过网络买卖虚拟货币取得收入征收个人所得税问题的批复》中虽明确了买卖虚拟货币需要缴税，但缺乏可操作性的纳税细则，这就很有可能导致犯罪嫌疑人利用虚拟货币进行偷税漏税的违法犯罪行为。(4) 发行人行为引发的法律风险，主要包括发行人超量发行虚拟货币导致特定的虚拟空间内的虚拟货币贬值、因虚拟货币发行人破产导致虚拟货币价值蒸发的风险。(5) 涉及虚拟货币的法律纠纷增多。具体而言，涉及虚拟货币的法律纠纷主要包括虚拟货币被盗窃纠纷、运营商与消费者之间的管理纠纷、与虚拟货币相关的财产分割纠纷等。

# 第十八章　特定事项律师服务

## 第一节　律师咨询与代书

### 一、律师咨询

（一）律师法律咨询的概念和特点

律师法律咨询，即律师解答有关法律问题的询问，是指律师对于国家机关、企事业单位、社会团体或公民提出的有关法律问题的咨询进行解释和说明，以及提供解决该问题的法律意见或建议的一种业务活动。律师解答法律咨询，是我国《律师法》赋予律师的一项重要职责，也是律师向社会大众提供法律帮助的一种方式。

在律师法律咨询的活动中，主体是律师，内容是社会大众或者客户提出的有关法律问题。律师法律咨询，是一种基础性的法律服务业务。解答好法律咨询，既需要律师具备过硬的理论功底，也需要丰富的实操经验，否则，极易给当事人带来误导。律师法律咨询，也可能是律师对其他业务客户的初步接触，作为开展其他诉讼或非诉讼法律业务的先导。

律师法律咨询具有以下三个特点：

1. 法律咨询内容的广泛性。社会大众向律师咨询的法律问题所包含的范围十分广泛。从咨询者的身份来看，咨询者可以是国家机关、企事业单位、社会团体和我国公民，也可以是外国法人、外国组织和外国公民；从咨询的问题来看，可能是关于公民个人家庭、婚姻、隐私等法律问题，也可能是关于法人在生产、经营、管理中遇到的法律问题，还可能是与诉讼、非诉讼方面有关的问题；从咨询的内容来看，可能是有关民法、经济法、婚姻法、劳动法、行政法、刑法等内容，也可能是与国家的政策方针相关的内容，还可能是涉及国际惯例的内容。

需要注意的是，由于我国目前法制建设尚不完善，很多问题需要政策和国家方针代替法律处理和解决，因此，当咨询者提出涉及有关政策和国家方针的问题时，它们也应当被列入律师解答法律咨询的范围。

2. 法律咨询形式的多样性。律师解答法律咨询的形式是多种多样的。随着科学技术的发展，现在律师解答法律咨询既可以通过书面解答的形式，也可以通过电话、口头解答的形式；既有在律师事务所向咨询者解答的形式，又有在街头广场设点解答的形式；既有在电视、电台、报纸等传统媒体上解答的形式，又有在网络这种新兴传媒上解答的形式。

3. 法律咨询的营利性。区别于日常生活中亲朋好友之间的探讨、请教，律师对法律争议的研判和解答，是律师开展营利性法律服务的一个重要部分。律师咨询并不是普通的日常聊天，而是需要付出时间和精力开展证据研判和法律研究。因此，律师咨询以收费咨询为原则，以免费咨询为例外。社会公众应该明晰律师行业的营利性质，充分尊重律师的劳动，主动询问或积极回应律师的收费要求。律师也应妥善为法律咨询明码标价，合规、合法收取费用。

（二）律师法律咨询工作的原则

律师法律咨询工作的原则，是指律师在解答咨询者提出的法律问题时应当遵循的工作准则。

1. 以事实为根据，以法律为准绳。律师在解答法律咨询的过程中，一定要在准确、全面和深入地掌握客观事实和分析适用法律的基础上，忠于事实真相，正确运用相关法律，客观、公正地表达自己的法律意见和建议。为了能够准确、全面和深入地掌握客观事实，律师在进行事实调查的过程中，要提醒咨询者不能歪曲事实、捏造事实，要全面地叙述事实，而不应当仅提供对自己有利的证据，只表述对自己有利的事实。

2. 息讼解纷，维护安定团结。律师在解答法律咨询时，要从维护社会安定团结的大局出发，对于不应通过诉讼途径解决的问题，要多对咨询者进行说服教育、劝解和调停工作，帮助咨询者正确合理地解决纠纷，防止矛盾激化，造成不必要的损失。同时，律师还应当根据不同情况，对咨询者进行社会主义法制宣传，帮助咨询者提高自身遵纪守法的自觉性。

3. 最大限度维护当事人的合法权益。维护当事人的合法权益是律师的重要职责。在法律咨询的过程中，律师应当区分当事人的正当要求和不正当要求，并加以区别对待。对于当事人的正当要求，律师应当尽自己所能向其提供多种形式的法律帮助，在法律允许的范围内作出最大的努力，从而保证当事人的合法权益得到最大限度的保护。而对于当事人的不合法要求，律师应当告知当事人，对当事人进行社会主义法制教育，并劝说其放弃。

4. 合规合法收取法律咨询费用。相较于其他法律业务，律师法律咨询看似只是谈话而已，故咨询者很难理解和接受律师的收费要求。律师在开展法律咨询服务之前，需向咨询者充分告知、沟通咨询收费事宜，并明确提示咨询收费的标准和方式。如有必要，还需向咨询者妥善解释律师咨询收费的理由。一方面，避免收费事宜事后引发纠纷矛盾；另一方面，也引导咨询者认识到律师工作的价值。

（三）律师法律咨询的方法和步骤

律师解答法律咨询的方式一般有口头解答和书面解答两种。其中，口头解答是主要方法，书面解答属于特殊情况。良好的法律咨询，一般应优先选取口头解答的方式，并且最好在律师事务所进行。咨询者和律师开展面对面的充分交流，律师可以引导话题的方向，从而快速筛除无效信息，使咨询更易于集中于案件的事实争点和法律争议。同时，咨询者也可对律师的谈吐素养、办公环境、职业资历、事务所实力有一个直观的体验和认识，更有助于建立对律师的信任，改善法律咨询的效果。相较之下，书面解答缺乏双方的充分沟通和互动，很难把事情说清楚，既浪费双方的时间和精力，也很难达到令人满意的咨询结果。

1. 口头解答。口头解答是律师对于咨询者提出的法律问题，以口头的形式进行解答。一般来说，对于咨询者提出的问题，律师应当立即解答，当问题情况比较复杂，需要经过查阅资料或者集体讨论时，律师可以与咨询者另约时间进行解答。再次解答之前，结合初步了解的法律问题，律师要做好咨询接待前的准备工作，如细致研读咨询者前期发送的涉案资料、检索相关法律并掌握最新的规范内容等。

律师进行口头解答时，首先要填写《法律咨询登记表》，写明咨询者的姓名、性别、年龄、职业、文化程度、民族、工作单位、住址、联系方式、解答时间等事项。口头解答中要注意以下几个环节：

（1）认真倾听，仔细审阅。律师要认真、耐心地听取咨询者对相关问题和事实的表述，必要时对咨询者进行适当引导，帮助其弄清问题的本质。同时，对于咨询者提供的相关材料，律师要仔细审阅，必要时，可以要求咨询者对于相关材料进行补充。

（2）有针对性地提问。律师对于咨询者的陈述，可以有针对性地进行提问，这样一方面可以引导咨询者进行有条理的陈述，另一方面可以提高咨询效率，避免咨询者在陈述的过程中，夹杂过多不必要的内容。

（3）综合分析，准确解答。律师在对于咨询者法律问题的内容进行掌握之后，抓出问题的关键部分，然后根据有关法律法规、政策方针的规定，帮助咨询者找到解决问题的方法和途径。律师在解答的过程中，要注意自己的语言和表达，一方面要有的放矢、准确到位地回复咨询者的法律问题；另一方面要注意尽量使用通俗易懂的语言进行解答，让咨询者更容易理解。

2. 书面解答。书面解答是律师根据有关法律、法规和政策方针，以书面的形式解答咨询者提出的法律问题。律师采用书面解答的方式时，同样要做到行文谨慎、有的放矢，准确到位。书面解答一般可以分为以下两个步骤：

（1）认真阅读咨询者的来信以及提供的有关材料。律师需要掌握咨询者陈述的问题和事实，分析其是否真实可靠，提出的法律问题是否合法可行，弄清楚咨询者真实的想法和意图是什么。

（2）律师复信。在对咨询者的问题进行综合的分析之后，律师需要用条理清晰、通俗易懂的语言有针对性地向咨询者进行书面的解答。复信需要加盖律师和律师事务所的印章，并且复信底稿需要和来信一起存档备查。

但是，不论是通过口头解答，还是书面解答，对于咨询者提出的不合理、不合法的要求，律师都应当使用相关的法律法规和政策方针对咨询者进行说服教育，使其放弃这种不合理、不合法的要求。

（四）律师法律咨询的基本要求

在解答法律咨询时，律师应当注意以下主要问题：

1. 态度热情、认真，平易近人。律师在接待咨询者，解答法律咨询时，要注意讲究文明礼貌，保持热情的态度，避免咨询者产生消极抵触的情绪，鼓励咨询者把事实真相坦率地讲出来。

2. 应当考察有关证据的情况。作为一般社会大众，咨询者在对事实内容进行陈述时，往往会出于自我保护的本能，对于陈述的内容添枝加叶或者夸大其词。因此，为了能够把握事实真相、准确地解答法律咨询，律师应当向咨询者询问所陈述事实以及相关证据的有无和真伪情况。

3. 语言清楚、准确、通俗易懂。咨询者往往对法律专业术语了解不多，如果一味地搬弄法律术语、故弄玄虚，就会使咨询者产生距离感，不利于律师与咨询者之间的交流。对于必须使用的法律术语、法律名词，律师要尽量使用通俗易懂的语言对相关术语和名词进行准确到位的解释，使咨询者能够理解其含义。

4. 及时纠错。律师在解答法律咨询的过程中，如果发现自己的回答不准确、有错误，应当及时向咨询者说明情况，纠正错误，以免造成不良影响，或给咨询者带来不必要的损失。

5. 正确引导咨询者委托律师。律师的法律咨询往往会成为双方建立正式委托代理关系的前奏。律师在法律咨询过程中，虽然可适当引导咨询者聘请律师，也可为自己作出适度营销，但是必须把握分寸，如不能夸大律师服务的作用，不能给咨询者作出结果性的承诺，也不能干预咨询者的自主决断。

## 二、律师代书

（一）律师代书的概念和特征

代书是律师的主要法律业务之一，是指律师接受当事人的委托，根据法律和事实，以委托人的名义，为委托人书写诉讼文书和与法律事务有关的其他文书的专业性的行为。

律师代书具有以下法律特征：

1. 律师代书是以委托人的名义，反映委托人的意志。律师可运用自己的法律技能对委托人的诉求进行适当的概括与提高，但不能扩大、缩小或偏离委托人原意。与律师所写的辩护词和代理词不同，律师代书不是以律师自己的名义制作和发表的，而是以委托人的名义书写和准备的。

2. 律师代书是以事实为根据，以法律为准绳。律师进行代书时，代书内容要如实反映客观事实，不能任意编造，同时要遵守现行法律法规。针对重要事实，律师应要求委托人提供证据再行书写。必要时，律师可自行调查以收集证据，作为代书的依据。

3. 律师代书的内容是要反映委托人的合法意志，维护委托人的合法权益。对于委托人无理的、违法的要求，律师应当对其进行说服教育，劝其放弃，如果委托人仍然坚持自己无理的、违法的要求，律师有权拒绝代书。

4. 律师代书所产生的法律后果由委托人承担。基于律师代书的基本含义，代书是以委托人的名义进行书写的，律师代书的法律文书产生的法律后果应当归属于委托人，而不是代书的律师。但是，作为法律专业人士，律师应负责保证所代书的内容符合法律和政策。

5. 律师代写的是法律事务文书，是与国家法律执行有直接关系的文书，如合同、遗嘱等。

（二）代书的范围

律师代书的范围十分广泛，根据代书的法律事务的性质不同，律师代写的法律事务文书可以分为以下两类：

1. 诉讼文书。诉讼文书的代书，通常是指律师接受刑事、行政、民事案件当事人的委托，在各个诉讼阶段，为了完成一定的诉讼行为而制作的有关法律文书。诉讼文书包括诉讼类文书和诉讼过程中使用的各种申请书。前者如起诉状、上诉状、答辩状、申诉状等；后者如回避申请书、鉴定申请书、财产保全申请书等。

2. 有关法律事务的其他文书（非诉讼文书）。有关法律事务的其他文书，通常称为非诉讼文书。它主要是指除诉讼文书外，律师在担任法律顾问、进行非诉讼代理以及接待委托人来访过程中，根据委托人的要求而书写的法律事务文书，如合同、公司章程、声明书、公证申请书、仲裁申请书、遗嘱、收养协议书等。

（三）律师代书的基本要求

1. 语言准确，逻辑清晰。这是律师代书的基本要求。语言准确，是要求律师把案件的发生、发展、变化的线索，事实的来龙去脉叙述清楚。逻辑清晰，是要求律师在对案件事实进行法律分析时，要思维缜密，有理有据，不能出现主观臆断、自相矛盾、模棱两可、含糊其辞的情况。

2. 观点明确，中心突出。律师在进行代书时，要注意重点和中心内容的突出，同时注意主要观点和次要观点之间保持一致，论点和论据之间保持内在联系。

3. 内容客观，说理充分。律师要力求客观全面地反映案件的真实情况，摆事实讲道理，根据客观事实和法律，将相关问题进行充分分析。做到客观公正，以理服人。

4. 格式规范，层次分明。律师代书不仅要求在内容上做到客观、准确、合法，而且在格式上要注意规范。对于有固定或标准格式要求的法律文书，要严格遵循格式要求，做到内容完整，事项齐全。

## 第二节　律师见证与资信调查

### 一、律师见证

律师见证，是除公证之外的另一种证明的形式。相比公证，律师见证具有办理快捷、费用低廉等优势。对于律师开展见证业务，比较直接的根据是《律师法》第28条第6项的有关规定："接受委托，提供非诉讼法律服务。"由此可见，律师见证是为了满足法律服务市场的需要而产生的律师非诉讼业务之一。另外，中华全国律师协会在2007年制定的《律师见证业务工作细则》，也可以成为律师开展业务的根据和指引。

（一）律师见证的概念和法律特征

律师见证，是指律师接受当事人的委托，根据自己的所见所闻，以律师事务所的名义，依据法律规定对于法律行为或者法律事实的真实性、合法性进行证明的一种法律活动。律师见证的表现形式为：见证委托签署法律文件时意思表示的真实性、见证相关事实已发生的真实性或发生过程的真实性、见证重要文件原本和副本是否相符，等等。

律师见证具有下列法律特征：

1. 见证的主体是律师。律师见证同民间私证或公证具有较大的区别。公证的主体必须是国家相关部门，公证书可直接作为证据使用，而私证文书必须查证属实之后才能作为认定事实的依据。律师见证的主体是律师，是以专门提供法律服务的律师事务所的名义作出的。律师见证在司法实践中通常被认定为社会中介机构对特定事实或行为的证明，性质上仍属于私证的范畴。但相较于普通的民间私证而言，律师见证因其专业性，而具有更强的公信力。

2. 见证是对于法律和事实的确认。当事人请求见证，往往是想通过律师见证为自己提供一份法律保护，其原因在于当事人作为一般的社会大众，往往对相关的法律法规不了解，对所见证的事项的认识也不够全面。因此，律师见证主要是根据现行的法律法规，对于法律事实的真实性和合法性进行证明。

3. 见证的时间和空间有着严格的限制。所谓见证的时间，是指对于见证行为发生之时进行见证；所谓见证的空间，是指律师对于亲眼所见的范围进行见证。律师见证的时间和空间都不能超出各自的范围。

4. 律师具有独立的地位。律师见证，虽然是基于当事人的委托，但是它与律师的代理活动不同。在律师见证的过程中，律师是以见证人的身份进行活动，不是当事人的代理人，也不是调解人。律师是身处于各方当事人之外的具有独立法律地位的见证方，是起到证明和监督作用的独立主体。

（二）律师见证的原则

根据法律法规确定的律师业务的法律原则以及律师实务中积累的经验，律师见证应当遵循以下原则：

1. 自愿原则。与法律法规强制规定的公证不同，我国法律法规没有规定哪些事项需要律师见证。律师见证都是基于当事人自己对于办理某些事项的需要，主动请求律师进行见证。因此，律师见证发生的依据是当事人自愿的委托，律师不能强迫当事人进行律师见证。

2. 直接原则。律师见证要求律师对于亲身所见所闻的法律事实和法律行为进行见证，体现了律师见证的时间和空间的限定性的特点。律师不得对自己没有亲身所见所闻的事实或行为出具见证意见书。

3. 客观原则。律师见证需要客观、真实地反映当事人的意思表示，客观、真实地确认正在发生的法律事实或行为。

4. 回避原则。律师不得办理与本人、配偶或本人、配偶的近亲属有利害关系的见证业务。

（三）律师见证的效力

1. 约束效力。律师见证对于当事人具有一定的约束力。既然律师基于当事人的委托，对相关的法律行为或法律事实的真实性、合法性进行了见证，那么对于见证的事项，当事人就不能随意更改或废止，而应该自觉履行。

2. 证据效力。律师见证，是律师使用自己丰富的法律专业知识，以律师和律师事务所的名义作为见证人，客观公正地证明当事人的法律行为或者相关法律事实。这一行为使得被见证对象具有真实性、合法性，同时还具有一定的权威性。因此，当双方当事人发生纠纷引起诉讼时，律师见证的内容，经法庭查证属实，可以作为证据来认定相关事实或者用来确认当事人之间的权利和义务。

（四）律师见证的范围

1. 律师见证的主要是法律行为，而不是法律事件。法律行为，是指引起民事法律关系发生、变更和消灭，能够产生一定法律后果的行为。典型的法律行为，如合同、声明、遗嘱、赠予等。相比之下，法律事件是指国家法律法规规定的，不以当事人的意志为转移引起法律关系形成、变更或消灭的客观事实，如出生、死亡、学历、经历等。这些法律事件以及由此产生的法律关系，都属于公证的范围，不属于律师见证的范围。

实务中律师见证的业务主要有以下三个方面：（1）各类民商事合同的签订和履行的行为；（2）公司（企业）章程，董事会决议，股权转让协议等法律文书；（3）委托代理等民事法律关系。

2. 律师见证应该是法律规定的强制公证之外的法律行为，不得为法定的强制公证事项办理见证。我国公证采取的是自愿公证和强制公证相结合的原则。也就是说，对于某些特定的法律行为必须经过公证才能生效。例如，国务院明确规定收养子女必须经过公证机关公证。对于这些法律规定强制公证的法律行为，律师见证是没有效力的，即使当事人请求律师见证，律师也应告知当事人要履行公证程序。

（五）律师见证的程序

1. 接受当事人的委托，签订委托见证合同。当事人委托律师进行见证时，律师首先要请当事人提交能够证明其身份的证件，然后请当事人说明委托见证的事项。律师通过对提供的材料进行审查，来确定其是否属于见证范围。如果符合见证范围，由律师事务所和当事人签订委托见证合同。合同的内容一般包括：（1）申请见证的事项；（2）合同双方的责任；（3）申请方支付的服务费用和支付方式；（4）合同双方签名、盖章、注明日期。

2. 审查。律师在接受当事人的委托后，应当对当事人提供的材料进行认真的审查分析。如果律师对于材料有疑义，应当通知当事人补充材料，并根据情况进行调查，收集相关的材料和证据。

（1）审核当事人的主体资格。在见证的过程中，律师应当主动查明自然人或法人的真实身份，确定其权利能力和行为能力、资信状况、履行能力，等等。

（2）审核见证事项的合法性。从律师见证的目的看，见证不仅包括对于法律行为和法律事实本身的见证，还包括对所见证事项的合法性进行见证，否则，律师作为法律服务职业的专有属性就得不到体现。同时，律师还要注意所见证的事项没有违反社会公德或是侵害他人的合法权益。

（3）审查见证事项的真实性。律师要查明当事人提交的材料是否真实可靠，是否有欺诈、胁迫、乘人之危或重大误解的情形。

3. 见证。见证行为发生时，律师应当监督法律文件的制作、复制，说明其真实性、合法性。在这个过程中，见证律师必须亲自到场，见证整个法律行为的完成。同时，律师要注意尊重客观事实，防止主观臆断。

4. 出具见证意见。对于经过律师见证，见证事项真实、合法的法律行为或法律事实，律师应在委托见证合同约定的期限内出具律师见证书，律师应当在见证书上签字，律师事务所应在见证书上盖章。

（六）律师见证书的制作

律师见证书是律师开展见证业务所使用的法律文书，其内容结构主要包括三部分：首部、正文、尾部。

首部包括标题、文书编号、委托见证人的身份情况等。

正文部分是见证书的主体部分，依次写明见证事项、见证过程、见证结论和法律依据四项内容。见证事项，即指委托见证人就何事请求律师见证，要写得简明扼要；见证过程，要概述从接受委托到如何办好见证的全过程，着重说明律师为确认见证事项具有真实性、合法性做了哪些工作；见证结论是见证书的核心，既要写明委托见证人的主体资格符合要求，具有权利能力和行为能力，又要写明见证事项真实合法；法律依据，主要在于说明见证事项的合法性。

最后，应在见证书的右下方按序分行写出律师事务所的全称，由两名见证律师签字盖章，并在见证书的年、月、日上面加盖律师事务所的公章。

## 二、资信调查

律师资信调查，是指律师接受当事人的委托对特定对象的资产信用情况进行的调查。资信调查服务的当事人主要是各类企业，这是律师业务的一项重要内容，也是律师发挥自己的职业优势，行使调查权利，为当事人提供法律服务和帮助的一个重要内容。律师的资信调查，在当事人选择合作伙伴、确定结算方式或处理纠纷等决策时，具有极为重要的参考价值。律师应当严格按照法律对当事人委托的调查事项进行研究，然后作出是否接受委托的决定，从而防止委托事项侵犯他人的商业秘密或个人隐私。

### （一）资信调查的概念和范围

资信调查的概念。律师资信调查，是指当事人为了预防风险，保障自己的投资和贸易经营的安全，委托律师代理自己对另一方的商业信誉和资产状况，进行考察和了解的一项非诉讼业务活动。这既有助于当事人降低业务风险、识别高风险的交易对象，也有助于当事人寻找隐藏的潜在业务机会。

资信调查的范围。资信是指被调查一方的资金能力和商业信誉情况。根据律师工作的实践经验，资信调查的内容包括以下几个方面：

（1）被调查对象的基本情况，即其民事主体资格、法律地位和行为能力。如果被调查对象是经济组织，那么调查内容就应当包括其是否具有法人资格，企业的性质是有限责任公司还是无限责任公司，企业是否具有相应的民事权利能力和行为能力。如果被调查对象是自然人，那么调查内容应当包括：出生日期，身份证件以及签发日期，户籍所在地，居住地，家庭基本情况，毕业处所，工作处所，有无犯罪记录，个人信誉情况，有关职能部门评价。

（2）被调查对象的资本状况。包括被调查对象的注册资本总额、实有资本总额及其对外债权债务、经济效益情况、生产能力和技术设备力量等内容。

（3）被调查对象的经营情况。包括被调查对象的经营范围和方式，以及生产经营状况等内容。调查其合法经营项目、经营活动和方式，从而确定被调查对象的商业性质。除调查其企业经营实际现状、企业实际办公情况、企业机构设置情况以及企业经营状态外，还要进行资产实地追踪，对固定资产的现状进行全方位追踪调查，提供所在地点，资产具体数额，产权所有并辅以图片资料。对被调查对象进行深度背景分析，包括其主营范围、主要货源、主要市场以及供销渠道。

生产经营状况的调查包括被调查对象的开工状况、经济效益状况以及产品市场状况。

（4）被调查对象的商业信誉情况。包括被调查对象生产的产品质量，履行合同的能力，以往的履约率，服务质量情况，产品的声誉情况，产品的销售服务情况，实际信用情况，合作伙伴评价，业内人士评价，主管部门评价，以往的不良记录，等等。

（5）被调查对象的财产担保情况。包括被调查对象是否对其不动产和固定资产设定了抵押担保，是否为其他企业设立了保证人担保。

（二）资信调查的途径

因被调查对象的不同，律师进行资信调查的途径也不同。

1. 被调查对象是中国境内公司、企业的，律师可以通过下列途径进行资信调查：

（1）通过工商名录、商业广告、报纸杂志了解其基本情况；

（2）通过工商登记档案了解其资本构成、股东组成、组织机构、经营场所以及章程等情况；

（3）通过税务了解其企业经营现状；

（4）通过金融网络了解其负债情况和现金流量；

（5）通过房屋、土地登记档案了解其不动产的使用和抵押情况；

（6）通过与其有业务往来的公司企业，了解其产品质量状况，商业信誉状况；

（7）通过法院公告以及业内调查，了解其涉诉情况。

2. 律师涉外资信调查可以通过下列途径进行：

（1）委托外国律师进行。我国许多律师事务所都与外国的律师事务所或公司建立了业务协作关系，相互进行法律事务调查工作。许多外国律师事务所或公司也在我国各大城市设立了办事处，代理本国的诉讼或法律事务调查等。因此，律师进行涉外资信调查时，可以通过有协作关系的外国律师事务所或者外所驻中国办事处，委托外国律师进行调查。

（2）委托中国银行进行。中国银行是我国从事外汇金融业务的专业银行。它已同世界上一百多个国家或地区的数千家银行建立了业务代理关系，相互代理有关金融业务。律师进行涉外资信调查，可以委托中国银行，由其委托外国代理银行代为调查外商的资信情况。

（3）通过我国驻外使领馆进行。我国设立在与我国经济贸易往来较多国家的使领馆，一般都设有商务处和商务参赞等机构和人员，他们对驻在国的经济、法律以及工商企业的状况都非常了解。因此，律师涉外资信调查也可以请使领馆商务处和商务参赞进行。

## 第三节　律师声明与律师意见书

### 一、律师声明

从我国实体法的相关规定来看，律师声明一般不具有法律上的效力。也就是说，它不能引起某一法律关系的设立、变更或终止。但是，它具有一定的法律意义，体现在其发表的目的是防止某种侵权行为的继续发生，澄清某种法律事实，表明当事人的态度或主张。因此，当事人可以委托律师公开发表声明。作出律师声明的目的，一方面是公开澄清事实、消除不良影响；另一方面，是对潜在的或正在实施侵权的侵权人提出警告，发挥威慑警示或宣传教育作用。

（一）律师声明的概念和特征

律师声明又称律师授权发表声明，是指在民事活动中，律师根据当事人的授权，对与当事人利益相关的法律事实，公开声明其立场或主张其权利的单方法律行为。

律师声明的对象是社会大众，并非针对某个特定的组织或个人。因此，律师授权声明必须公开，只有让社会各界所知，才能起到宣传和告诫的作用。

律师授权发表声明，具有以下四个特征：

1. 授权人必须具有主体资格。对于授权人，要求其具有相应的民事行为能力和民事责任能力，另外，发表声明的内容必须与授权人的职务、身份和经营范围等权利能力和行为能力相符合。

2. 授权声明的内容必须真实、可靠。

3. 授权声明的内容必须合乎法律法规、公共利益和社会公共道德。

4. 授权声明必须公开。

（二）律师声明的程序

律师发表授权声明一般应当遵循以下程序进行：

1. 接受委托。律师接受当事人的委托，对于声明的各种证据材料进行审查，在确认其内容真实可靠、合理合法之后，律师所在律师事务所将正式与委托人签订授权委托合同，合同应当载明双方的权利义务关系以及代理期限等内容。

2. 制作声明书。律师接受当事人的委托之后，应当对其提供的证据材料进行进一步审查，从而确认这些材料事实清楚、证据充分、内容合法。声明书制作完成之后，应当交给报社、杂志社、电台、电视台公开发表。当事人按照规定缴纳费用。如果在审查过程中发现当事人提供的证据材料虚假、违法，律师应当立即撤销委托，并向当事人说明理由。

### （三）律师声明书的制作

律师授权声明书一般包括三部分：首部、正文、尾部。

1. 首部。首部包括标题和当事人的身份事项。

（1）标题。标题可以直接由授权单位发表声明，写明“律师授权声明书”，也可以由担任法律顾问的律师发表声明，标明顾问单位名称、律师事务所名称、文书名称三部分内容。

（2）当事人的身份事项。此处应当写明授权人和被授权人的基本情况。

2. 正文。正文是律师授权声明的最核心部分，律师应当根据不同情况进行撰写。一般来说，正文部分的内容有两种情况：

（1）第一，是声明为了维护当事人的某项产品、某个商标、某项服务在公众心目中的形象，指出社会上的伪造、假冒以及其他有损当事人信誉和声誉的不良现象，警告相关不良的行为，提高公众对于真假的辨识能力。

在这种情况下，律师授权声明书应当包含以下三方面内容：一是写明产品的种类、质量、功能等基本情况，或者是某商标在国内外的信誉。二是写明社会上伪造产品、假冒商标的情况。三是要求公众提高对于真假的辨识能力，对于伪造假冒的个人或单位进行揭发，将相关信息告知某单位或律师，以便提请有关单位追究其法律责任。

（2）第二，是基于当事人单位和其下属单位的合并、分离、破产等情况，当事人需要停业整顿、进行债务清理清偿。在这种情况下，律师授权声明书应当写明：当事人当前所处的境况，宣布当事人单位或其下属单位暂停或停止一切经济活动。

3. 尾部。尾部写明授权人和被授权人所在地址、联系电话、邮箱地址等信息，以便社会有关个人或单位与其联系。

### （四）律师声明应当注意的问题

律师授权发表声明是一项非诉讼的民事代理行为。当事人选择委托律师发表声明主要是基于两个方面的考虑：第一，律师可以对声明的真实性、合法性、可行性进行严格把关；第二，可以利用律师的身份对社会造成更大的影响力。因此，律师在发表声明时应当注意以下几点问题：

1. 律师声明必须有当事人的授权。律师只能在被授权的范围内以当事人的名义发表声明，当事人对声明产生的法律后果承担责任，并交纳相关费用。

2. 律师发表声明时，应当对当事人提供的各种证据材料、声明的内容进行严格审查，保证其真实性和合法性。

3. 律师发表声明时，还要考虑声明的内容是否与当事人的人身有关，如果属于《民法典》第 161 条的内容，就应当由当事人亲自发表声明，而不能由律师代理。

## 二、律师意见书

### （一）律师意见书的概念和特征

律师意见书又称法律意见书，是指律师根据当事人的要求，根据当事人提供的事实和证据材料，针对某一非诉讼法律事务，运用相关法律法规进行分析和阐述，然后为当事人出具的，提供如何解决问题的书面建议书。

律师意见书主要具有以下几个特征：

1. 出具律师意见书的主体是律师，上面应当同时加盖律师和律师事务所的印章。

2. 律师意见书是针对当事人提出的某一非诉讼法律事务，或者是法律行为，或者是法律事实，或者是法律文件而出具的书面法律意见。

3. 律师意见书是律师正确运用法律法规进行分析和阐述之后给出的结论性意见，不受任何人影响，具有完全的独立性。

4. 当事人对自己提供的材料的真实性负责，律师一般不负责调查。

5. 律师意见书不具有约束力和强制力。

### （二）律师出具意见书的程序

1. 由律师事务所统一接受委托人的委托，签订委托合同，载明律师事务所和委托人双方的权利义务，并指派承办的律师。

2. 委托人提供有关材料，交予律师事务所，由承办律师做好必要的先期准备工作，包括事实调查和法律分析。

3. 由承办律师草拟律师意见书初稿，并与委托人进行讨论，律师需结合委托人的要求，调整文书内容的逻辑结构和相关表述，提升文书质量。

4. 律师事务所将法律意见书和公函正式打印，加盖承办律师和律师事务所的印章，交给委托人。

### （三）律师意见书的制作

律师意见书的内容包括三个部分：首部、正文、尾部。首部包括标题和编号。标题应当写明“律师意见书”；编号应当写明年度、律师事务所简称、文书简称、序号。正文部分是律师意见书的核心内容。正文的具体内容可以根据律师意见书的不同种类分别确定。一般来说，正文部分应当写明以下内容：法律意见书呈送单位，委托的内容要求，法律意见的具体内容，法律意见的法律依据，相关的建议和要求。尾部由律师签名或盖章，注明日期，并加盖律师事务所公章。

## 第四节　律师代办公证与代理行政复议

### 一、律师代办公证

（一）律师代办公证的概念

律师代办公证是律师实务中常见的一项业务，是指律师接受当事人的委托，代为办理有关公证事务的非诉业务活动。

（二）律师在代办公证时应当注意的问题

律师在代办公证时要注意以下几点问题：

1. 应当明确委托事项是否属于公证事项，并且明确委托事项是否属于可以代理的公证事项。根据我国《公证法》第 11 条的规定，公证事项的范围大概包括 5 个方面：（1）证明民事法律行为；（2）证明有法律意义的事实（如出生、死亡等）；（3）证明有法律意义的文书（如证明文件上的签名、印鉴属实等）；（4）证明债权文书的执行效力；（5）其他公证业务（如保全证据等）。

另外，《公证法》第 12 条规定，根据自然人、法人或者其他组织的申请，公证机构可以办理下列事务：（1）法律、行政法规规定由公证机构登记的事务；（2）提存；（3）保管遗嘱、遗产或者其他与公证事项有关的财产、物品、文书；（4）代写与公证事项有关的法律事务文书；（5）提供公证法律咨询。其中，涉及当事人人身关系的公证事项，如证明收养关系、认领亲子、申办遗嘱、遗赠抚养协议、生存状况、婚姻状况等，以及当事人不亲自办理就无法公证的事项，如证明遗嘱、证明文件上的签字等，都不能由律师代为办理，而应当由申请人本人亲自申办。

2. 应当明确公证事务的管辖。根据我国《公证法》第 25 条的有关规定，自然人、法人或者其他组织申请办理公证，可以向其住所地、经常居住地、行为地或者事实发生地的公证机构提出。申请办理涉及不动产的公证，应当向不动产所在地的公证机构提出。但是，申请办理涉及不动产的委托、声明、赠予、遗嘱的公证，可以向住所地、经常居住地、行为地或者事实发生地的公证机构提出。

3. 应当明确是否需要委托人随同前往办理。根据我国《公证法》第 26 条的规定，自然人、法人或者其他组织可以委托他人办理公证，但遗嘱、生存、收养关系等应当由本人办理公证的除外。

4. 应当向公证机构提出申请并提交有关证明材料。根据我国《公证法》第 28 条的有关规定，自然人、法人或者其他组织申请办理公证，需要提供下列有关证明材料：（1）当事人身份及申请办理该项公证的资格；（2）内容完备、含义清晰、签名和印鉴齐全的文书；（3）真实、合法、充分的证明材料；（4）申请真实、合法的公证事项。

## 二、律师代理行政复议

（一）律师代理行政复议的概念

行政复议，是指公民、法人或者其他组织对于行政主体给予的行政处罚、采取的行政强制措施等具体行政行为不服，认为行政主体的具体行政行为侵犯了其合法权益，依照法律、法规向行政复议机关提出复议申请，行政复议机关依法对该具体行政行为进行复议并作出处理的一种法律制度。

律师代理行政复议，是指律师接受行政复议当事人的委托，以当事人的代理人的身份向行政复议机关申请行政复议或者参加行政复议程序的一项代理活动。

（二）律师代理行政复议的范围

律师代理行政复议的范围应当参照我国《行政复议法》中对于可以申请行政复议事项的规定。具体说来，它包括以下几个方面：

1. 对行政机关作出的警告、罚款、没收违法所得、没收非法财物、责令停产停业、暂扣或者吊销许可证、暂扣或者吊销执照、行政拘留等行政处罚决定不服的。

2. 对行政机关作出的限制人身自由或者查封、扣押、冻结财产等行政强制措施决定不服的。

3. 对行政机关作出的有关许可证、执照、资质证等证书变更、中止、撤销的决定不服的。

4. 对行政机关作出的关于确认土地、矿藏、水流、森林、山岭、草原、荒地、滩涂、海域等自然资源的所有权或者使用权的决定不服的。

5. 认为行政机关侵犯合法的经营自主权的。

6. 认为行政机关变更或者废止农业承包合同，侵犯其合法权益的。

7. 认为行政机关违法集资、征收财物、摊派费用或者违法要求履行其他义务的。

8. 认为符合法定条件，申请行政机关办法许可证、执照、资质证等证书，或者申请行政机关审批、登记有关事项，行政机关没有依法办理的。

9. 申请行政机关履行保护人身权利、财产权利、受教育权利的法定职责，行政机关没有依法履行的。

10. 申请行政机关依法发放抚恤金、社会保险金或者最低生活保障费，行政机关没有依法发放的。

11. 认为行政机关的其他具体行政行为侵犯其合法权益的。

律师在接受当事人的委托，代理当事人对具体行政行为申请行政复议时，如果认为该具体行政行为所依据的国务院部门的规定、县级以上地方各级人民政府及其工作部门的规定、乡镇人民政府的规定（不含国务院部委规章和地方人民政府规章）不合法，可以一并向行政复议机关提出申请对该项规定进行审查。

律师在代理申请行政复议时，需注意提起行政复议的除外规定。根据《行政复议法》有关规定，对行政机关作出的行政处分或其他人事处理决定不服的，只能依照有关法律、法规的规定提出申诉，不能申请行政复议；对于行政机关就民事诉讼作出的调解或者其他处理不符的，可依法申请仲裁或者向人民法院起诉。

（三）律师代理行政复议的程序

根据《行政复议法》第 10 条的有关规定，行政复议的参加人包括：申请人、被申请人和第三人。其中，申请人是指依法申请行政复议的公民、法人或者其他组织；被申请人是指作出被申请行政复议的具体行政行为的行政机关，法律法规和规章授权的组织，作出具体行政行为的机关被撤销，继续行使其职权的行政机关，等等；而行政复议中的第三人是指同申请行政复议的具体行政行为有利害关系，并经过复议机关批准参加行政复议的其他公民、法人或者其他组织。

律师代理行政复议活动，一般是作为申请人或者第三人的代理人的身份。也就是说，在行政复议代理活动中，律师通常代理申请人或者第三人向行政复议机关提出行政复议申请或者参加行政复议活动。其具体程序包括以下两个方面：

1. 代为提出复议申请。律师接受当事人的委托，首先，应明确作为委托人的申请人，应当是认为行政主体的具体行政行为侵犯其合法权益的公民、法人或其他组织，被申请人必须是作出行政行为的相关行政主体。其次，应明确当事人委托的事项是否属于行政复议的范围，并按照《行政复议法》第 11 条的有关规定，向复议机关以书面或者口头的形式申请行政复议。例如，对行政机关的行政处罚决定不服、行政强制措施不服或认为行政机关没有依法履行职责，等等。

一般来说，复议申请要有具体的复议请求及其支持此种请求的事实依据和法律依据，应当说明以下内容：申请人的姓名、性别、年龄、职业、住址等（法人或者其他组织的名称、地址、法定代表人的姓名）；被申请人的名称、地址；行政复议请求，申请行政复议的主要事实、理由，以及提出复议申请的日期。

代理律师提出复议申请，要向有管辖权的行政复议机关提出。代理律师在向复议机关递交复议申请书的同时，还应向其递交当事人出具的授权委托书。

2. 代理参加复议活动。根据《行政复议法》第 17 条的有关规定，行政复议原则上采取书面审查的方法。因此，在行政复议的审理阶段，代理律师需要依法向行政复议机关提出相关证据和书面代理意见。如果行政复议机关认为有必要采取其他方式审理行政复议案件，代理律师就应当按照复议机关的具体要求进行有关的行政复议代理活动。

同时，代理律师还应根据当事人的意愿和案件的实际情况作出具体处理，并且要特别注意行政复议和行政诉讼的关系问题。除非法律、法规规定必须先申请行政复议的，行政当事人可以自由选择申请行政复议或者提起行政诉讼。如果行政复议已经被依法受理，当事人在法定复议期限之内不得提起行政诉讼。同样，如果行政诉讼已经被依法受理，当事人也不得再申请行政复议。

另外，法律法规规定首先向行政复议机关申请行政复议，对行政复议决定不服再向人民法院提起行政诉讼的，或者行政复议机关不予受理或者受理后超过行政复议期限不作答复的，申请人可以自收到不予受理决定书之日起或者行政复议期满之日起15日内，依法向人民法院提起行政诉讼。

最后，法律规定行政复议决定为最终裁决的，当事人不得提起行政诉讼。《行政复议法》规定的终局行政复议决定有两类：第一类是《行政复议法》第14条规定的国务院的裁决；第二类是《行政复议法》第30条关于省、自治区、直辖市人民政府对确认自然资源所有权或者使用权的复议决定。

对于终局性的行政复议决定和非终局性的行政复议决定，代理律师应当严格加以区别，从而为当事人提供全面、准确、及时的法律服务。

## 第五节　律师代理清理债权债务

### 一、律师代理清理债权债务的概念和特征

律师代理清理债权债务是律师的代理业务活动之一。它是指律师接受当事人的委托，对当事人在一定期限范围内享有的债权和承担的债务进行分门别类，然后针对这些债权债务提出处理意见，并对债权进行追索，对债务进行偿付的活动。

律师代理清理债权债务的主要特征有以下三点：

1. 律师在代理当事人清理债权债务的活动中，无论是针对当事人的债权债务进行分门别类，还是对相关债权进行追索，抑或是对相关债务进行清偿，律师始终都是当事人的代理人的身份，不具有独立的地位，只能在当事人的授权范围内活动。

2. 律师代理清理债权债务的范围，是当事人在一定期限范围内产生的所有对外的债权债务，它不是一定期限内所有债权债务中某一类债权债务，也不是一定期限内某一笔特定的债权债务。

3. 律师代理清理债权债务的目的，一般来说是根据当事人对外的债权债务的具体情况提出有针对性的处理意见，从而来理顺当事人对外的债权债务关系。但在某些特定情况下，如企业终止时，则是通过清理债权债务，最终对债权债务进行清算。

### 二、律师代理清理债权债务的种类和方法

#### （一）律师代理清理债权债务的种类

因当事人情况的不同律师代理清理债权债务的种类可以分为以下三种类型：

1. 企业在正常经营情况下债权债务的清理。这种情况下的债权债务清理是为

了理顺当事人对外的债权债务关系，寻找能够妥善实现债权、清偿债务的途径和方法。

2. 合伙企业或组织散伙时债权债务的清理。这种情况下的债权债务清理，一方面要寻找能够实现合伙企业或组织对外债权债务清偿的途径和方法；另一方面还要确认合伙企业或组织内部对于亏损的分担比例以及相应的分担金额。

3. 企业因破产以外的原因终止时债权债务的清理。这种情况下清理债权债务的目的，在于彻底地清算该企业对外的所有债权债务关系。

（二）律师代理清理债权债务的基本方法

律师代理清理债权债务的种类不同，相对应所适用的方法也不同。

企业在正常经营期间债权债务的清理可以采用以下方法：

1. 摸清企业债权债务的底数。律师可以根据当事人的授权，对企业在一定期限范围内的财务、会计报表、单据、账册等基本材料进行综合分析，弄清在这个特定期限范围内企业对外的债权债务的基本数额、发生原因、清偿期限、法律性质等基本情况。

（1）提出分析报告。律师根据已经摸清的企业债权债务情况，对其进行综合分析，向当事人提出关于追索债权、清偿债务的详细报告。

（2）追索债权、清偿债务。律师在分析过企业的债权债务关系之后，根据当事人的特别授权，对外追索债权或清偿债务。对于追索债权而言，除当事人授权的诉讼和仲裁程序之外，还可以采用直接追索、发信致函追索等多种方式；而清偿债务，除有关当事人人身性质的债务应当由当事人直接清偿外，其他债务都可以由代理律师按照各种法律规定的方式方法代为清偿。

2. 合伙企业或组织散伙时，律师代理清理其债权债务的，首先要摸清合伙企业或组织的债权债务的基本情况，然后再向当事人提出详细的分析报告。在分析报告中，应当着重对清理债权债务之后合伙企业或组织的亏损情况以及造成亏损的原因作出准确的预测或判断，以便当事人之后对其进行处理。此外，在对债权债务进行清算之后，代理律师还应当将详细的清算情况报告给当事人，以便当事人将其作为处理合伙企业或组织散伙事宜的重要依据。

3. 企业法人或合伙企业因破产以外的原因终止时，要依法组成清算机构负责清算工作。代理律师是接受清算机构的委托，来办理清算业务的。在这种代理清理债权债务的过程中，律师可以协助清算机构编制清算报告和清算方案等法律文书，以及办理财产转移、对外发布清算公告等法律事务。另外，如果当事人进行了相应的授权，代理律师还可以代办企业注销登记等事宜。

# 第十九章　现代科技对律师业务的挑战与融合

## 第一节　现代科技对律师业务的挑战与融合概述

### 一、现代科技驱动法律职业发展："互联网/人工智能+法律"方兴未艾

#### （一）国家政策层面：对现代科技引领法律业务发展高度重视

我国目前正在快速经历农业社会、工业社会、网络社会并行发展的过程。其中各行业生产制造和服务提供日益机器化，而机器日益网络化、智能化；传统工厂业务及与之匹配的流水线作业般重复性劳动岗位正快速缩减。社会越来越需要高科技支撑下高质效完成各项工作的智能模式，如比较受推崇的方式是创新型人才将社会需求开发、设计为系列程序，并能由互联网机器自动识别并完成相应工作等。①

就国家政策层面而言，我国非常重视现代科技对法律行业发展的引领、驱动与促进作用。近5年的国家重要决策、文件等很多提到"互联网"或"人工智能"，并与法律业务相关。例如，2015年国家启动"互联网+"行动计划，即国务院出台《关于积极推进"互联网+"行动的指导意见》（国发〔2015〕40号），重点促进以云计算、物联网、大数据为代表的新一代信息技术与现代产业等的融合创新。其中"互联网+创业创新"、"互联网+人工智能"等强调包括法律职业在内的创新，且要求培育发展人工智能新兴产业、推进重点领域智能产品创新、提升终端产品智能化水平等。②"互联网+"行动计划的实施促进了国民经济提质增效升级，推动资源的整合和优化，加快转变经济发展的方式。而且，法律行业也是其中重要的组成部分，同样受到深刻影响并发生相应转变。

2015年中央政法委提出要以信息化推进政法工作现代化，要求各政法单位应在运用大数据、物联网等现代信息技术手段上狠下功夫，把大数据、云计算真正应用到执法司法公开、打击犯罪、服务群众等主要业务领域；研究推动信息化建设与执

---

① 参见杨攀、杜志红：《"互联网+法学本科"教学改革的需求、困境与出路》，载杨宗科：《法学教育研究（第25卷）》，法律出版社2019年版，第345页。

② 参见国务院《关于积极推进"互联网+"行动的指导意见》，2015年7月4日，http：//www.gov.cn/zhengce/content/2015-07/04/content_10002.htm，访问日期：2020年8月6日。

法办案监督管理机制深度融合；推进执法司法公开、提高公信力；满足人民群众司法需求，用好新媒体，如建好以微博、微信等新媒体为代表的宣传舆论阵地，推进一批面向群众的信息平台建设；强化维护政法信息安全的能力和水平，建立政法机关网络基础设施日常安全检查和应急处置机制，确保网络信息安全。①

2017 年国务院在《新一代人工智能发展规划》中部署“智慧法庭”等相关建设。例如，建设集审判、人员、数据应用、司法公开和动态监控于一体的智慧法庭数据平台，促进人工智能在证据收集、案例分析、法律文件阅读与分析中的应用，实现人民法院审判体系和审判能力智能化。② 同时，提出重视复合型人才培养，重点培养贯通人工智能理论、方法、技术、产品与应用等纵向复合型人才，以及掌握“人工智能+”包括法律在内多领域的横向复合型人才。

自 2014 年“大数据”首次写入我国政府工作报告以来，与“互联网+”、大数据、云计算、人工智能等数字科技相关的新词汇、新表述多次被提及。这些高频词汇也表现出我国政府对待科技的高度重视，并显示将力促其推动产业升级、经济发展的决心。从 2014 年到 2019 年“互联网+”和“大数据”连续 6 年合计被提及 30 次，2020 年全国“两会”继续提到了“互联网+”和“5G”。从 2017 年到 2020 年，以数字科技为支撑的“数字经济/数字中国”被写入政府工作报告，从促进到壮大再到打造新优势，重视程度逐年升级。2020 年《政府工作报告》继续出现“互联网+”词汇的同时，明确提到推动新兴产业发展，发展工业互联网，推进智能制造，培育新兴产业集群。而且特别指出在线服务等新业态在抗击新型冠状病毒肺炎疫情中发挥了重要作用，要继续出台支持政策，全面推进“互联网+”，打造数字经济新优势。③ 法律业务自然也被囊括，律师行业也可能成为“数字经济”新优势的代表。

### （二）社会经济层面：新兴法律科技公司业务聚焦“互联网/人工智能+法律”

有关资料显示，全球从 2011 年到 2016 年，法律科技公司总融资额为 7.39 亿美元。这虽然低于金融科技、医疗科技等新兴领域，但全球法律科技上市公司的数量呈爆发式增长，即从 2009 年的 15 家增长到 2016 年的 1164 家。这些新兴法律科技上市公司的业务范围主要集中于在线法律服务、电子取证、从业管理软件、知识产权/商标软件服务、人工智能法律科技、诉讼金融、法律检索、律师推荐、公证工具九大领域。该数据资料统计分析者同时认为，在这样的国际趋势

---

① 参见《中央政法委：以信息化推进政法工作现代化》，载《中国青年报》2015 年 2 月 13 日，第 6 版。

② 参见国务院《新一代人工智能发展规划》，2017 年 7 月 20 日，http：//www.gov.cn/zhengce/content/2017-07/20/content_ 5211996.htm，访问日期：2020 年 8 月 6 日。

③ 参见李克强：《政府工作报告——2020 年 5 月 22 日在第十三届全国人民代表大会第三次会议上》，2020 年 5 月 22 日，http：//www.gov.cn/gongbao/content/2020/content_ 5517495.htm，访问日期：2020 年 8 月 6 日。

下，国内法律科技市场开始从“互联网+法律”向“人工智能+法律”转变，法律人工智能创业成为人工智能创业的重要组成部分，部分法律人工智能产品逐步进入公众视野。而且其认为不仅如此，法律行业如律所、公司法务部门、人民法院等也开始积极布局人工智能法律科技，部分原因是在线法律服务、客户成本压力（比如公司法务部门日益希望以更低的成本获得更多的法律服务）等因素迫使律所投资创新。①

（三）社会实践层面：“互联网+法律（律师）业务”在特殊抗击新型冠状病毒肺炎疫情时期尤为凸显并可能逐渐常态化

除了上述广为开展的将科技与法律业务深度交融的社会实践之外，在2020年抗击新型冠状病毒肺炎疫情期间，我国司法实务中包括律师界在内也都广泛借助“互联网+”进行法律相关业务工作。例如，2020年上半年北京地区刑事辩护业务中，2279人次律师通过北京市公安局远程视频会见系统实现会见犯罪嫌疑人，约占总量的20%，有效解决律师会见需求量大而看守所会见室及警力有限这一矛盾。据悉，北京不仅16个公安分局145个派出所和执法办案管理中心实现了与本区看守所律师远程视频会见，达到各区全覆盖，而且市看守所也首次实现了与部分公安分局派出所的律师远程视频会见。以往高峰时，到海淀看守所申请会见的律师平均每天有150人左右，但看守所只有44个会见室。律师们为了赶早不得不凌晨四五点就去排队。而现在，律师按照自己预约的时间准时到达就可以了。律师通过远程视频会见简单、高效，节省了大量时间，从而可以将更多精力放在沟通案件、核实证据材料等工作上。借助互联网等科技手段的远程会见在之前的实践中仅作为看守所当面会见的有益补充，但在抗击疫情期间却发挥了更大作用，甚至成为畅通律师会见的主要途径。② 除此之外，律师在诉讼案件出庭、非诉讼业务中也广为应用互联网、人工智能等新兴科技，“云端出庭”、“智能法务”等不一而足。当然，其中的弊端、隐忧等尚存，甚至对律师传统执业方式也造成一定的冲击。在特殊抗击新型冠状病毒肺炎疫情时期科技与律师业务结合所显现的优劣势可能都被放大（对律师业务具体挑战后文详述），但这并不能阻挡或改变“互联网/人工智能+法律”的逐渐常态化。

（四）现代科技驱动法律职业发展的基本趋势

有研究者总结出人工智能在法律行业中的应用和影响的十大趋势，即“人工智能+法律”的十大趋势，包括智能化、自动化的法律检索将深刻影响法律人进行法律研究（检索）的方式；人工智能将持续推动法律文件自动化；在线法律服务、机器人法律服务等替代性商业模式（alternative business structure）不断涌现，

---

① 参见曹建峰：《“人工智能+法律”十大趋势》，载《机器人产业》2017年第5期。

② 参见张雪泓：《“隔空”见面解律师会见难题北京公安推动律师远程视频会见全覆盖》，载《法制日报—法制网》7月10日，http://www.legaldaily.com.cn/zfzz/content/2020-07/10/content_8242948.htm，访问日期：2020年8月8日。

使得法律服务的提供日益标准化、商品化、自动化、民主化；基于人工智能和大数据的案件预测将深刻影响当事人的诉讼行为和法律纠纷的解决；在线法院（on-linecourt）以及人工智能法律援助将促进司法可得性（access to justice），帮助消除司法鸿沟（justicegap）；人工智能和机器人将成为法律系统的主要进入点（类似于工具、媒介或必要辅助手段等）；律师市场评价将使法律行业更加透明，可能带来“马太效应”（两极分化）；法律人工智能职业将作为法律行业的新兴职业而不断涌现；法律教育与人工智能等前沿信息科学技术将日益密切结合起来；计算法律（学）（computational law）以及算法裁判或将成为法律的终极形态。① 可见，现代科技驱动法律职业发展表现为“互联网/人工智能+法律”的逐渐加深融合，并且前者将对后者产生颠覆性影响。这里的“法律”既包括律师业务等实践行业在内，也有立法、司法、执法、守法（维权救济）、法学研究等多领域。

## 二、“互联网/人工智能+法律”背景下挑战与机遇并存的未来律师业务

社会的加速网络化和智能化，既极大地促进了我国经济社会各方面事业的发展，也对网络环境下的劳动者能力素质提出了更高的要求，法律从业者也不例外。② 随着互联网、人工智能、大数据、云计算、区块链等新科技的发展，无论是律师执业方式，还是执业技能均需要与时俱进。在此背景下，律师当前的角色甚至会发生变化。律师是否会被人工智能取代？律师如何适应严峻的挑战……这些事关律师职业未来发展的关键问题值得深思。

在律师面对的挑战方面，很多论者并不乐观。例如，2015 年，英国伦敦法律顾问公司的 Jomati 顾问在《文明 2030：不久将来的律所》（Civilisation 2030：The Near Future for Law Firms）的研究报告中称，在 15 年内，机器人和人工智能将会主导法律实践，也许将给律所带来“结构性坍塌”（structural collapse），法律服务市场的面貌将大为改观。③ 类似的预测或论述在业界内外还有许多。④ 相关观

---

① 曹建峰：《“人工智能+法律”十大趋势》，载《机器人产业》2017 年第 5 期。

② 参见杨攀、杜志红：《“互联网+法学本科”教学改革的需求、困境与出路》，载杨宗科：《法学教育研究（第 25 卷）》，法律出版社 2019 年版，第 345 页。

③ MichaelCross，RoleofArtificialIntelligenceinLaw：Robotsareunlikelytoreplacelawyersincourt，buttheycanpreparepapersforhearings，RiskManagament/LegalEfficiency2015，2015. 2. 19，SeeRCNT. EU/UPN，https：//www. raconteur. net/business/time－for－technology－to－take－over，访问日期：2020 年 8 月 6 日。

④ 参见曹建峰：《人工智能法律服务的前景与挑战》，2017 年 3 月 19 日，https：//www. tisi. org/4855，访问日期：2020 年 8 月 8 日；高云：《律师们都说大势将至，却不知未来已来》，2017 年 9 月 13 日，https：//www. sohu. com/a/191790264_ 328962，访问日期：2020 年 8 月 8 日；李丹：《人工智能技术能否应用于律师行业》，载《东南大学学报（哲学社会科学版）》2019 年 6 月；吕殊洁：《面对人工智能法律人的新挑战》，载《天津日报》2019 年 9 月 23 日，第 9 版。

点还有，如对不久的未来法律服务业是什么样子的预测中认为，包括“三化”（标准化、协同化和智能化）成为新标准；普通律师将被大量淘汰；云律所将横空出世并成为主流。① 再如，牛津大学和伦敦大学的教授、英国首席大法官的科技顾问理查·萨斯金（RichardSusskind）认为，科技驱动改变律师职业具有不可抵挡之势，法律行业过去200年之变化都不及未来20年之变化；未来的律师将遭遇巨大挑战，同时也有发展的机会；律师需要做好迎接未来的准备。②

结合前文，律师从繁琐或基础性工作中解脱，是否也意味着被替代，至少这方面的风险或严峻的挑战是不容回避的。比如，如果说检索的智能化使律师还需归纳案件的法律问题，待到检索实现自动化则无须律师归纳，仅需提供事实；法律文件审阅、电子取证等自动化需要运用预测性编程技术，主体工作将由机器完成，而法律文件自动生成技术实现后，律师更是将无法匹敌效率提升几十倍而且能够依靠数据积累自我学习并改进的智能科技；在线法律服务提供商以低廉的价格“抢占”无法负担律师事务所的按小时计费或高额收费的中低级水平消费者用户；在线争议解决机制（online dispute resolution，ODR）将使纠纷不再以传统司法审判方式解决而是在线处理，甚至不需要人类律师介入，法律机器人可以向当事人提供基本的法律援助；未来一旦法律被代码化，算法裁判下确实不需要律师在“法庭”（也将没有传统“法庭”的概念）上出现。③ 另外，放眼当下，大数据等法律科技带来的“阳光评价”必将使律师市场中目前类似“二八定律”的现象更加突出，这也将进一步扩大垄断、淘汰大部分律师等。

笔者认为，总体而言律师在未来甚至是当下遭遇的挑战会很多，但并不意味着无法生存。正如有论者所言，一些角色可能被机器取代，比如常规性、重复性任务；一些角色可能被机器增强，比如案件预测、法律写作；而对于新法新规，律师依然需要扮演核心角色。其更为形象的论述是对于律师而言，未来的法律实践比如法律检索、案件管理、法律写作等将主要通过具有智能交互界面的法律机器人和人工智能系统来完成，这就好比医生现在主要借助各种复杂的医疗器械来完成医疗活动一样。④ 总之，律师生存和发展须具备科技含量日益增加的复合型知识体系和技能背景，律师事务所的生存和发展也须引入大量诸如法律数据分析师、法律智能开发者等复合型人才，而从业者仅懂书面及行动中的法是远远不够的。至于现代科技对律师业务的具体挑战，以及现代科技与律师业务的融合方式与未来路径等问题将在下文展开详述。

---

① 高云：《律师们都说大势将至，却不知未来已来》，2017年9月13日，https：//www.sohu.com/a/191790264_ 328962，访问日期：2020年8月8日。

② Richard Susskind，Tomorrow's Lawyer：anIntroductiontoYourFuture（2Revisededition），OxfordUniversityPress2017.

③ 参见曹建峰：《“人工智能+法律”十大趋势》，载《机器人产业》2017年第5期。

④ 曹建峰：《“人工智能+法律”十大趋势》，载《机器人产业》2017年第5期。

## 第二节　现代科技对律师业务的挑战

现代科技对律师业务的挑战是多元复杂的。本节的大体思路是按照对司法影响的不同技术分不同方面展开阐释。之所以不是按照律师业务类型，主要考虑到科技引领法律发展的原因。从科技的不同方面分类也比较容易对不同律师业务进行归类，即合并同类影响，减少重复论述。

### 一、互联网（物联网）技术（“互联网+法律”）对律师业务的挑战与影响

第一，基础、常规性的法律咨询工作受到分流，有需求的工作量削减。在互联网技术下，法律知识日益透明。随着搜索引擎、专家系统的开发，潜在的客户通过网络对法律知识搜索或应用相应的网络系统、程序等使很多法律问题在家中的互联网内即可解决，律师业务因此而受影响。

第二，潜在的法律客户除了通过互联网直接查询相应法律知识外，还会通过互联网寻求其他解决纠纷的渠道，客观上减少对律师的依赖。例如，通过互联网的信息传播，“信息爆炸”的社会中人们恐怕对 AI（artificial intelligence）即“人工智能”不再陌生，同时对 AI 和 AI 时代的来临也已经有所耳闻。AI 将具体形成对传统律师业务的挑战和影响（下文将叙述）。互联网对 AI 也会形成一种宣传作用，甚至有夸大 AI、减少律师威信的危险。

第三，刑辩业务中的远程视频会见便利律师执业的同时也在各地差异的执法实践中造成对律师权利新形态的影响甚至是部分剥夺。笔者承认，科技为律师在特殊时期（如新型冠状病毒肺炎疫情阶段）的相关业务活动带来了很多有利条件，但一方面考虑到各地远程司法执法软硬件配备参差不齐，不同程度影响律师具体权利的实现和嫌疑人具体权利的维护；另一方面由于疫情过后部分制度将常态化推行，远程会见的方式不同于面对面的会见，客观上具有一定的天然劣势与弊端。作为非传统诉讼方式在技术、规则等层面有待完善。如有观点反思远程司法（执法）与现实司法（执法）的差异、远程司法（执法）中基本概念和规范的重新定义、科技与人力分工协作的重构、远程视频的真实性问题、远程视频数据的定量分析、“赛博之力”（电子、网络空间的力量）重塑传统法律制度。① 另外，新冠肺炎疫情防控期间，个别地方执法实践中开通远程视频会见的同时却利用远程会见系统同步录音录像。这种做法不当将侵犯律师权利，造成律师和委托人之间无法正常交流。其不仅有违刑事诉讼法的会见权利保障规则和程序要求，而且在现实中影响律师刑事辩护业务办理，最终导致律师刑事辩护职业和公民宪

① 参见赵志刚：《智慧司法行稳致远，需理论界与实务界共同努力》，载《检察日报》2020 年 7 月 1 日，第 5 版。

法性辩护权受损。

第四，包括刑事、民事、行政等领域的诉讼律师远程云端出庭、参与审判，同样存在相应问题，即远程司法（庭审）的风险和弊端客观存在，律师须应对。例如，有论者认为，从实践来看远程庭审运行潜藏多重风险，技术性要素欠缺与庭审规范化要求相背离，程序规范阙如使其与权利保障要求存在张力，线上审理形式对庭审实质化有所冲击，从而对社会审判需求呈弱回应性。即社会需求旺盛而远程庭审制度供给不足存在矛盾，远程庭审对信息化技术的适应力不足，远程庭审本身还有短板和弱项等。① 再如，笔者认为，在远程庭审中案件举证、质证存在局限性，加之各地远程系统技术可能不成熟、相应规则不健全等因素会影响“庭审实质化”以及律师代理或辩护的质量，甚至威胁到有效代理或有效辩护的实现。这就需要律师转变传统应对开庭应诉的方式，积极适应新模式、新规则。当然，前提是需要相关部门制定、完善相应规则，配套建设高质量、具有高科技含量的软硬件设施，保障新兴远程司法的“可视化正义”顺利实现。

## 二、人工智能（“人工智能+法律”）对律师业务的挑战与影响

从人工智能在传统律师业务发挥作用的领域，包括拓展相应业务后产生影响的角度，至少有以下四个方面存在对律师业务的挑战。

第一，“人工智能律师”作为“数字助理”开展法律检索或梳理整合，在此领域接替律师助理或者助理律师工作。目前，借助互联网已经开发出多种法律数据库，律师或其助理只需付出一定的时间或是某些技术成本即可完成法律检索。但不可否认，检索在人力操作下完成经常费时费力。据悉，目前国内外已经有一些可以进行法律检索的“人工智能”产品，如世界上第一个人工智能律师 ROSS，它可以理解自然语言，并提供特定的、分析性的回答，其接近于和人类律师一起工作的体验。截至目前，已经有超过 10 家主流律所“雇佣了”ROSS。类似 ROSS 的法律类科技产品（“人工智能律师”或至少是“准律师”）逐渐增多，其在律所中的身份类似于准雇员。②

第二，进行文件审阅的高质高效低价的“人工智能律师”已超过人工律师的诸多方面。例如，在非诉讼业务合同审核、企业刑事法律风险防控和合规建设中的基础性材料审核工作以及相关法律文书制作、翻译等事务性工作，以及诉讼业务中的相应电子数据调查（电子文献审阅）、案件资料整理、其他证据整理甚至初步调查和发现、相应法律文书制作等事务为主，涉及某些专业问题的工作中法律人工智能程序或称“人工智能律师”替代律师或其助理完成了大量基础工作。

---

① 顾亚慧：《重大疫情下刑事案件远程庭审的运行与省思》，载《中国政法大学学报》2020 年第 4 期。

② 参见曹建峰：《人工智能法律服务的前景与挑战》，2017 年 3 月 19 日，https：//www.tisi.org/4855，访问日期：2020 年 8 月 8 日。

而且对于批量作业、重复劳动等需要讲求效率和质量并重的任务都逐渐交给上述机器完成。其背后的程序或其他科技力量支撑下，人工智能的后发优势和相对的质优速快价廉的竞争有利条件越发明显。

第三，对案例简单分析甚至是预测、简单案件办理思路的咨询和提供方面已经超越人工经验式判断而具有一定的科学依据（数据量化基础）。理论上，人工智能基于海量的和源源不断更新的信息，以及既定的编程算法等而具有强大的持续更新学习、汇总分析、相对精准预测同类案件结果的超人能力。其能够预测的范围和准确性取决于前述的信息基础以及科技实力，对于日常法律纠纷、诉讼案件办理（包括程序和实体问题）等方面的结果都可实现预测并提供办理思路和方案。它对过去案件的自动化分析，外加数据挖掘和预测性分析技术，可以得出一些远超人力经验判断的结果。这种工具对律师而言意义重大却又同时超越了律师本身能力的范畴。比如，国外 LexMachina 公司提供的服务，通过对成千上万份法院判决进行自然语言处理来预测案件结果，其软件可以确定哪位法官倾向于支持原告，基于对方律师过去处理的案件来形成相应的诉讼策略，针对某个特定法院形成最有效的法律论证；再如，国内号称中国第一个机器人律师的“小梨”，目前可以提供签证、离婚咨询等服务，咨询服务的同时也提供了案件预测、具体解决思路和方案等。①

第四，诉讼业务中智慧公检法的建设直接影响律师以往的办案模式，甚至对诉讼权利的传统维护方式产生一定影响。在将人工智能融入公安司法机关办案业务、提升司法的科技含量同时，律师参与诉讼案件的过程也受到相应影响。以刑事辩护为例，面对相关笔录的自动生成、案卷材料的电子或数字化、跨公检法的案件信息平台建设及运用、基于智能生成后制定的证据标准等方面，律师传统的辩护方式、工作模式等都不再奏效。新技术、新规则也可能带给律师一定的困惑，甚至是挑战。其中，对当事人诉讼权利维护或律师自身诉讼权利行使而言，相关改变与应对尤其值得关注和思考。

## 三、大数据、云计算等（“大数据+法律”）对律师业务的挑战与影响

现代司法执法广泛运用大数据、云计算等方式建设智慧政法。其中对于律师而言参与诉讼的挑战显然更多，以下试归纳三个重要方面予以说明。

第一，侦查前的犯罪预警等警务活动提高打击犯罪效率的同时也将部分执法活动前置，律师为当事人、利害关系人维权的难度加大。如有学者认为，以侦查为例，以个人信息为基础的大数据在介入犯罪治理活动后，其具有的过程性和算法依赖性、以行为模式为前提假设的预测性、基于数据挖掘的新认知范式和数据碎片性等特性，引发犯罪治理思路和模式的相应转变，包括服务于刑事诉讼的数

---

① 参见曹建峰：《人工智能法律服务的前景与挑战》，2017 年 3 月 19 日，https：//www.tisi.org/4855，访问日期：2020 年 8 月 8 日。

据收集、存留及共享义务的扩张和风险防控思维下犯罪治理活动启动时点的前移。个人信息大数据在助力犯罪风险评估从而优化刑事司法资源配置的同时，亦与刑事正当程序发生冲突。① 可见，在此趋势下律师辩护或代理等业务似乎也需相应延伸，但缺乏理论支撑、制度支持等明确依据。仅靠传统的律师业务已经不能全方位多角度保护涉案人员权利，甚至可能进一步拉大控辩之间的实力差距。另外，我国《民法典》已经明确规定对个人信息进行保护。2020 年 6 月后，围绕国家安全和社会治理，全国人大常委会将制定《个人信息保护法》、《数据安全法》等法律。② 在大数据刑事司法和国家对个人信息保护、数据安全日益重视的背景下，律师诉讼业务也面临维护个人信息安全，同时不侵犯数据安全和利益的问题。

第二，基于数据库的同类案件裁判索引等制度客观增大了律师观点被采纳难度，同时对律师检索类案技能提出挑战。2020 年 7 月 31 日起，最高人民法院《关于统一法律适用加强类案检索的指导意见（试行）》要求特定情况须进行类案检索，即承办法官依托中国裁判文书网、审判案例数据库等进行关键词、法条关联案件、案例关联等检索，并应当参照指导性案例，可以参照其他类案裁判。之前个别地方也有试点基于案例等数据库建立类案强制检索报告制度。在此背景下，以刑事辩护为例，一方面实体辩护更难；另一方面程序辩护没有相应新的制度性保障。而且律师参与诉讼也需要提升类案检索的能力，以适应信息和数据司法的办案环境。

第三，数据库完善并开放后便利的司法案例检索、法律法规检索、工商信息检索，以及检索技能的普及可能导致律师部分咨询业务消失。这也和前述的“互联网+法律”和“人工智能+法律”带给律师业务的影响与挑战形成呼应。在官方主导下的法律大数据库逐渐建设完备并且向公众免费（或者象征性收费）后，任何人获取法律相关的数据信息将更加便捷且不需支付高额的律师咨询费或委托服务费即可获得相应的数据信息资源，以便自己作出决策。如此将导致律师部分咨询业务消失，以往按小时计费或按件计费的咨询等业务将没有市场。

## 四、区块链技术（“区块链+法律”）对律师业务的挑战与影响

第一，区块链技术运用于电子数据等证据取证的存证等方面，对律师取证将产生制度性影响，并产生相应的技术挑战。2019 年 1 月 10 日，国家互联网信息办公室发布《区块链信息服务管理规定》，现实中“区块链”已走进大众视野，

---

① 裴炜：《个人信息大数据与刑事正当程序的冲突及其调和》，载《法学研究》2018 年第 2 期。

② 参见《全国人大常委会调整 2020 年度立法工作计划个人信息保护法等多部法律草案将提请审议》，2020 年 6 月 22 日，http：//www.npc.gov.cn/npc/c30834/202006/e16f8d15c9194-d799fa50faa2dc97683.shtml，访问日期：2020 年 8 月 10 日。

成为社会的关注焦点。现代科技发展下的区块链技术在司法活动中也逐渐开始应用。民事代理、刑事辩护或代理等业务中律师的调查取证必不可少。而近几年来，电子数据的相关取证占比日益增多。区块链作为信息技术领域的新兴事物，本质上是一个共享数据库，存储于其中的数据或信息，具有“不可伪造”“全程留痕”“可以追溯”“公开透明”“集体维护”等特征。① 正是基于这些特征，区块链技术在司法取证后的“存证”中具有坚实的“信任”基础，也越来越受青睐。但目前相关诉讼制度并没有配套规定，律师在各地实践中也面临技术与规则、法律与实践的多重挑战。

第二，区块链在金融等法律服务及相关领域的应用对律师技能及传统服务方式是一种挑战。目前，区块链在非诉讼业务中应用也较为广泛，如在金融业、保险业等可以为之提供法律服务的领域。因区块链自身具有的“去中心化”“不可篡改”的技术优势，相关行业的数据管理可以充分利用。如律师为保险公司提供相关法律服务时，从数据管理的角度切入，有效地帮助保险公司提高风险管理能力即可运用区块链相关技术。具体而言，主要包括对投保人风险管理和保险公司的风险监督等问题。② 这些对于律师而言，充满了专业知识、技术，运用经验、技能等方面的挑战。

## 第三节　现代科技与律师业务的融合方式与路径

### 一、现代科技与律师业务融合应遵循的基本原则

第一，完善法治与制度先行。现代科技与律师业务的融合方式与路径中首要需解决的便是依法依规治理的问题。近年来，在国家级层面的政策文件中提到“互联网+”或“人工智能+”都会强调加强相关法律法规建设。例如，要求针对互联网与各行业融合发展的新特点，加快“互联网+”相关立法工作，研究调整完善不适应“互联网+”发展和管理的现行法规及政策规定。落实加强网络信息保护和信息公开有关规定，加快推动制定网络安全、电子商务、个人信息保护、互联网信息服务管理等法律法规。完善反垄断法配套规则，进一步加大反垄断法执行力度，严格查处信息领域企业垄断行为，营造互联网公平竞争环境。③ 再如，要求加强人工智能相关法律、伦理和社会问题研究，建立保障人工智能健康发展

---

① 参见百度百科“区块链（数据结构）”，https：//baike. baidu. com/item/区块链/13465666？fr=aladdin，访问日期：2020 年 8 月 10 日。

② 朱岩、甘国华、邓迪等：《区块链关键技术中的安全性研究》，载《信息安全研究》2016 年第 12 期。

③ 国务院：《关于积极推进“互联网+”行动的指导意见》，2015 年 7 月 4 日，http：//www. gov. cn/zhengce/content/2015-07/04/content_ 10002. htm，访问日期：2020 年 8 月 10 日。

的法律法规和伦理道德框架……加快研究制定相关安全管理法规，为新技术的快速应用奠定法律基础……制定人工智能产品研发设计人员的道德规范和行为守则……深化在人工智能法律法规、国际规则等方面的国际合作，共同应对全球性挑战。① 可见，欲将管理提升需制度先行。

第二，统筹协调与系统推进。笔者认为，律师（行业/组织）与政法机关应建设成立法律职业共同体。正如有观点所论，近年来，各级政法机关积极贯彻落实党的十八届三中、四中全会对律师工作的一系列重大决策部署，推动形成相互尊重、良性互动的新型职业关系，向着建设法律职业共同体的目标迈进。② 除了政法机关充分保障律师权益、为律师执业营造良好环境、实现“律师—政法机关”人员交流互动，在推动现代科技与法律业务相融合的过程中也应坚持“律师—政法机关”同步进行、统筹协调与系统推进的原则。其背后的道理显而易见，律师参与诉讼一方面需要以司法终决为最终评判依据，人民法院是否承认律师相关的业务行为至关重要，如区块链存证等诉讼行为需待司法承认方有价值。另一方面政法机关“智慧政法”的建设和推广，如办案平台使用、证据标准统一等，本身就需要将律师为当事人进行法律服务的因素和现实情况吸收考虑进来。所以，现代科技与律师业务融合的过程也是现代科技与政法机关业务融合的过程，需将多方面统筹协调并系统推进。

第三，人机协作、有限使用与风险预防。国家在大力推进人工智能与各行业结合发展的同时，也对人工智能的滥用或滋生风险高度警惕。例如，要求开展人工智能行为科学和伦理等问题研究，建立伦理道德多层次判断结构及人机协作的伦理框架……加强对人工智能潜在危害与收益的评估，构建人工智能复杂场景下突发事件的解决方案……增强风险意识，重视风险评估和防控，强化前瞻预防和约束引导，近期重点关注对就业的影响，远期重点考虑对社会伦理的影响，确保把人工智能发展规制在安全可控范围内。③ 有论者对法律人迎接人工智能时代所应做好的准备的论述中明确主张限制人工智能技术在法律领域运用的范围，防止法律人的价值判断被替代。④ 笔者认为，无论是“互联网+”还是“人工智能+”，抑或是未来某种超越人类能力的新兴科技都不能彻底替代人类，也不能主导人类，而应是由人类主导下的“人工智能+法律业务”。人类的作用不能被简单的数据驱动所取代。在律师行业运行中，律师与法律人工智能技术造就的机器律师之

① 国务院：《新一代人工智能发展规划》，2017 年 7 月 20 日，http：//www.gov.cn/zhengce/content/2017-07/20/content_ 5211996.htm，访问日期：2020 年 8 月 10 日。

② 王逸吟、殷泓：《迈向法律职业共同体——政法机关与律师共建新型职业关系综述》，载《光明日报》2015 年 8 月 20 日，第 4 版。

③ 国务院：《新一代人工智能发展规划》，2017 年 7 月 20 日，http：//www.gov.cn/zhengce/content/2017-07/20/content_ 5211996.htm，访问日期：2020 年 8 月 10 日。

④ 吕殊洁：《面对人工智能法律人的新挑战》，载《天津日报》2019 年 9 月 23 日，第 9 版。

间应是人类律师主导下的“人机协作”关系，人工智能等科技应当是辅助律师开展工作、促进维护委托人合法利益、增进司法公正的手段，而不应是代替律师的终级形态。在人机协作中，应始终坚持对人工智能的有限使用与风险预防。否则，相应的风险就会产生。其绝不仅是劳动者就业岗位的问题，而将关乎人类的命运和未来世界的走向。

第四，合理监管与责任分担。此处的“合理监管”一方面是指相关部门对人工智能等开发、制造环节，包括算法等核心技术在内的外部监管；另一方面更是直接指向“人机协作”内部监管问题，即律师对人工智能律师的监管。之所以赋予律师监管人工智能律师的义务，一方面源自风险预防的第一线需要；另一方面因为责任分担的制度因素。例如，国家政策明确提到开展与人工智能应用相关的民事与刑事责任确认、隐私和产权保护、信息安全利用等法律问题研究，建立追溯和问责制度，明确人工智能法律主体以及相关权利、义务和责任等。① 笔者认为，有必要确立“人机协作”的内部律师责任和外部追偿责任。前者系指由律师主导、律师与人工智能律师共同完成的工作产生侵权责任的，由于人工智能律师不能承担而由人类律师承担责任；后者指承担责任后的律师有权向有过错的人工智能研发制造方等追偿。因此，责任分担也同时意味着理应配套设立合理监管的义务。

## 二、现代科技与律师业务融合的几个层面

### （一）宏观层面

首先，律师及律师事务所观念需转变。当前，信息技术日新月异，律师业务受到挑战甚至是冲击属于正常现象，其他行业同样面临转型。所以，律师及律师事务所秉持不卑不亢的心态，积极迎接挑战，并在科技提供的便利条件下抓住转型的契机，努力适应“互联网/人工智能+法律（律师业务）”的局面，并力促自身业务的创新。

其次，司法行政机关、律师行业协会应最大限度发挥应有作用，在对律师及律师事务所的监管、服务、交流过程中积极引导律师业务与现代科技的深度融合。相关部门有责任为在岗律师提供科技应用能力提升培训，为转岗律师提供再就业技能培训、信息服务等。

最后，更根本性的是法学教育系统改革，尤其是培养律师层面的法学教育、培训的变革。这涉及国家法学各层次学历教育培养目标到培养方案的系统革新，同样促进法学与科技交叉学科及领域内外的科学研究与人才培养的不断进步。

### （二）中观层面

首先，律师及律师事务所应做好与自身定位相匹配的策略选择。律师及律师

① 国务院：《新一代人工智能发展规划》，2017 年 7 月 20 日，http：//www.gov.cn/zhengce/content/2017-07/20/content_ 5211996.htm，访问日期：2020 年 8 月 10 日。

事务所均应适时寻找到与新科技的结合点，律师需要创新业务范围，积极开拓市场；律师事务所需要大力引入交叉复合型人才等。另外，人工智能目前所能独立处理或提供咨询方案的大多尚属于简单类型纠纷或复杂程度有限的案件。所以，律师及律师事务所应锁定重大、疑难、复杂的案件类型和相应法律业务范畴，加大专研力度，争取打造出人工智能无法替代或独立介入的更多领域。

其次，律师及律师事务所应积极将新科技“为我所用”，主动融入业务办理中。例如，律师可以利用互联网拓宽业务、推销自己；律师事务所相关制度建设中可大力利用现代科技完善企业管理、发挥对律师激励等方面的正向作用，如在律师事务所绩效管理中引入区块链的理念和技术，通过私链等实现管理和激励目标等。

最后，正确处理好法律与科技结合中的业务领域内外各种关系。例如，律师及律师事务所对线上与线下业务的关系处理中需适当调整投入的资源、分配的成本等比例关系，并注重与科技发展水平和市场需求的匹配；再如，律师事务所对所引入的法律数据分析师、法律科技产品应用者等和原有律师的关系需恰当处理；又如，若法律科技产品开发者自身就是律师或律师事务所合伙人，又该如何处理相应关系等问题都有待深入探讨。

（三）微观层面

微观层面涉及问题更细微，核心是律师及律师事务所相应领域技能与技术的提升。除了可得以保留的法律运用方面的传统经验技能，与科技运用相关的应更加注重提升。另外，某些交叉领域，或与科技运用相关的法律技能仍需加强。例如，法律检索技能方面，随着最高人民法院所要求类案检索制度的实施之后，律师尤其需提升相应技能。正如有律师所论，判例检索之“术”需注重判例中的胜诉观点、从判例中借鉴经验、锻炼判例检索中的抽象能力、分层次有技巧地运用数据库检索汇总并提炼要点等，即把判例检索作为律师办案工作的一部分，刻意地去培养、训练判例检索举一反三、触类旁通的能力。① 其他方面的具体之“术”同样需立足法律业务之本，提升相关应用技术，提高科技与法律问题处理与解决的综合能力。

① 参见李岩：《判例检索之“术”》，载《中国律师》2018 年第 1 期。